# ABENTEUER PUR

100 einzigartige Reisen weltweit

TEXT JASMINA TRIFONI

REDAKTIONSLEITUNG VALERIA MANFERTO DE FABIANIS

REDAKTIONELLE KOORDINATION LAURA ACCOMAZZO
GIORGIO FERRERO

KARTEN GEO4MAP s.r.l. - Novara

GRAFIK-DESIGN CLARA ZANOTTI

# INHALT



## ZU FUSS

# ON THE ROAD

# INHALT

## ÜBERS MEER



## AUF 2 RÄDERN ODER 4 BEINEN

# REISEN AUF SEEN UND FLÜSSEN



# ADRENALIN

# EINLEITUNG

*Das Abenteuer, sagte einst die amerikanische Flugpionierin Amelia Earhart, ist der Grund meines Daseins.*

Mit solch einer leidenschaftlichen Aussage erhält das Abenteuer eine nahezu existenzielle Bedeutung. Und dabei gilt heute mehr denn je: ein Abenteuer zu erleben heißt noch lange nicht, gewisse Risiken eingehen zu müssen. Vielmehr kann es gleichbedeutend über ein Mindestmaß an Lebensfreude und Lebendigkeit definiert werden, um das innere Freiheitsbedürfnis eines jeden Einzelnen durch äußere Freiheitserlebnisse zu stillen. Und genau da setzt die Lust am Reisen ein: um Neues zu entdecken, um den eigenen Horizont zu erweitern und um den uns angeborenen Abenteuergeist zu entfachen. Auch der deutsche Dramatiker Emil Gött wusste diese Sehnsucht schon auf den Punkt zu bringen: „Die Heimat des Abenteuers ist die Fremde."

Für das vorliegende Buch wurden hundert abenteuerliche, an jeden Winkel der Erde führende Reisen zusammengetragen, die zu Fuß, mit dem Fahrrad (oder Motorrad), zu Pferde, auf einem Segelschiff oder an Bord eines Kreuzfahrtschiffes – nicht zwangsläufig von komfortabler Art – hinter dem Lenkrad eines Geländewagens, mit dem Zug oder anderen, „exotischeren" Transportmitteln unternommen werden können, um in die wilde Natur einzutauchen und ihre Fauna ganz aus der Nähe zu erleben, um extreme klimatische Bedingungen kennenzulernen oder Völker zu treffen, die ganz anders leben als wir selbst. Und ‚last but not least', um beim Extremsport unsere Grenzen auszuloten.

Einige der in diesem Band aufgelisteten Reisevorschläge dauern nur einen oder wenige Tage, in anderen werden Routen von epischem Ausmaß zurückgelegt: durch die Tiefen des Amazonaswaldes, über die Grand Trunk Road, den „schwimmenden Kontinent" zwischen Pakistan und Indien, durch die erstaunlich vielfältigen Dünen- und Wüstengebiete der ägyptischen Sahara oder jener von Gobi in der Mongolei, oder durch das Eis des Nordpols und der Küsten der Antarktischen Halbinsel – diese Erfahrungen werden uns ein Leben lang im Gedächtnis bleiben. Natürlich sprechen die aufgelisteten Abenteuerreisen eine völlig bunt gemischte Art von Abenteuersuchenden an. Wir wissen, dass einige Vorschläge manchen nicht aufregend genug sein oder nicht weit genug von zu Hause wegführen werden, um ihr Interesse zu wecken. Und bei anderen entsprechen sie vielleicht nicht deren kulturellen Neigungen oder dem Alter, oder übersteigen deren körperliche Fitness, verfügbare Zeit und finanzielle Mittel (auch wenn eine Reise über die lokalen Reiseanbieter häufig viel billiger ausfällt, als man es sich vorstellt). Fast alle vorgeschlagenen Reiserouten lassen sich auch in Etappen unterteilen. Denn es ist z. B. undenkbar, den kompletten australischen Bicentennial Trail zu Pferde zurückzulegen, dessen 5000 km lange Strecke sich durch das ganze Land zieht, wenn man sich nicht ein ganzes Jahr Auszeit nehmen kann. Die Strecke ist genauso faszinierend, wenn man nur einen einzigen ihrer Abschnitte in Angriff nimmt. Und diesbezüglich besagt eine Zen-Weisheit: „Reisen ist besser als anzukommen", während es nach einer konfuzianischen Lehre sinngemäß heißt: „Keiner wird so weit kommen wie derjenige, der das genaue Ziel nicht kennt." Bedenken Sie dies, wenn Sie die Reiseroute für Ihr nächstes Abenteuer festlegen; seien Sie bereit, zu verweilen und auch die Route einmal spontan zu verändern, wenn Sie etwas für nicht lohnenswert befinden.

Die Beschreibungen zu jeder einzelnen dieser wirklich sehr speziellen Reisen sind alles in allem lediglich Entwürfe, und es steht Ihnen völlig frei, sie abzuändern und sogar völlig umzukrempeln. Wir bieten Ihnen hier mit großartigen Bildern versehene Kostproben an und liefern praktische Informationen und Tipps dazu. Denn das perfekte Abenteuer ist immer jenes, das auf intelligente Weise organisiert wurde.

# ZUM GEBRAUCH

JEDES KAPITEL BEGINNT MIT EINER EINFÜHRUNG, DIE DIE ROUTE DER ABENTEUERREISE VERANSCHAULICHT. GEOGRAPHISCHER KONTEXT, LANDSCHAFTEN, FLORA, FAUNA UND KULTUR SOWIE MÖGLICHE SCHWIERIGKEITEN WERDEN BERÜCKSICHTIGT.

DIE GLIEDERUNG DER EINZELNEN ABENTEUERREISEN SOLL DIE GEOGRAPHISCHE ZUORDNUNG ERLEICHTERN, FALLS NÖTIG, MITTELS EINER LANDKARTE, AUF DER DIE REISEROUTE DETAILLIERT EINGEZEICHNET IST. IM SEITENINNERN BEFINDEN SICH FERNER HINWEISSYMBOLE ZU DEN UNTERSCHIEDLICHEN SCHWERPUNKTEN DER REISE (WIE Z. B. „ANDERE VÖLKER" ODER „TIERBEOBACHTUNG") SOWIE ZU DEN VERSCHIEDENEN TRANSPORTMITTELN.

IM ABSATZ „EMPFEHLENSWERT" WIRD AUF UNVERZICHTBARE ZWISCHENSTATIONEN AUF DEN WEGSTRECKEN UND AUF EXKURSE VOM „HAUPTWEG" HINGEWIESEN, DIE MAN BEI INTERESSE MACHEN KANN, ODER ES WERDEN ALTERNATIVE TRANSPORTMÖGLICHKEITEN AUFGEZEIGT.

WEITER WERDEN DIE BESTEN (BZW. MÖGLICHEN) REISEZEITRÄUME ANGEGEBEN UND DER MINDESTZEITBEDARF, HIN- UND RÜCKFLÜGE AUSGENOMMEN. UNTER „ORGANISATORISCHES" WERDEN ZUDEM INFORMATIONEN ZU INDIVIDUALREISEN UND DEN ZUVERLÄSSIGSTEN REISEANBIETERN VOR ORT GEGEBEN.

VERGESSEN SIE NICHT, DIE TIPPS ZU LESEN, DIE WIR JEWEILS AM ENDE MIT PRAKTISCHEN HINWEISEN ANFÜGEN: BEZÜGLICH DES GESUNDHEITSWESENS, MIT VORSCHLÄGEN ZUR ZUSAMMENSTELLUNG DER AUSRÜSTUNG ODER ZU MASSNAHMEN, DIE DIE REISE ERLEICHTERN KÖNNEN.

ABSCHLIESSEND FÜHREN WIR IN DEN KAPITELN, DENEN MEHR PLATZ GEWIDMET WURDE, UNTER DER RUBRIK WISSENSWERT DREI BESONDERHEITEN AUF, DIE SICH AUF NATUR, GESCHICHTE ODER KULTUR BEZIEHEN. VIELLEICHT WECKEN SIE JA DEN WUNSCH IN IHNEN, IHRE ERKUNDUNGSREISE NOCH WEITER AUSZUDEHNEN. UND DABEI ETWAS ZU ENTDECKEN, DAS AUCH WIR NOCH NICHT KENNEN...

## LEGENDE

ROUTE

IM TEXT GENANNTE ORTE ENTLANG DER ROUTE

FLUGHAFEN

KIRCHEN, ABTEIEN

SCHLÖSSER, BURGEN

BERGGIPFEL

PASSAGEN, MEERENGEN, GEBIRGSPÄSSE

GROTTEN, HÖHLEN

BESONDERHEITEN DER NATUR

# NÜTZLICHE HINWEISE

| | KUNST UND KULTUR | LANDSCHAFT | TIERBEOBACHTUNG | GASTRONOMIE | EINKAUFEN | SCHWIERIGKEIT | PREIS/LEISTUNG |
|---|---|---|---|---|---|---|---|
| Italien, Frankreich, Schweiz – Auf dem Mont Blanc | •• | ••• | •• | •• | | •• | ••• |
| Italien, Schweiz – Die Monte-Rosa-Tour | •• | ••• | • | •• | | •• | ••• |
| Deutschland – Auf dem König-Ludwig-Weg | ••• | •• | | •• | • | • | ••• |
| Frankreich – Der Grande Randonnée auf Korsika | •• | ••• | | ••• | | ••• | ••• |
| Italien – Auf dem Ätna | | | | | | | |
| Mali – Entlang der Steilwand der Dogon | ••• | •• | | | ••• | • | ••• |
| Ruanda – Virunga, die Berge der Gorillas | | •• | ••• | | | •• | •• |
| Tansania – Auf dem Gipfel des Kilimandscharo | | ••• | • | | | ••• | •• |
| Sambia – Wandersafari am Luangwa | | •• | ••• | | | • | •• |
| Kirgisistan – Trekking im Tien Shan | • | ••• | • | | • | ••• | •• |
| China – Pilgerreise auf den Kailash | •• | ••• | | | • | •• | •• |
| Nepal – Der Annapurna Circuit | • | ••• | | | • | •• | ••• |
| Nepal – Trekking in Mustang | ••• | ••• | | | • | •• | •• |
| Bhutan – Im Kloster von Taktsang | ••• | ••• | | | •• | • | •• |
| Indien – An den Quellen des Ganges | •• | •• | | | • | •• | •• |
| Japan – In den japanischen Alpen | •• | • | ••• | ••• | •• | • | •• |
| Japan – Pilgerreise nach Koyasan | ••• | •• | | ••• | •• | • | •• |
| Papua-Neuguinea – Bei der indigenen Bevölkerung | ••• | •• | • | • | •• | •• | •• |
| Australien – Der Great Ocean Walk | | ••• | •• | | | ••• | •• |
| Neuseeland – Im Fiordland | | ••• | • | | | •• | ••• |
| Vanuatu – Ambrym, die schwarze Insel | ••• | •• | | • | •• | • | •• |
| Vereinigte Staaten – Über die Lava des Kilauea | | ••• | | | | •• | ••• |
| Vereinigte Staaten – Der John Muir Trail | | | | | | | |
| Perù – Über die Cordillera Blanca | • | ••• | • | • | • | •• | •• |
| Argentinien – Im Parque Nacionál Los Glaciares | | ••• | • | •• | | • | ••• |

| | KUNST UND KULTUR | LANDSCHAFT | TIERBEOBACH-TUNG | GASTRONOMIE | EINKAUFEN | SCHWIERIG-KEIT | PREIS/ LEISTUNG |
|---|---|---|---|---|---|---|---|
| Ägypten – Von Kairo zum Gilf El-Kebir | ••• | ••• | | • | •• | • | •• |
| Äthiopien – Im Omo-Tal | ••• | • | • | | ••• | •• | ••• |
| Tansania – Die große Wanderung der Gnus | | ••• | ••• | | | • | ••• |
| Madagaskar – Die Fianarantsoa-Còte Est | • | •• | | • | • | • | ••• |
| Pakistan, China – Über den Karakorum Highway | •• | ••• | | •• | ••• | •• | ••• |
| Pakistan, Indien, Bangladesch – Auf der Grand Trunk Road | ••• | •• | | ••• | ••• | • | ••• |
| Laos – Bei den Völkern von Luang Nam Tha | ••• | •• | • | •• | ••• | • | ••• |
| Mongolei – Im Land des Dschingis Khan | •• | •• | • | • | • | • | •• |
| China – Im Reich der Frauen von Lugu Hu | •• | •• | | • | • | • | •• |
| Japan – Das wilde Hokkaido | •• | •• | | ••• | • | • | •• |
| Russland – Tschukotka, Grenze der Welten | •• | ••• | •• | • | • | •• | •• |
| Vereinigte Staaten – Auf der Kodiak-Insel | • | ••• | ••• | • | | • | •• |
| Kanada – In Churchill bei den Eisbären | | •• | ••• | | | •• | •• |
| Mexiko – Mit dem Zug durch die Barranca del Cobre | •• | ••• | • | •• | ••• | • | ••• |
| Bolivien – Am Salar de Uyuni | • | ••• | | • | • | • | •• |
| Grönland (Dänemark) – Im Ilulissat-Eisfjord | • | ••• | •• | | | • | •• |
| Norwegen – Auf Kreuzfahrt in Spitzbergen | • | ••• | ••• | • | | • | •• |
| Norwegen – Angeln auf den Lofoten | •• | ••• | • | •• | • | • | •• |
| Vereinigtes Königreich – Bei den Äußeren Hebriden | • | •• | • | | | •• | •• |
| Sudan – Tauchtouren bei Port Sudan | | •• | ••• | | | •• | •• |
| Madagaskar – Masoala im Kajak | • | ••• | ••• | | | •• | •• |
| Myanmar – Auf dem Mergui-Archipel | •• | ••• | • | • | • | • | •• |
| Indonesien – Komodo, die Insel der Drachen | | •• | ••• | | | •• | ••• |
| Indonesien – Tauchsafari in Raja Ampat | | ••• | ••• | | | •• | •• |
| Russland – Auf dem Feuerring | • | ••• | •• | | | •• | •• |

| | KUNST UND KULTUR | LANDSCHAFT | TIERBEOBACHTUNG | GASTRONOMIE | EINKAUFEN | SCHWIERIGKEIT | PREIS/ LEISTUNG |
|---|---|---|---|---|---|---|---|
| Vereinigte Staaten – Die Wale des Frederick Sound | • | • • • | • • • | • | • | • | • • |
| Kanada – An den Küsten der Baffin-Insel | • • • | • • • | • • • | • | • | • • • | • • |
| Mexiko – Whale watching in El Vizcaíno | | • • | • • • | • | • | • | • • |
| Belize – Tauchen im Great Blue Hole | | • • • | • • | | | • • | • • |
| Ecuador – Kreuzfahrt durchs Galapagos-Archipel | | • • • | • • • | | | • | • • • |
| Französisch Polynesien – Die Marquesas | • • | • • • | • | • | • | • | • • |
| Australien – Segeln zu den Whitsunday Islands | | • • • | • • | • | | • | • • |
| Palau – Tauchtour an den Rock Islands | | • • • | • • • | | | • • | • • |
| Argentinien, ATS – Antarktis-Kreuzfahrt | • | • • • | • • • | | | • • | • • |
| Island – Zwischen Geysiren und Vulkanen | • | • • • | | • | | • • | • • |
| Norwegen – Am Rallarvegen entlang | • • | • • • | | • | • | • • | • • • |
| Frankreich, Spanien – Die Pyrenäen-Tour | • • • | • • • | | • • • | • | • • • | • • • |
| Namibia – Zu Pferde durch den Fish River Canyon | | • • • | • • | | | • • | • • |
| Russland, Kasachstan, Mongolei – Auf dem Altai | • • • | • • • | • | • | • | • • | • • |
| China – In der Taklamakan-Wüste | • • | • • | • | • | • | • • | • • |
| Thailand – Bei den Elefanten des Goldenen Dreiecks | • | • • | • • | • • • | • • • | • | • • |
| Vietnam – Den Ho-Chi-Minh-Pfad entlang | • • | • • | | • • • | • • • | • • | • • • |
| Australien – Der Bicentennial National Trail | | • • • | • • | | | • • • | • • • |
| Australien – Western Australia mit dem Motorrad | • • | • • • | • • • | • | • | • • | • • • |
| Vereinigte Staaten – Im Monument Valley | • | • • • | | • | • • | • | • • • |
| Kuba – Im wilden Westen von Pinar del Río | • • | • • • | | • | | • | • • |
| Argentinien – Mit den Gauchos in der Pampa | • • • | • • | | • • • | • • | • • | • • • |
| Irland – Die Waterways von Irland | • • • | • • | | • | • | • | • • |
| Indien, Bangladesch – Im Labyrinth der Sundarbans | • • | • • | • • • | • | • | • • • | • • |
| Vietnam, Kambodscha – Im Mekong-Delta | • • • | • • • | • | • • • | • • • | • | • • • |

| | KUNST UND KULTUR | LANDSCHAFT | TIERBEOBACH-TUNG | GASTRONOMIE | EINKAUFEN | SCHWIERIG-KEIT | PREIS/ LEISTUNG |
|---|---|---|---|---|---|---|---|
| Indonesien – Bei den Orang Utans von Kalimantan | | • • | • • • | • | • | • | • • |
| Kanada – Auf dem Nahanni River | | • • • | • | | | • • • | • • |
| Botswana – Im Okawango-Delta | • | • • • | • • • | • | • | • | • • • |
| Guatemala – Segeln auf dem Río Dulce | • • | • • | • | • • | • | • | • • |
| Honduras – La Mosquitia per Cayuco | • • | • • | • • | • • | • | • • | • • |
| Venezuela – Im Kanu zum Salto Ángel | • | • • • | • | • | • | • | • • |
| Brasilien – Auf dem Rio Negro | • • • | • • • | • • • | • | • | • • • | • • • |
| Brasilien – Im Pantanal | • | • • | • • • | • | | • • | • • |
| ISA – Nordpol-Crossing auf Skiern | | • • | • | | | • • • | • |
| Finnland – Berührende Eindrücke in Lappland | • • • | • • • | • | • • | • | • | • • |
| Frankreich, Schweiz – Im Skigebiet Portes du Soleil | | • • | | • • • | • | • | • • • |
| Kroatien – Škraping in Dalmatien | | • • | | • | • | • • | • • • |
| Sambia, Simbabwe – Rafting auf dem Sambesi | | • • • | • | | | • • | • • • |
| Südafrika – Im Käfig in der Shark Alley | | • | • • • | | | • • | • • |
| Jordanien – Im Ballon über das Wadi Rum | • • | • • • | • | • | | • | • • |
| Russland – Am Baikalsee | • • | • • • | • • • | • | • | • • | • • |
| Thailand – Rockclimbing in Krabi | | • • | | • • | • | • • | • • |
| Malaysia – In den Höhlen von Gunung Mulu | | • • • | • | • | | • • | • • |
| Philippinen – Der Fluss von Puerto Princesa | • | • • • | • | | | • | • • |
| Neuseeland – Bungeejumping in Queenstown | | • • | | • • | • | • | • • |
| Kanada – Heliskiing in den Rocky Mountains | | • • • | | • | | • • • | • • |
| Vereinigte Staaten – Rafting im Grand Canyon | | | | | | | |
| Mexiko – In den Cenotes der Maya | • | • • | • | • | • | • • | • • • |
| Costa Rica – „Luft"-Trekking in Monteverde | | | | | | | |
| Costa Rica – Bei den Haien an der Kokosinsel | | • | • • • | | | • • • | • • |

# ZU FUSS

## „BIST DU EIN FREIER MENSCH, SO SEI BEREIT, DICH AUF DEN WEG ZU MACHEN.“ DAVID HENRY THOREAU, PROPHET DER WILDNIS.

Das wahre Wunder besteht nicht darin, durch die Luft zu fliegen oder über das Wasser zu laufen: Es ist, auf der Erde zu laufen.” Dieser chinesische Aphorismus, ungefähr in der Mitte des 11. Jhdts. geschrieben – also lange vor der Erfindung des Flugzeugs – birgt viel Wahrheit in sich. Zu Fuß zu gehen ist die entschieden ursprünglichste und universellste Art zu reisen. Sie erlaubt es Ihnen mehr als alle anderen Reiseformen, die Landschaft, die Sie umgibt und die sich Ihnen in ihrer reinsten Form zeigt, zu betreten und sogar zu berühren. Und es liegt in der Natur der Sache, dass eine Reise zu Fuß ein langsames Erleben ist. Die Schrittgeschwindigkeit ist genau die richtige, um die Natur auch tatsächlich erleben zu können, ob es sich nun um Steine, Blumen oder Tiere handelt. Außerdem gibt es keine bessere Gelegenheit, um Einsamkeit und Freiheit zu schmecken, oder um sich selbst besser kennenzulernen, als sich auf den Weg zu machen. Die Fußreisen, die in diesem Teil behandelt werden, reichen von der Umrundung des Mont Blanc, dem Dach Europas, und des Kailash, dem heiligsten Berggipfel der Welt, bis zur Durchquerung des Yosemite Nationalparks und des Sequoia Nationalparks in den Vereinigten Staaten auf dem John Muir Trail und führen vor allem auch zu den Orten, an denen das Bewusstsein entstanden ist, dass die Natur unseres Planeten ein Schatz ist, den wir hüten müssen.

Andere Völker
Tierbeobachtung
Höhlenforschung
Wandern
Ski
Zug
Motorboot
Whale Watching
Reitwanderung

NUN BRAUCHEN SIE NUR NOCH
**EIN ZIEL AUSZUWÄHLEN,**
VON DEN ALPEN ZU DEN ANDEN,
**VOM HIMALAJA ZUM ÄUSSERSTEN**
SÜDEN NEUSEELANDS.

# ZU FUSS

## DAS PERFEKTE ABENTEUER

| REISE | S. | ZEITZONEN | BESTE REISEZEIT | EMPFEHLENSWERT |
|---|---|---|---|---|
| **Italien, Frankreich, Schweiz** - Auf dem Mont Blanc | 20 | GMT +1 | Mai-Oktober | *Gletscher Mer de Glace* |
| **Italien, Schweiz** - Die Monte-Rosa-Tour | 24 | GMT + 1 | Mai-Oktober | *Walliser Ökomuseum, Gressoney-La-Trinité* |
| **Deutschland** - Auf dem König-Ludwig-Weg | 28 | GMT +1 | Mai-Oktober | *Schloss Neuschwanstein* |
| **Frankreich** - Der Grande Randonnée auf Korsika | 31 | GMT +1 | Juni-Oktober | *Paglia Orba* |
| **Italien** - Auf dem Ätna | 34 | GMT +1 | das ganze Jahr | *Bovetal* |
| **Mali** - Entlang der Steilwand der Dogon | 36 | GMT | November-Februar | *Bulo-Fest* |
| **Ruanda** - Virunga, die Berge der Gorillas | 39 | GMT +2 | Juni-September | *Sabyinyo Silverback Lodge* |
| **Tansania** - Auf dem Gipfel des Kilimandscharo | 42 | GMT +3 | Jan.-Feb. / September | *Chala-See* |
| **Sambia** - Wandersafari am Luangwa | 44 | GMT +2 | April-Oktober | *Safari unter Sternen* |
| **Kirgisistan** - Trekking im Tien Shan | 48 | GMT +6 | Juni-September | *Inylchek-Gletscher* |
| **China** - Pilgerreise auf den Kailash | 50 | GMT +8 | Mai-September | *Darchen* |
| **Nepal** - Der Annapurna Circuit | 52 | GMT +5:45 | das ganze Jahr | *Kloster Barga* |
| **Nepal** - Trekking in Mustang, dem äussersten Tibet | 55 | GMT +5:45 | Juni-Oktober | *Tiji-Festival* |
| **Bhutan** - Im Kloster von Taktsang | 58 | GMT +6 | Sept.-Nov. / März-Mai | *Tempio dell'Ugay Tsemo* |
| **Indien** - An den Quellen des Ganges | 60 | GMT +5:30 | Mai-Juni / Aug.-Okt. | *Gaumukh-Grotte* |
| **Japan** - In den japanischen Alpen | 62 | GMT +9 | Juni-Oktober | *Heiße Quellen bei Matsumoto* |
| **Japan** - Pilgerreise nach Koyasan | 64 | GMT +9 | das ganze Jahr | *Tempel Kongobuji* |
| **Papua-Neuguinea** - Bei der indigenen Bevölkerung | 66 | GMT +10 | Mai-Oktober | *Goroka Show* |
| **Australien** - Der Great Ocean Walk | 68 | GMT +11 | September-Dezember | *Twelve Apostles* |
| **Neuseeland** - Im Fiordland | 70 | GMT +12 | Oktober-April | *Milford Sound* |
| **Vanuatu** - Ambrym, die schwarze Insel | 74 | GMT +11 | Mai-Oktober | *Back to the Roots Festival* |
| **Vereinigte Staaten** - Über die Lava des Kilauea | 76 | GMT -10 | das ganze Jahr | *Kilauea Visitor Center* |
| **Vereinigte Staaten** - Der John Muir Trail | 78 | GMT -8 | Juni-September | *Half Dome* |
| **Perù** - Über die Cordillera Blanca | 82 | GMT -5 | Mai-September | *Lagunen von Llanganuco* |
| **Argentinien** - Im Parque Nacionál Los Glaciares | 84 | GMT -3 | Dezember-Februar | *Perito Moreno-Gletscher* |

| 18-19 *Das Trekking entlang des Annapurna-Wanderwegs schenkt tiefe Emotionen auf großer Höhe.*

| NICHT VERGESSEN | PASSENDE REISEBUCH-KLASSIKER |
|---|---|
| Wanderstöcke | *H. B. de Saussure:* Kurzer Bericht von einer Reise im August 1787 |
| Fernglas | *Starr Hayt Nichois:* Monte Rosa, the Epic of an Alp |
| Musik von Wagner | *Franz Herre:* Ludwig II. - Sein Leben, sein Land, seine Zeit |
| Badeanzug | *Alexandre Dumas:* The Corsican Brothers: Corsica - Paris |
| Taschenlampe | *T.V. LoCiero:* The Obsession |
| Schlafsack | *Marcel Griaule:* Dieu d'eau, entretiens avec Ogotêmmeli. |
| Fotoapparat | *Dian Fossey*: Gorillas im Nebel |
| Sonnencreme | *Ernest Hemingway:* Schnee auf dem Kilimandscharo |
| Malariaprophylaxe | *Norman Carr:* Rückkehr in die Wildnis |
| Kompass | *Ella Maillart:* Turkestan Solo - Abenteuerliche Reise ins Ungewisse |
| Ein Buch zum Meditieren | *Colin Thubron:* To a Mountain in Tibet |
| geräumiger Rucksack | *Majushree Thapa:* Vergesst Kathmandu |
| Notizbuch | *Tiziano Terziano:* Meine asiatische Reise |
| Räucherstäbchen | *Eric Weiner:* Geografie des Glücks |
| Snacks und Energieriegel | *Eric Newby:* Slowly Down the Ganges |
| Badeanzug | *Yasunari Kawabata:* Schneeland |
| Regenmantel | *Eugen Herrigel:* Zen in der Kunst des Bogenschießens |
| Fotoapparat | *Lawrence Osborne:* The Naked Tourist |
| Schuhe mit hohem Schaft | *Robert Studley Forrest Hughes:* Australien |
| Regendichte Kleidung | *J. R. R. Tolkien:* Der Herr der Ringe |
| Fotoapparat | *Joseph Conrad:* Zwischen Land und See |
| Taschenlampe | *James A. Michener:* Hawaii |
| Bear Box | *John Muir:* Mein erster Sommer in der Sierra |
| Medikamente gegen Höhenkrankheit | *Manuel Scorza:* Trommelwirbel für Rancas |
| Warme Kleidung | *Henry James:* The Patagonia |

# DER RUNDWEG AUF DEM MONT BLANC

Hohe Berge, legendäre Landschaften und prächtige Orte, die auf der ganzen Welt als Wiege des Alpinismus und des Trekking gelten.

Mit seinem klaren, majestätischen Profil und seinen mannigfaltigen Farben (denn hier gibt es nicht nur Weiß...) war der Mont Blanc seit Jahrtausenden eine uneinnehmbare Festung voller erschreckender Legenden. Für die antiken Vorfahren verbargen die Schluchten, die Gletscher und das Donnern der Lawinen einen negativ bewerteten Olymp, welcher der Sage nach die Wohnstätte finsterer Gestalten war. Er hieß weder auf Französisch noch auf Italienisch noch auf Patois „Weißer Berg", sondern er war für die Bewohner der Täler „der Verfluchte", Monte Malet oder Mont Maudit (dieser Name ist für einen der Gipfel des Massivs erhalten geblieben). All das kann man sich heute schwer vorstellen, da man den Gipfel des europäischen Giganten – der sich mit seiner 59 km langen, mandelförmigen Gestalt, einer Breite von 8 bis 15 km und seinem höchsten Punkt mit 4810 m Höhe über drei Länder erstreckt – von der Panoramaterrasse aus fast anfassen kann, die auf der glänzenden Felsnadel Aiguille du Midi errichtet wurde und die man von Chamonix aus mit der berühmtem Schwebebahn erreicht. Die lange Geschichte seiner Bezwingung hat auch die Geburt des Alpinismus gezeichnet, den man dem Genfer Wissenschaftler Horace-Bénédict de Saussure zu verdanken hat, der 1760 anlässlich eines Besuchs in Chamonix demjenigen Menschen eine Belohnung anbot, der als Erstes einen Weg auf den Gipfel des Mont Blanc finden würde. Dieses Unternehmen gelang am 8. August 1786 Jacques Balmat und Michel Gabriel Paccard. Ferner verdanken wir de Saussure die Geburt des Trekkings, da er die Freuden des

| 20 *Vom Col du Brevent im Nordwesten von Chamonix blickt man auf dem Mont Blanc.*
| 21 *Die Steinböcke, im 19. Jhdt. vom Aussterben bedroht, verdanken ihr Überleben den Savoyern.*

**EMPFEHLENSWERT**

- UNWEIT VON CHAMONIX VERDIENT **SAINT-GERVAIS-LES-BAINS** WEGEN DES BLICKS AUF DIE GIPFEL UND WEGEN SEINER THERMEN, DIE 1808 ERÖFFNET WURDEN, EINEN BESUCH. DER KOMPLEX DES SPA THERMAL DU MONT BLANC IST WUNDERBAR, UND DIE ANWENDUNGEN WERDEN IHNEN DIE NÖTIGE ENERGIE FÜR DIE FORTSETZUNG DER WANDERUNG GEBEN.

- VON CHAMONIX AUS FÄHRT DIE MONTENVERS-ZAHNRADBAHN BIS ZUM FUSS DES **MER DE GLACE** (1913 M), DES GRÖSSTEN FRANZÖSISCHEN GLETSCHERS. VON HIER AUS GELANGT MAN ÜBER EINEN WEG ZU EINER INS EIS GEGRABENEN **GROTTE**, IN DER SICH EINE AUSSTELLUNG ZUR GESCHICHTE DES MONT BLANC VOM 19. JHDT. BIS HEUTE BEFINDET.

- MACHEN SIE IN **MORGEX** IM AOSTATAL EINEN KLEINEN ABSTECHER VON DER TMB UND LAUFEN SIE DEN **BARFUSSWEG** ENTLANG, DER IHNEN DIE WOHLTATEN EINER SENSITIVEN ERFAHRUNG MIT UNMITTELBAREM KONTAKT ZUR NATUR ERLAUBT. DER WEG IST IN ABSCHNITTE AUS STEIN, HOLZ, SAND UND MOOS UNTERTEILT.

- BUCHEN SIE IM **VAL FERRET** IN DER SCHWEIZ EINE NACHT IN DER BERGHÜTTE **L'ALPAGE DE LA PEULE A LA FOULY**, DIE EINE SEHR TRADITIONELLE ÜBERNACHTUNG AUF STROH, DIE VERKOSTUNG VON KÄSE UND EINE FÜHRUNG DURCH DIE HANDWERKLICHE PRODUKTION ANBIETET.

| **22** *Die Tour Mont Blanc sieht Wanderungen von großem landschaftlichen Reiz vor.*

Bergs den „gewöhnlichen Sterblichen" näher brachte. Er selbst bestieg das Massiv aus wissenschaftlichen und touristischen Gründen dreimal zwischen 1767 und 1778 und legte für die nachfolgenden Generationen jenen Wanderweg an, der als Rundweg des Mont Blanc schlechthin gilt, also das spektakulärste und erfüllendste Abenteuer unseres Kontinents zu Fuß in großer Höhe. Ironischerweise beschreibt der erste Reiseführer zum Mont Blanc, der von dem Engländer John Ball verfasst und 1863 in London veröffentlicht wurde, diesen Weg als „für weniger abenteuerlich veranlagte Menschen geeignet", „machbar auf dem Rücken eines Maulesels ... und häufig auch von Damen bewältigt". Doch Ball war vor allem Alpinist und daher ein wenig hochnäsig gegenüber einem Erlebnis, das nicht als episches Unternehmen klassifiziert werden konnte. Das Schöne an der Tour Mont Blanc besteht auch darin, dass dieser 170 km lange Rundweg in 12 Etappen eingeteilt ist und somit für alle zugänglich, die eine gute körperliche Verfassung haben. Er windet sich auf höchstens 2665 m Höhe entsprechend der Fenêtre d'Arpette auf Schweizer Boden und gestattet, die „dünne Luft" ebenso zu erleben wie die Natur und Kultur der Täler, die das Massiv zerfurchen. Wenn der Wegabschnitt auf dem Steilhang entlang des Val Ferret im italienischen Aostatal mit Start im Tal von Courmayeur den berauschensten Panoramablick auf den Schnee und die Spitzen der Bergkette des Mont Blanc darstellt – von der Aiguille Noire de Peuterey zum Gipfel des Mont Blanc, von dem finsteren Zahn des Giganten bis zu den Grandes Jorasses und zum Mont Dolent – so ist die ganze Strecke eine Abfolge von Tälern voller blühender Rhododendren und Nadelwälder, die sich bis zu einer Höhe von 2000 m ausdehnen, und voller grüner Weiden, die von Chalets geprägt werden, Meisterwerke der Architektur der Bergvölker. Während der Wanderung kann man die Gletscherzungen berühren und den Zauber der spiegelglatten Alpenseen genießen (der See von Champex ist wunderschön, in ihm spiegeln sich das gleichnamige Städtchen und die Gruppe des Grand Combin). Man begegnet aus nächster Nähe einer reichen Alpenfauna aus Steinböcken, Rehen, Füchsen, Murmeltieren und Königsadlern. Die Rastplätze entlang der Tour Mont Blanc sind nicht weniger bewegend: Man erlebt die authentische Atmosphäre der Berghütten, die alle in die Legende des Dachs von Europa eingingen wie auch die Alpinisten, deren Namen sie tragen, und man atmet sogar eine mondäne Eleganz, denn die Ortschaften, die auf den Mont Blanc gerichtet sind, sind zugleich diejenigen, die den hochwertigen Tourismus aus der Taufe gehoben haben.

Eine besondere Erwähnung verdient der französische Ort Chamonix, der mit seinen prächtigen Hotelchalets alter Tradition, die Märchenschlösser zu sein scheinen, unerschütterlich seinen ersten Platz als Welthauptstadt der Bergferien behält. Hier entstanden die Skier und das Eislaufen, und 1924 fanden die Olympischen Winterspiele hier statt. Auf dem Hauptplatz, das versteht sich von selbst, verehrt Chamonix de Saussure mit einer Statue, die ihn abbildet, wie er auf den Gipfel des Mont Blanc zeigt.

**Website** *www.autourdumontblanc.com*

**Beste Reisezeit** *Von Mai bis Oktober, wenn die Bergbahnen und Hütten geöffnet sind.*
**Zeitbedarf** *Für den gesamten Rundweg benötigt man zwischen 8 und 12 Tagen, je nach körperlicher Verfassung.*

**Organisatorisches** *Dem gut ausgeschilderten Rundweg des Mont Blanc kann man unabhängig sowohl im als auch gegen den Uhrzeigersinn folgen. Man kann an jedem Ort entlang des Wanderwegs beginnen. Man sollte jedoch rechtzeitig die Plätze in den Berghütten buchen; eine vollständige Liste mit den jeweiligen Kontaktdaten steht auf der oben genannten offiziellen Website des TMB. Wenn Sie es vorziehen, von einem Führer begleitet zu werden, können Sie sich u.a. an die Compagie des Guides et Accompagnateurs de Chamonix Mont-Blanc in Frankreich, an die Associazione Guide Escurionistiche Naturalistiche della Valle d'Aosta in Italien und an Les Guides de Verbier in der Schweiz wenden.*

**Tipp** *Um sich von den Anstrengungen der Wanderung zu erholen und das Erlebnis auf dem Dach von Europa besser genießen zu können, nehmen Sie sich die Zeit für einen ein- oder zweitägigen Aufenthalt entlang des Wegs, zum Beispiel in den Orten Chamonix, Courmayeur oder Champex.*

**Wissenswert**

- *Chamonix war die erste Alpengemeinde (und die erste der Welt), die den Beruf des Alpenführers reglementiert hat. Die heute legendäre Compagnie des Guides wurde 1821 gegründet und zählte bereits damals fast 200 Mitglieder.*

- *Die erste Frau, die 1808 den Gipfel des Mont Blanc bestieg, war Marie Paradis, die als Dienstmagd in einem Lokal in Chamonix arbeitete. Doch musste sie, wie sie zugab, auf Schultern zum Gipfel getragen werden, sodass die Adlige Henriette d'Angeville – die dasselbe Unternehmen 1838 vollbrachte – als erste weibliche Alpinistin angesehen wird. Sie ging als „Verlobte des Mont Blanc" in die Geschichte ein.*

- *Die Etymologie des französischen Wortes chalet kommt von cale, einem Begriff, der den rudimentären Schutzraum für das Vieh auf den Hochalmen bezeichnete, kaum mehr als ein Stapel Felsblöcke mit einer Feuerstelle zwischen zwei Steinen. Nichts könnte weniger mit den modernen Chalets zu tun haben, den oft luxuriösen Unterkünften, die den Traum eines jeden Urlaubs in den Bergen verkörpern.*

| 23 *Die Réserve Naturelle des Aiguilles Rouges befindet sich gegenüber dem Mont Blanc-Massiv.*

# DIE MONTE-ROSA-TOUR

Eine Wanderung durch vier italienische und zwei schweizerische Täler, durch die Natur rings um das weitläufigste Gebirgsmassiv der Alpen und zur Kultur der Walliser.

| **24-25** *Blick über den höchsten Gipfel des Monte-Rosa-Massivs, dem Punta Dufour.*

Heute würden Umweltschützer erschaudern, doch 1893 hatte die Führung des Club Alpino Italiano keinerlei Bedenken, die Felsspitze des Punta Gnifetti (Signalkuppe) abzuschlagen, um dort eine winzige Schutzhütte zu bauen. Man wollte Frankreich den Triumph streitig machen, das höchst gelegene Gebäude Europas (auf einem Berggrat des Montblanc 4350 m Höhe) zu beherbergen. Den Rekord hält jetzt die Berghütte Regina Margherita auf 4554 m, die wohl nach der damaligen italienischen Königin benannt wurde, die sie zur Einweihung besucht hatte. Die Königin wurde mithilfe einer Sänfte und in Begleitung ihres Zwergpudels hinaufbefördert. Die ursprüngliche Hütte wurde 1980 durch eine neue und größere ersetzt, in der sich auch ein Forschungslabor befindet. Nach zwei Tagen Fußmarsch erreicht man das Dorf Alagna Valsesia: Hier erstreckt sich bei klarer Sicht das Panorama von den Seealpen über das Berner Oberland bis hin zu den Dolomiten. Um den Monte Rosa bewundern zu können, zu dem 29 über 4000 m hohe Gipfel zählen – der höchste darunter ist mit 4634 m der Punta Dufour – und der das ausgedehnteste Gebirgsmassiv der Alpen darstellt, dessen berühmteste Bergwand die einzige auf dem europäischen Kontinent von

| **26** *Die Gegend um Alagna Valsesia wurde im 13. Jahrhundert von den alemannischstämmigen Wallisern besiedelt.*

himalajagleichen Dimensionen ist, wurde eine der eindrucksvollsten und abwechslungsreichsten Trekkingrouten des gesamten Alpenraums angelegt. Sie schlängelt sich in über 190 km quer durch sechs Talebenen, von denen sich vier auf italienischem Gebiet befinden (das Valsesia und das Anzascatal in Piemont, das Lystal und das Ayastal in der Region Aostatal) und zwei auf der schweizer Seite (das Saastal und das Mattertal). Auch wenn Zermatt idealer Ausgangs- und Zielpunkt ist, kann eine Umrundung von jedem dieser Täler aus unternommen werden. Bei der Überquerung des Theodulgletschers in der Schweiz, der bis in 3317 m Höhe reicht, über immense Geröllfelder und vorbei an klaren Alpenseen, bekommt man atemberaubende Landschaften und eine außergewöhnliche Vielfalt an alpiner Flora und Fauna zu sehen. Und auf der Monte-Rosa-Tour kann der Wanderer ein besonderes Bergvolk entdecken, das im Einklang mit der Natur lebt: die Walliser, einer Gemeinschaft alemannischer Herkunft, die sich zwischen dem 11. und 14. Jahrhundert in einem guten Teil der vom Monte Rosa hin abfallenden Täler angesiedelt hat, wo sie autonome Dörfer gründeten. Die Walliser, die ihren Traditionen treu geblieben sind und ihre Sprache beibehalten haben, sind unter anderem dafür bekannt, die ausgeklügeltste alpine Architektur geschaffen zu haben: die hölzernen Stadel, die auf einem steinernem „Pilz" errichtet werden und als Heuschober, Stall und Wohnhaus dienen. Sie trotzen den strengen Wintern, und die dekorativen Elemente, die sie aufweisen, zeugen von einem ungewöhnlichen Sinn für Ästhetik. Wenngleich in den letzten beiden Jahrhunderten viele Walliser ausgewandert sind – manche wurden zu angesehenen Zimmerleuten, andere haben sich sogar bis nach Lyon vorgewagt, wo sie zu renommierten Konditoren wurden –, sind einige Ortschaften entlang der Monte-Rosa-Tour noch immer dicht besiedelt und äußerst lebendig. Einen Besuch wert sind zum Beispiel Macugnaga im Anzascatal, Gressoney-St-Jean und Gressoney-La-Trinité im Lystal.

**Websites** *www.monterosa4000.it und www.rifugimonterosa.it*

## EMPFEHLENSWERT

**ZERMATT** HAT MIT SEINEN ENTZÜCKENDEN FACHWERKHÜTTEN SEINEN GEBIRGSDORF-CHARAKTER NICHT VERLOREN. DAS AUTOFREIE ZERMATT (MAN GELANGT MIT DER EISENBAHN DORTHIN UND NUTZT VOR ORT PFERDETAXEN ODER ELEKTROFAHRZEUGE) IST AUCH DER AUSGANGSPUNKT ZU EINER DER SCHÖNSTEN ZUGREISEN DURCH DIE ALPEN AN BORD DES **GLACIER EXPRESS,** DER ST. MORITZ MIT DAVOS VERBINDET.

IM VAL D'AYAS KOMMT MAN BEIM AUFSTIEG VOM **CIME BIANCHE** ZUM **COLLE SUPERIORE** AN DEN WUNDERSCHÖNEN SEE AUF 2808 M.

DAS **WALLISER ÖKOMUSEUM** IN GRESSONEY-LA-TRINITÉ BIETET INTERESSANTE AUSSTELLUNGEN ZU ARCHITEKTUR UND VOLKSTUM, ZUR ENTWICKLUNG DER GLETSCHER, ZUR GESCHICHTE DER BEZWINGUNG DER ALPEN UND ZU DEN UNTERSUCHUNGEN DES FORSCHUNGSLABORS IN DER MARGHERITAHÜTTE.

IN EINEM WUNDERVOLLEN WALLISER HAUS AUS DEM 18. JHDT. IN PEDEMONTE, EINEM ORTSTEIL VON ALAGNA VALSESIA, BEFINDET SICH DER **GASTHOF LA MONTAGNA DI LUCE.** DAS IN DER SCHEUNE EINGERICHTETE RESTAURANT SERVIERT SPEZIALITÄTEN WIE RAVIOLI AUS POLENTA, WURST, LAMM-TAROZ, UND ZUM DESSERT APFELTORTELLI.

**Beste Reisezeit** *Mai bis Oktober, wenn Aufstiegsanlagen und Berghütten geöffnet sind.*

**Zeitbedarf** *9 Tage für die gesamte Strecke.*

**Organisatorisches** *Die mit Wegweisern mit der schwarzen Inschrift „TMR" in gelber Raute gut ausgeschilderte Monte-Rosa-Tour lässt sich ganz unabhängig bewältigen. Überall entlang der Wegstrecke befinden sich gut ausgestattete Hütten, und in den Dörfern gibt es zahlreiche Gasthöfe der verschiedensten Kategorien. Es gibt eine Reihe von Aufstiegsanlagen; daher ist dieser Urlaub auch für Familien mit Kindern geeignet. Möchte man lieber an einer geführten Wanderung teilnehmen, kontaktiert man am besten die Alpenführervereine, die sich an jeder Etappe der Route finden. Die Gesellschaft Guides de Champoluc-Ayas organisiert zum Beispiel klassische Rundstreckenwanderungen entlang der Klettersteige, Canyoning (Schluchteln) und richtige Klettertouren.*

**Tipp** *Die Monte-Rosa-Tour ist besonders im Juli und August eine stark frequentierte Wanderstrecke. Es empfiehlt sich, frühzeitig eine Unterkunft auf den Hütten zu reservieren.*

## Wissenswert

*Es wäre ja zu einfach, wenn der Monte Rosa wegen der Farbe des Schnees in der Morgendämmerung so hieße: Tatsächlich rührt der Name vom Wort „rouja" im Aostatal-Dialekt her, was „Gletscher" bedeutet.*

*Jahrhundertelang war der Monte-Moro-Pass der wichtigste Gebirgspass durch Italien und die Schweiz. Seinen Namen verdankt er den Sarazenen, die im 10. Jahrhundert aus der Provence hierher gelangten, sich niederließen und Zölle erhoben. Einigen Wissenschaftlern zufolge stammt auch der Name eines Gipfels auf der Schweizer Seite des Rosa aus dem sarazenischen Arabisch, das Allalinhorn: „ala'i-ain" bedeutet „Quelle Allahs".*

*Die Vegetation am Monte Rosa reicht bis in beträchtliche Höhen hinauf, wie man es im Alpenraum nur selten findet.*

| **27** *Der Ausdruck Monte Rosa leitet sich aus dem Wort rouja (Gletscher) im Aostatal-Dialekt her.*

# AUF DEM KÖNIG-LUDWIG-WEG

War er wahnsinnig oder einer der größten Utopisten aller Zeiten? Auf den Spuren König Ludwigs II. von Bayern, vorbei an all den Stätten, die er so sehr geliebt hat.

Der Dichter Paul Verlaine hielt Ludwig II. von Bayern für „den einzig wahren König" seines Jahrhunderts. Und als solcher wurde er mit zahlreichen Beinamen versehen, vom „Märchenkönig" über den „Schwanenkönig" bis zum „wahnsinnigen König". Die wahrheitsgetreueste (und hinsichtlich seines Todes fast prophetische) Definition seines exzentrischen Lebens gab er selbst, als er konstatierte: „Ein ewig Rätsel will ich bleiben mir und anderen." Im Jahre 1864 wurde er gekrönt, kurz vor seinem 19. Geburtstag. Bald schon trat seine Abneigung gegenüber Frauen sowie sein Widerwille zutage, sich in der Öffentlichkeit zu zeigen; er verweigerte alle Kontakte bis auf jene zu einem engen Kreis aus Günstlingen und Beamten – und zu dem Komponisten Wagner, für den er eine Verehrung hegte, die sich bis zur Vergötterung steigerte. Er zog es vor, seine Hauptstadt München zu verlassen, um in der romantischen Atmosphäre der bayerischen Gefilde für sich allein märchenhafte Schlösser zu konstruieren, bizarr und zeitlos. Die architektonische, künstlerische und kulturelle Hinterlassenschaft Ludwigs II. mit ihrer Extravaganz hat ein touristisches Interesse erzeugt, das zu einer der wichtigsten Einnahmequellen des Freistaats Bayern wurde. Ob Schloss Neuschwanstein, der berühmteste seiner Paläste, oder die weltbekannten Wagnerfestspiele in Bayreuth, zu denen er einst den Anstoß gegeben hat – die tiefgründigste und poetischste Annäherung an das Bayern des Märchenkönigs erlebt man zu Fuß in 8 bis 9 Tagen auf dem König-Ludwig-Weg. Die mühelos zu bewältigende Strecke von 120 Kilometern führt durch alle Orte, die er liebte und häufig des Nachts als Held Parsifal verkleidet mit der Kutsche erkundete. Die Route beginnt, von Schildern mit einem gekrönten „K" geleitet, an der Votivkapelle bei Berg, dem Dorf am Ufer des Starnberger Sees, wo der König am 13. Juni 1886 zusammen mit dem ihn behandelnden Arzt tot aufgefunden wurde – unter rätselhaften Umständen ertrunken: Man weiß nicht, ob es Selbstmord war, ein tragischer Unfall oder Mord. Von hier aus geht es (in nicht mehr als 15 romantischen Kilometern täglich) durch Ackerland und Dörfer weiter, deren schöne kleine Häuschen mit Unmengen von Geranien verziert sind, und durch wilde

**Websites** *www.bavaria.by und www.koenig-ludwig-weg.de*

| **28-29** *Schloss Neuschwanstein zählt jedes Jahr rund 1,3 Millionen Besucher.*

## EMPFEHLENSWERT

■ AM STARNBERGER SEE SOLLTE MAN SICH EINE BOOTSFAHRT ZUR **ROSENINSEL** GÖNNEN, EINEM DER LIEBLINGSPLÄTZE VON LUDWIG II. UND PRINZESSIN SISSI. SIE BEHERBERGT EINEN ROSENGARTEN MIT 15.000 EXEMPLAREN, EINE REIZENDE RESIDENZ IM POMPEJIANISCHEN STIL UND EIN MUSEUM, DAS SICH DER GESCHICHTE DER ADLIGEN BESUCHER DES SEES WIDMET, DER NICHT VON UNGEFÄHR AUCH FÜRSTENSEE GENANNT WIRD.

■ IN DER WEGEN DER VIELEN KIRCHEN AUCH ALS PFAFFENWINKEL BEKANNTEN REGION LIEGT DAS ÖRTCHEN **WESSOBRUNN,** DAS EINEN ABSTECHER ZUM BESUCH SEINER ABTEI WERT IST. MAN KANN IM GÄSTEHAUS ÜBERNACHTEN, IN DEM MAN EIN „FRÜHSTÜCK NACH ART DER MÖNCHE" SERVIERT BEKOMMT, EINE KÖSTLICHKEIT. IN WIES BESUCHT MAN DIE VON DER UNESCO GESCHÜTZTE **WIESKIRCHE** MIT IHRER NICHT ZU ÜBERTREFFENDEN INNENAUSSTATTUNG IM ROKOKOSTIL, IN DER AUCH HÄUFIG KONZERTE STATTFINDEN.

■ DAS **SCHLOSS NEUSCHWANSTEIN** IST IM WAHRSTEN SINNE DES WORTES EIN TRAUMBILD, WIE ES MIT SEINER GANZEN PRACHT AM ENDE DES WEGES ÜBER DER PÖLLATSCHLUCHT AUS DEM WALD AUFTAUCHT.

■ AM ENDE DER ROUTE SOLLTE MAN NOCH EINEN TAG FÜR DIE ERKUNDUNG DER SCHÄTZE **FÜSSENS** UND DES **SCHLOSSES HOHENSCHWANGAU** (DAS DER VATER LUDWIGS II. ERWARB) EINPLANEN (UND SICH AUSSERDEM IN EINEM DER GEMÜTLICHEN BIERGÄRTEN ENTSPANNEN). DANACH FÄHRT MAN MIT DER SEILBAHN DIE 1800 METER NACH OBEN ZUM TEGELBERG, UM DORT DEN AUSBLICK AUF DIE SEEN UND DIE ÖSTERREICHISCHEN ALPEN ZU GENIESSEN.

Landschaften, die an die Szenerien einer Wagnerschen Heldenoper erinnern: der Hohe Peißenberg (988 m) – schönster Panoramaberg Bayerns –, die waldige Schlucht an der Ammer, Buchen- und Tannenwälder, Ortschaften von mittelalterlichem Charme oder mit Meisterwerken barocker Baukunst. Unter den Schätzen, die man entlang des König-Ludwig-Wegs entdecken kann, sind besonders hervorzuheben: die zauberhafte Kleinstadt Dießen am Ammersee mit dem Marienmünster, einer prachtvollen barocken Kathedrale, und das winzige Dörfchen Rottenbuch am Fuße der Alpen, in dem sich die gleichnamige Abtei der Augustinermönche befindet, deren schlichtes Äußeres im gotischen Stil die vergoldeten Verzierungen im Rokokostil im Innern verbirgt. Und natürlich Schloss Neuschwanstein, quasi das Ziel der Wanderroute, die in Füssen, der entzückenden Kleinstadt in der Nähe des Forggensees und der Grenze zu Österreich, zu Ende geht – die Gegend, in der Ludwig II. seine Kindheit verbracht hatte und wo er an der romantischen Alpenlandschaft Gefallen fand.

**Beste Reisezeit** *Mai bis Mitte Oktober.*

**Zeitbedarf** *9 Tage.*

**Organisatorisches** *Die Wanderung auf dem gut ausgeschilderten König-Ludwig-Weg lässt sich mühelos bewältigen und ist daher auch für alle geeignet, die mit Kindern verreisen oder ihre Ferien unabhängig gestalten wollen. Wer einen organisierten Ausflug mit oder ohne Reiseleiter und inklusive Bahntransfer von München nach Berg und von Füssen nach München sowie im Voraus reservierte Hotels bevorzugt, dem empfehlen wir das Reiseunternehmen Alpenland Touristik.*

**Tipp** *Im Juli und August sollte man die Unterkünfte entlang der Route möglichst weit im Voraus buchen, besonders im August und später während des Münchner Oktoberfestes.*

**Wissenswert**

- *Schloss Neuschwanstein kennenlernen, ohne es je wirklich gesehen zu haben: Es wurde von Disney bis ins Kleinste kopiert und im Film zum Schloss von Aschenputtel gemacht (in jedem Disneyworld der Welt). Das Original zählte bisher 60 Mllionen Besucher, jährlich bis zu 2 Millionen.*
- *Der Bau des Schlosses Neuschwanstein trieb den bayerischen Staat nahezu in die Pleite: Für das gewaltige Bauwerk verwendete man 465 Tonnen Salzburger Marmor, 400.000 Backsteine und 2030 Kubikmeter Holz. Ungeachtet der Ausmaße bot das Schloss keine Unterbringungsmöglichkeiten für den Hofstaat, da es wie ein Bühnenbild konzipiert war und einen Tempel der Freundschaft zwischen dem König und Richard Wagner darstellte. Ludwig II. wohnte nur 173 Tage darin.*
- *Einmal ohne Bezug zu König Ludwig: Mit einem kurzen Umweg gelangt man vom Starnberger See zu dem winzigen Eßsee, wo der Naturwissenschaftler und Nobelpreisträger Konrad Lorenz durch das Beobachten der Wildgänse das Phänomen der Prägung studierte. Heute befindet sich in seinem Wohnhaus das ornithologische Zentrum des Max-Planck-Instituts. Und Lorenz' berühmte Gänse bevölkern den See und dessen Ufer in einer idyllischen Szenerie.*

| 30 *Schloss Hohenschwangau wurde erstmals im 12. Jahrhundert erwähnt.*

# DER GRANDE RANDONNÉE AUF KORSIKA

Zum Durchqueren des granitenen Herzens der Insel braucht man 15 anspruchsvolle Tagesmärsche auf einem der schönsten Wanderwege Europas.

## EMPFEHLENSWERT

- DAS **RESTONICA-TAL** IM NORDEN WIRD VON DER PRÄCHTIGEN FELSSCHLUCHT DES GLEICHNAMIGEN FLUSSES GEKENNZEICHNET, DIE SICH NACH CA. 15 KILOMETER SCHLÄNGELNDEN FLUSSLAUFS INS WEIDELAND DER SCHAFE VON GROTTELLE ÖFFNET (DEREN STÄLLE AUS DEN INSELTYPISCHEN MÖRTELLOSEN STEINKONSTRUKTIONEN BESTEHEN). DAS TAL ENDET BEI DEN SEEN **LAC DE MELO** UND **CAPITELLO**.

- IN VIZZAVONA ANGEKOMMEN, SOLLTE MAN SICH GENAU AUF HALBER HÖHE DER STRASSE EINE RAST IM **HOTEL MONTE D'ORO** GÖNNEN, DEM ZWISCHEN BUCHEN VERSTECKT LIEGENDEN ÄLTESTEN BERGGASTHAUS DER INSEL MIT SEINER WUNDERBAREN ATMOSPHÄRE DES 19. JAHRHUNDERTS. IM RESTAURANT WERDEN SPEZIALITÄTEN WIE WILDSCHWEINGERICHTE UND KÄSESORTEN WIE **BROCCIU** UND **BRIN D'AMOUR** SERVIERT.

- IM WALD VON VIZZAVONA STEIGT MAN BIS ZU DEN **CASCADES DES ANGLAIS** HINAUF: SIE BESTEHEN AUS EINER REIHE VON BECKEN MIT KLAREM WASSER UND GELTEN ZU RECHT ALS EINER DER IDYLLISCHSTEN ORTE DER INSEL.

- WENN MAN KURZ VOR DEM ZIEL DEN **PAGLIA ORBA** ERKLOMMEN HAT, SOLLTE MAN AUF DEM GIPFEL VERWEILEN, UM SICH DES PANORAMAS DES **GOLFS VON PORTO VECCHIO** ZU ERFREUEN UND EINEN VORGESCHMACK AUF EINIGE DER SCHÖNSTEN STRÄNDE DES MITTELMEERS ZU BEKOMMEN.

| **31** *Um den Col de Bavella zu erreichen, muss man eine Höhe von 1243 m erwandern.*

Granitgestein findet man auf ganz Korsika. Ob man bei Bonifacio auf der Insel landet, ob man die Küste zwischen Ajaccio und Calvi entlangläuft oder über den Hauptgebirgskamm der Hügel von Vergio, Vizzavona und Bavella klettert, stets wird man von Säulen, die an prähistorische Menhire (oder an zeitgenössische Skulpturen) erinnern, Bergwänden und Felsplatten begleitet. Um die Wunder und das Bizarre dieses rötlich grauen Gesteins wirklich zu entdecken, muss man allerdings den Grande Randonnée zu Fuß beschreiten (das offizielle Kürzel ist GR20), der sich von Norden nach Süden über alle Berge Korsikas zieht. Er gilt als einer der schönsten und anspruchsvollsten Wanderwege Europas, ist nicht ganz 200 km lang und weist insgesamt über 10.000 Höhenmeter auf. Die Geschichte dieser Strecke, die von den Korsen Fra li Monti genannt wird, ist eng mit jener des Nationalparks, des Parc Naturel Régional de Corse, verbunden, der sich über 40 Prozent der Fläche der Insel erstreckt und 1972 von der französischen Regierung gegründet wurde. Die Einrichtung des Parks mit dem in der Folge entstandenen GR20 und einem Netz von sehr leichten Wanderpfaden auf den alten Transhumanzwegen der Schafherden, die von den Freiwilligen des Verbands Fédération Française de la Randonnée Pedestre hergerichtet wurden, haben den Ökotourismus gefördert. Die damit erzielten Einnahmen kommen den Gebirgsdörfern zugute, was der Entvölkerung entgegenwirkt. Die

Route des Grande Randonnée durchzieht Korsika diagonal von Nordwest nach Südost. Sie nimmt bei Calenzana in der Nähe von Calvi mit seinem prachtvollen Meerbusen ihren Ausgang und führt bis nach Conca, nicht weit entfernt von der Bucht von Porto-Vecchio. Für die gesamte Strecke benötigt man 15 Tage in täglichen Etappen von je 6 bis 8 Stunden. Wer findet, diese Herausforderung sei zu groß, sollte wissen, dass sich die Strecke auf Höhe der Bahnstation von Vizzavona in zwei Abschnitte, den GR20 Nord und den GR20 Süd unterteilt, die sich beide in einer Woche zurücklegen lassen (wobei der erste aufwendiger ist als der zweite). Die Wegstrecke ist an manchen Stellen nur schwer zu erkennen, da sie von Steinen verdeckt wird, doch die Ausschilderung ist eine der besten Europas. Somit ist die Durchquerung Korsikas auch ohne Führung möglich. Des Weiteren sind in den letzten Jahren zahlreiche Agenturen entstanden, die Ausflügler beraten; sie organisieren die Gepäckbeförderung von einer Station zur nächsten und bieten den Verleih von Maultieren an. Auch das Netz von Berghütten entspricht heute einem guten Standard. Sie tragen malerische Namen wie Ciottulu di i Mori, Carrozzu oder Tighjettu. Hier bekommt man schmackhafte deftige Gerichte und Almkäse serviert. So bleibt nur noch, die Widrigkeiten des Weges zu bewältigen, der durch abwechslungsreiche, alpin anmutende Landschaften weiterführt, mit Eisseen und dichten Kiefernwäldern – besonders schön jene von Vizzavona-Valdo-Niello und Bonifato – und mit hoch gelegenen Tälern, in denen im Sommer wilde Orchideen, Krokusse und Narzissen blühen. Und überall die vom Granit geschaffenen Meisterwerke, Fialen und Türme sowie die scharfen Kanten, die wie Schwertklingen über der Wegstrecke herausragen. Zwischen den Felsgiganten dieser surrealen Landschaften ist der Cirque de la Solitude die Krönung (es lohnt sich, durch einen der ermüdendsten Aufstiege des GR20 dorthin zu gelangen), ein vom Anblick des Monte Cinto beherrschtes Amphitheater, das zur Bucht von Girolata und jener von Galeria hin abfällt. Doch auch der Monte Rotondo bietet ein großartiges Bild, wie er leuchtend rot im Licht des Sonnenuntergangs liegt, dann der bezaubernde Berg Paglia Orba, in den alle paar Meter sogenannte „Tafoni" hineingeschnitten sind, runde Löcher, die durch Erosionen in Tausenden von Jahren durch

| 32 *Der Lac de Nino am GR20 ist eiszeitlichen Ursprungs und das Quellgebiet des Tavignano.*

| 33 *Der Gipfel des Capo d'Orto im Herzen des Parc Natural Régional de Corse bietet einen herrlichen Blick aufs Mittlmeer.*

Wind und Wasser entstanden sind. Die ständige Präsenz des Wassers entlang der gesamten Strecke ist erstaunlich: jeder Abschnitt ist hier von Wildbächen durchzogen, von Wasserfällen und Seen, in denen man bei einem Bad abkühlen kann ... Im Übrigen macht sich das Mittelmeer bereits in der Vegetation bemerkbar, mit dem von windschiefen Wacholderbüschen charakterisierten Buschwald der Macchia, der sich bis zu den höchsten Berghängen vorschiebt, wo Ziegen und Kuhherden und auch Wildschweine weiden. Mit etwas Glück kann man sogar Adler und Wanderfalken sichten oder Rotwild, das vor einigen Jahren aus Sardinien wieder angesiedelt wurde. Und es braucht nicht viel, um Mufflons anzutreffen, die einzige Gattung des europäischen Wildschafs. Das stolze korsische Volk hat dieses unbeugsame Tier zum Symboltier der Insel erwählt.

**Websites** *www.parc-corse.org und www.korsika.com*

**Beste Reisezeit** *Juni bis Mitte Oktober.*

**Zeitbedarf** *2 Wochen.*

**Organisatorisches** *Unter den Reiseveranstaltern, die geführte Ausflüge auf dem GR20 anbieten und Vorausbuchungen der Berghütten und die Beförderung von Gepäck und Lebensmitteln von Etappe zu Etappe organisieren, empfehlen wir Corsica Adventure, Corsica Trek und Corsica Rando Evasion.*

**Tipp** *Im Sommer könnte der GR20 sehr überlaufen sein. Buchen Sie daher Ihren Übernachtungsplatz auf der Hütte weit im Voraus oder bringen Sie, noch besser, ein Zelt mit.*

**Wissenswert**

- *Den Geschwindigkeitsrekord über die Strecke des GR20 hält der katalanische Marathonläufer und Skibergsteiger Kílian Jornet i Burgada, der die Wegstrecke im Juni 2009 in 32 Stunden und 54 Minuten geschafft hat.*
- *Es gibt keinen schöneren Auftakt zur Route des GR20 Süd, als mit der alten Eisenbahn in Vizzavona anzukommen. Sie verkehrt auf der Strecke zwischen Bastia und Ajaccio und führt durch 32 Tunnel und über 51 Viadukte. Die Korsen nennen sie witzigerweise „ihren TGV". Doch in diesem Fall bedeutet das Kürzel* Train à grandes vibrations – *Hocherschütterungszug ...*
- *Charakteristisch für das Gebiet des Korsischen Nationalparks sind die großflächigen Kastanienwälder. Nicht von ungefähr ist die Kastanie – vom Freiheitskämpfer Pascal Paoli als „das Brot Korsikas" bezeichnet – das typischste Produkt der Insel, von dem jährlich 300 Tonnen vermarktet werden. Auf den Hütten serviert man zum* Brocciu, *dem Molkenkäse, und den* Figatelli, *Würsten aus Schweineleber, ausgezeichnete Polenta aus Kastanienmehl.*

# AUF DEM ÄTNA

Trekking auf dem majestätischsten (und launischsten) Vulkan Europas, auf einer magischen Route, die auch einen Abstecher in eine dunkle Lavagrotte vorsieht.

Die Sizilianer nennen ihn auch „a muntagna" – der Berg – für sie ist der Vulkan nicht bösartig, sondern eher wie eine Mutter mit einem verzeihbar launischen Charakter. Der Ätna fasziniert alle, sobald sie vor der Landung in Catania vom Flugzeugfenster aus den aufsteigenden Rauch wahrnehmen. Die Sizilianer verspüren eine fast religiöse Anziehung, vor allem dann, wenn er sie seine Energie spüren lässt. Die Grenze zwischen den sogenannten antiken und modernen Eruptionen stellt jener katastrophale Ausbruch von 1669 dar, der einen Großteil der Stadt Catania zerstörte. Seither kam es zu ca. 200 Vorfällen von Aufsehen erregenden Austritten glühender Magma, die jedes Mal neue Brüche und neue Krater hervorriefen und die Höhe des Vulkans veränderten; derzeit ist er 3340 m hoch. Das durch einen Nationalpark geschützte Gebiet um den Ätna ist außerordentlich abwechslungsreich. Es erstreckt sich von den „exzentrischen Kratern" des Monti Sartorius, die von Lichtungen und Birkenwäldern umgeben sind, bis zu den häufig schneebe-

**Website**
*www.parks.it/parco.etna*

| 34 *Feuer und Eis schließen sich nicht aus: Am Ätna kann es auch schneien.*

| 35 *Mit einigem Sicherheitsabstand lassen sich die Eruptionen des Ätna beobachten.*

deckten Kratergipfeln, und von der Alcantara-Schlucht bis zum Hochtal Valle del Bove, einer enormen Mulde an der Ostseite des Vulkans von ca. 7 km Länge und 5 km Breite, deren Wände eine Höhe von 1000 m erreichen. Auf dem Wanderweg über den Vulkan bekommt man in diesem Tal die unwirklichsten Landschaften zu sehen. Aufregend sind auch die Ausflüge, die man mit Fackeln und Schutzhelmen in eine der ca. 200 Grotten unternehmen kann, die von der durchfließenden Lava gebildet wurden und von den Menschen des Altertums als Bestattungsorte genutzt wurden. Die bekannteste liegt in einer Höhe von 2000 m am nördlichen Abhang des Vulkans: die Grotta del Gelo, die den südlichsten Gletscher Europas birgt.

**Beste Reisezeit** *Das ganze Jahr (wenn es die Eruptionsphasen zulassen).*

**Zeitbedarf** *Die Ausflüge zum Vulkan dauern einen halben bis ganzen Tag, doch es werden auch Routen für 2 bis 7 Tage organisiert, welche die Ätna-Dörfer mit einschließen.*

**Organisatorisches** *Es gibt zahlreiche Agenturen, die geführte Trekkingtouren von unterschiedlicher Dauer und Schwierigkeit auf den Ätna anbieten. Wir empfehlen darunter Etna Avventura, Etna Experience und Etna Trekking.*

**Tipp** *Der Ätna ist auch ein großes Wirtschaftsunternehmen. Die Produkte seiner schwarzen Erde gehören zu den Spezialitäten Siziliens, von den großen Weinen bis zu den Pistazien aus Bronte, vom extrareinen Olivenöl* alla frutta *(mit indischen Feigen, Birnen, Kirschen) bis zum Käse. Und nach der Wanderung zum Vulkan sollten Sie sich eine ebenso spannende önogastronomische Tour genehmigen.*

### EMPFEHLENSWERT

- IM DORF **NICOLOSI** KANN MAN EINE **AUSSTELLUNG DES NATIONALPARKS DES ÄTNA** BESUCHEN. EIN ALTES BENEDIKTINERKLOSTER BEHERBERGT EIN INTERESSANTES MUSEUM ÜBER DIE GEOLOGISCHE GESCHICHTE, DIE VULKANTÄTIGKEIT, DIE GROTTEN UND DAS LEBEN IN DEN ÄTNA-DÖRFERN
- AM **BOVETAL** ENTLANG KANN MAN DEN MÜHSAMEN ANSTIEG DURCH DEN SCHWARZEN SAND UNTERNEHMEN (MIT 700 METERN HÖHENUNTERSCHIED), DER ZU LA MONTAGNOLA FÜHRT, DEM SPEKTAKULÄRSTEN DER NEBENKEGEL DES ÄTNA, DIE SICH DURCH EINEN AUSBRUCH IN DER 2. HÄLFTE DES 18. JAHRHUNDERTS GEBILDET HABEN.
- FOLGT MAN DEM PFAD ZUM ZENTRALEN KRATER HINAUF, GELANGT MAN ZUM **TORRE DEL FILOSOFO** AUF CA. 2900 METERN HÖHE, DER AN DEN PHILOSOPHEN EMPEDOKLES ERINNERN SOLL, DER SICH ANGEBLICH VOR ZWEI JAHRTAUSENDEN IN DEN KRATER GESTÜRZT HAT, UNTER DEM SICH EINST DIE ARBEITSSTÄTTE DES GRIECHISCHEN FEUERGOTTES EFESTO BEFAND.
- ZIEHEN SIE EINE **WANDERUNG BEI SONNENUNTERGANG** IN ERWÄGUNG. DAS PANORAMA NIMMT EINEM DEN ATEM, UND VIELLEICHT WOLLEN SIE AUCH DEN AUFREGENDEN **ABSTIEG** DURCH DIE SCHWEFELDÄMPFE **IM FACKELSCHEIN** ERLEBEN ...

# ENTLANG DER STEILWAND DER DOGON

Website *www.dogoncountry.com*

## Das Bandiagara-Felsmassiv markiert die Grenze zwischen der Sahelzone und der Ebene des Niger. Hier verbergen sich die herrlichen Dörfchen des „Volkes der Worte".

„Gott hat Dich hergeführt! Wie geht es Dir?" – „Gut". – „Und der Familie?" – „Auch gut." Darauf folgt ein „Gut". Und dann: „Gut, Gott schütze dich!". Auf diese Weise begrüßen sich die Dogon, wenn sie sich auf den unwegsamen Pfaden ihres Territoriums treffen. Und nachdem die Höflichkeiten ausgetauscht sind, setzen sie sich auf einen Feldstein, um sich stundenlang zu unterhalten. Dogon bedeutet in der gleichnamigen Sprache „Farbe, in der das Wort gesprochen wird". Ihre Welt ist das Felsmassiv Bandiagara, ein Bruch – geologisch und symbolisch – zwischen der trockenen Sahelzone und der Ebene des Niger. Dicht an dieser 150 km langen rötlichen Steinwand leben heute ca. 400.000 Dogon, die um die 20 Dialekte sprechen. Trotz der Kontakte zu der benachbarten muslimischen Bevölkerung sind sie meist den angestammten animistischen Glaubensformen verbunden geblieben. Hier wohnt in jedem Stein, jedem Baobab (Affenbrotbaum) und jedem Tier ein Geist. Die aus

*| 36-37 Das Dogon-Dorf Teli am Fuße des Bandiagara-Felsmassivs.*
*| 37 Der Tanz hat für die Dogon auch eine wichtige religiöse Bedeutung.*

Banco (einer Mischung aus Lehm, Stroh und Mist) errichteten Behausungen sind so angeordnet, dass sie einen menschlichen Körper darstellen: Der Kopf ist Wohnsitz des Hogon, des spirituellen Führers (meist das älteste Dorfmitglied), der allein leben muss und nur von einem jungen Mädchen aus dem Dorf betreut werden darf; das Herz ist die Toguna, das „Haus der Worte", eine von einer dichten Schicht aus Hirsestrohbündeln gedeckte offene Hütte auf acht Pfählen, die die mystischen Stammeltern darstellen sollen; die Gliedmaßen und Venen sind die Ginna, die Behausungen der Familien, jede davon mit einem eigenen Getreidespeicher für die Hirse. Für das Volk der Dogon ist das tägliche Leben mit dem Übernatürlichen verbunden, und Geister sind „greifbare" Realität. Äußerst interessant ist ihr Handwerk der Maskenherstellung, wie z. B. die der prächtigen Kanaga, die an einen fliegenden Vogel erinnert, oder die der majestätischen, vier Meter hohen Sirige, Symbol des Hogon. Und mit ein bisschen Glück kann man auch sehen, wie sie während einer rituellen Zeremonie getragen werden. Bei einer Wanderung entlang der Felswand von Bandiagara kann man sich einer der geheimnisvollsten Kulturen Afrikas nähern, die ihrem eigenen Kalender folgt, der von der Position der Sterne bestimmt wird. Ein paar Fanatiker, die an außerirdische Zivilisationen glauben, haben gemutmaßt, dass die Dogon aus einer anderen Galaxie stammen. Was immer man von solchen Theorien halten mag, fest steht, dass sich ihre Woche aus fünf Tagen zusammensetzt, unterteilt vom Markt, der jeden Tag in einem anderen Dorf stattfindet: Unter riesigen Baobabs tauschen die Dogon hier landwirtschaftliche Produkte aus und treffen sich beim Kadjo, einem leicht alkoholischen Getränk aus fermentierter Hirse. Die Sterne scheinen zum Greifen nahe, wenn man in der afrikanischen Nacht unter den Dächern ihrer Häuser lagert, vor der Kälte durch die Hitze geschützt, die von den Felsen der Steilwand freigegeben wird. Allein das Schlafen auf der Erde der Dogon ist ein Erlebnis, das die Reise wert ist.

## EMPFEHLENSWERT

- DIE ZAHLLOSEN **HÖHLEN** IN DER IMPOSANTEN SENKRECHTEN STEILWAND GEHÖREN ZU DEN HEILIGSTEN ORTEN DER DOGON. SIE WERDEN AUCH FÜR BESTATTUNGEN GENUTZT. MAN GELANGT AUSSCHLIESSLICH ÜBER EIN SYSTEM VON TAUEN AUS BAOBAB-FASERN UND BEWEGLICHEN HOLZSPROSSEN DORTHIN, KANN SIE ABER AUCH AUS DER FERNE BEWUNDERN.

- **ENDÉ** IST EINES DER FASZINIERENDSTEN DÖRFER UND BERÜHMT FÜR SEINE HANDWERKSKUNST. HIER KAUFT MAN DIE **BOLOGAN,** DIE TYPISCHEN GEWEBTEN BAUMWOLLSTOFFE, UND HIER KANN MAN SICH AUCH EINER TRADITIONELLEN DOGON-MASSAGE UNTERZIEHEN.

- IN KANI KOMBOLÉ, AM SÜDLICHEN ENDE DER STEILWAND, BEFINDET SICH EINE PITTORESKE LEHMBAU-MOSCHEE, IN DEREN VERZIERUNGEN SICH DER SYNKRETISMUS ZWISCHEN ISLAM UND ANIMISMUS WIDERSPIEGELT. DAS DORF SIEHT AUS WIE EINE OASE, UND IN DER GEGEND GIBT ES EINEN SPEKTAKULÄREN WASSERFALL (IN DER REGENZEIT).

- ZWISCHEN MAI UND JUNI FEIERN DIE DOGON DEN **BULO**, EIN FEST, DAS DEN BEGINN DER REGENZEIT MARKIERT. UND ZWISCHEN FEBRUAR UND APRIL KANN MAN WÄHREND DER DAMA, DEN ZEREMONIEN ZU EHREN DER VERSTORBENEN, SOGAR DEN ANIMISTISCHEN RITUALEN UND DEN TÄNZEN MIT DEN BEEINDRUCKENDEN MASKEN BEIWOHNEN.

**Beste Reisezeit** *Die kühlste Jahreszeit (mit max. 30° C und mind. 15° C) zwischen November und Februar. Wem die Hitze nichts ausmacht, der kann die Reise auch im Oktober oder von März bis Mai unternehmen.*

**Zeitbedarf** *3 Tage bis 1 Woche.*

**Organisatorisches** *In Bandiagara, dem Städtchen ganz oben an der Felswand, dem stark besiedelten Zentrum der Dogon (das sogar über ein Tourismusbüro verfügt), ist es ganz leicht, Führer und Dolmetscher zu finden, um eine unabhängige Wanderung durch die Dörfer zu unternehmen. Zu den Reiseveranstaltern in Mali, die von Experten in der Kultur der Dogon geführte Touren organisieren, empfehlen wir Mali Adventure und Afric Vision Tourism.*

**Tipp** *Bevor man in Bandiagara oder Mopti (das Städtchen ist ein Drehkreuz des Tourismus in Mali) in die Steilwand hinaufsteigt, sollte man sich auf dem Markt noch ein Säckchen mit Kolanüssen kaufen: Falls man zum Betreten eines Hauses der Dogon eingeladen wird, verschenkt man sie als Zeichen der Ehrerbietung.*

## Wissenswert

- *In der Mythologie der Dogon wurden die Wohnhöhlen in den Felswänden von ihren Vorfahren bewohnt, einem Stamm von Riesen mit übernatürlichen Kräften. In Wirklichkeit waren diese Höhlen jedoch Wohnstätte der Tellem, eines halbnomadischen Pygmäenstamms, der im 14. Jahrhundert ausgerechnet von den Dogon vertrieben wurde.*

- *In zeitlicher Übereinstimmung mit dem Vorbeiflug des Sterns Sirius B (alle 60 Jahre) findet das Sigi-Fest statt, das wichtigste Fest der Dogon, das mehrere Wochen dauert und seinen Höhepunkt im Initiationsritus der Awa hat, die den Auftrag zum Abhalten der Beerdigungsrituale der kommenden Jahre erhalten. Das nächste Sigi-Fest wird 2027 stattfinden.*

- *Die Dogon sind Bauern, und die Grundlage ihrer Ernährung ist die Hirse. Sie bauen auch Sorghumhirse, Reis und winzige, sehr süße Zwiebeln an. Letztere werden zerkleinert und zu Kugeln geknetet in der Sonne getrocknet und stellen das hauptsächliche „Export"-Produkt dar, das in ganz Mali bis zur Elfenbeinküste verkauft wird.*

| 38 *Die Dörfer der Dogon sind in der Form eines menschlichen Körpers angeordnet. Diese Häuser dienen auch als Hirsespeicher.*

# VIRUNGA, DIE BERGE DER GORILLAS

Es ist teuer und dauert kaum eine Stunde. Doch das Erlebnis, einen Berggorilla im Vulkan-Nationalpark zu beobachten, ist unbezahlbar.

39 *Ein Gorillajunges im Parc National des Volcans.*

Nach gängiger Meinung ist ein Gorilla die Furcht einflößende, New Yorks Wolkenkratzer überragende und sich auf die Brust trommelnde Bestie King Kong. Doch in Wirklichkeit (und für all jene, die einen anderen erfolgreichen Film gesehen haben: Gorillas im Nebel, der vom Leben und dem tragischen Tod der großen Primatenforscherin Dian Fossey erzählt) sind die Gorillas eine der vier großen Primatenarten, die dem Menschen am ähnlichsten sind. Auch wenn er aufgrund seiner Größe Angst einflößen kann, ist er doch ein friedlicher, geselliger Pflanzenfresser, der in haremartigen Gemeinschaften lebt, denen ein männliches Leittier vorsteht, der Silberrücken (den man wegen des silberfarbenen Fellstreifens auf seinem Rücken so nennt), der durchschnittlich bis 170 cm groß wird und 160–200 kg auf die Waage bringt. Die Spezies teilt sich in zwei Unterarten, den Westlichen Flachlandgorilla (Gorilla gorilla) und den Östlichen Gorilla (Gorilla beringei). Von der zweiten Art, die die Wälder Virungas bevölkert – des Gebirgsmassivs mit seinen fast 5000 m hohen Vulkanspitzen im Grenzgebiet zwischen Ruanda, der Demokratischen Republik Kongo und Uganda – gibt es gerade noch 786 Exemplare. Der Ort, an dem man die Berggorillas in ihrem natürlichen Lebensraum beobachten kann, ist der 1925 gegründete Parc National des Volcans – das erste Schutzgebiet auf dem afrikanischen Kontinent – auf der ruandischen Seite von Virunga. Er ist Sitz des Forschungszentrums Gorilla Fund, in dem die Studien und Maßnahmen zum Schutz die-

**EMPFEHLENSWERT**

- IM PARC DES VOLCANS IST SEIT KURZEM EIN WEG BIS ZUM GIPFEL DES VISOKE-VULKANS (3711 METER) AUSGESCHILDERT: HIER BEFINDET SICH AM UFER DES KRATERSEES **DAS GRAB VON DIAN FOSSEY.**
- MIT ETWAS GEDULD KANN MAN IN DEN **WÄLDERN DES VIRUNGA-GEBIRGSMASSIVS** ELEFANTEN UND SONNENSCHWANZ-MEERKATZENFAMILIEN BEOBACHTEN, PRIMATEN, DIE ERST 2001 ENTDECKT WURDEN UND ERNSTHAFT VOM AUSSTERBEN BEDROHT SIND.
- NICHT WEIT VOM BESUCHERZENTRUM DES PARKS BIETET DIE **SABYINYO SILVERBACK LODGE** DIE LUXURIÖSESTEN UNTERKÜNFTE IN EINEM TRAUMHAFTEN AFRIKANISCHEN SZENARIO AN.
- NACH DER WANDERUNG – UND WENN DIE GRENZE ZWISCHEN RUANDA UND DEM KONGO NICHT WEGEN GUERILLAKÄMPFEN GESCHLOSSEN IST – KANN MAN GOMA BESUCHEN, DIE STADT AM KONGOLESISCHEN UFER DES KIVU-SEES. ES IST BEMERKENSWERT, WIE DIESES AFRIKANISCHE POMPEJI, DAS 2002 DURCH EINEN AUSBRUCH DES NYIRAGONGO-VULKANS ZERSTÖRT WURDE, UMGEHEND AUF DER LAVA WIEDER AUFGEBAUT WURDE UND JETZT DICHTER BESIEDELT IST ALS ZUVOR.

| **40** u. **41** *Die Berggorillas sind vom Aussterben bedroht.*

ser Spezies fortgeführt werden, die Dian Fossey begonnen hatte. Das Zusammentreffen mit diesen großen Primaten ist kein Abenteuer im üblichen Sinn, sondern eher eine minutiös geplante Wanderung mit strengen Regeln und zu einem stattlichen Preis. Jeden Tag erhalten nur 56 Besucher die Genehmigung, an einem Gorilla Trek teilzunehmen. Sie werden in 7 Gruppen aufgeteilt, genau so viele, wie es Gorillafamilien im Park gibt. Diese sind mit Sendehalsbändern versehen und an die Anwesenheit von Besuchern gewöhnt. Jeder Gruppe wird eine Familie „zugewiesen"; die Wanderung durch den in Nebel gehüllten Wald kann von einer halben Stunde bis zu 6 Stunden dauern und daher ziemlich anstrengend sein, denn häufig muss der Weg erst von einem Ranger mit einer Panga frei geschlagen werden, einer Machetenart, und das alles zwischen 2500 und 3500 m Höhe. Doch die Anstrengung lohnt sich. Wenn man leise redet und langsame Bewegungen macht, kann man sich ihnen bis auf eine Distanz von 7 m nähern und ihre fast menschlichen Verhaltensweisen beobachten: Mit friedlicher Miene kauen sie Blätter, säugen ihre Kleinen, spielen Fangen auf den Bäumen, stecken ein Aststück in einen Ameisenhaufen, um ihn dann von Ameisen bedeckt wieder herauszuziehen und wie einen Lutscher zu genießen... Damit die Wechselwirkung zwischen Besuchern und Gorillas keine spürbaren Auswirkungen auf deren natürliches Verhalten hat, hat man lediglich eine Stunde zum Beobachten. Und Sie werden jede Minute davon sehr intensiv erleben.

**Websites** *www.igcp.org und http://gorillafund.org*

**Beste Reisezeit** *Zwischen Juni und September, in der Trockenzeit.*

**Zeitbedarf** *Die klassische Wanderung zum Beobachten der Gorillas dauert nur wenige Stunden, doch für eine Reise ins Virunga-Gebiet benötigt man mindestens eine Woche.*

**Organisatorisches** *Die internationalen Veranstalter, die Reisen nach Ruanda, in den Kongo und nach Uganda anbieten, kümmern sich auch um das Beschaffen von Genehmigungen für ein Gorilla-Trekking. Die Kosten für eine Stunde Gorilla-Beobachten liegen bei 750 Dollar, somit ist es eine kostspielige Wanderung, doch mit diesem Geld wird die harte Arbeit des Schützens einer der bedrohtesten Spezies des Planeten finanziert. Die Dian Fossey Foundation organisiert viermal im Jahr eine von Fachleuten geleitete achttägige Gorilla-Expedition in den Parc National des Volcans, zu der auch der Besuch des von der berühmten Primatenforscherin gegründete Karisoke Research Centers gehört.*

**Tipp** *Richten Sie sich in Gegenwart der Gorillas strikt nach den Anweisungen des Rangers. Sie dürfen keinesfalls mit lauter Stimme reden, Fotoapparate mit Blitz benutzen oder Bewegungen machen, die als Angriff aufgefasst werden könnten. Nähert sich Ihnen ein Gorilla mit der Absicht, Sie zu berühren (was häufig vorkommt), bewegen Sie sich nicht.*

**Wissenswert**

- *Erst kürzlich hat man beobachtet, dass die Gorillas einige Gerätschaften benutzen: Steine als Hammer zum Zerbrechen von Ästen, Stecken zum Messen der Tiefe von Tümpeln und Wasserläufen, und sogar Laub als Servietten.*

- *Zu den Hauptbedrohungen der Gorillas gehören Wilderei und der Verlust von Lebensraum (die Hänge des Virunga auf der ruandischen Seite sind einem nicht vertretbaren anthropogenen Druck ausgesetzt).*

- *Die Gorillafamilien bestehen im Schnitt aus 10 bis 15 Individuen; das Verhalten jeder Familie variiert je nach Persönlichkeit des Leitmännchens. Die Weibchen kümmern sich – genau wie bei den Schimpansen – sehr sorgsam um die Nachkommen und verhalten sich den anderen gegenüber äußerst rücksichtsvoll.*

# AUF DEM GIPFEL DES KILIMANDSCHARO

**Websites**
*www.climbingkilimanjaro.com und www.kilimanjaro-man.com*

## Das Dach Afrikas zu erklimmen ist für (fast) alle ein machbares Unterfangen. Es gestattet einem eine „Weltreise" in acht Tagen, von den Tropen bis zur Arktis.

„Weit wie die Welt, ungeheuer hoch und unglaublich weiß im Sonnenlicht", schrieb Ernest Hemingway, verzaubert vom enormen und majestätischen Ausmaß des Dachs von Afrika, in seinem Roman Schnee auf dem Kilimandscharo. Er ist der perfekte Berg (oder vielmehr ein ruhender Schichtvulkan), der sich von der 900 m hoch gelegenen Hochebene aus bis auf die 5895 Höhenmeter des Uhuru oder Kibo erhebt, dem höchsten der drei Vulkankegel. Mit nur 325 Kilometern Entfernung vom Äquator widerspricht der ewige weiße Schnee der Logik. Schätzungen zufolge wird der ewige Schnee wegen der globalen Erwärmung zwischen 2022 und 2033 verschwinden; die gute Nachricht hingegen lautet, dass der Kilimandscharo weltweit an erster Stelle der leicht zu besteigenden Berge liegt. Jeder, der eine gute physische Kondition hat, kann sich daran versuchen, wenn er einen Wanderstock, geeignete Kleidung und eine gesunde Portion Entschlossenheit mitbringt. Nach einem surrealen Aufstieg entlang eines landschaftlichen und klimatischen

| **42** *Der Aufstieg auf den Kilimandscharo: vom tropischen Regenwald zur Heide und von der Hochwüste zum ewigen Eis.*

| 43 *Auf den Hängen des Kilimandscharo wächst Kreuzkraut.*

Profils, das von den Tropen bis in die Arktis reicht, erreichen jährlich etwa 25.000 Menschen den Gipfel. Sechs offizielle Wege, die zum Uhuru führen – Shira, Lemosho, Machame, Umbwe, Marangu und Tongai –, sind von den eingeborenen Führern und Trägern aus Moshi, dem Dorf zu Füßen des Kilimandscharo, eingerichtet worden. Einer von ihnen, Yohani Kinyala Lauwo, der 1889 die österreichischen Alpinisten Hans Meyer und Ludwig Purtscheller erstmals auf den Gipfel führte, gilt als Legende. Nachdem er die Unternehmung ein Dutzend Mal wiederholt hatte, starb er im Rekordalter von 125 Jahren. Sein Berg war nun zum Ziel des „Massentourismus" geworden.

**Beste Reisezeit** *Man kann den Kilimandscharo das ganze Jahr über besteigen. Die besten Monate (und auch die mit den meisten Touristen) sind Januar, Februar und September, wenn das Klima trocken und es nicht zu heiß ist.*

**Zeitbedarf** *Eine Gipfelbesteigung dauert mindestens 5 Tage, doch eine erfolgreiche Besteigung steigt auf 85%, wenn man einem der Wege mit 8-tägiger Aufstiegsdauer folgt.*

**Organisatorisches** *Entgegen der Praxis bei anderen Bergen der Welt, die wesentlich schwieriger sind und größere technische Herausforderungen darstellen, verbieten die tansanischen Behörden den alleinigen Aufstieg. Deshalb ist es verpflichtend, sich an eine der zahlreichen Kompanien zu wenden, die geführte Expeditionen veranstalten. Wir empfehlen Kilimajaro Climbing Company, Ultimate Kilimanjaro und Team Kilimanjaro.*

**Tipp** *Abseits der Anstrengung besteht die größte Herausforderung, in der alles andere als abwegigen Möglichkeit, an Höhenkrankheit zu erkranken, daher ist es ratsam, langsam aufzusteigen, um sich an das Klima zu gewöhnen und sich vor dem Aufbruch gründlich untersuchen zu lassen. Todesfälle – wegen Unterkühlung, Dehydrierung oder Lungenödem – sind unter den Bergsteigern äußerst selten, während die eingeborenen Träger häufiger betroffen sind, weil sie nicht über geeignete Nahrung und Ausrüstung verfügen. Bevorzugen Sie bei der Wahl des Veranstalters, der Sie auf den Kilimandscharo führt, einen, der dem Kilimanjaro Porters Assistance Project angehört.*

### EMPFEHLENSWERT

- ACHTEN SIE DARAUF, DASS DIE MÜHE DES ANSTIEGS SIE NICHT DAVON ABHÄLT, DIE SCHÖNHEIT DES WALDES ZU BEWUNDERN, DER BIS 2700 HÖHENMETER **PRIMATEN, ANTILOPEN UND LEOPARDEN** BEHEIMATET. ETWAS WEITER OBEN WIRD DIE LANDSCHAFT VON HERRLICHEN RIESIGEN **LOBELIEN** BEHERRSCHT, WÄHREND UNTERHALB DES GIPFELEISES LEDIGLICH MOOSE UND FLECHTEN WACHSEN.

- AN DEN OSTHÄNGEN DES KILIMANDSCHARO FÜLLT DER **CHALA-SEE** EINE VULKANISCHE CHALDERA. DAS TÜRKISFARBENE WASSER ERINNERT AN DIE FARBE TANSANIA, DIE SELTENE GEMME, DIE AUS DEN NAHE GELEGENEN MINEN GEWONNEN WIRD. GÖNNEN SIE SICH NACH DEM BERGABENTEUER EINIGE ENTSPANNENDE TAGE IN DER NATUR DES **LAKE CHALA SAFARI CAMP**.

- ES GIBT NUR WENIGE HELDEN, DIE IN DER LAGE SIND, AM **KILIMAN ADVENTURE CHALLENGE** TEILZUNEHMEN, DEM VERRÜCKTESTEN TRIATHLONWETTKAMPF DER WELT, DER DEN AUFSTIEG AUF DEN GIPFEL IN SECHS TAGEN, DIE UMFAHRUNG DES BERGS MIT DEM MOUNTAINBIKE (160 KM) UND EINEN MARATHON UMFASST. ABER AUCH DAS ZUSCHAUEN LOHNT SICH!

| 44 *Der Fluss Luangwa mündet nach verschlungenem Verlauf in den Sambesi.*

# WANDERSAFARI IN LUANGWA

## Bei einer „Wandersafari" erleben Sie das echte Afrika auf den Spuren der Savannenstämme. Aus einem Jäger wird ein Pionier des Naturerhalts.

Der Wunsch eines jeden, der eine Safari in Afrika macht, besteht daraus, die Big Five – also Elefanten, Löwen, Rhinozerosse, Büffel und Leoparden – aus der Nähe zu beobachten. In der kollektiven Vorstellungswelt verkörpern die großen Tiere die Existenz des Savannenabenteuers. Nur Wenige wissen hingegen, dass in den Naturheiligtümern des südlichen Afrikas auch die Small Five leben: der Rüsselspringer (bzw. die Elefantenrüsselmaus), der Ameisenlöwe (ein ausgewachsenes Exemplar erreicht vier Zentimeter Länge), der Nashornkäfer (mit gewaltigen Hörnern) und die Pantherschildkröte (die bis zu 23 kg wiegt und einen gefleckten Panzer hat). Das Privileg einer nahen Begegnung mit den größten und ungewöhnlichsten Tierarten des Buschs ist exklusives Vorrecht derer, die das erleben, was die indigene Bevölkerung safari wakale nennt, ein Ausdruck, der ungefähr mit „Reise auf traditionelle Art" übersetzt werden kann. Geben wir es zu: Die afrikanische Natur bequem vom Sitz eines Jeeps aus zu erleben, ist nichts Neues mehr. Ganz anders – und ethisch viel besser vertretbar – ist es hingegen, den Spuren der

Savannenvölker zu folgen. Und zwar zu Fuß. Der Erste, der die Idee hatte, ein Safaricamp in Afrika zu errichten, war 1951 der Brite Norman Carr, ein reuiger Jäger, der zu dem – damals revolutionären – Schluss kam, dass es bewegender sein kann, die Tiere mit der Kamera zu jagen statt mit dem Gewehr. Heute ist sein Name legendär geworden: Er kämpfte für die Einrichtung von Nationalparks im damaligen Rhodesien (Sambia und Simbabwe), war Pionier bei der Bekämpfung der Wilderer, die Elefanten jagten, um deren Stoßzähne zu verkaufen, und richtete 1980 den Rhino Trust ein, ein Projekt zur Rettung der Nashörner, das heute das Aushängeschild des WWF ist. Das Gebiet, das Carr für seine neue Jagdmethode auswählte, war das Tal des Flusses Luangwa in Sambia, der sich etwa 700 km im Süden des Malawisees windet und das Ende des Großen Grabenbruchs ankündigt. Er versorgt ein Gebiet, das wegen seiner zauberhaften Landschaften und seiner Dichte an Tieren heute als Symbol des „echten Afrikas" angesehen wird. Carr war auch deshalb Pionier, weil er als erster die Angehörigen des Kumba-Stamms in sein Projekt der „gewaltfreien Safari" einbezog, ein Stamm, der seit jeher in dem Tal lebt. Er vertraute ihren Erfahrungen bei der Errichtung der Safaricamps und bei der Führung der Besucher und erfand so den community tourism, der die indigene Bevölkerung unterstützt. Heute sind der South Luanwa und der North Luangwa National Park die beiden Verwaltungseinheiten, die die Gebiete westlich des Flussufers schützen: Im ersten gibt es etwa 20 Safaricamps, während das zweite noch zu einem guten Teil Wildnis ist. Es versteht sich von selbst, dass man sich in beiden Parks den Kenntnissen der Kumba-Führer anvertraut, um die wunderbare Erfahrung des safari wakale zu machen, während der man schweigend durch

## EMPFEHLENSWERT

- UNTER DER BÜCKE DES FLUSSES, DER DEN EINGANG ZUM **SOUTH LUANGWA NATIONAL PARK** KENNZEICHNET, RUHEN STETS ETWA 30 BIS 70 NILPFERDE. MAN SCHÄTZT ÜBRIGENS, DASS DIE POPULATION DIESER TIERE ENTLANG DES LUANGWA BEI ETWA 50 EXEMPLAREN PRO QUADRATKILOMETER LIEGT.
- DER „EXTREMSTE" AUSGANGSPUNKT FÜR EINE SAFARI WAKALE IN NORTH LUANGWA IST DAS **KUTANDALA SAFARI CAMP**, DAS MAN MIT EINEM KLEINEN FLUGZEUG ERREICHT. ES BIETET MAXIMAL 6 GÄSTEN EINE BEZAUBERNDE UNTERKUNFT. DAS ABENDESSEN BEI KERZENLICHT AM FLUSS MWALESHI IST EINE UNBEZAHLBARE ERFAHRUNG.
- WENN ES BEREITS BEWEGEND IST, SICH VOR EINER RIESIGEN ELEFANTENHERDE ZU BEFINDEN ODER DER JAGDSTRATEGIE DER LÖWEN BEIZUWOHNEN, SO IST ES WÄHREND EINER **SAFARI WAKALE** UNTER DEM STERNENHIMMEL EINFACH, NACHTAKTIVE TIERE WIE LEOPARDEN ODER GALAGOS ZU BEOBACHTEN, KLEINE PRIMATEN, DIE AUCH ALS BUSCHBABYS BEKANNT SIND, WEIL IHR GESCHREI DEM EINES NEUGEBORENEN ÄHNELT.
- WAGEN SIE SICH BIS ZUM **MUCHINGA-GEBIRGE** VOR, EINER WAND, DIE DIE ÜBERSCHWEMMUNGSEBENE DES FLUSSES BEGRENZT UND 1000 METER BEINAHE VERTIKAL IN DIE HÖHE RAGT. HIER ÄNDERT SICH DIE VEGETATION UND MAN KANN SELTENE UND ZURÜCKGEZOGENE FLEISCHFRESSER WIE DEN KARAKAL ODER DEN AFRIKANISCHEN WILDHUND BEOBACHTEN.

| 45 *Eine Büffelherde löscht ihren Durst am Fluss Luangwa im South Luangwa National Park.*

den Busch wandert und sich wie von Zauberhand in wenigen Metern Entfernung von einer Löwenfamilie oder einer großen Elefantenherde wiederfindet, die am Fluss ihren Durst löscht. Man beobachtet das Bankett der Hyänen oder die Nilpferde beim Baden. Bei der Begegnung mit den Small Five reduziert sich die Entfernung auf wenige Zentimeter. Wenn Sie bezüglich der Sicherheit Bedenken haben, dann sollten Sie wissen, dass die Führer bewaffnet sind. Im Fall von Gefahr reicht es jedoch, in die Luft zu schießen.

**Website** *www.zambiatourism.com/travel/nationalparks/luangval.htm*

**Beste Reisezeit** *Die Trockenzeit geht von April bis Oktober, doch in South Luangwa bleiben die Safaricamps bis November oder Dezember geöffnet und bieten Wanderungen an, wenn sich das Tal grün färbt. In North Luangwa wird der Zutritt mit Beginn der Regenzeit hingegen unmöglich.*

**Zeitbedarf** *7 bis 10 Tage.*

**Organisatorisches** *Die internationalen Hauptveranstalter, die auf Safaris im südlichen Afrika spezialisiert sind, bieten Fußwanderungen im Luangwatal an. Wir empfehlen den Anbieter, der das Erbe Norman Carrs aufgenommen hat und seine Basis in South Luangwa hat, und Robin Pope Safaris, der auch in North Luangwa* safari wakale *organisiert.*

**Tipp** *Im Luangwatal sind Malaria und Typhus endemisch vorhanden, daher sollten vor der Abreise eine Malariaprophylaxe und eine Typhusimpfung erfolgen.*

**Wissenswert**

- *Als Sohn eines Kolonialverwalters einer Tabakfabrik in Nordrhodesien war Norman Carr (1912–1997) glücklich, als er am Tag seines 18. Geburtstags seinen 50. Elefanten erlegte. Die Geschichte seiner nachfolgenden Bekehrung zum Erhalt der Natur wird in seinen Büchern erzählt, wie z.B. in* Return to the Wild, *ein Bericht über die Auswilderung von zwei Löwenbabys in ihre natürliche Umgebung, nachdem ihre Mutter von Wilderern getötet worden war.*

- *In der Umgebung des Flussbettes wird die Savanne von Mopane-Büschen beherrscht, deren Blätter die charakteristische Form von Schmetterlingen haben. Von ihnen ernährt sich der „Mopane-Wurm", ein großer Tausendfüßler, der von der örtlichen Gastronomie sehr geschätzt wird. Sie werden getrocknet, frittiert und mit Tomaten, Chili und Erdnüssen serviert. Zum Ausprobieren.*

- *An einem Ort der Wildnis wie diesem erwartet man nicht, eines der exklusivsten Spas der Welt anzutreffen: das Busch-Spa des Mfuwe Lodge, wo man sich Behandlungen an der frischen Luft auf Basis einheimischer Pflanzen wie den Früchten des Leberwurstbaums und des Baobab unterziehen kann. Außerdem wird die Rezeption fast täglich von Elefanten aufgesucht!*

| **46** *Der Luangwa ist die Heimat großer Nilpferdpopulationen.* | **47** *Ein Elefant im South Luangwa National Park.*

# TREKKING IM TIAN SHAN

**Wandern Sie vom Yssyköl-See zu den geheimen Tälern, den Gletschern und den majestätischen Gipfeln der Bergkette im Herzen Zentralasiens.**

Haben Sie noch nie etwas vom Dschengisch Tschokusu und vom Khan Tengri gehört? Wenn Sie ein Bergfan sind, dann müssen Sie wissen, dass das eine schwere Bildungslücke ist, denn diese beiden Gipfel von 7439 bzw. 7010 m Höhe sind die herausragenden Gipfel Kirgisistans und gehören zugleich zu den majestätischen Spitzen des Tian Shan, der „himmlischen Berge" (wie sie von den Chinesen genannt werden) in der größten Bergkette Zentralasiens, die darüber hinaus an Ausdehnung dem Himalaya in nichts nachsteht. Sie könnten sich damit rechtfertigen, dass selbst Kirgisistan kaum von sich reden macht, die abgelegenste, geheimnisvollste und bevölkerungsärmste ehemalige Sowjetrepublik Zentralasiens, und Sie könnten neugierig auf den Landkarten nach diesen Naturwundern suchen. Sie würden auf etwas Blaues stoßen, auf eine Art Auge, das den Tian Shan in zwei Teile spaltet. Es handelt sich um den Yssyköl, den mit 2400 qkm Oberfläche größten Gebirgssee der

| **48** *Das Trekking in den Bergen führt auch in die Gegend des Salzsees Yssyköl.*

| **49** *Khan Tengri bedeutet in der mongolischen Sprache „Herr des Himmels".*

Erde nach dem Titikaka und den zweitgrößten Salzsee nach dem Kaspischen Meer. Der See ist zum Teil ein Biosphärenreservat. Der kirgisische Name des Sees bedeutet „warmer See", denn trotz seiner Lage auf 1600 m Höhe und in diesen Breitengraden friert er aufgrund der heftigen geothermischen Aktivitäten in seinen Tiefen nie zu. Der Yssyköl liegt 450 km von der kirgisischen Hauptstadt Bischkek entfernt und stellt zugleich den Ausgangs- und Schlusspunkt der abenteuerlichsten und am wenigsten frequentierten Trekkingpfade der Erde dar, entlang derer man die ausgedehntesten Gletscher abseits der Polregionen und eine noch intakte alpine Natur, phänomenale Ausblicke und kirgisische Nomadenzeltlager entdecken kann. Man benötigt zehn Tage für den Rundweg, der vom See zum Basislager des Khan Tengri auf 4500 m Höhe führt. Planen Sie zudem zwei weitere Tage zur Erholung an den Ufern des Yssyköl ein, so wie es der Astronaut Juri Gargarin gemacht hat, der nach seiner Reise in den Weltraum hierher geschickt wurde.

**Website** *www.kgembassy.org*

**Beste Reisezeit** *Von Juni bis Anfang September.*

**Zeitbedarf** *2 Wochen.*

**Organisatorisches** *Von den örtlichen Veranstaltern, die Reisen und Trekkingtouren nach Kirgisistan anbieten, empfehlen wir Asian Outdoor, das seinen Sitz in Bischkek hat und von spanischer Erfahrung im Tourismus profitiert, sowie Central Asia Travel, Dostuck Trekking und Tien Shan Travel.*

**Tipp** *Geben Sie bei der Auswahl der organisierten Trekkingtouren solchen Veranstaltern den Vorzug, die Hubschrauberflüge vom Basislager des Khan Tengri nach Karkara anbieten, eine der grünsten Schluchten des kirgisischen Tian Shan. Hier haben Sie die Möglichkeit, eine Nacht in einem Jurtenlager zu verbringen und so in Kontakt mit den Nomadentraditionen zu kommen.*

## EMPFEHLENSWERT

- DER WEG, DER DIE MORÄNE DES **INYLCHEK-GLETSCHERS** ÜBERQUERT, IST DIE BEWEGENDSTE ETAPPE DER TREKKINGTOUR. ER IST 60 KM LANG UND IN ZWEI GLETSCHERZUNGEN GETEILT UND WIRD VON DEN GIPFELN DES **DSCHENGISCH TSCHOKUSU** UND DES **KHAN TENGRI** BEHERRSCHT. ÜBEDRNACHTEN SIE IM **BASISLAGER INYLCHEK SÜD** UND BEWUNDERN SIE BEI SONNENAUFGANG DIE ROSAFARBEN LEUCHTENDEN GIGANTEN.

- UMRUNDEN SIE DEN **MERZBACHER-SEE**, EINEN AUF 3000 M HÖHE GELEGENEN MAGISCHEN WASSERSPIEGEL VON DER FARBE EINES SAPHIRS, DER VON BERGEN UMGEBEN IST. SELBST IM SOMMER SCHWIMMEN KLEINE EISBERGE DARAUF.

- HALTEN SIE IN **KARAKOL**, DER KOSAKISCHEN NIEDERLASSUNG AUS DEM 19. JHDT. UND HEUTIGEM HAUPTORT DER REGION UM DEN **YSSYKÖL**. VIELE GEBÄUDE SIND UNMISSVERSTÄNDLICH RUSSISCH, ABER ES GIBT AUCH EXOTISCHERE JUWELEN WIE DIE VOLLSTÄNDIG AUS HOLZ UND OHNE HILFE VON NÄGELN ERRICHTETE **MOSCHEE DER DUNGANEN-GEMEINDE**, EINE CHINESISCHE ETHNIE ISLAMISCHER RELIGION, DIE VON DER PAMIR-HOCHEBENE HIERHER GELANGT IST.

- DAS SÜDUFER DES SEES IST DAS MALERISCHERE UND WILDERE. WENDEN SIE SICH VON HIER AUS RICHTUNG **KYZYL-BEL-PASS**, VON DEM AUS SICH DIE **TASH-RABAT-SCHLUCHT** MIT DEN ÜBERRESTEN EINER KARAWANSEREI AUS DEM 9. JHDT. ERSTRECKT, EINER ANTIKEN STATION ENTLANG DER SEIDENSTRASSE.

# PILGERREISE AUF DEN KAILASH

Mit einer Umrundung des geheimnisvollsten und heiligsten Bergs der Welt geht man an seine Grenzen. Ein unglaublich spirituelles Erlebnis.

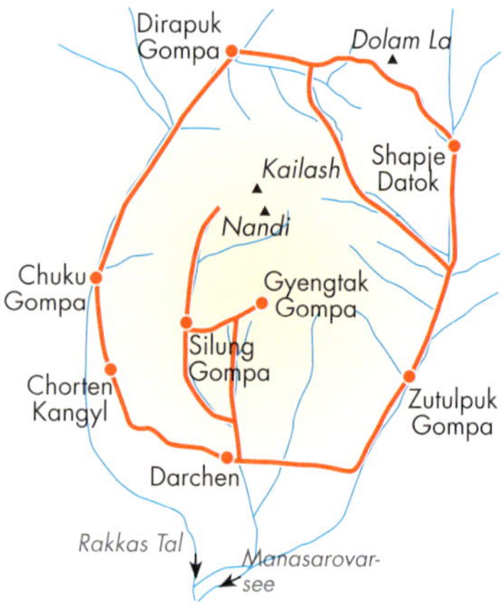


Für ein Fünftel der Menschheit ist er der heiligste Ort der Erde. Im Hinduismus ist er der Berg Meru, das Zentrum des Universums, auf dem Shiva und Parvati in ewiger Meditation vereint sind. Für die Jainas ist er Astapada, Ort der Erlösung des ersten Propheten der Tirthamkara. In der schamanischen, vorbuddhistischen Religion Tibets, Bön, ist er der von der Himmelsgöttin bewohnte Berg Tise, während ihn die tibetischen Buddhisten Kang Rinpoche, das „Schneejuwel", nennen, Sitz der blauen Tantra-Gottheit Chakrasamvara mit ihren acht Armen und vier Köpfen, von denen jeder drei Augen besitzt. Gerade weil er heilig ist, wurde der Gipfel dieses 6638 m hohen Berges noch niemals erklommen. Die Buddhisten nennen die 58 km lange Umrundung des Berges, die im Uhrzeigersinn stattfindet, Kora, und sie mag ein Weg sein, das Nirwana zu erlangen (im Hinduismus reicht es, seine Augen auf das göttliche Licht des Berges zu richten, um die Erleuchtung, Moksha,

| **50** *Der Berg Kaislash wird von über einer halben Mrd. Menschen in Indien, Tibet und Bhutan verehrt.*

| **51** *Der Kailash wurde nie bestiegen, da er als heiliger Berg gilt.*

zu erfahren). Dennoch wird der Kailash jährlich nur von einigen Tausend Pilgern besucht. Ein Grund dafür ist sein abgeschiedener Standort im Westen Tibets, bürokratische Hindernisse durch die chinesische Regierung und Schwierigkeiten mit der dünnen Luft des Himalajas auf bis auf über 5000 m Höhe. Neben den Eindrücken dieses majestätischen Hochgebirges erlebt man eine tiefe Gläubigkeit, die uns im Westen unglaublich erscheint, die indischen Sadhu-Mönche, die sich barfuß und halb nackt auf den Weg machen, mit ihrem rituellen Dreizack als einzigem Gepäck, oder die tibetanischen Pilger, die die Umrundung des Kailash unter ständigem Niederwerfen und Aufsagen hypnotisierender Mantras begehen.

**Website** *www.bergwelten.com/a/kailash-der-heiligste-berg*

**Beste Reisezeit** *Mai bis September.*

**Zeitbedarf** *Je nach Route dauert eine Trekkingtour 13 bis 25 Tage, einschließlich der Anreise über Katmandu oder Lhasa.*

**Organisatorisches** *Eine Trekkingtour am Kailash ist aus organisatorischen und technischen Gründen nur in einer Reisegruppe möglich. Viele nepalesische Reiseveranstalter mit Sitz in Katmandu bieten eine Wanderung von Simikot in Nepal aus an, meist verbunden mit einer Autoreise nach Lhasa. Erfahren auf diesem Gebiet sind die Anbieter Karnali Excursions und Himalaya Kailash Travel & Tours. In Tibet empfehlen wir die Tibet Explorer Tours mit Sitz in Lhasa.*

**Tipp** *Für die Einreise nach Tibet benötigt man ein Visum, dessen Erteilung von den jeweils vorherrschenden Einreisebedingungen der chinesischen Regierung abhängig ist (zeitweise werden für Touristen keine Einreisegenehmigungen in die gesamte Provinz erteilt). Es ist ratsam, die Reise mit einem nepalesischen Anbieter zu planen, der im Notfall eine Alternativroute in der Himalaja-Region anbieten kann.*

## EMPFEHLENSWERT

- DAS KLEINE DORF **DARCHEN** IST DIE EINZIGE ANSIEDLUNG AM FUSSE DES KAILASH. HIER ÜBERNACHTEN DIE PILGER, UND ES GIBT EINEN KLEINEN MARKT MIT DEVOTIONALIEN SOWIE EIN ZENTRUM FÜR TRADITIONELLE TIBETANISCHE MEDIZIN.

- ENTLANG DES RUNDWEGS GIBT ES KLEINE HINDU-TEMPEL, CHORTEN (BEHÄLTNISSE FÜR OPFERGABEN), NEY (PUNKTE DER TANTRA-ENERGIE) UND KLÖSTER: DAS **CHOKU GOMPA,** VERSCHANZT AUF EINEM FELSEN AM EINGANG DES AMITHABA-TALS, ENTHÄLT EINIGE DER ÄLTESTEN ZEUGNISSE BUDDHISTISCHER MALEREI.

- ZU FÜSSEN DER SÜDWAND DES KAILASH LIEGT AUF 4590 METERN HÖHE DER **MANASAROVARSEE,** DER HÖCHSTE SÜSSWASSERSPIEGEL DER ERDE. FÜR DIE HINDUS BEDEUTET EIN BAD IN DIESEM SEE DIE VERGEBUNG ALLER SÜNDEN, DIE BUDDHISTEN UMRUNDEN DEN SEE, UM EINEN BONUS FÜR DIE NÄCHSTE REINKARNATION ZU BEKOMMEN.

- WENN MAN GLÜCK HAT, SIEHT MAN TIBETISCHE MÖNCHE, DIE DEN BERG IM MEDITATIONSLAUF UMRUNDEN. DIESE SOGENANNTEN **LUNG-GOM-LÄUFER** SCHAFFEN DIE GESAMTE STRECKE AN EINEM TAG (EIN GEÜBTER TREKKER BENÖTIGT DAFÜR DREI TAGE).

# DER ANNAPURNA CIRCUIT

## EMPFEHLENSWERT

- NACH KNAPP EINER STUNDE FUSSMARSCH VON MANANG KOMMT MAN NACH **BARGA**, SITZ DES **ÄLTESTEN KLOSTERS** DES RUNDWEGS, DAS VOR 500 JAHREN GEGRÜNDET WURDE UND VON APRIL BIS ENDE OKTOBER VON EINER GEMEINSCHAFT TIBETANISCHER MÖNCHER BEWOHNT WIRD. ZU SEHEN SIND KOSTBARE FRESKEN UND RELIGIÖSE HANDARBEITEN.

- IN 3750 METERN HÖHE IST **MUKTINATH** DAS ZIEL DER HINDUISTISCHEN UND BUDDHISTISCHEN PILGER. DORT GIBT ES TIBETANISCHE MÖNCHE, EINEN DER ÄLTESTEN VISHNU-TEMPEL, IN DEM EINE EWIGE FLAMME BRENNT, SOWIE EINEN BRUNNEN, IN DEN AUS 108 WASSERHÄHNEN QUELLWASSER FLIESST, DEM MAN NACHSAGT, SCHLECHTES KARMA WEGWASCHEN ZU KÖNNEN.

- IM MUSTANG-TAL BEFINDET SICH DAS WUNDERSCHÖNE DORF **MARPHA**. ES IST ALS OBSTGARTEN VON NEPAL BERÜHMT; IN SEINEN GÄRTEN WACHSEN GESCHMACKVOLLE ÄPFEL, AUS DENEN DIE DORFBEWOHNER SÄFTE UND LEICHT ALKOHOLISCHE GETRÄNKE MACHEN.

- AUF DEM RÜCKWEG SOLLTE MAN IN **TATOPANI** HALT MACHEN: VERSUNKEN IN DER ÜPPIGEN VEGETATION, VERFÜGT DER ORT ÜBER THERMALQUELLEN; EIN BAD UND EINE TRADITIONELLE MASSAGE IST HIER GENAU DAS RICHTIGE, UM DEN KÖRPER WIEDER FIT ZU MACHEN.

Jedes Jahr beschreiten mehr als 40.000 Wanderer die berühmteste Trekkingroute des Himalajas als Aufnahmeritual in die Schönheiten des Dachs der Welt.

| 52 *Der Annapurna ist der zehnthöchste Berg der Welt.*
| 53 *Der Pass Thorong La liegt auf 5416 m Höhe in Zentralnepal.*

In den Internetforen beschweren sich die Himalaja-Veteranen darüber, dass der Annapurna Circuit nicht mehr das ist, was er einmal war. Seit 2011 ist ein Großteil der populärsten Trekkingroute Nepals – ein 250 km langer Rundweg, der von 800 Höhenmetern am Start- und Endpunkt am kleinen Städtchen Pokhara bis zu den 5416 Höhenmetern des Thorung La, des höchsten Passes, reicht – sogar zu einer befahrbaren Straße geworden, wenn auch unwegsam und unvorhersehbar. Zudem sind jedes Jahr ca. 40.000 Trekker auf diesem Rundkurs unterwegs, und einige der sogenannten Tea Houses, die Häuser, die die Einwohner zur Übernachtung der Wanderer bereit halten, haben mittlerweile einen zu „modernen" Standard erreicht: Warmwasserduschen mit Hilfe von Solarenergie und eine internationale Küche, in der neben dem traditionell nepalesischen Dhal Bhat auch Pizza und mexikanische Tacos zu finden sind. Und doch gibt es keine sanftere Einführung in die Bergwelt des Himalayas als der Annapurna Circuit, wo man nach den zahlreichen, anstrengenden Steigungen des Tages am Abend ein wenig Trost in etwas Vertrautem findet, wenn auch in einer etwas spartanischen Version. Außerdem verliert eine Landschaft, die sich über vier Regionen erstreckt – Lamjung, Manang, Basso Mustang und Myagd – mit Rhododendronwäldern und kultivierten Feldern vor dem Hintergrund der spektakulären Bergwelt des Himalajas, mit dem Annapurna

| 54 *Annapurna bedeutet auf Sanskrit „Göttin des Überflusses".*

(8091 m), dem Dhaulagiri und dem noch unberührten Machapuchhare, dessen Gipfel die Form einer Fischflosse hat, durch einen ab und zu vorbeifahrenden Jeep kaum ihre Faszination. Und wenn man dann von Dorf zu Dorf wandert, erlebt man die unterschiedlichen Kulturen des nepalesischen Himalajas: zwischen Hindus und Buddhisten geht es immer weiter nach oben zu den Gurung, dann zu den Erben der berühmten Gurkha-Krieger und den Tibetern. Der Annapurna Circuit ist dennoch nur ein Vorgeschmack des Great Himalaya Trails, der durch ganz Nepal führt (1700 km, bei insgesamt 150.000 Höhenmetern Unterschied) mit der Überquerung von 6000 Meter langen Pässen im Angesicht von 14 Achttausendern, Ihre Majestät Everest eingeschlossen. Die vollständige Tour erfordert sechs Monate, und es ist ein weiterer Ausbau des Trails in Planung, der dann durch das gesamte Himalaja-Gebiet führen soll, von Pakistan nach Bhutan.

**Website** *http://thegreathimalayatrail.com*

**Beste Reisezeit** *Perfekt ist das Klima von März bis Mai und im Oktober, aber man kann die Rundwanderung das ganze Jahr über machen: Von November bis Februar ist es sehr kalt, und im Sommer liegen die unteren Lagen des Weges in der Monsunzone.*

**Zeitbedarf** *3 Wochen.*

**Organisatorisches** *Für den Annapurna Circuit bedarf es keiner Gruppenreise. Es genügt, sich eine Trekking-Genehmigung beim National Trust for Nature Conservation von Kathmandu zu besorgen. Die Mehrheit der Reisenden bevorzugt es, sich an eines der zahlreichen Reisebüros in Katmandu oder Pokhara zu wenden, die organisierte Touren mit Reiseführern und Trägern für einen Teil oder die gesamte Strecke anbieten sowie sich um die Formalitäten und die im Preis enthaltenen Unterkünfte und Mahlzeiten kümmern.*

**Tipp** *Es ist einfacher, nur mit einem leeren Rucksack anzureisen; alle notwendigen Ausrüstungsgegenstände kann man in Katmandu oder Pokhara kaufen, von der richtigen Bekleidung über den Schlafsack bis hin zur technischen Ausrüstung. Das Angebot ist riesig, die Qualität ausgezeichnet, und die Preise sind merklich niedriger als überall anders auf der Welt.*

# TREKKING IN MUSTANG, DEM ÄUSSERSTEN TIBET

## Im Herzen des Himalajas zu Fuß durch das mystische Reich entlang der antiken Salzstraße zwischen Indien und China.

| 55 *Ein Chörten im Tal des Kali Gandaki, einer der Hauptflüsse Nepals.*

### EMPFEHLENSWERT

- IN DEN MONATEN MAI UND JUNI FINDET IN LO MANTHANG DAS **TIJI-FESTIVAL** STATT, EINE ZEREMONIE AUS KLÄNGEN UND TÄNZEN, DIE VON MÖNCHEN IN KOSTÜMEN UND VERSCHIEDENFARBIGEN MASKEN AUSGEFÜHRT WERDEN, UM DEN EWIGEN KAMPF ZWISCHEN GUT UND BÖSE ZU ZELEBRIEREN.

- BESUCHEN SIE NEBEN DEN BEZAUBERNDEN KLÖSTERN DAS **MUSEUM IM KÖNIGSPALAST**, IN DEM ANTIKE HEILIGE GEGENSTÄNDE VON UNSCHÄTZBAREM WERT AUFWAHRT WERDEN.

- WENN SIE VORHABEN, EINIGE TAGE IN **LO MANTHANG** ZU VERBRINGEN, DANN KÖNNEN SIE SICH AUF DEN EINSTÜNDIGEN WEG NACH **NIPHU GOMPA** MACHEN, EIN AN EINEM ABHANG GELEGENES KLOSTER, DAS EINE WEITERE WEGSTUNDE VON DER CHINESISCHEN GRENZE ENTFERNT LIEGT.

- DER WANDERWEG WIRD VON **CHÖRTEN** UNTERBROCHEN, KLEINEN VOTIVBAUTEN, DIE MIT WEISSER UND HELLROTER FARBE GESTRICHEN UND MIT RELIEFS GESCHMÜCKT SIND: BEGRÄBNISSTÄTTEN DER BUDDHISTISCHEN LAMAS. DER ÜBERLIEFERUNG NACH STRAHLEN SIE GROSSE ENERGIE AUS.

**Website** *http://welcomenepal.com*

An der Wende vom 14. zum 15. Jhdt. war Salz das weiße Gold des Himalajas. Die tiefen Canyons, die sich von Kora La aus, dem niedrigsten der Himalajapässe, entlang des breiten Tals des Kali Gandaki öffnen, waren die am besten zugänglichen für den blühenden Handel zwischen Tibet und Indien. Mindestens 300 Jahre lang hatte das kleine Reich Mustang, das im Norden des Annapurna-Massivs liegt, seine Blüte also der Durchreise von Waren zu verdanken. Hier kamen Jahrhunderte zuvor die Mönche entlang, die das Wort Buddhas verbreiteten. Der nachfolgende Reichtum der Region schlug sich in Palästen, Burgen und vor allem in Klöstern nieder, die mit einigen der prachtvollsten Meisterwerke der tibetischen Kunst geschmückt sind. Vom 17. Jhdt. an, als der Niedergang des Handels begann, war das Reich von Mustang praktisch isoliert und wurde 1951 Teil Nepals, auch wenn es geografisch gesehen ein Ausläufer der tibetischen Hochebene ist. Die Region war bis 1992 für Touristen nicht zugänglich (sie war bis 2008 zum Teil unabhängig) und ist lediglich von Wegen durchzogen, die mit dem Auto nicht befahrbar sind. Im Land ist die Zeit stehen geblieben, und seine 15.000 Einwohner leben verstreut in winzigen Dörfern von Ackerbau und Viehzucht. Sie züchten Schafe, vor allem aber Pferde, die ein wertvolles Transportmittel für die Menschen sind, die Dutzende von Kilometern zurücklegen müssen, um zum nächstgelegenen Markt zu gelangen. Gerade wegen dieser magischen Atmosphäre ist Mustang in den letzten Jahren zum Ziel für Trekker auf der Suche nach ursprünglichen Erlebnissen inmitten der Schönheit einer Wildnis voller steiler Schluchten und trockener Hochebenen geworden. Man braucht 5 bis 7 Tage – je nach verfügbarer Zeit und körperlicher Verfassung – um nach Lo Manthang zu gelangen, der Hauptstadt Mustangs. Man macht sich von Jomsom aus auf den Weg, dem letzten Vorposten der Moderne auf 2600 m Höhe. Man gelangt von Pokhara aus an Bord kleiner Flugzeuge dorthin. Wenn man die Kontrollen der Regierungsbehörden in Kagbeni überstanden hat (der Zugang nach Mustang ist streng reglementiert; man braucht eine Erlaubnis, die 50 Dollar am Tag kostet), beginnt man mit der ersten Etappe des Trekkings und geht nach Upper Mustang, dem nördlichsten Gebiet der Region. Bis zur zweiten Trekkingetappe Chuksang, einem pittoresken Dorf mit bebauten Terrassenfeldern, die an einem steilen Hang aus Kalkstein liegen, kann man auf dem Flussbett wandern, zumindest solange die Eisschmelze ihren Höhepunkt noch nicht erreicht hat, oder entlang der neu errichteten, unasphaltierten Straße, die die Reiseführer als „Nepali flat" bezeichnen: ein unendliches Auf und Ab ohne große Unebenheiten. Wenn man den Kali Gandaki über die einzige Brücke, die den Fluss in dieser Gegend quert, überschritten hat, beginnen die schwierigeren Etappen. In Richtung Samar, Giling, Ghami und Tsarang – die Etappenziele auf dem Weg nach Lo Manthang – verwandelt sich die unasphaltierte Straße in immer unwegsamere Pfade und führt auf den höchsten Punkt, den Ghami La, einen Pass auf über 4000 m Höhe, der in der Ferne von dem beeindruckenden Massiv des Annapurna beherrscht wird. Jeder Tag bringt zwischen Auf- und Abstieg mindestens 1000 m Höhenunterschied mit sich. Wenn man am Ziel angelangt ist, lässt einen die Belohnung sprachlos werden. Lo Manthang ist ein Dorf, das gerade einmal 1000 Einwohner hat. Der Blick geht auf ein grünes Tal mit bebauten Feldern, das von den letzten Gipfeln des Himalajas eingerahmt wird. Die drei antiken Tempel der Stadt sind Jampa Gompa, Thupchen Gompa und Chode Gompa, wo etwa 30 Einwohner die wunderbaren Fresken unter Anleitung des italienischen Restaurators Luigi Fieni wieder zu altem Glanz bringen, des einzigen Ausländers, der in Mustang lebt, zumindest für sechs Monate im Jahr. Wenn Sie das Glück haben sollten, ihm zu begegnen, dann wird er sich nicht damit zufrieden geben, Ihnen das Ergebnis seiner Anstrengungen zu zeigen. Er wird Sie eine lose Treppe auf das Dach des Jampa hinaufführen, um Ihnen das „schönste Büro der Welt" zu zeigen.

| 56 *Ein antiker Tempel in Upper Mustang.* | 57 *Der verschneite Gipfel des Dhaulagiri (8167 m).*

**Beste Reisezeit** *Von Juni bis Mitte Oktober.*

**Zeitbedarf** *2 Wochen.*

**Organisatorisches** *Es gibt etwa 900 nepalesische Trekkingveranstalter mit Sitz in Kathmandu, und viele von diesen bieten Rundreisen mit Führern und Trägern in das Reich Mustang an. Die Übernachtungen finden im Zelt oder in sogenannten Tea Houses statt (die zwar schlicht sind, es aber erlauben, die Traditionen der tibetischen Dorfbevölkerung zu erleben). Auf der offiziellen Webseite der Trekking Agencies' Association of Nepal gibt es Links zu allen Agenturen und Informationen bezüglich der Trekkingerlaubnisse und der damit verbundenen Kosten. Von den Veranstaltern, die gute, individuell zugeschnittene Trekkingtouren in Mustang anbieten, empfehlen wir unter anderem Nepal Environmental Treks & Expeditions und Unique Path.*

**Tipp** *Wenn man die Rückreise bucht, ist es sinnvoll, einen Puffer von einigen Tagen einzulegen, bevor man Nepal von Kathmandu aus verlässt. Oft ist die Luftlinie zwischen Jomsom und Pokhara wegen unsicherer Wetterverhältnisse unterbrochen, was zu Verzögerungen im Reiseprogramm führen kann.*

### Wissenswert

- *Die Wände und Felsvorsprünge Mustangs sind von Tausenden fast unzugänglichen Grotten durchlöchert, die in Jahrhunderten von den Bewohnern aus dem Fels geschlagen wurden. Viele wurden vor Tausenden von Jahren angelegt, als sie noch als Grabkammern verwendet wurden, doch dann wurden sie mindestens bis in die Mitte des 20. Jhdts. bewohnt. Einige waren heilige Orte und beherbergen Schätze buddhistischer Kunst.*
- *Obwohl er keine Ämter mehr innehat und zumeist zwischen Kathmandu und Indien lebt, trifft man in Lo Manthang nicht selten auf den letzten König von Mustang, Jigme Dorje Palbar Bista, der sich dort vor allem anlässlich des Tiji-Festivals aufhält.*
- *Der Kali Gandaki, der Fluss, dessen Lauf die Region prägt, ist ein Ganges-zufluss und bildet an seinem Unterlauf in Mustang die tiefste Schlucht der Welt.*

# IM KLOSTER VON TAKTSANG

Um dorthin zu gelangen, sind 3000 Schwindel erregende Stufen an einer Felswand emporzusteigen. Mehr als eine Trekkingtour ist diese Reise eine Reise ins Glück.

Bis 1961 gab es im Königreich Bhutan nicht eine einzige befahrbare Straße. Das Fernsehen kam 1989 und das Internet 1999. Bhutan ist das einzige Land der Erde, dessen Einwohner per Gesetz dazu verpflichtet sind, die Nationaltracht zu tragen – die Männer den Gho und die Frauen den Kira – das einzige Land, in dem das Rauchen in der Öffentlichkeit sowie der Handel mit Tabak verboten sind und in dem Reichtum nicht über das Bruttosozialprodukt, sondern über das „Bruttonationalglück" definiert wird. Bhutan scheint aus einer anderen Welt: mit einer Oberfläche von 47.000 km² zwischen 2000 m und 7000 m Höhe, ein Großteil davon bewaldet, hat dieses Land knapp 600.000 friedfertige Bewohner und birgt sozusagen die Verkörperung des sagenumwobenen Ortes Shangri-La. Der malerischste und heiligste Ort von Bhutan ist Kloster Taktsang, auch bekannt als Tigernest, weil der Legende nach der Guru Rimpoche auf einem fliegenden Tiger einst dort landete und den Mahyana-Buddhismus ins Land brachte. Er besiegte einen bösen Dämon und zog sich drei Monate in eine Grotte zur Meditation zurück, aus der er gereinigt hervorkam und die erste buddhistische Nation der Erde gründete.

**Website** *www.tourism.gov.bt*

| 58 *Bis zum Zugangstor des Klosters von Taktsang muss man 3000 Stufen hinaufsteigen.*

**EMPFEHLENSWERT**

- MACHEN SIE SICH DIE MÜHE, DEN AUFSTIEG NACH TAKTSANG **NACHTS** ZU MACHEN, SODASS SIE UM 4 UHR MORGENS DER GEBETSZEREMONIE UNTER DER LEITUNG DES ÄLTESTEN MÖNCHS DER GEMEINDE, UGAY TSEMO, BEIWOHNEN KÖNNEN.

- NEHMEN SIE SICH DIE ZEIT, JEDES GEBÄUDE DES KOMPLEXES ZU BESICHTIGEN UND DIE FRESKEN, **TANGKA** UND EDELSTEINVERZIERTEN SKULPTUREN ZU BEWUNDERN, UND ZWAR UNTER FÜHRUNG EINES MÖNCHES, DER IHNEN DIE JEWEILIGE BEDEUTUNG ERLÄUTERN KANN.

- VERBRINGEN SIE MINDESTENS ZWEI TAGE IM STÄDTCHEN **PARO**, UM DIE UMLIEGENDEN TEMPEL UND FARMEN ZU BESUCHEN: MAN WIRD SIE ÜBERALL MIT ENTWAFFNENDER FREUNDLICHKEIT EMPFANGEN (AUCH WENN SIE ES AUF SICH NEHMEN MÜSSEN, DEN TRADITIONELL MIT GESALZENER BUTTER ZUBEREITETEN TEE ZU TRINKEN).

| 59 *Das auf einem Felsvorsprung gelegene Kloster Taktsang besteht aus einem Dutzend Gebäuden.*

Das Kloster liegt, ca. 120 km von dem Städtchen Paro entfernt, auf 3120 m Höhe an der fast senkrechten Felswand des Berges, der den Ort dominiert. Früh am Morgen, bevor sich die Nebelschwaden auflösen, sieht Taktsang aus, als würde es in den Wolken schweben. Man erreicht es über 3000 Stufen entlang eines steilen Pfads den Berg hinauf, immer in Begleitung einer Schar Mönche und Pilger, die Gebetsfahnen und Opfergaben an jedem der kleinen Tempel entlang des Weges hinterlassen. Von dort aus sind es noch weitere 700 Stufen bis zum eigentlichen Komplex, der aus mindestens 10 Gebäuden, reich an anbetungswürdigen Fresken und weiteren Kunstwerken, immer im Dunst von Räucherstäbchen, besteht. Wir können nicht garantieren, dass man, einmal an den Pforten des Klosters angekommen, auch wirklich die von Seiner Majestät Druk Gyalpo Jigme Dorji Wangchuck III., König von Bhutan, per Dekret verordnete Glückseligkeit erlangt. Aber die heitere Schönheit dieses Ortes allein lohnt die Reise in dieses Land, das aus Träumen erschaffen zu sein scheint.

**Beste Reisezeit** *Von September bis November und von März bis Mai.*

**Zeitbedarf** *Um zum Kloster zu gelangen, benötigen Sie zwar nur 2 bis 3 Stunden, aber es lohnt sich, mindestens 7 bis 10 Tage in Bhutan zu verbringen.*

**Organisatorisches** *Um sich seine traditionelle Lebensweise zu erhalten, begrenzt Bhutan den Touristenstrom durch die Erhebung einer Gebühr von 200 Dollar pro Tag und Tourist (die sich im Januar, Juni und Juli wegen des schlechteren Klimas auf 165 Dollar täglich reduziert), wenn Sie in einer Gruppe aus mindestens drei Personen reisen; Alleinreisende bezahlen einen Aufschlag von 40 und Paare von 30 Dollar täglich. Diese Gebühr enthält die Kosten für Visum, Übernachtung, Verpflegung, Transport und einen offizieller Reiseführer für den gesamten Aufenthalt. Alle internationalen Anbieter müssen sich für die Buchung der Reise an die von der bhutanischen Regierung anerkannten lokalen Reisebüros wenden; zu den auf Trekking spezialisierten gehören Adorable Brothers Adventure, Happy Bhutan Adventures und Shangri-La Bhutan Tours & Treks.*

**Tipp** *Am schönsten ist die Reise zur Zeit des wichtigsten und farbenprächtigsten buddhistischen Festes, dem Tsechu, das in Paro zu Beginn des Frühling abgehalten wird. Das Datum richtet sich nach dem Mondkalender und variiert von Jahr zu Jahr. Nähere Informationen auf der offiziellen Touristik-Website des Landes oder direkt beim Veranstalter.*

# AN DEN QUELLEN DES GANGES

**Website** *www.uttaranchaltourism.in*

Auf den Spuren der Shiva-Anhänger, die dem himalajanischen Lauf des heiligen Flusses in einem faszinierenden Reinigungsritual aufwärts folgen.

Im abgelegenen indischen Staat Uttarkhand ist Gangotri die Endstation der bunten, klapprigen Autobusse, die täglich Hunderte von Pilgern dort abladen: aus dem Süden angereiste Familien, angeführt von Matronen im Sari, Schulklassen in ihren Uniformen, die an die koloniale Vergangenheit erinnern, junge Paare, deren mit Henna bemalte Haut noch von ihrer kürzlich erfolgten Hochzeit zeugen, und allem voran eine Ansammlung von Sadhus, den orange gekleideten heiligen Männern mit ultralangem Haar und den obligatorischen Rosenkränzen aus Rudraksha-Perlen. Sie alle inszenieren dieses chaotisch wirkende Schauspiel, das das authentischste Gesicht Indiens zeigt. Gangotri ist das Tor zum Hochtal der Ganga-Ma, der „Mutter Ganges". Hier in der Nähe liegt auch die Felswand, die der Fluss in einem spektakulären Wasserfall aus vielen kleinen Rinnsalen hinabfließt,

| **60** *Der Name Shivling ist eine Anspielung auf das Lingam des Gottes Shiva.*

| **61** *Ein* Sadhu *meditiert in der Nähe der Gangesquelle.*

die Shivas Haare darstellen sollen, und hier startet auch eine Trekkingtour zu den Wurzeln des Hinduismus. Der unwegsame Pilgerpfad entlang des klatschend herabfließenden Flusses Bhagirathi ist immer überfüllt, und die Flussufer sind übersät von Opferschalen mit brennenden Räucherstäbchen. Schließlich gelangt man auf 3800 m zum blaugrün schimmernden Eingang der großen Grotte „Gaumukh" des Gangotri-Gletschers, Symbol Shivas, aus der die Wasser des Ganges austreten. Ein Großteil der Pilger verweilt hier in ekstatischer Meditation. Die wahren Quellen des Ganges liegen vermutlich viel höher, im Herzen des Kailash, des heiligen Bergs Tibets. Die Aura hält an, wenn man den Gletscher überquert und über Hügel und durch Täler des Himalajas wandert, bis zu den Hochweiden von Tapoban. Im Angesicht des Shivling betritt man die Kulisse aus fast 7000 m hohen Bergen, die die Himalaja-Grenze zwischen Indien und Tibet darstellen.

**Beste Reisezeit** *Mai und Juni sowie von Mitte August bis Oktober.*

**Zeitbedarf** *1 Woche, für ausführliche Trekkingtouren 2 Wochen.*

**Organisatorisches** *Gangotri erreicht man mit dem Autobus von Dehradin aus, der Hauptstadt von Uttarkhand (das wiederum durch tägliche Flüge mit Delhi verbunden ist). In Gangotri gibt es zahlreiche Agenturen, in denen man Ponys, Träger und Tour Guides mieten kann. Für organisierte Touren empfehlen wir Peak Adventure und Snow Leopard Adventures.*

**Tipp** *Weil Gangotri ein heiliger Ort ist, gibt es ausschließlich vegetarische Gerichte und alkoholfreie Getränke. Die Dhabas, die traditionellen Imbissbuden für Pilger, bieten fast ausschließlich Reis und Linsen an: Man ist gut beraten, seinen Trekkingrucksack mit Energieriegeln, Schokolade oder ähnlichen Stärkungen für die anstrengende Tour zu bestücken.*

**EMPFEHLENSWERT**

- MAN SOLLTE KEINEN GROSSEN KOMFORT ERWARTEN. IN GANGOTRI ÜBERNACHTET MAN IN EINEM **ASCHRAM**, EINEM HINDUISTISCHEN SPIRITUELLEN ZENTRUM. WIR EMPFEHLEN DAS DANDI SWAMI, DAS ISHAVASYAM (DORT KANN MAN AUCH YOGAKURSE BELEGEN) UND DAS TAPOVAN, DESSEN GURU EIN LEIDENSCHAFTLICHER FOTOGRAF IST.
- IN GANGOTRI LOHNT ES SICH, SICH 2 TAGE ZEIT FÜR EINE **TREKKINGTOUR ZUM KEDAR TAL** ZU NEHMEN, EINEM GLETSCHERSEE AUF 4750 METERN HÖHE, DER ALS EINE QUELLE DES GANGES GILT. DER 17 KM LANGE MARSCH FÜHRT TEILWEISE DURCH BIRKENWÄLDER, AUS DEREN HOLZ DAS PAPIER DER ANTIKEN HEILIGEN SANSKRIT-TEXTE VERWENDET WURDE.
- ZWAR BRAUCHT MAN ETWAS MUT, ABER EIN REINIGUNGSRITUAL IM EISIGEN WASSER DER **GAUMUKH-GROTTE** ZUSAMMEN MIT DEN HINDUISTISCHEN PILGERN IST EINE WUNDERBARE ERFAHRUNG.

# IN DEN JAPANISCHEN ALPEN

Die Geburt des Alpinismus auf den hundert majestätischen Gipfeln des Nationalparks Chubu-Sangaku ist einem englischen Missionar zu verdanken.

| 62 *Der Chubu-Sangaku-Nationalpark wurde 1934 eingerichtet.*

Die Affen stehen uns, wie man weiß, biologisch am nächsten. Wir sind sozusagen ihre großen Geschwister. Und wie es zwischen Geschwistern so ist, imitieren die Kleinen das Verhalten der Größeren. In einem besonderen Fall 1963 in Japan beobachtete ein rotgesichtiges Makakenweibchen (Macaca fuscata: diese japanischen Affen sind die nördlichste Primatenspezies der Erde) ein junges Paar aus Tokio, das im heißen Wasser eines Onsen badete, in einer der natürlichen Thermalquellen, die in den Bergen zu finden sind. Das Tier ahnte wohl, dass dies eine angenehme Erfahrung ist, und tat es ihnen gleich. Seit dieser Zeit ist das Bad der Affen in einer heißen Quelle im Affenpark Jigokudani Yaen-Koen die meist fotografierte Attraktion in der Präfektur Nagano. Den Namen erhielt Nagano, ehemaliger Austragungsort der Olympischen Winterspiele und das Herz der Japanischen Alpen, von Walter Westen, einem englischen Missionar. Er erforschte diese Bergwelt und brachte ab 1896 dem japanischen Volk die Freuden des Alpinismus nahe: Jedes Jahr am ersten Sonntag im Juni wird ihm zu Ehren mit einem großen Fest die Trekking- und Klettersaison dort offiziell eröffnet, die bis zum November dauert. In der gesamten Präfektur wurden Hunderte Routen verschiedener Schwierigkeitsgrade abgesteckt, die spektakulärsten befinden sich jedoch in Kamikochi in 1500 m Höhe, inmitten der hundert Gipfel (viele davon sind über 3000 m hoch) mit Blick auf die Gletscher und die schmalen Täler des Nationalparks Chubu-Sangaku.

## EMPFEHLENSWERT

- AM SCHÖNSTEN SIND TREKKINGTOUREN ZWISCHEN JUNI UND MITTE JULI. IN DIESER ZEIT KANN MAN DEN **„MAGISCHEN GRÜNEN NEBEL“** BEWUNDERN. ER ZIEHT ÜBER WÄLDER UND SEEN AUF, IN DENEN SICH DIE JUNGEN BIRKENBLÄTTER SPIEGELN. ABER AUCH DER HERBST HAT MIT SEINER TRANSZENDENTEN AURA DURCH DAS PRÄCHTIGE FARBENSPIEL DER STERBENDEN BLÄTTER SEINEN REIZ.
- NEBEN DEM PARK MIT DEN BADENDEN AFFEN VON JIGOKUDANI YAEN-KOEN IST DAS STADT-RESORT VON NAGANO DER PERFEKTE AUSGANGSPUNKT, UM **TOKAGUSHI** ZU ERREICHEN, DER DORFSITZ EINER SCHULE FÜR NINJA-KRIEGER, DIE MIT EINER 800-JÄHRIGEN TRADITION UND EINEM MUSEUM IHRER VERSCHIEDENEN WAFFEN AUFWARTEN KANN.
- DIE GEGEND VON **MATSUMOTO**, ZWISCHEN NAGANO UND KAMIKOCHI, IST REICH AN HEISSEN QUELLEN MIT TRADITIONSREICHEN ONSEN IN DER ABGESCHIEDENHEIT DIESES MAGISCHEN ALPENPANORAMAS. DAS SHIRAHONE ONSEN UND DAS NORIKURA KOGEN ONSEN SIND VON WANDERWEGEN UMGEBEN UND BIETEN AUCH EINEN AUFENTHALT IM DAZUGEHÖRIGEN **RYOKAN**, DER TRADITIONELLEN JAPANISCHEN UNTERKUNFT AN.
- IM NÖRDLICHEN SEKTOR DER JAPANISCHEN ALPEN IST **IYAMA** FÜR DIE HEILENDEN KRÄFTE SEINES WALDES BERÜHMT. OB MAN DARAN GLAUBT ODER NICHT, IN JEDEM FALL GENIESST MAN DIE WOHLTUENDE WALDLUFT IM RAHMEN DER ZAHLREICHEN AKTIVITÄTEN, DIE DORT IM SOMMER ANGEBOTEN WERDEN.

| 63 *Rotgesichtige Makaken beim Baden in einem Onsen im Yaen-Koen-Park.*

Nicht versäumen: Die Trekkingtour (40 km) des Yarigatake in 3180 m Höhe. Die Route folgt anfangs zwischen Bambuswäldern dem Flusslauf des Azusa, führt dann aufwärts über mit Birken bewachsene, von Wasserfällen durchzogene Hänge ins Tal von Yarisava. Dort beginnt der anstrengende Aufstieg zum Gipfel, bei dem 1000 Höhenmeter in atemberaubender Landschaft zu überwinden sind. Während der Tour kann man die Japan-Makaken leicht erspähen, und wieder in Kamikochi angekommen, belohnt man sich mit einem entspannenden Bad im heißen Wasser eines Onsen.

**Websites** *www.go-nagano.net und www.kamikochi.or.jp/english*

**Beste Reisezeit** *Von Juni bis Oktober zum Wandern. Im Winter bietet die Präfektur Nagano ein weitläufiges Skigebiet (und die Möglichkeit, die Affen in der verschneiten Landschaft beim Baden zu beobachten).*

**Zeitbedarf** *1 Woche.*

**Organisatorisches** *Alle alpinen Trekkingpfade sind für Individualreisende geeignet, und in den Touristeninformationen und Büros des Japanischen Alpenvereins erhält man jederzeit Unterstützung bei der Wahl des geeigneten Pfads. Der englische Reiseanbieter Quest Japan mit Sitz in Japan ist auf landesweite Trekkingtouren spezialisiert.*

**Tipp** *Die Hauptschwierigkeit bei einer Trekkingtour in Japan ist der Umstand, dass alle Hinweisschilder (auch Gefahrenhinweise) ausschließliche japanische Schriftzeichen aufweisen. Es ist deshalb unerlässlich, sich einen guten Reiseführer zu kaufen, in dem alle Wanderwege detailliert beschrieben sind und ein Verzeichnis der Hinweisschilder mit Übersetzung enthalten ist.*

# PILGERREISE NACH KOYASAN

| 64 *Grabsteine in der Region Koyasan, ein wichtiges Ziel japanischer Pilgerreisen.*

## In der abgeschiedenen Region Kumano Kodo erlebt man die Traditionen der Mönche und erkundet auf Wanderwegen die Mystik der wilden Natur.

„Begrüßt die Wanderer mit offenem Lächeln und liebevollem Herzen." Dies ist eines der vielen (und für den, der nicht mit den strengen Formalitäten der Japaner vertraut ist, oft unverständlichen) Verhaltensanweisungen in den Touristik-Broschüren von Koyasan. Der Rest folgt hier präzisen Ritualen: Das Dorf liegt in einem grünen Tal auf 900 m Höhe und wird von 4000 Mönchen ständig bewohnt; es wurde 804 von dem Mönch und Schönschreiber Kobo Daishi, Vater des spirituellen Japans und Großmeister des Shingon, des sogenannten Esoterik-Buddhismus, gegründet. Obwohl dieser Ort nach nur knapp zwei Stunden Zugfahrt von Osaka aus zu erreichen ist, ist er wie aus einer anderen Welt: 117 wunderbare Tempel, 53 davon verfügen über ein Shukubo, eine Tempelherberge, in der Reisende Unterschlupf finden. Sich an diesem Ort zu befinden, ist schon außergewöhnlich, aber eine Pilgerreise durch diese zu jeder Jahreszeit traumhafte Landschaft (im Mai blüht die Kirsche, im Juli der Rhododendron, im Herbst färben sich die Blätter und ab Mitte November liegt Schnee) wird zum unvergesslichen Erlebnis. Der 24 km lange Pilgerpfad Choishi Michi führt vorbei an Tempeln und Votiv-Tabernakeln ins noch geheimnisvollere und abgeschiedenere heilige Zentrum Danjo Garan, ein Mönchskloster auf dem Berg Koya. Koyasan ist außerdem durch weitere anspruchsvolle Trekkingpfade (man benötigt dafür vier Tage) mit mehreren buddhistischen, shintoistischen und Zen- Mönchsgemeinden in der wilden Natur der Region Kumano Kodo, südwestlich der Halbinsel Kii, verbunden, deren weitere 2000 Kilometer antiker Pilgerrouten im „liebevollen Herzen" der gesamten japanischen Bevölkerung verankert sind. Und sie sind auch Bestandteil des UNESCO-Weltkulturerbes.

## EMPFEHLENSWERT

- DER WICHTIGSTE TEMPEL IST DER **KONGOBUJI** MIT EINER LANGEN REIHE VON SÄLEN MIT SCHÖN BEMALTEN UND MIT BLATTGOLD VERZIERTEN SCHIEBEWÄNDEN AUS PERGAMENT, GENANNT FUSUMA. BERÜHMT IST AUCH DER **BANRYUTEI** DIESES KOMPLEXES, DER GRÖSSTE UND SCHÖNSTE FELSENGARTEN JAPANS.

- KÜRZER, ABER NICHT MINDER EINDRUCKSVOLL, IST DER **KOYA SANZAN**, DER PILGERWEG DER FRAUEN, DER IN FORM EINER LOTUSBLÜTE UM KOYASAN HERUMFÜHRT. FRÜHER WAR ES DEN FRAUEN NICHT ERLAUBT, HEILIGE ORTE ZU BETRETEN; SIE KONNTEN SIE ABER VOM PILGERWEG AUS BETRACHTEN.

- DIE VEGETARISCHE KÜCHE DER MÖNCHE, **SHOJIN RYORI**, SOLLTE MAN AUF JEDEN FALL KOSTEN. ZU DEN SPEZIALITÄTEN GEHÖREN: KOYADOFU (GEFRIERGETROCKNETER TOFU), GOMADOFU (SESAMTOFU) UND DIE SHIRATAKI-NUDELN, DIE AUS DER KONJAKWURZEL HERGESTELLT WERDEN, BEI WENIG KALORIEN MINERALSTOFF- UND EIWEISSREICH SIND UND WIE GLASNUDELN AUSSEHEN.

- KOBO DAISHI, DER GRÜNDER VON KOYASAN, IST AUCH BEKANNT FÜR DIE ERFINDUNG DER KANA, DER SILBENLAUTSCHRIFT, DIE IN JAPAN AUCH HEUTE NOCH ANGEWANDT WIRD. IHM ZU EHREN KANN MAN AUCH AN **SCHÖNSCHRIFTSEMINAREN** TEILNEHMEN, IN DENEN DIE HEILIGEN TEXTE KOPIERT WERDEN; EINE PRAKTIK ÄHNLICH DER MEDITATION.

**Beste Reisezeit** *Das ganze Jahr über.*

**Zeitbedarf** *3 Tage bis 1 Woche.*

**Organisatorisches** *Die Pilgerpfade sind gut ausgeschildert, und man kann ihnen auch in Eigenregie folgen. Das Tourismusbüro von Koyasan gibt kostenlose, detaillierte Wanderkarten in englischer Sprache heraus. Organisierte 2- bis 3-tägige Touren werden vom Japan Tourism Board (JTB) angeboten.*

**Tipp** *Man sollte sich im Klaren sein, dass ein Absteigen in einem Shukubo (zum Preis von ca. 9000 Yen (90 Euro) inklusive Mahlzeiten) bedeutet, auf einem Futon zu schlafen, ein japanisches Gemeinschaftsbad zu benutzen und sich an genaue Zeiten zu halten: Die Ankunft im Tempel muss vor 17 Uhr erfolgen, Abendessen wird um 18 Uhr und Frühstück um 7 Uhr serviert; es wird erwartet, dass die Gäste am Morgengebet um 6 Uhr teilnehmen.*

**Website** *http://eng.shukubo.net*

| **65** *Der Kongobuji, der Haupttempel der buddhistischen Shingon-Sekte.*

# BEI DER INDIGENEN BEVÖLKERUNG PAPUAS

## Zu den Grenzen des Abenteuers, durch unberührte Regenwälder und ein Labyrinth an ethnischen Gruppen.

Drei offizielle Sprachen scheinen viele zu sein – Englisch, Tok Pisin und Hiri Motu – aber das ist erst der Anfang. Mit Hunderten von kleinen ethnischen Gruppen, die im Herzen des Regenwalds verteilt leben, ist Papua-Neuguinea das Land mit der unglaublichsten sprachlichen Vielfalt der Welt: Man zählt etwa 850 verschiedene Sprachen, was 10% aller auf der Welt gesprochenen Sprachen entspricht. Das gibt eine Vorstellung von der Isolation, in der noch viele Völker Papuas leben. Auch wenn Englisch eine Sprache ist, die von einer kleinen Minderheit der Einwohner gesprochen wird, so ist es seit einiger Zeit das Tok Pisin, das die Rolle der Verkehrssprache im Land einnimmt. Zwischen dem höllischen Äquatorialklima, der ursprünglichen Natur und dem Reichtum an Ethnien gibt es in Papua, eine der letzten Abenteuergrenzen, eine Menge zu erleben. Es ist noch überwältigender, wenn man sich zu Fuß in den Regenwald vorwagt, denn die Straßen verbinden nur die wich-

**Website**
*www.papuanewguinea.travel*

| **66** *Männer des Huli-Volkes mit bemalten Gesichtern und den typischen geschmückten Perücken.*

| 67 *Der Wasserfall in der Nähe der Ora Resurgence Cave auf der Insel New Britain.*

tigsten Zentren miteinander. Es gibt sehr viele Möglichkeiten, sich ohne Fahrzeug fortzubewegen; die faszinierendste ist der Kokoda Trail, eine einwöchigen Strecke durch die Berge, welche die Nord- mit der Südküste verbindet. Der Weg wurde von japanischen Soldaten während des Zweiten Weltkriegs angelegt. Oder eine 4-tägige Exkursion zum Mount Wilhelm, der mit seinen 4509 m Höhe der höchste Berg des Landes ist. Das Angebot ist unendlich groß, aber was bei einem Trekking in Papua keinesfalls ausgelassen werden kann, ist die Teilname an einem sing-sing. So heißen die regelmäßigen Zusammenkünfte der verschiedenen ethnischen Gruppen, die sich treffen, um Essen, Bräuche, Tänze und Traditionen zu teilen. Nur so kann man das unschätzbare kulturelle Erbe Papuas richtig genießen.

**Beste Reisezeit** *Die Trockenzeit dauert von Mai bis Oktober. In dieser Zeit konzentrieren sich die Feierlichkeiten und Feste.*

**Zeitbedarf** *Bei einer Reise nach Papua empfehlen sich mindestens zwei Wochen Aufenthalt, innerhalb dessen unterschiedlich lange Trekkingtouren zwischen einem Tag und einer Woche Dauer organisiert werden können.*

**Organisatorisches** *Es gibt zahlreiche örtliche Veranstalter, die Trekkingtouren anbieten. Unter den vielen Optionen hat Trek Papua ein breit gefächertes Angebot und zudem den Vorteil, von einem Team an Führern aus Papua geleitet zu werden.*

**Tipp** *Je nach Art der Reise, die Sie unternehmen wollen, ist es absolut nicht ratsam, sich auf eigene Faust fortzubewegen. Die Straßen sind in sehr schlechtem Zustand, meist unasphaltiert, und die wenigen asphaltierten Abschnitte können sich als besonders gefährlich erweisen, weil sie voller Schlaglöcher sind.*

### EMPFEHLENSWERT

- DIE **GOROKA SHOW** IST DAS WICHTIGSTE SING-SING PAPUAS UND FINDET SEIT DEN 50ER-JAHREN AM 16. SEPTEMBER IN DER GLEICHNAMIGEN STADT STATT, DER HAUPTSTADT DER EASTERN HIGHLANDS PROVINCE. DORT VERSAMMELN SICH ETWA HUNDERT VERSCHIEDENE ETHNISCHE GRUPPEN. EINE GUTE ALTERNATIVE IST DAS **MOUNT HAGEN SING-SING**, DAS AM DRITTEN AUGUSTWOCHENENDE STATTFINDET.

- IM NORDEN PAPUAS IST DIE **NEW BRITAIN PROVINCE** EINEN BESUCH WERT, EINE VULKANINSEL, DIE ZUR DAMALIGEN BRITISCHEN KOLONIE GEHÖRTE UND HAUPTSÄCHLICH VON DEN TOLAI BEWOHNT WIRD, BEI DENEN MASKEN, GEISTER UND ALS GELD VERWENDETE MUSCHELN NOCH EINEN ERHEBLICHEN KULTURELLEN WERT HABEN.

- IM ÄUSSERSTEN NORDWESTEN DES LANDES FOLGT DER FLUSS **SEPIK** DER GRENZE ZUR INDONESISCHEN PROVINZ IRIAN JAYA UND FLIESST MITTEN DURCH DEN DSCHUNGEL. DER FLUSS IST DIE MEISTEN SEINER 1126 KM SCHIFFBAR UND BEFÖRDERT AUCH DIE WEIT ENTLEGEN LEBENDE BEVÖLKERUNG PAPUAS.

# DER GREAT OCEAN WALK

Die Natur entlang der wilden Küste des Staates Victoria auf einer achttägigen Wanderung entdecken: (fast) nur ein paar Schritte von Melbourne entfernt.

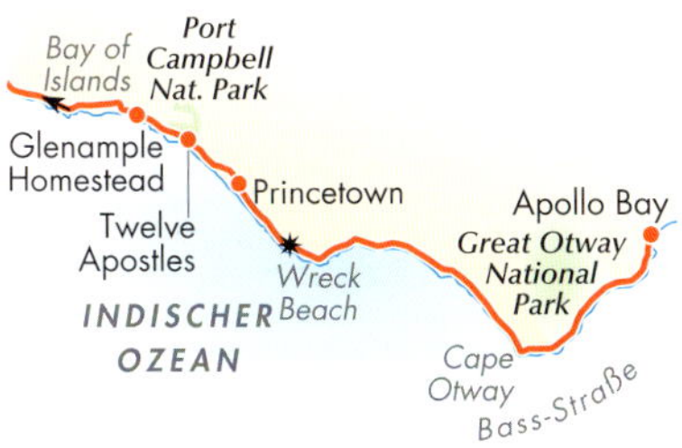

| 68 *Die Twelve Apostles, eine der Postkartenszenarien entlang des Great Ocean Walk.*
| 69 *Der Leuchtturm von Cape Otway.*

**EMPFEHLENSWERT**

- UM ZUM GROSSARTIGEN **WRECK BEACH** ZU GELANGEN, DEM „STRAND DER SCHIFFBRÜCHIGEN", MUSS MAN 350 INS FELSENRIFF GEGRABENE STUFEN HINUNTER- UND WIEDER HINAUFSTEIGEN. HIER LIEGEN DIE RIESIGEN ANKER DER **MARIE GABRIELLE** UND DER **FIJI** IM SAND, ZWEIER SCHIFFE, DIE ES NICHT GESCHAFFT HABEN ...
- STEIGEN SIE BEIM MOONLIGHT HEAD ZUM **GABLES-AUSSICHTSPUNKT** HINAUF, 50 M ÜBER DEM MEER: MIT DEM FERNGLAS KANN MAN KOLONIEN VON SEEVÖGELN BEWUNDERN UND ZWISCHEN JUNI UND SEPTEMBER DEN BALZMANÖVERN DER WALE BEIWOHNEN.
- IM **GREAT OTWAY NATIONAL PARK** WANDERN SIE ÜBER DEN OTWAY FLY TREETOP WALK MIT SEINEN ÜBER DEN BAUMWIPFELN IN CA. 30 METERN HÖHE KONSTRUIERTEN LAUFSTEGEN: EIN SPEKTAKULÄRES ERLEBNIS.
- GÖNNEN SIE SICH NACH DEM WANDERN EINEN FLUG IM HELIKOPTER, UM DIE KÜSTE MIT DEN **TWELVE APOSTLES** UND DIE **BAY OF ISLANDS** AUS EINER AUFREGENDEN LUFTPERSPEKTIVE ZU BEWUNDERN.

Für Hunderttausende europäische Emigranten war der Leuchtturm von Cape Otway das Erste, was sie nach monatelanger Schiffsreise von Australien zu sehen bekamen. Diese symbolträchtige Anlage, die 1848 auf der Klippe gegenüber der Bass-Straße erbaut wurde, ist der älteste in Betrieb befindliche Leuchtturm des Landes sowie der einzige Monumentalbau auf dem wildesten Abschnitt des Küstenstreifens des Staates Victoria, nur drei Autostunden von Melbourne entfernt. Diese Küstenlandschaft mit ihren schwindelerregenden Klippen, menschenleeren Stränden und Regenwäldern – Lebensraum von Koalas, Wallabys, Ameisenigeln und verschiedenen Känguruarten – ist nur zu Fuß über einen Weg zugänglich, auf dem man wahrscheinlich keiner Menschenseele begegnen wird. Er verbindet über 104 km das malerische Fischerdorf Apollo Bay mit Glenample Homestead, einem weiteren abgelegenen Vorposten der Zivilisation, und führt dabei durch den Great Otway und den Port Campbell National Park. Es bieten sich Meeresszenerien wie von der Postkarte, z. B. die Twelve Apostles, die 12 von den aus dem Ozean hervorbrechenden Wellen geformten Kalksteinfialen in ihrer ganzen ursprünglichen Schönheit.

**Website** *www.visitvictoria.com/greatoceanwalk*

**Beste Reisezeit** *Man kann den Weg das ganze Jahr hindurch begehen, doch die beste Reisezeit liegt zwischen September und Dezember, vor der großen Hitze.*

**Zeitbedarf** *Um die Gesamtstrecke zurückzulegen, benötigt man 8 Tage.*

**Organisatorisches** *Die Route des Great Ocean Walk ist gut ausgeschildert und man kann sie individuell zurücklegen: Im Visitor Centre von Apollo Bay erhält man einen Routenplan. Um auf den gut ausgestatteten Campingplätzen zu übernachten, muss man aufgrund der limitierten Plätze bei Parks Victoria eine Genehmigung beantragen. Unter den Reiseveranstaltern, die geführte Wanderungen nach Maß anbieten, empfehlen wir die erfahrenen Spezialisten Walk 91.*

**Tipp** *Seien Sie äußerst vorsichtig bei den steilen Passagen zu den Klippen hinauf und entlang der Strände, die bei Flut nicht zugänglich sind. Tragen Sie immer Schuhwerk mit hohem Schaft, denn auf den Felsenriffs und in den Wäldern gibt es Giftschlangen.*

# IM FIORDLAND

## Ein Ausflug durch die Wälder, Berge und Fjorde des abgelegensten Nationalparks Neuseelands, die sagenumwobene Kulisse der „Herr der Ringe"-Trilogie.

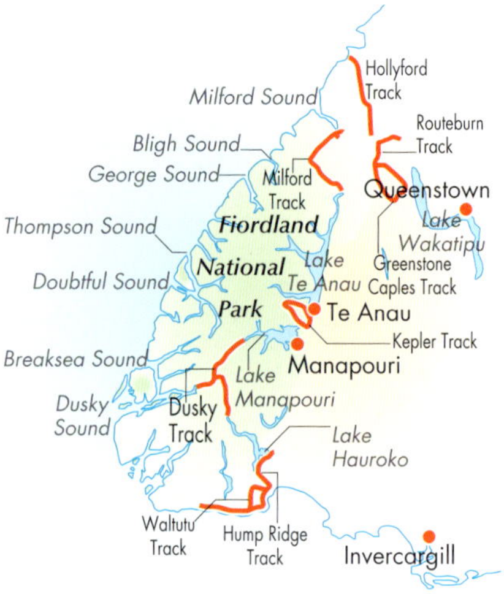


### EMPFEHLENSWERT

- IM STÄDTCHEN TE ANAU ZEIGT DAS **FIORDLAND CINEMA** JEDEN TAG EINEN FILM, IN DEM DIE WUNDERVOLLE NATUR DES PARKS DURCH ALLE JAHRESZEITEN HINDURCH THEMATISIERT WIRD, UND DIE REGIEFÜHRUNG KOMMT DURCHAUS JENER DER GROSSEN HOLLYWOODMEISTER GLEICH. IM TICKETPREIS INBEGRIFFEN IST EIN GLAS MALBOROUGH SAUVIGNON BLANC, DAS MAN WÄHREND DER FILMVORFÜHRUNG SCHLÜRFEN DARF.
- DER **MILFORD SOUND** IST MIT DEM AUTO ÜBER DIE 114 KM DER EINZIGEN ASPHALTIERTEN PANORAMASTRASSE DES PARKS (VON TE ANAU AUS) ZUGÄNGLICH. HIER KÖNNEN SIE AN EINER BOOTSTOUR TEILNEHMEN, UM DIE VIELZAHL DER ÜBER 100 M HOHEN WASSER-FÄLLE, DIE SICH IN DEN FJORD ERGIESSEN, UND DIE SEELÖWEN ZU BEWUNDERN, DIE AUF DEN FELSEN FAULENZEN: DAS FIORDLAND BEHER-BERGT DIE GRÖSSTE SEELÖWENPOPULATION NEUSEELANDS, DIE AUF CA. 50.000 EXEMPLARE GESCHÄTZT WIRD.
- MILFORD DEEP IST EIN IM MILFORD SOUND ERRICHTETES UNTERWASSEROBSERVATORIUM, IN DEM MAN DAS BESONDERE ÖKOSYSTEM DES MEERES BEOBACHTEN KANN: HIER IST DIE ÄUSSERST SELTENE **SCHWARZE KORALLE** DER STAR, DIE EIGENTLICH WEISS IST (TROTZ IHRES NAMENS) UND IN BIS ZU 4 METER LANGEN ÄSTEN „ERBLÜHT".
- GÖNNEN SIE SICH DEN LUXUS EINER TOUR IM HELIKOPTER, UM DIE BERGE UND FJORDE AUS UNGEKANNTER LUFTPERSPEKTIVE BEWUNDERN ZU KÖNNEN.

Der an die Tasmanische See grenzende Fiordland National Park erstreckt sich über 1,2 Millionen Hektar am äußersten südlichen Ende der Südinsel. Er umfasst allein drei der neun Great Walks of the World - den Kepler Track, den Milford Track und den Routeburn Track. Im Übrigen übersteigt die Natur des Fiordlands selbst die Phantasie: Sie umfasst endlose Weiten von Urwald, 14 äußerst tiefe Fjorde, eine Myriade von Gletscherseen, zahllose Wasserfälle und bis zu 2700 m hohe Berggipfel. Die Maori tauften sie Ata Whenua oder „die Erde der Schatten", denn nur ganz selten gelingt es der Sonne, hier die Wolkendecke zu durchdringen. Dies ist einer der Orte mit der weltweit höchsten Niederschlagsmenge, bis zu 10.000 mm pro Jahr. Es regnet 200 bis 365 Tage im Jahr, so viel, dass die Botaniker es zu einer überdimensionalen natürlichen Hydrokultur erklären, während die Geologen die erosiven Bewegungen des Wassers (noch früher der Gletscher) als „eine wunderbare geologische 80 Millionen Jahre lange Reise in den Pazifik" darstellen. Wer also den Regen nicht fürchtet und wem 80 Millionen Jahre in 3 bis 5 Tagen nicht als unüberwindbare Anstrengung vorkommen, dem sei gesagt, dass man auf jedem der drei Great Walks, die alle in Te Anau beginnen, der reizenden Kleinstadt „an der Grenze", die den Zugang zum Park darstellt, unglaubliche Eindrücke vermittelt

| 70 *Trekking in der Wildnis des Fiordland National Park.*

| **71** *Unberührte Natur und majestätische Landschaften sind die Geheimnisse des Fiordland.*

bekommt. Rotbuchen, die an Erhabenheit mit den Mammutbäumen der amerikanischen Parks konkurrieren können, beherrschen den tief gelegenen Wald, in dem mehrere Koniferenarten zu Hause sind, wie Miro oder Totara, die Rimu-Harzeibe und die Kahikatea, die Neuseeländische Warzeneibe. Er hat die gleiche mystische Atmosphäre, wie man sie in den großen gotischen Kathedralen wahrnehmen kann. Das Unterholz ist ein endloser Teppich aus Riesenfarnen und Moos, das die Baumstämme und jeden Winkel des Geländes bedeckt. Nach und nach verändert sich die Landschaft zu einer alpinen Weidefläche mit vom Wind gepeitschten Grasbüscheln und Felsen, die von Spinnweben aus Flechten überzogen sind, und gibt schließlich den Blick auf schneebedeckte Berggipfel frei, das Schauspiel der Fjorde und die 365 Inseln des Parks. Von der Sonne angeleuchtet sehen sie aus wie ins tiefe Blau des Wassers geworfene leuchtende grüne Konfetti. Dusky Sound und Doubtful Sound, die langgestreckten, durch eiszeitbedingte Erosionen entstandenen Fjorde reichen fast 50 km weit ins Landesinnere hinein. Sie gehören zu den wenigen Orten der Welt, bei denen die Anwendung des Adjektivs „unbefleckt" durchaus angebracht ist. Dennoch sind diese Paradiese den Maori seit jeher bekannt, die mit ihren Kanus hierher kamen, um in den Felsen die Pounamu zu gewinnen, die grünen, jadeähnlichen Steine, aus denen sie Waffen und Schmuck herstellten. 1770, bei seiner ersten Reise zur Erkundung des Pazifiks, landete James Cook an der Mündung des ersten der beiden Fjorde und entschied, mit seiner Endevour nicht weiter vorzudringen, da die Dämmerung bereits einsetzte (die Inseln, von denen er durchsetzt ist, hätten zu gefährlichen Hindernissen werden können), nicht ohne ihm jedoch einen Namen zu geben: Dusky Sound oder „Fjord der Dämmerung".

Durch einen Streich des Schicksals beherbergte der Fjord jedoch 1785 die erste und zahlenmäßig größte dauerhafte Ansiedlung Neuseelands, die sich aus 244 Schiffbrüchigen des Seglers von Kapitän William Bompton zusammensetzte, die während der paar Jahre, die sie benötigten, um ihr Schiff instand zu setzen, hier eine Zuflucht fanden. Widersinnig, wenn man bedenkt, dass das gesamte Fiordland heute völlig unbewohnt ist. Wiederum war es Cook, der auch dem großflächigen und ebenso prachtvollen Doubtful Sound seinen Namen gab: Von Zweifeln geplagt, ob er ins Innere eines Landes segeln sollte, das man damals von Monstern bevölkert glaubte, lag er lange an der Mündung vor Anker. Schließlich beschloss man, den Fjord zu erkunden, doch nach ihm – und vielen Fluten – scheint es, dass niemand mehr hierhin vorgedrungen ist. Und so kam es, dass man den Titel des berühmten Songs von Simon & Garfunkel auslieh und den Ort in The Sound of Silence umtaufte.

**Website** *www.fiordland.org.nz*

| 72 *Ein Wasserfall stürzt in die Wasser des Milford Sound.* | 72-73 *Die verschneiten Gipfel spiegeln sich im Wasser des Milford Sound.*

**Beste Reisezeit** *Oktober bis April.*

**Zeitbedarf** *Die Wanderrouten dauern 3 bis 5 Tage, doch um die Schönheiten des Parks bewundern zu können, sollte man einen mindestens einwöchigen Aufenthalt einplanen.*

**Organisatorisches** *Die* Great Walks *im Innern des Fiordlands sind individuell zu bewältigen, jedoch nur einer festgelegten Zahl von Ausflüglern zugänglich (40 Ausflügler pro Tag, so viele, wie es Plätze in den Schutzhütten auf der Strecke gibt). Sollten Sie eine geführte Tour bevorzugen, kontaktieren Sie die Reisebüros von Ultimate Hikes, Trips & Tramps und der Fiordland Nature Observations.*

**Tipp** *Die Schutzhütten verfügen über eine Küche, doch die Speisen muss man selbst mitbringen und kochen. Vor der Abfahrt sollten Sie sich in den Supermärkten in Te Anau mit Lebensmittelvorräten eindecken. Hier verteilt man auch Feldflaschen für Wasser, denn das Wasser der Flüsse und Wildbäche ist Trinkwasser. Was die Bekleidung angeht, sollten Sie die Hitze im Wald und die heftige Kälte in den höheren Lagen bedenken. Und natürlich die obligatorische wasserdichte Regenjacke nicht vergessen.*

## Wissenswert

- *Wie so viele neuseeländische Reiseziele, diente auch das Fiordland als Filmkulisse, vor der die berühmte Trilogie* Herr der Ringe *gedreht wurde.*

- *Aufgrund seiner Abgeschiedenheit beherbergt das Fiordland ganz besondere Tierarten, wie den* Kea, *die einzige Bergpapageienart der Erde, und die* Takahe, *einen Rallenvogel von irisierendem Federkleid, der hier im Jahre 1948 gesichtet wurde, als man ihn schon längst für ausgestorben hielt.*

- *Verzichten könnte man aber auf die Sandfliegen, von denen die Wälder und Küstenregionen heimgesucht werden. Sie stechen, und der Juckreiz kann noch Monate anhalten. Einer Maori-Legende nach wurden sie von* Hinenui-te-po, *der Göttin der Unterwelt, geschaffen, um die Menschen davon abzuhalten, beim Betrachten der Schönheit des Fiordlands faul zu werden.*

# AMBRYM, DIE SCHWARZE INSEL

Website *http://vanuatu.travel*

**Zwei Vulkane, die zu den aktivsten der Erde gehören, und eine Kultur, die auf der Magie gründet – eine außergewöhnliche Reise, die Umsicht geplant werden sollte.**

Die Kostüme für den Rom-Tanz – Teil der Zeremonie eines Aufnahmerituals, eines der außergewöhnlichsten Zeugnisse der Kultur von Vanuatu – bestehen aus einer konischen Maske aus Bananenfasern und einem bodenlangen, aus trockenen Blättern der Bananenpflanze gefertigten Gewand, das den, der es trägt, verbergen soll. Nur wenige Auserwählte in der Gemeinschaft sind in die Kunst eingeweiht, sie anzufertigen: Die Augen auf ein unfertiges Kostüm zu richten, heißt, ein heiliges Tabu zu brechen, und wer sich mit dieser Schuld befleckt hat, muss ein Schwein opfern und auf Weisung des Dorfoberhauptes eine Reihe von Peitschenhieben über sich ergehen lassen. Um nicht in unerquickliche Situationen zu geraten, wenn man sich nach Ambrym wagt, auf diese abgelegene Insel, die selbst für Einwohner der anderen Inseln des Archipels unheimlich ist, sollte man sich einen oberflächlichen Überblick über die lokalen Gebräuche zu verschaffen. Auf Vanuatu nennt man Ambrym die „schwarze Insel" – sie wird vom Marum und vom Benbow, zwei der aktivsten Vulkane der Erde

| 74 *Der Benbow ist einer der Hauptkrater des Schildvulkans, der die Insel Ambrym charakterisiert.*

| 75 *Roma-Tanz während des Back to the Roots Festival.*

dominiert, deren mächtige Calderas von einer Wüste aus Asche eingefasst werden – doch rührt der Name eigentlich daher, dass den Ureinwohnern hier nachgesagt wird, über gefährliche magische Kräfte zu verfügen. Wie auch immer Sie darüber denken mögen – um an einem Ort zu leben, wo heftige Eruptionen, Lavaaustritt, der Ausstoß von Aschewolken und Lapilli tagtäglich aufeinander folgen, muss man an das Unerklärliche glauben. Ambrym wirkt eher wie ein Spielplatz für den Teufel als wie ein Paradies in der Südsee. Wenn es Ihnen neben einer Wanderung von den Küstenwäldern zu den vulkanischen Calderas in den Sinn kommt, auch die Dörfer zu besuchen, sollten Sie sich (mit Vorsicht) der Kultur nähern, wobei man hier eher von vielen lokalen Kulturen sprechen muss, da auf diesem begrenzten Gebiet mindestens ein Dutzend unterschiedlicher Sprachen gesprochen werden. In der Kunst der Totems und Tamtams, der riesenhaften Trommeln aus Holz und Lavagestein, sowie den Aschebildern, die so ausgearbeitet wie fragil sind, stellen die Menschen von Ambrym ihre Welt dar. Eine Welt, in der sie mit dem vollen Bewusstsein leben, kurzlebige Gäste einer mächtigen Natur zu sein.

**Beste Reisezeit** *Mai bis Oktober.*

**Zeitbedarf** *3 Tage bis eine Woche.*

**Organisatorisches** *Ambrym kann man mit Flügen des Unternehmens Air Vanuatu von Port Vila und Espiritu Santo aus erreichen, den Haupttouristenzielen des Archipels. Auf der Insel gibt es keine Übernachtungsmöglichkeiten, die internationalen Standards entsprechen würden, und man wird in einfachen Bungalows in den Dörfern untergebracht. Der auf Ökotourismus spezialisierte örtliche Reiseanbieter Wrecks to Rainforest organisiert Fußwanderungen in die Dörfer von Ambrym und Aufstiege zu den Calderas.*

**Tipp** *Vor der Abreise sollte man die täglichen Updates zur Vulkantätigkeit und der seismischen Aktivität der Insel Ambrym anschauen, um keine bösen Überraschungen zu erleben.*

**EMPFEHLENSWERT**

- IM AUGUST FINDET IM NORDEN DER INSEL DAS **BACK TO THE ROOTS FESTIVAL** STATT. ES WURDE VON EINEM DORFOBERHAUPT MIT EINEM FAIBLE FÜR DAS TOURISMUS-MARKETING ERFUNDEN, DOCH DER ROM-TANZ UND DIE ANDEREN RITUALE HIER SIND ECHT UND WERDEN VON DENEN, DIE DARAN TEILNEHMEN, TIEF EMPFUNDEN.
- ZU DEN CALDERAS DES **MARUM** UND DES **BENBOW** GELANGT MAN AUF VIER WEGEN: AUF DER SPEKTAKULÄRSTEN, ZWEI TAGE DAUERNDEN WANDERUNG DURCHQUERT MAN DIE INSEL VON RANVETLAM IM NORDEN NACH ENDU IM SÜDOSTEN, WOBEI MAN IN DER ASCHEWÜSTE ZELTEN UND DIE SELTENEN MOOSE BETRACHTEN KANN, DIE AN IHREN RÄNDERN WACHSEN.
- IN DEN DÖRFERN LALINDA UND PORT VATO KANN MAN BOOTE MIETEN, UM DIE **DUDONGS** ZU BEOBACHTEN, DIE IN DEN BUCHTEN IM SÜDEN VON AMBRYM LEBEN.
- DER **FANTENG-SEE,** ENTSTANDEN ERST VOR WENIGEN JAHREN INFOLGE EINER ERUPTION, IST HEUTE IST EIN GESCHÜTZTES NATURRESERVAT, IN DEM 30 VOGELARTEN NISTEN.

# ÜBER DIE LAVA DES KILAUEA

Auf dem Weg zum explosivsten Vulkan Hawaiis, für das Inselvolk der Wohnsitz von Pele, der Göttin, die „die Erde verschlingt".

| 76 *Ein Lavastrom fließt vom Kilauea in Richtung Ozean.*
| 77 *Kilauea bedeutet in der polynesischen Sprache „aufsteigende Rauchwolke".*

Im August 1959 registrierten die Geologen des Hawaiian Volcano Observatory (HVO) ein seismisches Schwarmbeben in großer Tiefe vor Big Island. Das Phänomen verstärkte sich in den Folgemonaten exponenziell, bis sich schließlich am 14. November um 8.08 Uhr eine Spalte in der Südwand des Vulkans auftat, aus der eine Lavafontäne hervorschoss, die in den folgenden Tagen eine Höhe von 80 Metern erreichte. Bei diesen Eruptionen – bei denen 71 Millionen $m^3$ Lava Lava mit einer Temperatur von 1217° C ausgestoßen wurden – bildete sich ein neuer Vulkankegel heraus, der Pu'u Pua'i. Der ist heute die größte Attraktion auf dem 6,4 km langen Kilauea Iki Trail, der spektakulärsten aller Wegstrecken, die ins Innere des Hawai'i Volcanoes National Park führen. Der Kilauea, der übrigens nicht zu den fünf höchsten Vulkanen der Hauptinsel zählt, ist unter den Top Ten der aktivsten Vulkane des Planeten. Er ist fast gänzlich von einer im Verlauf der vergangenen tausend Jahre entwichenen Lavamenge bedeckt, die ausreichen würde, dreimal eine Straße vom Umfang der Erde auf der Höhe des Äquators zu asphaltieren. Durchquert man den üppig wuchernden Forst am Fuß des Vulkans, führt der Wanderpfad erst an den Rand der Caldera und dann weiter bis zum Kraterboden, wo man von den ausströmenden Dämpfen eingehüllt wird: ein Erlebnis, bei dem man den Herzschlag der Erde „spürt".

**Website** *www.nps.gov/havo*

## EMPFEHLENSWERT

- DAS NACH EINEM VULKANAUSBRUCH ZERSTÖRTE UND 2005 WIEDER AUFGEBAUTE KILAUEA VISITOR CENTER BEFINDET SICH AM PARKEINGANG. ES BEHERBERGT EINE AUSSTELLUNG ÜBER GEOLOGIE, DIE ERUPTIONSPHÄNOMENE, DIE ÖKOSYSTEME UND DIE **MO'OLELO** (GESCHICHTEN) DER LEGENDÄREN UREINWOHNER.
- VOM RAND DER CALDERA AUS SIEHT MAN DIE SILHOUETTE DES MAUNA LOA, DES IMPOSANTESTEN VULKANS VON HAWAII: ER HAT EINE HÖHE VON 4.100 M ÜBER DEM MEERESSPIEGEL, ZÄHLT MAN JEDOCH AUCH DEN TEIL UNTER WASSER DAZU, ÜBERSTEIGT ER DIE HÖHE DES EVEREST UM EINIGES.
- IM WALDGEBIET UNTER DEM KRATER SEHEN SIE PRÄCHTIGE TROPENVÖGEL UND -PFLANZEN: DEN KAHILI-BAUM MIT GELBEN BLÜTEN UND DEN ROT BLÜHENDEN OHI'A LEHUA-STRAUCH, DER ZU DEN ERSTEN AUF LAVA WACHSENDEN PFLANZENARTEN GEHÖRT.

**Beste Reisezeit** *Der Park ist ganzjährig geöffnet, auch wenn einige Bereiche ohne Vorankündigung geschlossen werden, wenn die Vulkanaktivität ein Ausströmen von Schwefeldioxid verursacht. Das Klima auf dem Big Island ist nicht vorhersagbar, doch die trockenste Zeit ist (in der Regel) von März bis Oktober.*

**Zeitbedarf** *Eine Wanderung dauert 2 bis 3 Stunden.*

**Organisatorisches** *Wie alle Schutzgebiete der Vereinigten Staaten ist auch der Hawai'i Volcanoes National Park gut auf Besucher vorbereitet. Es bietet sich eine breite Auswahl an Aktivitäten an, von Individualwanderungen bis zu geführten Wanderungen, Übernachtungen im Bungalow, Camping und vielem mehr.*

**Tipp** *Der Kilauea Iki Trail ist zwar kurz und gut ausgeschildert, doch anstrengend; eine Wanderung kann auch gefährlich werden: Die seismischen Beben verursachen Steinschläge, und das Klima auf dem Gipfel kann sich rasch ändern. Nehmen Sie eine Kopfbedeckung, eine gute Sonnencreme und pro Person mindestens zwei Liter Wasser sowie ein Regencape und eine Taschenlampe mit. Im Stockfinstern zurückzukehren, ist nicht angenehm.*

# DER JOHN MUIR TRAIL

Über die Berge der Sierra Nevada – und vom Yosemite zum Sequoia National Park – diese legendäre Wanderstrecke ehrt den Propheten der Wildnis.

## EMPFEHLENSWERT

DIE GRANITKUPPEL DES **HALF DOME** IST SYMBOL DES YOSEMITE (UND FINDET SICH IM LOGO DES SIERRA CLUBS). AUCH WENN SIE ENDE DES 19. JHDTS. FÜR „KOMPLETT UNZUGÄNGLICH" ERKLÄRT WURDE, ERKLIMMEN HEUTE CA. 800 AUSFLÜGLER TÄGLICH DEN GIPFEL MITHILFE EINES STAHLSEILSYSTEMS AUF DEN LETZTEN 400 METERN DES EXTREM STEILEN ANSTIEGS.

DER ARCHITEKT HENRY H. GUTTERSON BEZOG 1931 SEINE INSPIRATION ZUM ERRICHTEN DER **JOHN MUIR MEMORIAL REST HUT** VON DEN TRULLI, DEN BAUWERKEN AUS APULIEN. DIE SCHUTZHÜTTE BEFINDET SICH AUF DEM MUIR PASS, IN 3644 M HÖHE IM KINGS CANYON NATIONAL PARK. AN DEN SEITEN KANN MAN DIE GOLDGELBEN WASSERSPIEGEL DER BEIDEN NACH JOHN MUIRS TÖCHTERN BENANNTEN **SEEN WANDA UND HELEN** BEWUNDERN.

DAS **DEVILS POSTPILE NATIONAL MONUMENT** IST EIN SCHUTZGEBIET FÜR DIE GLEICHNAMIGE GEOLOGISCHE FORMATION: EIN KLIFF AUS 6-ECKIGEN, 60 M HOHEN BASALTSÄULEN, DIE IN IHRER GESAMTHEIT EINE UNGEWÖHNLICHE SYMMETRIE AUFWEISEN. IN DER NÄHE KANN MAN NOCH DIE SPEKTAKULÄREN RAINBOW FALLS BEWUNDERN.

EINIGE DER ZAUBERHAFTESTEN HOCHGEBIRGSLANDSCHAFTEN DER STRECKE BEFINDEN SICH IM **SEQUOIA NATIONAL PARK.** AUFGRUND DER HÖHE DES TRAILS SIEHT MAN JEDOCH GERADE MAL EINEN DER MONUMENTALEN MAMMUTBÄUME, FÜR DIE DER PARK SO BERÜHMT IST.

**Website** *www.johnmuirtrail.org*

| **78** *Der Half Dome bei Sonnenuntergang.* | **79** *Die geringste Höhe des Wegs liegt bei 2400 m.*

Jeder bedarf wie des täglichen Brotes auch ein wenig der Schönheit, braucht Orte, an denen man spielen und beten und wo die Natur Körper und Geist kurieren und stärken kann. Dies ist nur einer von Tausenden von Gedanken, die John Muir während der langen Winter in den hohen Bergen der Sierra Nevada in Kalifornien fieberhaft in seine Notizbücher schrieb. Sie werden heute in der Bibliothek des Sierra Clubs aufbewahrt, all jene kleinen, schäbigen Büchlein mit dem schwarzen Einband, denen allen eine kindlich anmutende Eintragung hinzugefügt ist: „John Muir, Planet Erde, Universum". Er gilt als berühmteste Persönlichkeit der Geschichte Kaliforniens, der Prophet der Wilderness, Vater der Nationalparks. Doch der 1838 in Schottland geborene und als Jugendlicher in die Vereinigten Staaten emigrierte John Muir wollte lieber, dass seiner Person einfach nur als Weltenbürger gedacht werde. In der Zeit der Industrialisierung, in der die Natur in Kategorien von Ressourcen gesehen wurde, derer man sich bedienen kann, war seine nicht anthropozentrische Sicht auf die Natur revolutionär: Er betrachtete die Menschen als Teil eines Ganzen und war überzeugt, dass der Verlust eines Teils davon hieße, einen Teil von uns selbst zu verlieren. John Muir erklomm die Berggipfel der Sierra und überquerte Gletscher in Alaska, und er war ein großer Botaniker: Er entdeckte unter anderem eine neue Orchideenart, die Calypso borealis, über die er sagte: „Bis zu diesem Moment habe ich keine derartige Pflanze gesehen, die so sehr von Leben erfüllt ist, so spirituell ist und die sich so sehr als Beweis des Schöpfers eignet." Er

| 80-81 *Der Mount Whitney erreicht 4421 Höhenmeter.* | 81 *Die Rainbow Falls im Devils Postpile National Monument.*

verbrachte Jahre in der Einsamkeit der wilden Natur. Darüber hinaus war er ein Pionier des Naturschutzes und gründete den Sierra Club – heute eine der bedeutendsten amerikanischen Nichtregierungsorganisationen zum Schutz unberührter Gebiete, der Wilderness. Er hatte Präsident Roosevelt davon überzeugt, den ersten Nationalpark der Geschichte einzurichten: den Yosemite Park in den Bergen der High Sierra. Nach seinem Tod ließ der Sierra Club ihm zu Ehren einen Wanderweg anlegen, in großer Höhe entlang der Orte, die er so geliebt hatte. Der an seinem 100. Geburtstag im Jahre 1938 eingeweihte John Muir Trail ist paradiesisch. Er ist 340 km lang (besser gesagt 356 km, da er in unmittelbarer Nähe des Gipfels des Mount Whitney endet, und man braucht weitere 16 km unwegsamer Strecke, um zur „menschlichen Welt" zurückzukehren). Er beginnt im Yosemite Park, führt weiter durch die staatlichen Wälder von Inyo und Sierra – geschützte Areale der John Muir und Ansel Adams Wilderness – zum Devils Postpile National Monument und dem Kings Canyon National Park, und endet dann im Sequoia National Park. Er schlängelt sich über eine Route, deren geringste Erhebung 2400 m beträgt, und führt über 6 Gebirgspässe, von denen der höchste bis 4009 m reicht. Etwa zwei Drittel des Pfades liegen auf der Route des Pacific Crest Trail (4286 km von British Columbia in Kanada bis zur Grenze der USA mit Mexiko), und im Innern jedes Schutzgebietes ist er in Abschnitte unterteilbar – für all jene, die nicht genug Zeit oder Übung haben, um die Strecke zur Gänze in Angriff zu nehmen. Zu den Schwierigkeiten der Wanderstrecke selbst kommen noch weitere hinzu, z. B. die Präsenz von Bären: besonders beim Zelten muss man sehr umsichtig sein, ferner der Mangel an Versorgungspunkten für Lebensmittel. Erwähnenswert ist das Vermilion Resort an den Ufern des Edison-Sees, wo allen Wanderern die erste Nacht und das erste Bier gratis angeboten werden. Ganz im Geist der Solidarität zwischen Mensch und Natur im Sinne der Schriften des John Muir.

**Beste Reisezeit** *Juni bis Mitte September.*

**Zeitbedarf** *3 Wochen.*

**Organisatorisches** *Informieren Sie sich, wie Sie Genehmigungen einholen und wo Sie Ratschläge zu den Reisevorbereitungen (einschließlich derer zum Versand der Speisen zu den Versorgungspunkten und bezüglich der Ausrüstung) sowie den Streckenabschnitten und den möglichen Schwierigkeiten entlang des Weges bekommen, einschließlich des Verhaltens, dass man im Falle eines Zusammentreffens mit einem Braunbären zeigen sollte. Eine detaillierte Streckenkarte ist unerlässlich. Nutzen Sie das Internet, um Reisepartner zu finden, indem Sie sich bei einem der speziellen Foren für Wanderer anmelden, die den JMT begehen wollen.*

**Tipp** *Der wichtigste Gegenstand der Ausrüstung ist die sogenannte* bear box, *ein dichtes Behältnis, in dem man alles, was einen Bären anziehen könnte, verstauen kann. Zum Kochen und Einnehmen der Mahlzeiten sollten Sie sich mindestens 100 m von Ihrem Lagerplatz entfernen, und nehmen Sie nachts auch keine Lebensmittel mit ins Zelt – nicht einmal Zahnpasta! Die Braunbären hier naschen sehr gern!*

**Wissenswert**

*Das heldenhafte Leben des John Muir wird in der Namensgebung vieler Orte gefeiert, vom Muir Glacier in Alaska über den Muir Memorial Park in Wisconsin bis hin zum Muir Nature Trail, einem Spazierweg im Grünen in einem Park in der Bronx in New York. In Dunbar in Schottland gibt es einen Muir Country Park, und sein Haus dort ist heute ein Museum. Und in Kalifornien feiert man am 21. April noch den John Muir Day.*

*Mit dem Yosemite Park verbindet man noch eine weitere unsterbliche Persönlichkeit: Ansel Adams, den Vater der Landschaftsfotografie. Zwei Schritte vom Visitor Centre entfernt befindet sich unter der Leitung seiner Erben sein Fotoatelier, wo unter anderem Originalabzüge verkauft werden, deren Preise auf dem internationalen Sammlermarkt zwischen 8000 und 50.000 Dollar schwanken.*

*Das Schauspiel, wenn sich die Berge im Sommer bei Auf- und Untergang der Sonne rot färben, ist ein Phänomen, das sich Alpenglühen nennt. Es beruht auf der chemischen Zusammensetzung der Felswände, die Calciumcarbonat und Magnesium enthalten. Besonders augenfällig tritt das Phänomen in den Bergen der Sierra und in den Dolomiten zutage.*

# ÜBER DIE CORDILLERA BLANCA

Unterwegs auf den unwegsamen, hoch gelegenen Pfaden des Parque Nacional Huascarán gegenüber vom Alpamayo, dem begehrtesten Berggipfel der Anden.

„Zugang schwierig, aber nicht unmöglich" steht auf dem Schild, das den Weg zum Pastoruri weist, einem der nunmehr seltenen in den tropischen Breiten der Anden verbliebenen Gletscher. Er befindet sich in 5250 m Höhe im südlichen Abschnitt der Cordillera Blanca, die mit 33 über 6000 m hohen Gipfeln die zweite Gebirgskette nach dem Himalaja ist, was Ausdehnung, Höhe und Pracht der Szenerien angeht. Der mühevolle Pfad zum Pastoruri ist der kürzeste von allen Wanderwegen, die sich durch das Innere des Parque Nacional Huascarán schlängeln, zu dem neben dem gleichnamigen Berggipfel mit 6788 m Höhe (dem zweithöchsten von ganz Amerika) der nur etwas niedrigere, doch viel berühmtere Alpamayo gehört, der pyramidenförmige Berg, der Traum und Albtraum eines jeden Alpinisten ist. Doch man muss sich nicht mit Eispickel und Steigeisen bewaffnen, um sich des Zaubers dieser weißen Riesen erfreuen zu können: Die beiden Gebirgsmassive sind auf der gesamten Route des beliebtesten der Wanderwege nicht zu übersehen, dem

| **82** *Die Jancarurish-Lagune zu Füßen des Alpamayo.*

| 83 *Eine Andenfamilie in traditioneller Kleidung.*

40 km-langen Santa Cruz Trek, der sich durch unwegsame Gebirgspässe und spektakuläre Schluchten, an Gletscherseen vorbei und durch Hochebenen windet, die von einer Fülle kurioser Pflanzenarten bewachsen sind. Zu ihnen gehört der Queñua, ein absonderlicher Baum mit roter, korkähnlicher Rinde, und die Puya raimondii, die größte Bromelienart der Erde, die in Höhenlagen zwischen 3700 und 4200 m wächst, allerdings nur auf den Abhängen, die am meisten Sonne abbekommen. Sie erreicht bis zu 10 m Höhe, und bevor sie dann mit ca. 40 Jahren stirbt, gibt sie noch einmal ihr Bestes und bringt ein einziges Mal 8000 weiße Blüten und einige Millionen Samen hervor.

**Website** *www.visitperu.com*

**Beste Reisezeit** *Mai bis September.*

**Zeitbedarf** *Für die Trekkingrouten benötigt man 1,4 bis 7 Tage, doch um die Andendörfer zu erkunden, sollte man ein paar Tage mehr einplanen.*

**Organisatorisches** *Huaraz ist die Hauptstadt der Region Ancash und des Anden-Bergsteigens. Hier kann man bei der Casa de Guías einen zugelassenen Führer anwerben und ein Pony für den Transport der Ausrüstung leihen. Für einige sehr anspruchsvolle Strecken, wie den Rundweg zum Basislager von Alpamayo, wendet man sich besser an ein spezialisiertes Reiseunternehmen wie Andean Kingdom in Huaraz und Pony's Expeditions im benachbarten Caraz.*

**Tipp** *„Chocolate, coramina, coca!", rufen die Indiojungen, die sich entlang des Weges postieren, wo sie den Ausflüglern das verkaufen, was in dieser Region zu den verbreitetsten Heilmitteln gehört. Sie bringen Linderung bei Höhenkrankheit, einem Syndrom, mit dem man hier rechnen muss. Vor dem Wandern ist es ratsam, einige Tage in Huaraz und Umgebung zu verbringen, um sich zu akklimatisieren, und um – wie es die Indios machen – Mate zu trinken oder Kokablätter zu kauen, was den Speichelfluss anregt, den Magen beruhigt und Herzrhythmus und Blutdruck reguliert. Und sie haben absolut nichts mit dem illegalen Derivat, dem Kokain, zu tun.*

## EMPFEHLENSWERT

- DER WEG VON DER STADT HUARAZ ZUM PARQUE NACIONAL HUASCARÁN FÜHRT ÜBER DEN **PORTACHUELO LLANGANUCO**, DEN PANORAMAREICHSTEN, BEFAHRBAREN WEG DER ANDEN, DESSEN STRECKENFÜHRUNG NOCH AUF DAS ALTE VOLK DER INKA ZURÜCKGEHT.
- ERPROBEN UND ERLEBEN SIE DAS „ANDENLEBEN" BEI DEN QUECHUA-INDIANERN VON **CASHAPAMPA**, DEM AUSGANGSPUNKT FÜR DIE WANDERUNGEN AUF DEM SANTA CRUZ TREK: DAS MALERISCHE DORF IST VON EINEM MOSAIK AUS MAIS-, KARTOFFEL- UND QUINOAPFLANZUNGEN UMGEBEN, JENER GRASPFLANZE, WELCHE DIE HAUPT-PROTEINQUELLE DER ANDENBEVÖLKERUNG DARSTELLT.
- ENTSPANNEN KANN MAN AN DEN UFERN DER **LAGUNEN VON LLANGANUCO UND SIETE COLORES**; WUNDERVOLLE, IN ÜBER 3500 M HÖHE GELEGENE SEEN, DEREN WASSER UNGLAUBLICHE FARBENSPIELE VON NACHTBLAU BIS TÜRKIS AUFWEISEN.
- EINE HALBE FAHRTSTUNDE VON HUARAZ IN DER CORDILLERA NEGRA LIEGT **HATUN MACHAY** (QUECHUA FÜR DIE „GROSSE HÖHLE"), EINE MAJESTÄTISCHE GRANITKATHEDRALE, DER PERFEKTE ORT ZUM FELSENKLETTERN. EINIGE DER HÖHLEN VERBERGEN URALTE EINGERITZTE FELSMALEREIEN.

# TREKKING IM PARQUE NACIONÁL LOS GLACIARES

## Touren zum Cerro Torre und zum Fitz Roy, zu den großen Seen und dem Campo de Hielo Patagónico, dem größten Kontinentalgletscher der Erde.

| **84 u. 85** *Der Perito Moreno ist ein Gletscher in ständiger Bewegung. Von seiner Front, die täglich etwa 2 m vorrückt, brechen gewaltige Eisspitzen ab.*

### EMPFEHLEBNSWERT

- ETWA 100 KM NÖRDLICH VON EL CALAFATE – EINEN TAGESAUSFLUG – STÖSST MAN AUF DEN **VERSTEINERTEN WALD LA LEONA**, EIN UNGLAUBLICHES NATURSCHAUSPIEL, DAS VON IN STEIN VERWANDELTEN BAUMSTÄMMEN UND GROSSEN DINOSAURIERKNOCHEN BEHERRSCHT WIRD.

- PATAGONIEN IST DAS LAND DER GAUCHOS, UND AUCH WENN WANDERN DIE NATÜRLICHE SPORTART IST, DIE MAN IN DIESER REGION TREIBT, KANN MAN NICHT ABREISEN, OHNE WENIGSTENS EINEN **AUSRITT** UNTERNOMMEN ZU HABEN. AN EIN PFERD MIT FÜHRER KOMMT MAN OHNE SCHWIERIGKEITEN IN EINER DER VIELEN ESTANCIAS, DIE SICH IN DER UMGEBUNG VON EL CALAFATE BEFINDEN.

- WENN DIE TEMPERATUR DES WASSERS SIE NICHT ABSCHRECKT, DAS AUCH WÄHREND DES SÜDLICHEN SOMMERS EINDEUTIG KALT IST, BIETEN ZAHLREICHE ÖRTLICHE VERANSTALTER **RAFTING AUF DEM RIO SANTA CRUZ** IN EL CALAFATE ODER AUF DEM RIO DE LAS VUELTAS IN DER GEGEND VON EL CHALTÉN AN. IM ZWEIFEL KANN MAN SICH AUCH EINEN **BALLONFLUG** ÜBER DAS UNGLAUBLICHE PANORAMA DER ANDENGLETSCHER GÖNNEN.

Nach dem Scheitern berkannter Persönlichkeiten wie Cesare Maestri und Walter Bonatti waren die „Spinnen von Lecco" Daniele Chiappa, Mario Conti, Casimiro Ferrari und Pino Negri 1974 die ersten, die nachweislich den Gipfel des Cerro Torre erklommen, einen der trotz seiner wenig mehr als 3000 Höhenmeter unzugänglichsten Berge der Welt. Dort oben, am Ende eines unendlich langen Aufstiegs entlang einer 900 m hohen, vertikalen Wand aus Granit, finden sich die wenigen Alpinisten wieder, denen es gelingt, vor dem Angesicht des „Eispilzes" auf den Gipfel zu gelangen, der wie eine weiche Baskenmütze eines der Symbole des Parque Nacionál Los Glaciares beschützt, das Naturheiligtum der argentinischen Provinz Santa Cruz. Wenige Kilometer weiter östlich erhebt sich der Cerro Fitz Roy oder Cerro Chaltén, der mit seinen 3405 Höhenmetern einen weiteren der höchsten Gipfel – und der schwierigsten Aufstiege – der patagonischen Kette darstellt, die als Bastion des Campo de Hielo Patagónico dient, des größten Kontinentalgletschers der Erde mit einer Oberfläche von fast 17.000 km$^2$. Zu seinen Füßen erstrecken sich Dutzende Gletscher in die Täler, in die beiden großen Seen der Region, den Lago Viedma und den Lago Argentino. Am bekanntesten sind der Upsala-Gletscher, der Viedma und der Superstar, der Perito Moreno.

Der Entdecker Francisco Pascasio Moreno, der anschließend zu Beginn des 20. Jhdts. den Titel „perito" verliehen bekam, war 25 Jahre alt, als er sich 1877 zum ersten Mal in jenes Land vorwagte und das größte Süßwasserbecken des Landes und jene 5 km breite Gletscherzunge entdeckte, die sich regelmäßig bis auf die Penisola de Magellanes am anderen Ufer des Lago Argentino vorschiebt und einen natürlichen Damm bildet, der die beiden Arme des Sees vollständig voneinander trennt. Viele Jahre schrieb die argentinische Regierung ihm eines der beeindruckendsten Naturspektakel der Welt zu. Wenn die Gipfel des Cerro Torre und des Fitz Roy nur für erfahrende Alpinisten geeignet sind, ganz zu schweigen vom Herzen des Campo de Hielo Patagónico, das mehr oder weniger unerreichbar ist, so bieten die beinahe 4500 km$^2$ des Parque Nacionál Los Glaciares auch weniger gut ausgerüsteten Besuchern Möglichkeiten, so zum Beispiel die Bootsfahrt auf dem Lago Argentino. Man legt in El Calafate, dem Hauptzentrum der Region, ab und gelangt bis auf wenige Hundert Meter an den Perito Moreno heran, der bis zu 80 m Höhe erreicht, und kann die imposante Front aus Eis bewundern, das von Zuckerweiß zu intensivem Türkis wechselt. Die Boote landen an der gegenüberliegenden Uferseite, von wo aus man sich bei einer halbtägigen Wandertour – ausgerüstet mit Steigeisen – auf die ersten Ausläufer des Gletschers vorwagen kann. Anstrengender, aber vielleicht weniger ungewöhnlich sind die Wanderungen, die von El Chaltén ausgehen, einem 900-Seelen-Dorf 220 km von El Calafate entfernt, das 1985 zu Füßen des Fitz Roy entstand und sich daher des Titels „jüngstes Dorf Argentiniens" rühmt. In der Tat ist El Chaltén seit seinem Entstehen zum Ziel von wanderbegeisterten Reisenden geworden. Von hier aus schlägt man den Weg ein, der in fünf Stunden zum Basiscamp des Cerro Fitz Roy führt und zur Laguna de los Tres, einem kleinen Gletschersee von kobaltblauem Wasser, an dem eine antike Moräne gelegen ist. Von etwa gleicher Dauer ist die Wanderung, die zum Basiscamp De Agostini führt, das seinen Namen Alberto Maria De Agostini verdankt, einem salesianischen Missionar und Entdecker aus der italienischen Provinz Biella, der mehr als dreißig Jahre in Patagonien verbrachte. Ein Aussichtspunkt, um die Felsnadel des Cerro Torre zu bewundern, befindet sich eine Viertelstunde Fußweg entfernt von der gleichnamigen Lagune, einem Wasserspiegel, in dem kleine Eisberge treiben, die vom großen Gletscher abbrechen. Etwas kürzere Wege führen zum Piedras Blancas-Gletscher und zum Tal des Rio Eléctrico, zwei weitere, spektakuläre

| **86** *Trekking auf dem Perito Moreno-Gletscher.*

| 87 *Die Laguna de los Tres und das Panorama auf dem Cerro Fitz Roy.*

Beobachtungsposten in der Nähe des Fitz Roy. Lang liegt die Zeit zurück, in welcher der Fitz Roy von den Eingeborenen – in der Tehuelche-Sprache – Chaltén genannt wurde, „der rauchende Berg", wegen der Wolke, die mit frustrierender Regelmäßigkeit den Gipfel einhüllte, als Morena und De Agostini sich in diese Gegend vorwagten. Doch der moderate Einfluss der menschlichen Präsenz in diesem Landstrich hat eine unkontaminierte Natur belassen, die vom Eis und vom majestätischen Flug des Kondors beherrscht wird und wo eine Wanderung von wenigen Stunden ausreicht, um eine Zeitreise um Jahrtausende zu unternehmen.

**Website** *www.losglaciares.com.*

**Beste Reisezeit** *Von Dezember bis Februar.*

**Zeitbedarf** *1 Woche.*

**Organisatorisches** *Etwa 50 örtliche Veranstalter organisieren Trekkingtouren und Exkursionen im Gebiet, alle mit Basis in El Calafate. Der Hauptanbieter und offizielle Vertragspartner des Parque Nacionál Los Glaciares ist Hielo y Aventura, der die Bootsfahrten auf dem Lago Argentino und die Expeditionen auf den Perito Moreno leitet. Von den anderen, die Exkursionen als Paket anbieten, empfehlen wir Morresi Viajes und Mil Outdoor Adventure. Das Gebiet von El Chaltén ist weniger gut ausgestattet, doch ist es nicht schwierig, in Privathäusern oder bescheidenen Hotels unterzukommen.*

**Tipp** *Während einer Reise nach Patagonien empfiehlt es sich immer, einige Nächte in einer Estancia zu verbringen, um das Leben (und die Küche) dieser großen Höfe zu genießen, in denen vor allem Schafe gezüchtet werden. Es ist nicht schwierig, während der 300 km langen Reise von dem an der Küste gelegenen Hauptort der Provinz Santa, Cruz Rio Gallegas, nach El Calafate auf Gastfreundschaft zu stoßen.*

**Wissenswert**

- *Der Perito Moreno ist einer der wenigen Gletscher, die zur Zeit anwachsen, daher ist er Gegenstand von Diskussionen über die Klimaerwärmung. Ein argentinischer Forscher, Jorge Rabasa, hat im Sommer 2007 jedoch festgestellt, dass der Gletscher in den vorangegangenen zwei Jahren ganze 14 m Dicke an den Rändern verloren hat, und unterstreicht damit, dass der Gletscher unter der globalen Erwärmung leidet.*

- *Die Expedition von Cesare Maestri zum Cerro Torre 1958 war Anlass für große Polemik. Maestri und der Österreicher Toni Egger erklommen den Gipfel, doch nach einer Woche fand man Maestri in verwirrtem Zustand vor. Er habe den Gipfel am 31. Januar zusammen mit Egger erreicht, sei aber während des Abstiegs gestürzt und habe dabei die Kamera, und somit die Beweise des Erfolgs, verloren.*

- *Zu den Schätzen des Parks gehört der Spegazzini-Gletscher, der nach Carlo Luigi Spegazzini benannt ist, einer der zahlreichen Italiener Argentiniens. Der Botaniker und Pilzforscher führte bedeutende Studien durch, die ihm die Katalogisierung mehrerer Pflanzen- und Pilzarten unter seinem Namen einbrachten.*

# ON THE ROAD

## MANCHMAL BRAUCHT ES NICHT VIEL ES GENÜGT EIN TICKET FÜR DEN ZUG ODER ANDERE ÖFFENTLICHE VERKEHRSMITTEL, UM EIN GROSSES ABENTEUER ZU ERLEBEN.

Jules Verne, der uns in seinen Romanen in 80 Tagen eine Reise um die ganze Welt machen ließ und schließlich sogar zu ihrem Mittelpunkt führte, äußerte wiederholt, dass die wichtigen Straßen nicht zu einem Ziel, sondern zu einer Bestimmung führen. Diese Erfahrung werden auch Sie machen können, wenn Sie mit dem Geländewagen, dem Zug oder anderen öffentlichen Verkehrsmitteln unterwegs sind. Finden Sie heraus, ob es Ihre Bestimmung ist, sich in die große Leere der Sahara oder in die Kakophonie eines der „überfülltesten" Reiseziele der Welt, des Indischen Subkontinents, zu verlieben. Oder ob es Sie mehr reizt, die großartige Tierwelt zu beobachten, z. B. bei der großen Gnu-Wanderung in der afrikanischen Serengeti, oder wenn Sie sich im Norden Kanadas den Eisbären gegenübersehen. Oder vielleicht wollen Sie auch Völker entdecken, die völlig anders leben als wir, seien es die Eingeborenen des Omo-Tals, der Wiege der Menschheit, oder jene auf Ambrym, einer der Pazifikinseln, auf denen die Geschichte der menschlichen Besiedlung noch „jünger" ist. So oder so werden Sie entdecken, dass jede Straße ein Lehrmeister des Lebens ist – und jeder Reisende ein Schüler.

Andere Völker
Beobachten der Tierwelt
Höhlenforschung
Wandern
Motorschlitten
Auto
Geländewagen

Bus
Zug
Eisbrecher
Motorboot
Kajak
Whale Watching
Heissluftballon
Reitwanderungen

ERFINDEN SIE DOCH EINE STRASSE
**GANZ FÜR SICH, IM GELÄNDEWAGEN**
AUF EIGENER PISTE DURCH
**DIE WÜSTE –**
AUS SAND, SCHNEE ODER SALZ.

# ON THE ROAD

## DAS PERFEKTE ABENTEUER

| REISE | S. | ZEIT-ZONEN | BESTE REISEZEIT | EMPFEHLENSWERT |
|---|---|---|---|---|
| **Ägypten** - Von Kairo zum Gilf El-Kebir | 94 | GMT+2 | Oktober–April | *Farafra-Oase* |
| **Äthiopien** - Im Omo-Tal | 98 | GMT+3 | Juni–September | *Markt von Dimeka* |
| **Tansania, Kenya** - Die große Wanderung der Gnus | 102 | GMT+3 | das ganze Jahr | *Grumeti* |
| **Madagaskar** - Mit dem Zug an der Fianarantsoa-Côte Est | 104 | GMT+3 | April–November | *Sahambavy* |
| **Pakistan, China** - Über den Karakorum Highway | 106 | GMT+4/+8 | Mai–Oktober | *Hunza-Tal* |
| **Pakistan, Indien, Bangladesch** - Die Grand Trunk Road | 109 | GMT+4/+5:30/+6 | November–April | *Taj Mahal* |
| **Laos** - Bei den Völkern von Luang Nam Tha | 112 | GMT+7 | November–April | *Nationalpark von Luang Nam Tha* |
| **Mongolei** - Im Land des Dschingis Khan | 114 | GMT+7/+8 | Mai–September | *Kloster Erdene Zuu* |
| **China** - Im Reich der Frauen von Lugu Hu | 116 | GMT+8 | März–November | *Tigersprung-Schlucht* |
| **Japan** - Das wilde Hokkaido | 118 | GMT+9 | das ganze Jahr | *Kotan* |
| **Russland** - Tschukotka, Grenze der Welten | 120 | GMT+12 | Juli–September | *Festival Ergav* |
| **Vereinigte Staaten** - Auf der Kodiak-Insel | 122 | GMT+9 | Mai–September | *St. Paul Harbor* |
| **Kanada** - In Churchill bei den Eisbären | 124 | GMT+6 | Oktober–November | *Wapusk National Park* |
| **Mexiko** - Mit dem Zug durch die Barrancas del Cobre | 126 | GMT+7 | Feb.–April / Okt.–Dez. | *Batopilas* |
| **Bolivien** - Am Salar de Uyuni | 128 | GMT+4 | April–Mai / Sept.–Nov. | *Laguna Colorada* |

| **92-93** *Beim Durchqueren der ägyptischen Wüste mit dem Geländewagen hat man den Eindruck, den Spuren der Entdecker zu folgen.*

| NICHT VERGESSEN | PASSENDE REISEBUCH-KLASSIKER |
|---|---|
| Zelt | *Michael Ondaatje:* Der englische Patient |
| Malariaprophylaxe | *Hans Silvester:* Kleider der Natur |
| Malariaprophylaxe | *Karen Blixen:* Jenseits von Afrika |
| Schlafsack | *Ian Malcolm:* Madagascar |
| Ohrstöpsel | *Rudyard Kipling:* Der Mann, der König sein wollte |
| Fotoapparat | *William Hamilton-Dalrymple:* In India |
| Schlafsack | *Christopher Kremmer:* Bamboo Palace |
| Fotoapparat | *John Man: Genghis Khan:* Life, Death and Resurrection |
| Ticket | *Christine Mathieu, Yang Erche Namu:* Das Land der Töchter |
| Bunte Perlchen | *Will Ferguson:* Hitching Rides with Buddha |
| Zelt | *A. Dolitsky, L. Rust, T. Semenova:* Living Wisdom of the Far North |
| Mückenschutz | *Mykle Hansen:* Help! A Bear is Eating Me! |
| Fotoapparat | *Achim Zahren:* The Last Polar Bear |
| Sonnencreme und -brille | *Antonin Artaud:* Die Tarahumara. Revolutionäre Botschaften. |
| Fotoapparat | *R. Santas - J. Sanjineds:* The Fat Man from La Paz |

# VON KAIRO ZUM GILF EL-KEBIR

Mit Allradantrieb in die ägyptische Sahara, um magische Schauplätze aus der Vorgeschichte der Pharaonen und Spuren aus dem Quartär zu erkunden..

Tänzer, Musikanten, Jäger, Menschen, die sich scheinbar im Wasser spiegeln... Mit Geschmack dargestellte Szenen des täglichen Lebens geben den Blick auf Sitten und Gebräuche einer vergangenen Welt frei; ferner enthüllen sie eine ungewöhnliche Menge an Hand- und Fußabdrücken sowie Abbildungen von Straußen, Gazellen, Giraffen und Großkatzen, die allesamt mit außergewöhnlicher zeichnerischer Eleganz aus dunklem Ocker ausgeführt sind. Nicht zufällig wird die weitläufige Grotte, die in den Steilhängen des Wadi Sura verborgen liegt und ein Teil des Basalthochplateaus von Gilf el-Kebir in der sogenannten libyschen Wüste an der Grenze zwischen Ägypten, Libyen und dem Sudan ist, als „Sixtinische Kappelle“ der Sahara bezeichnet. Sie wurde 2002 von dem italienischen Industriellen Massimo Foggini entdeckt, der sich nach Renteneintritt mit Leib und Seele seiner Rieseleidenschaft und der Archäologie widmete. Dabei erkundete er mit seinem Sohn Jacopo das Gilf el-Kebir entlang der Spuren des ungarischen Schriftstellers Lázló Almásy, der seinerseits vor mehreren Jahrzehnten in dieser Region an den Ufern eines heute verschwundenen urweltlichen Sees die „Höhle der Schwimmer“ entdeckt hatte und der nach seinem Tod als Protagonist des Buchs „Der Englische Patient“ berühmt wurde, des Bestsellers von Michael Ondaatje. Und nun fand sich mehr oder weniger zufällig der „Amateur“ Foggini vor diesem Wunderwerk wieder,

| **94** *Eine Felsenmalerei im Gilf el-Kebir.* | **95** *Die Geisterstadt Schali in Siwa.*

## EMPFEHLENSWERT

- 1986 WURDE DIE ERSTE ASPHALTIERTE STRASSE ERÖFFNET. HEUTE GIBT ES SOGAR EINEN FLUGHAFEN, DOCH DER REIZ VON **SIWA** LIEGT IN SEINER IMMUNITÄT GEGENÜBER DEM WANDEL DER ZEIT. SEINE 25.000 EINWOHNER LEBEN ÜBER EINEM DUTZEND DÖRFER VERSTREUT IN EINEM GROSSEN GEBIET VOLLER OLIVENBÄUMEN UND PALMEN. HIER LIEGT DER **GEBEL EL-MAUTA** („BERG DER TOTEN“), EIN HÜGEL, DER EINEM SCHWEIZER KÄSE VOLLER GRÄBER AUS DER PHARAONENZEIT GLEICHT, VERZIERT MIT RAFFINIERTEN MALEREIEN.

- DIE KLEINE **FARAFRA-OASE** IST EIN JUWEL: IHRE HÄUSER SIND IN KRÄFTIGEM BLAU GESTRICHEN (DER ÜBERLIEFERUNG ZUFOLGE SCHÜTZT DIESE FARBE VOR DEM BÖSEN BLICK!). MAN KANN SICH DORT DEN LUXUS EINES BADES IN EINEM ANTIKEN BECKEN GESTATTEN, DAS NOCH HEUTE VON DEN BEWOHNERN, DIE ALLE BEDUINISCHER HERKUNFT SIND, FÜR DIE RITUELLEN WASCHUNGEN GENUTZT WIRD.

- AM RAND DES GILF EL-KEBIR IST **ABU BALLAS** ALS „STÄTTE DER KRÜGE“ BEKANNT, VIELLEICHT EIN ORT DER VERSORGUNG ENTLANG EINER ALTEN KARAWANENSTRASSE. HIER KANN MAN INTERESSANTE TONFIGUREN BEWUNDERN, DIE ALS „SCHLAMMLÖWEN“ BEZEICHNET WERDEN, WEIL SIE WIE SEELÖWEN AUSSEHEN, DIE FÜR EWIG IN DER WÜSTE GEFANGEN SIND.

- AUF DEM RÜCKWEG SOLLTE MAN AN DER **BAHARIYYA-OASE** HALT MACHEN. DAS MUSEUM DES HAUPTORTS **EL-BAWITI** BIRGT EINIGE DER BERÜHMTEN GRIECHISCH-RÖMISCHEN MUMIEN, DIE 1996 IN DER GEGEND GEFUNDEN WURDEN, MIT MASKEN UND JUWELEN GESCHMÜCKT SIND UND IN GOLDEN BEMALTEN SARKOPHAGEN AUFBEWAHRT WERDEN.

| **96** *Die Weiße Wüste bei Farafra, die ihren Namen den Felsformationen aus Kreide verdankt.*

das von einer neolithischen Zivilisation Zeugnis ablegt, die 12.000 bis 7000 Jahre vor unserer Zeitrechnung gelebt hat. Wenn jene Stätte, der Ägypten offiziell den Namen Foggini-Grotte verliehen hat, gewissermaßen die Wurzeln der pharaonischen Zivilisation verkörpert – denn mit dem Vorrücken der Wüste waren es eben jene Populationen, die das Niltal bevölkerten – dann ist der breite ägyptische Teil der Sahara, in offenem Widerspruch zum Begriff „Wüste", ein Ort von außergewöhnlicher Dichte an archäologischen Reichtümern und historischen Spuren von großer Suggestionskraft. In der großen Oase von Siwa, einer Art magischen und unerwartet üppigen Hauptstadt im Großen Sandmeer, befindet sich die Quelle des Wohlbefindens mit Schwimmbecken, wo Kleopatra gern badete, und vor allem die beeindruckenden Tempelreste des berühmten Amun-Orakels, das Alexander d. Gr. 331 v. Chr. aufsuchte, um sich seine Abstammung von Zeus bestätigen zu lassen. Jede Etappe der Reise in die ägyptische Sahara schenkt uns einen Traum verlassener Oasen, antiker Ksar, die zu Verteidigungszwecken oder zum Schutz der Karawanen aus nackter Erde gebaut wurden, sowie Spuren der Lager der Entdecker wie Almásy, Kamal al-Din, Bagnold und Clayton, Väter eines Epos, das als Inspiration der Taten der Long Range Desert Group galten, der legendären britischen Wüstenpatrouillen während des Zweiten Weltkriegs. Hinzu kommt die Verführung durch bizarre Naturlandschaften, die sich wie durch Zauberhand jenseits der beweglichen Ketten der Sif, der langen Reihen von Wanderdünen, entschleiern. Zwischen all dem liegt die märchenhafte Weiße Wüste, die sich über den Palmenhain der Oase von Bahariyya ins Unendliche erstreckt und wo sich zwischen dem goldfarbenen Sand ein Wald aus Türmen, Pilzen und Buckeln von blendender Helligkeit und von einem Weiß erhebt, das sich von Sonnenaufgang bis Sonnenuntergang rosa, gelb, himmelblau und lila färbt. Die Einzigartigkeit dieser Formationen, die aus Kalkstein und fossilen Sanden bestehen, macht aus diesem Landstrich einen absolut unvergesslichen Augenblick der Kontemplation. Ganz in der Nähe von hier erstreckt sich eine Fläche von Geoden, groß wie Tennisbälle, und kündigt den „Kristallberg" an, eine von Stalagmiten und Stalagtiten gebildete Grotte, die infolge von Bewegungen der Erdkruste zum Vorschein kam und heute außergewöhnliche Kristallformationen aufweist. Ferner die Schwarze Wüste, eine Fläche mit Vulkankegeln aus Eisenpyrit, die sich wie natürliche Pyramiden erheben. Im Gilf el-Kebir befindet sich hingegen die Glaswüste, eine glitzernde Fläche aus kristallisiertem Silizium, die sich infolge eines gewaltigen Meteoriteneinschlags gebildet hat. Auf dem Rückweg gelangt man in die Qattara-Senke, die im Zeitalter des Quartärs Meeresboden war und wo das erosionsbedingte Zerbröseln des Kalks Fossilien von Muscheln, Haifischzähnen, Seeigeln und Korallen freigibt: ein großes Finale, bevor es auf die asphaltierte Straße zurückgeht, die geradewegs bis nach Kairo führt.

**Website** *www.egypt.travel*

**Beste Reisezeit** *Von Oktober bis April.*

**Zeitbedarf** *2 bis 3 Wochen.*

**Organisatorisches** *Die wichtigsten internationalen Veranstalter, die auf Reisen in die Sahara mit Fahrzeugen mit Allradantrieb spezialisiert sind, bieten Reisen in diese Region an. Von den örtlichen Veranstaltern empfehlen wir Badawiya Expedition Travel und Zarzora Expedition. Mit letzterer war Massimo Foggini unterwegs und entdeckte dabei „seine" Grotte.*

**Tipp** *Die Übernachtung im Zelt (oder, noch besser, wenn das Klima es erlaubt) auf den Dünen ist eine der magischsten Erfahrungen in der Wüste. Gestatten Sie sich den Luxus, eine Nacht im Adrère Amellal zu verbringen, ein märchenhaftes Öko-Lodge an den Toren Siwas: Das aus traditionellen Materialien gebaute Lodge scheint zugleich ein felsiges Kloster und ein gigantisches Sandschloss zu sein.*

## Wissenswert

- *Das in Handschriften des 15. Jhdts. erwähnte Zerzura ist eine legendäre Stadt in der libyschen Wüste und wird als „weiß wie eine Taube" bezeichnet. Sie ist reich an wertvollen Schätzen. Die Suche nach dieser verschwundenen Oase war (und ist zum Teil noch) eine Obsession für Entdecker und Archäologen aus aller Welt (auch Lázló Almásy hat danach gesucht). Doch bis heute blieb jeder Versuch vergeblich.*
- *Die mit einem Bewässerungssystem aus Kanälen* (Foggaret) *versehene Oase Siwa schließt auch die Geisterstadt Schali ein. Sie wurde mit Karschif (Tonschlamm, der an den Ufern des nahe gelegenen Salzsees gewonnen wurde) und trockenen Gräsern im 13. Jhdt. errichtet und war bis 1926 bewohnt, als eine Abfolge von Sturzregen sie förmlich auflöste. Was heute von ihr geblieben ist, ist von poetischer Schönheit.*
- *Dem Historiker Herodot zufolge schickte Perserkönig Kambyses II. 50.000 Soldaten nach Siwa, um das Amun-Orakel zu zerstören, doch diese Armee wurde von einem Sandsturm begraben. Das Mysterium des verschollenen Heeres hat Generationen von Archäologen begeistert: 2009 hat eine italienische Gruppe Überreste von Schildern und Lanzen in der Nähe des Wadi Abdel Malik gefunden.*

| **97** *Die Schwarze Wüste liegt in der Nähe von Bahariyya.*

# IM OMO-TAL

## Von den Mursi und den Karo bis zu den Hamar: eine Reise zu den vielen Völkern Äthiopiens, eine Erkundung der Ursprünge unserer Zivilisation im „Museum der Völker".

| **98** *Eine Mursifrau mit Lippenteller.* | **99** *Das am Fluss Omo gelegene Dorf Korcho.*

### EMPFEHLENSWERT

DIE DURCH DIE **NATIONALPARKS OMO UND MAGO** GESCHÜTZTEN NATURSZENERIEN BERGEN UNTERSCHIEDLICHE ÖKOSYSTEME, WIE VON AKAZIEN DURCHSETZTE SAVANNEN UND ÜBERSCHWEMMUNGSGEBIETE, HÜGELLAND AUS VULKANGESTEIN UND DEN LETZTEN RAND VON KÜSTENWALD IN DEN DÜRREN BREITEN DES KONTINENTS. DAS MIT DER SCHAFFUNG DER SCHUTZGEBIETE EINHERGEHENDE JAGDVERBOT HATTE EINEN ANSTIEG DER DURCH MANGELERNÄHRUNG BEDINGTEN KRANKHEITEN ZUR FOLGE.

IM DORF **DIMEKA** FINDET SAMSTAGS DER GRÖSSTE MARKT IM TAL STATT. HIER HAT MAN DIE BESTE GELEGENHEIT, DIE HAMER-FRAUEN ZU BEWUNDERN, DIE IHRE KUNSTVOLLEN FRISUREN UND SCHWEREN, AUS KNOCHEN, METALL UND KLEINEN PERLEN GEFERTIGTEN SCHMUCK ZUR SCHAU STELLEN. AUF DEM MARKT VON **CHENCHA** AN DEN UFERN DES DORZE-SEES KAUFT MAN DIE SHAMA, TRADITIONELLE, MIT LEHMIGER ERDE GEFÄRBTE BAUMWOLLSTOFFE.

LUMALE TOURS AND CAMP BETREIBT DIE KOMFORTABELSTE **CAMPINGANLAGE** DES TALS. HIER GIBT ES EINEN STROMGENERATOR, WLAN-VERBINDUNG UND FLIESSENDES WASSER. DIE BIEGUNG DES FLUSSES IST DIE OPTIMALE AUSGANGSBASIS ZUM ERKUNDEN DES TERRAINS.

IN DER NÄHE VON **AWASSA**, FAST AN DER GRENZE ZUM KENIANISCHEN GEBIET DES TURKANA-SEES, KANN MAN DEM KURIOSEN RITUAL DER **„SINGENDEN BRUNNEN"** BEIWOHNEN: DIE MÄNNER DES VOLKES DER BORENA SAMMELN DAS WASSER IN TIEFEN LÖCHERN IM ERDREICH, WOBEI SIE EINE ART GESANG MIT HYPNOTISCHER WIRKUNG ANSTIMMEN.

Die Tiefebene des Flusses Omo wurde 1980 von der UNESCO mit der Begründung zum Weltkulturerbe erklärt, dass kein anderer Ort der Welt auf einem solch begrenzten Raum eine derart große Anzahl und Vielfalt von genetisch und linguistisch unterschiedlichen Völkern beherbergt. Hier gibt es acht Ethnien, die sich wiederum in ebenso viele Untergruppen unterteilen lassen. Insgesamt sind es 200.000 Menschen, die von Schafhaltung, Jagd und Ackerbau leben. Nach Rückgang des jahreszeitbedingten Hochwassers des Flusses bleiben fruchtbare Böden zurück, auf denen sie vor allem ihre Grundnahrungsmittel anbauen, Sorghumhirse und Mais. Sie üben ihre angestammten Rituale aus und schmücken sich, um ihren Status und ihre Stammeszugehörigkeit auszudrücken: Sie frisieren sich ihr Haupthaar mit einem Gemisch aus tierischen Fetten und Lehm, bringen sich Ziernarben in Brust, Lenden und Gesicht bei, tragen Schmuck aus Glasperlen und Knochen und färben sich den Körper, indem sie sich mit Pech, Kalk und rotem und ockerfarbenem Lehm einreiben. Das einzige Zugeständnis an die moderne Welt sind die Plastikbehälter, in denen sie das Wasser auffangen. Paläontologen haben hier das älteste menschliche Skelett, das dem unseren gleicht, gefunden (es lässt sich auf ungefähr 195.000 Jahre zurückdatieren), und DNA-Analysen der Menschen aus dem Omo-Tal legen nahe, dass jeder von uns ein direkter Nachfahre ist. Der Fund des Skeletts der berühmten Lucy, gleichfalls in Äthiopien, des Australopithecus, der schon vor 3 Millionen Jahren eine aufrechte Haltung angenommen hatte, stellt den letzten Beweis für die Tatsache dar, dass das Horn von Afrika die Wiege der Menschheit ist. Genau von hier, aus dem Omo-Tal, wanderten vor 120.000 und vor 60.000 Jahren einige Gruppen in Richtung Arabien ab, während sich jene, die hier blieben, in die 14 genetischen Gruppen unterteilten, von denen alle Afrikaner abstammen. Zu Beginn der italienischen Kolonisierung – die allerdings den äußersten Süden Äthiopiens nie erreichte – beschrieb der Anthropologe und Linguist Carlo Conti Rosselli das Omo-Tal am Unterlauf des Flusses als ein „Museum der Völker". Und wenn diese Definition, derer sich Touristikanbieter im Übermaß bedienen, immer noch Gültigkeit hat, sollte man auch ein Mindestmaß an moralischen Skrupeln erwarten dürfen, denn eine Reise hierher ist eine Safari, auf der man die menschlichen Wesen auf die gleiche Art und Weise observieren kann, in der man andernorts Tiere betrachtet. Das sollte man sich stets vor Augen halten, und die Reise verantwortungsbewusst gestalten. Wer es darüber hinaus lästig findet, dass die Stammeszugehörigen Geld dafür verlangen, sich fotografieren zu lassen, sollte sich in Erinnerung rufen, dass wir an dieser „Unsitte" selbst schuld sind. Denn wenige Birr (die schwache äthiopische Währung) sind ein moderater Preis für das Privileg, spionieren zu dürfen und dabei vielleicht zu verstehen, wie wir selbst in der Morgendämmerung der Zivilisation einmal gewesen sind. Die ersten unter ihnen, die begriffen haben, dass die Weißen eine ökonomische Quelle für den Lebensunterhalt geworden sind, und die am aggressivsten eine Gebühr dafür fordern, sich begaffen zu lassen, sind die Mursi, bekannt für die Gewohnheit der Frauen, sich einen Teller aus Holz oder Ton in die Unterlippe einzulegen. Es wird als bestes Beispiel für eine „unverfälschte" primitive Tradition angesehen, doch in Wirklichkeit hat sich diese Praxis erst stärker verbreitet, seitdem wir begonnen haben, sie interessant zu finden. Auf die gleiche Weise hat sich bei den Karo – mit tausend Personen der kleinste Stamm des gesamten Kontinents – der Sprung vom Stier, die traditionelle Mutprobe der Männer, zu einer Performance für Besucher entwickelt. Was nicht bedeutet, dass sie dadurch weniger echt ist: Der Kontakt zu uns hat einfach nur die Modalitäten verändert. Dennoch: Das, was hier aus den Jägern und Sammlern geworden ist, die das Horn von Afrika vor 100.000 Jahren bevölkerten, entspricht nicht der Entwicklung, die wir genommen haben. Deshalb versucht die Menschenrechtsorganisation *Survival International* alles zu tun, um Äthiopien beim Vorhaben, am Omo den größten Staudamm des Kontinents zu bauen, Steine in den Weg zu

| **100** *Ein Mann aus dem Surma-Volk überblickt das Omotal.*

| **101** *Die Karo bemalen ihren Körper und ihr Gesicht mit weißem Kalk, Ton, Eisenpulver und Asche.*

legen. Die Regierung versichert, es würde nach Abschluss der Arbeiten weiterhin Wasser zum Betreiben traditioneller Landwirtschaft zur Verfügung stehen. Doch ist es wahrscheinlich, dass das „Museum der Völker" zugunsten des Fortschritts für immer weichen muss, dass die gesamte Bevölkerung Äthiopiens, eines der ärmsten Länder der Welt, elektrisches Licht bekommt und nicht mehr von den Regenfällen abhängt, um die Nahrungsmittel anbauen zu können, die sie für ihre Versorgung benötigt.

**Website** *www.ethiopia.travel*

**Beste Reisezeit** *In der Trockenzeit zwischen Juni und September sind die Straßen im besten Zustand, und es ist leichter, auch die abgelegeneren Dörfer zu erreichen. Im Januar und Februar, nach der saisonalen Ernte, finden die meisten der traditionellen Feste statt. Machen Sie sich auf Schlamm und tropisches Klima gefasst.*

**Zeitbedarf** *1 bis 2 Wochen.*

**Organisatorisches** *Die besten internationalen Reiseunternehmen, die sich auf Erlebnisreisen in Afrika spezialisiert haben, organisieren alle Reisen ins untere Omo-Tal. Besonders empfehlenswert darunter sind die Origins Safaris mit Sitz in Nairobi, die sich durch ihre anthropologisch geschulten Begleiter und deren umfassende Ortskenntnis auszeichnen. Von den Reiseanbietern vor Ort empfehlen wir hingegen EthioGuzo Tour and Travel, die eingeborene Mitarbeiter aus dem Tal einsetzen.*

**Tipp** *Es ist gut zu wissen, dass diese Reise sehr anstrengend werden kann: Rechnen Sie mit langen und unebenen Strecken im Geländewagen und Übernachtungen im Zelt oder Guesthouse mit sehr eingeschränktem Komfort. Eine Malariaprophylaxe ist angeraten.*

**Wissenswert**

- *Im Alter von 15 Jahren wird den Mursifrauen ein Schnitt in der Unterlippe zugefügt, in den Teller eingelegt werden (bis ca. 12 cm Durchmesser). Die* dhebi *oder* tugoin *genannten Lippenpflöcke sind ein Zeichen dafür, das geschlechtsreife Alter erreicht zu haben.*

- *Unehelich geborene Kinder, Zwillinge und Kinder mit Hasenscharte oder bestimmten Kieferfehlstellungen werden bei den Karo* mingi *[unrein] genannt. Da man glaubt, dass sie Unglück über die gesamte Gemeinschaft bringen würden, werden sie von den Ältesten getötet oder dem Hungertod überlassen. Um diesen Kindstötungen Einhalt zu gebieten, lässt die äthiopische Regierung alle Schwangerschaften in der Erste-Hilfe-Station beim Dorf der Dus registrieren.*

- *Der erste Europäer, der auf die Völker des unteren Omo-Tals traf, war 1895 der italienische Forscher Vittorio Bottego, als er dem Flusslauf vom Turkana-See aus folgte.*

# DIE GROSSE WANDERUNG DER GNUS

Von der Serengeti in die Masei Mara: Die alljährliche Wanderung der Gnus zu den Weidegründen ist das beeindruckendste „Massen-Event“ des gesamten Tierreichs.

Nach einer Legende der Massai schuf Gott die Gnus, indem er die übrig gebliebenen Teile anderer Tiere verwendete. Das wegen seines plumpen Aussehens und seines schaukelnden Gangs „Clown der Savanne“ genannte Rind ist Protagonist eines der größten Naturspektakel, der regelmäßigen Wanderung auf der Suche nach frischen Weiden innerhalb des gewaltigen Ökosystems der Serengeti, die den gleichnamigen Nationalpark in Tansania und die Masai-Mara-Ebene in Kenia umfasst. Etwa eineinhalb Mio. Gnus, 250.000 Zebras und eine nur geringfügig kleinere Menge an Gazellen unternehmen die große Wanderung, die dem jährlichen Regen auf einem dreieckigen Weg über 2500 km folgt, der im Uhrzeigersinn vom Ngorongorokrater im Süden bis fast zu den Ufern des Victoriasees im Norden und wieder zurück erfolgt. Ihre Reise ist voller Gefahren: Entlang ihres Weges warten die Beutejäger auf sie (von Löwen über riesige Krokodile und Hyänen bis zu den Geiern, die das Werk der anderen vervollständigen), sodass die Große Wanderung vor allem ein makroskopisches Symbol des epischen Kampfs ums Überleben ist. Dies wird angesichts der zu überwindenden Hindernisse noch deutlicher: Mit den Krokodilen in Wartestellung im Wasser und den großen Raubkatzen, die sich wenig entfernt davon in Stellung gebracht haben, findet an der Furt des Flusses Grumeti zwischen Juni und Juli das bewegendste und grausamste „Massenevent“ des Tierreichs statt. Gerade

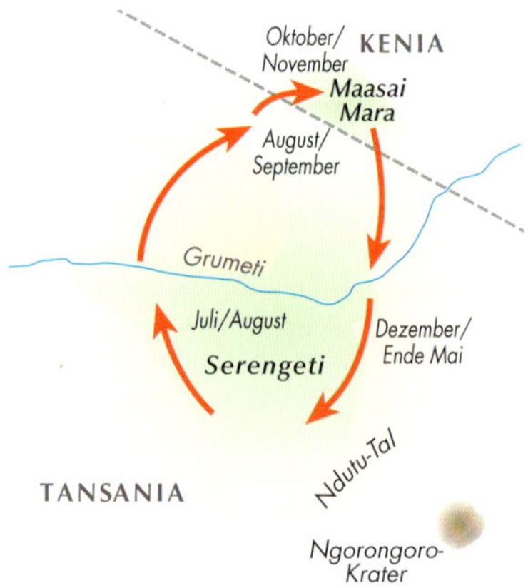


**Website** *www.serengeti.org*

| 102 *Mit waghalsigen Sprüngen versuchen die Gnus das andere Ende der Flussufer zu erreichen.*

## EMPFEHLENSWERT

- ZWISCHEN DEM NGORONGOROKRATER UND DER SERENGETI IM **NDUTU-TAL** LIEGT GEWISSERMASSEN DAS „ZUHAUSE“ DER GNUS. HIER VERBRINGEN SIE DIE DREI MONATE VON JANUAR BIS MÄRZ UND BRINGEN IHRE JUNGEN ZUR WELT. JEDES JAHR WERDEN ETWA 250.000 VON IHNEN GEBOREN, UND ZWAR ALLE IM ZEITRAUM VON DREI WOCHEN.

- ERLEBEN SIE DIE GROSSE WANDERUNG VOM HIMMEL AUS AN BORD EINES **HEISSLUFTBALLONS**: DIE SERENGETI BALOON SAFARIS VERFÜGT ÜBER SECHS HEISSLUFTBALLONS IM WESTLICHEN UND IM MITTLEREN KORRIDOR UND JAHRESZEITLICH BEDINGT AUCH IM SÜDEN DES PARKS. DIE EXKURSIONEN BEGINNEN BEI SONNENAUFGANG UND ENDEN UM 9.30 UHR MIT EINEM FRÜHSTÜCK IN DER SAVANNE GANZ IM STIL VON **JENSEITS VON AFRIKA**.

| 103 *Etwa eineinhalb Millionen Gnus begeben sich jedes Jahr auf Wanderung und überqueren dabei den Fluss Mara.*

wegen ihres „Lebens auf Wanderung" sind die Gnus das entscheidende Scharnier des komplexen Mosaiks im Ökosystem der Savanne. Sie sind eine reiche Nahrungsquelle für die Raubtiere und ernähren sich ihrerseits von Gras (sie fressen 4000 Tonnen davon am Tag!), sie säubern den Boden und düngen ihn mit ihren Exkrementen, sodass er für neues Wachstum sorgen kann. Die Wissenschaftler haben noch nicht hinreichend verstanden, wie diese Große Wanderung, die seit Urzeiten einer unveränderten Route folgt, eigentlich abläuft. Ist es der Instinkt, da man glaubt, dass die Gnus den Regen in 100 km Entfernung riechen können? Ist es „erworbenes Wissen", da die Jungtiere von ihrem ersten Lebensjahr an mit ihren Müttern eine „geführte Reise" machen? Ist es die Zweckgemeinschaft mit den Zebras – eine Spezies, die einer anderen Familie angehört –, die eine besonders gut entwickelte Sicht haben? Und warum haben die Raubtiere nicht die Fähigkeit entwickelt, der Wanderung auf langen Strecken zu folgen? Alle diese Fragen bleiben bis jetzt ohne Antwort. Vielleicht ist es das, was in unseren Augen diese sich ewig wiederholende Reise im Kreislauf von Leben und Tod noch magischer macht.

**Organisatorisches** *Die besten Ziele, um der Großen Wanderung beizuwohnen, sind das Grumeti Camp im Juni und Juli in der Nähe des gleichnamigen Flusses im Serengeti Nationalpark und das Governor's Camp von September bis Oktober in der Nähe des Flusses Mara im Inneren des Masai Mara Reservats. Beide bieten Safaris im Geländewagen und andere Aktivitäten in der Natur an. Alle internationalen Veranstalter, die auf Safaris in Afrika spezialisiert sind, organisieren in Einklang mit der Großen Wanderung Reisen in die Serengeti und nach Masai Mara.*

**Beste Reisezeit** *Die Große Wanderung endet nie, und es liegt an Ihnen zu entscheiden, wo Sie hingehen, je nach dem auf der Karte angezeigten „Wann". In der Serengeti fällt die Regenzeit auf die Monate März und April sowie auf Oktober und November (während in der Masai Mara die Regenfälle weniger stark, dafür aber unvorhersehbar), aber auch ein gewaltiger Platzregen in der Savanne – und der Regenbogen, der ihm folgt – ist eine Erfahrung wert.*

**Zeitbedarf** *1 oder 2 Wochen.*

# MIT DEM ZUG ENTLANG DER FIANARANTSOA – CÔTE EST

Auf nur 163 Kilometern führt die Strecke über 67 Brücken und durch 48 Tunnel. Dies ist gewiss eine der spektakulärsten Eisenbahnlinien der Welt.

Laut Plan dauert die Zugfahrt von Fianarantsoa, der madagassischen Hauptstadt des Weines in 1200 m Höhe auf der südlichen Hochebene von Antananarivo, nach Manakara, der Hafenstadt an der Ostküste, 8 bis 10 Stunden. Doch in Afrika ist Zeit bekanntermaßen eine Größe, die jede Gleichung durcheinanderbringt. Das Unvorhergesehene ist hier die Norm – da ein Defekt an der Lokomotive, dort eine Ochsenherde oder gar eine Familie von Gespenstern, die die Schienen blockieren. Andererseits erlauben es einem die Aufenthalte, das Adrenalin abzubauen, das sich während der Fahrt auf einer Strecke angesammelt hat, die mit einer gigantischen Achterbahn vergleichbar ist und auf 163 Kilometern 67 Brücken und 48 Tunnel passiert – einer davon einen Kilometer lang. Die Strecke wurde zwischen 1926 und 1936 von Franzosen mit dem Material einer zerlegten Elsässer Eisenbahn erbaut. Vom Zugfenster aus bietet sich ein bezauberndes Landschaftsbild: Man fährt durch Wälder und Felsschluchten, passiert Wasserfälle, Bananenpflanzungen, Reisfelder und mit Ravinalas, dem „Baum des Reisenden", bewachsene Weiten. Auch das Leben an Bord ist interessant. Der Zug besteht aus drei Waggons, einem für die erste und zwei für die zweite Klasse, hat jedoch nur eine einzige Toilette. Es ist ratsam, sich einen Wasservorrat und eine warme Kopfbedeckung mitzunehmen, denn die Fenster haben keine Scheiben. Was die Verpflegung betrifft, wird Feinschmeckern an jeder

| **104** *Die Fianarantsoa–Côte Est-Eisenbahnlinie wurde 1926 bis 1936 von den Franzosen gebaut.*

## EMPFEHLENSWERT

- FIANARANTSOA IST VON **WEINBERGEN** UMGEBEN. (ZURÜCKHALTENDE) VERKOSTUNGEN VON ROT-, WEISS- UND ROSÉWEINEN FINDEN IM TRAPPISTENKLOSTER VON MAROMBY STATT.
- FÜR DIE ERSTEN 20 KM DER STRECKE BIS SAHAMBAVY NIMMT MAN DIE **„MICHELINE"**, EINE ART LKW AUF SCHIENEN, DIE IN DEN 1930ER-JAHREN VON MICHELIN FÜR DIE FIANARANTSOA -CÔTE EST KONSTRUIERT WURDE.
- BEI EINEM 1- BIS 2-TÄGIGEN AUFENTHALT IN **SAHAMBAVY** KANN MAN DIE EINZIGE **TEEPFLANZUNG** DES LANDES BESUCHEN UND IM VORZÜGLICHEN LAC HOTEL ÜBERNACHTEN.
- MANAKARA IST DER AUSGANGSPUNKT FÜR EINE TOUR AUF DER WASSERSTRASSE DES **CANAL DES PANGALANES**, DER SICH PARALLEL ZUR CÔTE EST DURCH VANILLEPFLANZUNGEN HINDURCHSCHLÄNGELT.

| **105** *Die Gegend von Fianarantsoa wird von Ackerbau charakterisiert.*

Haltestelle ein Erlebnis geboten: In Ampitabe verkaufen die Straßenhändler gewürzte Hähnchen vom Holzkohlegrill, in Ranomena frittierten Hummer, in Tolongoina Bananenkrapfen. Auch wenn es eigentlich ein Passagierzug ist, transportieren die Einheimischen die Erzeugnisse des Landes damit an die Küste, wo sie Reis einkaufen, ihr Hauptnahrungsmittel. Jährlich werden 3000 t Kaffee und 6000 t Obst transportiert. Im Jahr 2000 verursachten gewaltige Regenfälle 280 Erdrutsche entlang der Bahnstrecke, was ein Aussetzen des Fahrbetriebs zur Folge hatte. Internationale Studien legten dar, dass das Auskommen von 100.000 Personen vom Austausch von Lebensmitteln mit der Küste abhängig ist und dass ohne den Zug weite Flächen des Waldes für den Reisanbau abgeholzt werden müssten. Somit waren letztlich die lokale Wirtschaft und der Erhalt der Umwelt die Triebfeder für die Instandsetzung der Eisenbahn. Dank der finanziellen Unterstützung der Vereinigten Staaten und der Schweizer Eisenbahn konnte der Betrieb wieder aufgenommen werden, derweil Thailand ein Team von Agrarwissenschaftlern entsandte, die an den Böschungen seitlich der Schienen Süßgras (Vetiver) anpflanzten – eine Pflanze, die wirkungsvoll zur Vorbeugung von Bodenerosion eingesetzt wird.

**Website** *www.madagascar-tourisme.com*

**Beste Reisezeit** *Der Winter auf der südlichen Hemisphäre zwischen April und November entspricht der Trockenzeit und hat angenehme Temperaturen.*

**Fahrplan** *Der Zug ab Fianarantsoa fährt mittwochs, donnerstags und samstags um 7 Uhr. Ein Erste-Klasse-Ticket kostet 25.000 Ariary (ca. 9 Euro), das für die zweite Klasse 13.000 Ariary (ca. 4,80 Euro).*

**Organisatorisches** *Hier auf eigene Faust zu reisen, ist leicht, doch auch die meisten lokalen Reiseunternehmen bieten die Zugreise an.*

**Tipp** *Die besten Plätze zum Betrachten der Landschaft befinden sich auf der linken Seite der Waggons.*

# ÜBER DEN KARAKORUM HIGHWAY

Ganz gefahrlos ist es nicht. Aber die höchste Asphaltstraße der Erde, die bis hinauf zum Khunjerab Pass und dann nach Kashgar führt, verheißt eine mythische Reise.

Durch den Major James Abbott 1853 gegründet, war Abbottabad die Hauptstadt des Distrikts Hazara in Britisch-Indien. Vergangen sind die Tage der Kolonialzeit, und Abbottabad wäre ein kleines, staubiges Städtchen geblieben, hätte 2011 nicht eine amerikanische Spezialeinheit den meistgesuchten Mann der Erde, Osama Bin Laden, dort aufgespürt und erschossen. Wie zur internationalen Presse durchsickerte, lebte dieser unbehelligt in seinem von einer hohen Lehmmauer umgebenen Anwesen Wahaziri Haveli, geschützt durch die Verschwiegenheit der Einwohner des Städtchens. Abbottabad ist auch der Ort, der technisch gesehen Kilometer null des Karakorum Highway darstellt (der Begriff „Highway" ist mit Vorsicht zu genießen, da es sich teilweise um eine einspurige Straße handelt, die sogar durch Erdrutsche unterbrochen sein kann). Die „Autobahn" wurde 1980 fertiggestellt und verfügt über den höchsten befahrbaren Streckenabschnitt, der eine Landesgrenze überquert: kurz nach dem Khunjerab Pass auf 4693 Metern Höhe die Grenze zwischen Pakistan und China. Der Großteil der1250 Kilometer langen Straße führt durch das pakistanische Kaschmir und das Nomadengebiet an der Nordwestgrenze zu Afghanistan. Dann, nach der Grenze, durchquert sie die turbulenteste Provinz der riesigen chinesischen Volksrepublik, Xinjiang, deren hauptsächlich muslimische Bevölkerung immer wieder lautstark ihre Unabhängigkeit fordert.

| 106 *Ein Abschnitt des Karakorum Highway auf der Pamir-Hochebene auf chinesischem Boden.*

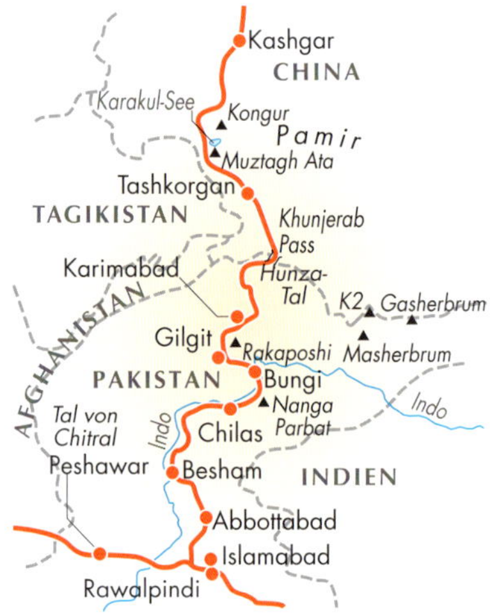


**EMPFEHLENSWERT**

- POLO IST EIN VON DEN PERSERN ERFUNDENER UND VON DEN BRITEN GELIEBTER PFERDESPORT, DER IN PAKISTAN SEHR POPULÄR IST. IN GILGIT GIBT ES VERSCHIEDENE POLOFELDER. DAS FELD IN **SHANDUR** IST MIT SEINER LAGE AUF 3700 HÖHENMETERN DAS HÖCHSTE DER WELT. IN **GILGIT** FINDET FAST TÄGLICH IRGENDEIN TURNIER STATT, UND IN DER ERSTEN JULIWOCHE WIRD DAS WUNDERSCHÖNE **SHANDUR POLO FESTIVAL** ABGEHALTEN.

- GILGIT IST AUCH DER AUSGANGSPUNKT FÜR TREKKINGTOUREN INS GEBIRGE ODER JEEPTOUREN INS VERBORGENE **TAL VON CHITRAL**, DAS VOM VOLKSSTAMM DER KALASH BEWOHNT WIRD, DER SICH AUF MUSLIMISCHEM TERRITORIUM SEINEN HEIDNISCHEN VIELGÖTTERGLAUBEN ERHALTEN KONNTE. UND SIE PRODUZIEREN SOGAR WEIN.

- ES LOHNT SICH, DEN EINEN ODER ANDEREN TAG IM **HUNZA-TAL** ZU VERBRINGEN, DAS ALS EXOTISCHSTES ZIEL IN PAKISTAN GILT. IN DER HAUPTSTADT **KARIMABAD** KANN MAN DIE WUNDERBARE, KÜRZLICH RESTAURIERTE **FESTUNG BALTIT** UND DEN MARKT (BEKANNT FÜR SEINE BESTICKTEN STOFFE) BESUCHEN.

- AN DEN UFERN DES **KARAKUL-SEES** ZU FÜSSEN DES MUZTAGH ATA KANN MAN SICH BEI DEN GASTFREUNDLICHEN KIRGISISCHEN NOMADEN IN IHREN JURTEN, DEN TRADITIONELLEN FILZZELTEN, AUFHALTEN. ES LOHNT SICH, MIT DEM FAMILIENOBERHAUPT EINE TOUR ZU FUSS ODER ZU PFERDE IN DEN PAMIR ZU ORGANISIEREN, ZU DEN WEIDEGEBIETEN, IN DENEN SIE IM SOMMER MIT IHREN HERDEN ZIEHEN UND IHR LAGER AUFSCHLAGEN.

| **107** *Eine Teilansicht des Hunzatals, das für seine Bewohner berühmt ist, die weltweit mit am längsten leben.*

Bedenkt man, dass Pakistan seit dem 11. September 2001 als gefährlichstes Land der Welt gilt, ist man eher geneigt, eine Abenteuerreise auf dem Karakorum Highway auf einen Zeitpunkt zu verschieben, an dem die Bedrohung durch islamistische Extremisten von einer Ära des Friedens abgelöst wurde. Wahrscheinlicher ist jedoch das Auftauchen eines neuen Schreckgespenstes, und die Aura der Gefahr trägt zusätzlich zur Faszination bei, auf einem der Hauptwege der alten Seidenstraße zu reisen, der einmal der Hauptschauplatz des „großen Spiels" war – ein Begriff, den der große Schriftsteller und Abenteurer Rudyard Kipling in seinem Roman Kim prägte, um das intensive Wirken der Geheimdienste von Britisch-Indien und dem russischen Zarenreich während der zweiten Hälfte des 19. Jhdts. zu beschreiben, samt allen Intrigen, die im Kampf um die Vorherrschaft in Zentralasien gesponnen wurden.
Von der pakistanischen Hauptstadt Islamabad, dem eigentlichen Startpunkt der Reise, geht es zunächst in die angrenzende Stadt Rawalpindi. Von dort folgt man dem turbulenten Lauf des Indo und arbeitet sich im Karakorum steil nach oben, der Bergkette, die Teil des Himalajas ist und über eine unvergleichliche Konzentration der höchsten Berge der Welt verfügt. Entlang der Straße findet man sich im Angesicht des legendären K2, des Nanga Parbat, des Gasherbrums und des ebenmäßigen Muztagh Ata, der auf chinesischem Territorium die Hochebene des Pamir dominiert, wieder. Nicht nur die Natur dort ist außergewöhnlich, auch die Ansiedlungen sind es. Kleine Dörfer oder Zentren antiker Kultur und Tradition, wie Gilgit, das, bevor es Sitz eines der reichsten Khanate in diesem Abschnitt der Seidenstraße wurde, eine Wiege des Buddhismus war, oder Karimabad im wunderschönen Hunza-Tal, das berühmt für seine Aprikosenplantagen ist. Dort ist auch der Sitz der Ismailiten, einer muslimischen Glaubensgemeinschaft unter der geistigen Führung von Prinz Aga Khan. Hat man die Grenze zu China überquert, kommt man zur eindrucksvollen Ruine der „Steinernen Stadt" Tashkurgan, bevor es den Pamir hinunter zur letzten Station, der Stadt Kashgar, geht. Die Einwohner von Kashgar sind hauptsächlich islamische Uiguren. Seit längst vergessenen Zeiten findet hier jeden Sonntag der größte und faszinierendste Markt von Zentralasien statt. Hier gibt es Ziegen, Bergleopardenfelle, wunderbare Seidenstoffe und turkmenische Teppiche – neben dem modernen Teufelszeug „made in China".

**Beste Reisezeit** *Von Mai bis Anfang Oktober.*

**Zeitbedarf** *Die Route schafft man in ca. 30 Stunden, aber man sollte mit längeren Aufenthalten entlang der Strecke mindestens eine Woche einplanen.*

**Organisatorisches** *Auch wenn viele internationale Veranstalter eine Gruppenreise in kleinen Touristenbussen anbieten, verzichtet man zugunsten des „sicheren Umfelds" einer organisierten Reise auf einen Großteil der Faszination einer Individualreise, ohne die Gefahren wirklich zu minimieren. Es ist besser, auf die öffentlichen Verkehrsmittel zurückzugreifen, die auch die Einheimischen benutzen: Von Pakistan nach China nimmt man in Rawalpindi (und umgekehrt in Kashgar) den Autobus; am Busbahnhof werden von öffentlichen und privaten Transportgesellschaften vier bis fünf Busreisten täglich nach Gilgit angeboten (die Fahrt dauert ca. 20 Stunden). Dort angekommen überquert man zu Fuß die Grenze und fährt ab Sust mit einem weiteren Bus über Tashkurgan nach Kashgar. Für jeden Reiseabschnitt braucht man lediglich kurz vor Abfahrt eine Busfahrkarte (für westliche Verhältnisse zum Spottpreis) zu lösen. Dadurch hat man die Freiheit, an jedem Etappenziel so lange man will, zu verweilen und Wanderungen in die Berge zu machen.*

**Tipp** *Es ist ratsam, mit leichtem Gepäck zu reisen (man muss es selbst auf das Dach des Busses hieven), in dem ein Schlafsack und warme Kleidung für die kalten Nächte in höheren Lagen nicht fehlen sollten. Auf Military-Look und Symbole wie die amerikanische Flagge sollte verzichtet werden.*

**Website** *www.tourism.gov.pk*

**Wissenswert**

- *1931 entdeckte ein Schafhirte die buddhistischen Schriften von Gilgit, die dem 5. Jahrhundert zugeordnet werden. In Sanskrit auf Birkenholz geschrieben, sollen die berühmten Lotos-Sutra-Manuskripte die Niederschrift der Ansprache Buddhas kurz vor seinem Tod enthalten.*

- *Anthropologen zufolge sind die Einwohner des Hunza-Tals die Nachkommen der makedonischen Soldaten, die mit Alexander dem Großen dort ankamen. Sie sind sozusagen ein „Relikt" des klassischen Griechenlands in Zentralasien, wie auch die Gandhara-Kunst bezeugt, die sich zwischen dem 1. Jhdt. v. Chr. und dem 4. Jhdt. n. Chr. entwickelte und den Synkretismus zwischen buddhistischer Ikonografie und Themen der griechischen Mythologie darstellt.*

- *Die Bevölkerung des Hunza-Tals zählt zu den langlebigsten weltweit. Einige Wissenschaftler glauben (obwohl noch keine eindeutigen Forschungsergebnisse vorliegen), dass dies auf die Vitamine und Mineralstoffe der Aprikosen zurückzuführen sei, die in diesem Tal wachsen. Die sind jedenfalls ehr wohlschmeckend, frisch vom Baum oder in der Sonne getrocknet.*

| **108** *Schafe grasen auf dem Hochplateau zu Füßen des Muztagh Ata.*

# AUF DER GRAND TRUNK ROAD

Die Reise über die große Verkehrsader zwischen Peshawar und Kalkutta lässt einen die Geschichte und das Chaos des aufstrebenden Subkontinents erleben.

| 109 *Der Goldene Tempel in Amritsar.*

„Schau! Brahmanen und Kaschmiri, Bankiers und Diener, Friseure und Händler, Pilger und Träger – die ganze Welt kommt und geht. Sie ist ein Fluss und ich bin mittendrin wie ein Stamm in der Flut. Die Grand Trunk Road ist wahrlich ein wunderbares Spektakel. Einen solch großen Menschenstrom gibt es nirgendwo anders auf der Welt." Diese Beschreibung stammt aus Rudyard Kiplings Roman „Kim", ein Meisterwerk, das zwar schon im letzten Jahr des 19. Jhdts. geschrieben wurde, aber die Beschreibung der größten Verkehrsader des indischen Subkontinents ist auch heute noch gültig, bis auf die Tatsache, dass der Strom jetzt noch reißender ist, als ihn der Autor vor über hundert Jahren beschrieb – er vergaß die Kühe zu erwähnen. Auch ist das Schaupiel um eine Prozession von Angestellten aus der aufstrebenden Hightech- und Automobilindustrie und allem voran um die farbenfrohen Lastwagen reicher geworden, an deren Rückseite neben den glücksbringenden Heiligenbildchen der Schriftzug „Horn Please" (bitte hupen) prangt, als bräuchten die hupfreudigen Autofahrer noch einen Ansporn dazu. Hinzu kommt, dass die Straße heute zu großen Teilen vierspurig und mit einer Leitplanke in der Mitte versehen ist, auch wenn diese zusammen mit den Fahrtrichtungshinweisen vor allem ein dekoratives Element zu sein scheint. Die Grand Trunk Road ist über 2000 km lang und führt von der Karawanenstadt (und Vorposten der Talibanisierung) Peshawar über die spannungsgeladene Grenze zwischen Afghanistan und Pakistan bis nach Kalkutta, die „neue Stadt", die einstige Hauptstadt von Britisch-Indien in Bengalen.

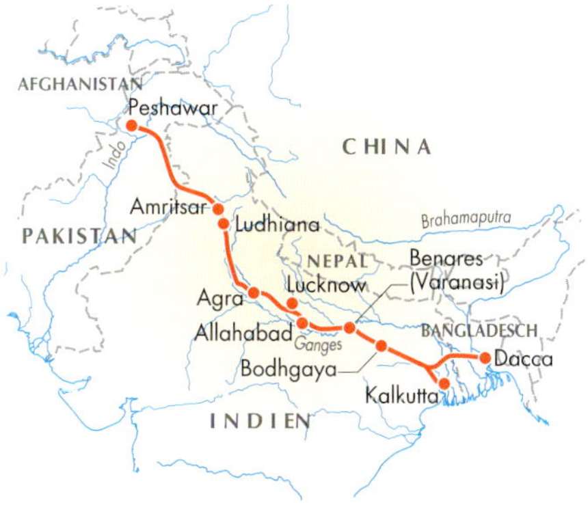


### EMPFEHLENSWERT

- IN **PESHAWAR** DARF MAN SICH DEN MARKT NICHT ENTGEHEN LASSEN, DAS FEILSCHEN UM DEN PREIS VON SILBER UND STOFFEN AUS AFGHANISTAN GEHÖRT DAZU. AUCH EIN BESUCH IM PESHAWAR MUSEUM LOHNT: 1907 ZU EHREN KÖNIGIN VIKTORIAS ERÖFFNET, ENTHÄLT ES DIE WELTWEIT GRÖSSTE UND WERTVOLLSTE **SAMMLUNG DER GANDHARA-KUNST**.

- DIE **REGIONALE GASTRONOMIE** DES SUBKONTINENTS BIETET SPEZIALITÄTEN WIE LAMM NACH BALTI-ART (IN PAKISTAN), KÖSTLICHKEITEN AUS DEM TANDOORI-OFEN IN PUNJAB BIS HIN ZU SÜSSSPEISEN AUF MILCHBASIS MIT BLATTGOLD IN VARANASI. MAN KANN ALLES GUTEN GEWISSENS AN DEN BUDEN AM STRASSENRAND KOSTEN.

- DIE „OBLIGATORISCHEN" AUFENTHALTE IN LAHORE, AMRISTAR, DELHI, AGRA UND KALKUTTA BEDÜRFEN HIER KEINER EMPFEHLUNG. VON DEN WENIGER BERÜHMTEN ORTEN (ZUMINDEST AUS TOURISTISCHER SICHT) SIND **LUDHIANA** (DORT WERDEN ALLE FAHRRÄDER INDIENS PRODUZIERT) UND **LUCHNOW**, DIE HAUPTSTADT VON UTTAR PRADESH, EIN ABSOLUTES JUWEL ISLAMISCHER ARCHITEKTUR, UNBEDINGT SEHENSWERT.

- VOM MENSCHENSTROM DER GRAND TRUNK ROAD ZUM HEILIGEN FLUSS VON INDIEN: MAN MACHT HALT IN **ALLAHBAD**, AM ZUSAMMENFLUSS VON GANGES UND YAMUNA, ALLE ZWÖLF JAHRE FINDET DORT DIE **KUMBH MELA** STATT, DAS GRÖSSTE RELIGIÖSE FEST DER WELT; DANN LASST MAN SICH VON DER ATMOSPHÄRE DER GHAT, DEN STUFEN IN DEN GANGES IN DER HEILIGEN STADT BENARES (VARANASI) GEFANGEN NEHMEN.

Ihr Verlauf ist weniger durch ihre geografische Lage als durch die Geschichte bestimmt. Auch wenn ihr heutiger Name von den Engländern stammt, sind auf dieser Straße bereits die Truppen Alexanders des Großen marschiert und brachten den Widerhall der griechischen Zivilisation nach Indien, wie man in den buddhistischen Meisterwerken der Gandhara-Region am Ausgrabungsort Taxila sehen kann. Dann folgten die Soldaten von Maurya und gründeten das größte und mächtigste politische Imperium des antiken Indien. Viele Jahrhunderte später kamen die Moguln aus Zentralasien, die über einen Großteil des heutigen Pakistan und die gesamte Ebene des Ganges regierten und sich in ihren Bauwerken entlang der Straße verewigten: von der Festung und den Shalimar-Gärten von Lahore über die Häuser und Minarette ihrer Hauptstadt Delhi bis hin zum beeindruckendsten Bauwerk, das je aus Liebe geschaffen wurde, das Taj Mahal bei Agra. Und sie waren auch die Ersten – Ende des 15. Jhdts. unter dem Herrscher Sher Shah Suri – die die Straße kartierten und sie mit kleinen, Minarett-förmigen Pollern versahen. Als der Subkontinent in das Zeitalter der Moderne eintrat, wurde die Grand Trunk Road zum Highway der britischen Kolonisierung; heute verbindet sie zwei Nationen – und Nuklearmächte – die so gegensätzlich und einander doch so ähnlich sind. Man kann diese Straße auch als Band betrachten, das die großen Religionen des Subkontinents verbindet: von den heiligen Orten des Islams zu den Pilgerorten des Hinduismus, vom Goldenen Tempel der Sikh über Amristar bis Bodhgaya, der Hauptstadt des sehr armen indischen Staates Bihar, in der Buddha die Erleuchtung fand. Wer's prosaischer mag (neben all der spirituellen Aura ist der Subkontinent auch sehr materialistisch), kann man seine Aufmerksamkeit auch auf die wirtschaftlichen Aktivitäten richten, auf die Mächtigen, die diesen Teil der Welt zu einem der dynamischsten und aggressivsten machen, auf die kleinen Straßenverkäufer und die ubiquitär vorhandenen Stände der Chaiwhalla, der Männer, die den star-

| 110 *Der architektonische Komplex des Taj Mahal.* | 110-111 *Die Ghat von Varanasi, die zum Ganges führen.*

ken, würzigen indischen Tee bereiten. Eines steht jedoch fest: Die Grand Trunk Road muss man leben, muss eintauchen in den Strom der Menschen, in die Geräusche und Gerüche, bereit, das Unvorhergesehene anzunehmen und sich zufälligen Begegnungen zu öffnen, die oft zu außergewöhnlichen werden. Die einzige Regel, die man beherzigen sollte, ist die Kiplings: Last euch treiben wie ein Stamm in der Flut.

**Websites** *www.tourism.gov.pk und www.incredibleindia.org*

**Beste Reisezeit** *Von November bis April, während der Trockenzeit.*

**Zeitbedarf** *Ein Leben reicht nicht aus!*

**Organisatorisches** *Ein Reise entlang der Grand Trunk Road (oder einem Teilbereich) macht man mit öffentlichen Verkehrsmitteln, die in Pakistan und Indien stark frequentiert und billig sind, zudem bieten sie die größtmögliche Flexibilität. Der Plan ist, keinen Plan zu haben. Außerdem ist Indien das unorganisierteste und chaotischste Land der Erde, und doch – am Ende funktioniert auf unerklärliche Weise alles wunderbar!*

**Tipp** *Leichtes Gepäck ist angesagt. Wer nachts reist, sollte Ohrenstöpsel dabei haben: Die Busfahrer lassen 24 Stunden lang ohne Pause Musik aus den Bollywoodfilmen in höchster Lautstärke laufen.*

### Wissenswert

- *Die Grand Trunk Road erhielt ihren Namen wegen der großen Bäume, die sie in der Epoche der Kolonialzeit säumten. Heute sind von diesen 100-jährigen Giganten kaum noch welche übrig.*
- *Indien ist nach China weltweit der zweitgrößte Automobilproduzent; glaubt man den Hochrechnungen, wird es dank Produzenten wie Tata und Mahindra innerhalb der nächsten 10 Jahre an erster Stelle sein. Für 2050 schätzt man die Zahl der Autos in Indien auf 611 Mio.*
- *An der Endstation Kalkutta führt die Grand Trunk Road über die Howrah Bridge, die 1942 eröffnete Stahlauslegerbrücke, bei der 26.500 t Stahl verbaut wurden. 1965 wurde sie dem Schriftsteller und Nobelpreisträger Rabindranath Tagore gewidmet und heißt seitdem Rabindra Setu. Täglich passieren 100.000 Fahrzeuge und 200.000 Fußgänger die Brücke, was sie zur verkehrsreichsten der Welt macht.*

# BEI DEN VÖLKERN VON LUANG NAM THA

Von den Hmong zu den Akha, von den Tai Dai zu den Yao: Im Norden von Laos liegt die Provinz mit der größten Anzahl ethnischer Minderheiten von ganz Südostasien.

Die Aussage „Sag' mir, wie du dich kleidest, und ich sage dir, wer du bist", könnte hierzulande von Modefanatikern stammen, nicht so im Norden von Laos, der vom Mekong bis zur Grenze zu Myanmar und der chinesischen Provinz Yunnan reicht: Allein die Provinz Luang Nam Tha hat 145.000 Einwohner, die 39 unterschiedlichen Volkstämmen angehören (die vielen Untergruppen nicht mitgezählt), und jeder zeigt seine Zugehörigkeit durch seine Kleidung. Bei den Hmong – die zu den größten Gruppen zählen – lernen die Mädchen bereits im zartesten Alter die Kunst des Paj Ntaub, die Stickkunst, mit der sie die farbenfrohen Motive fertigen, die der eigenen Untergruppe, ja sogar jeder Familie davon zu eigen sind: Die Frauen der Hmoog Txaj – „gestreifter Hmoog" – tragen Plisseeröcke mit bunten Bändern, die der Hmoob Daub – „weißer Hmoog" – weiße Kleider mit schwarzen Stickereien, und man könnte noch Etliche aufzählen, aber alle Hmong-Leute schmücken ihre Kopfbedeckungen und Jacken mit Silbermünzen und Perlen, den Symbolen des Reichtums.

**Website** *www.tourismlaos.org*

| **112** *Hmong-Frauen sammeln Tabakblätter.*

| 113 *Eine Hmong-Frau in traditioneller Kleidung auf dem Markt.*

Von den weiteren Ethnien seien noch die Lanten erwähnt, die man auch Indigo nennt, weil sie indigoblaue Gewänder tragen und sogar ihre Haut einen bläulichen Schimmer hat, und die Tai Dam, die sich schwarz kleiden und für ihre Seidenwebereien bekannt sind. Aber eine Reise in diese Gefilde ist nicht nur ein Exkurs in die Ethno-Mode: Jede Gruppe – und alle leben so nah zusammen, dass man von der kleinen Stadt Luang Nam Tha aus an einem Tag mindestens sieben Dörfer besuchen kann, alle mit einer ganz eigenen Architektur – hat unterschiedliche Bräuche, Bekleidung und religiöse Praktiken, die vom Buddhismus bis zum Taoismus reichen, alle von den Schamanen-Ritualen ihrer Vorfahren durchzogen, und das alles in einer idyllischen Landschaft, in der sich kleine Reisfelder, Sandsteinhügel und üppiges Grün unter dem Schutz des Luang-Nam-Tha-Nationalparks, eines der größten Urwaldgebiete Südostasiens, miteinander abwechseln.

## EMPFEHLENSWERT

- FÜR DAS STÄDTCHEN **LUANG NAM THA** SOLLTE MAN EIN PAAR TAGE EINPLANEN: UM DIE ATMOSPHÄRE DES MELTING POTS DER VOLKSSTÄMME ZU ERLEBEN, GEHT MAN AM BESTEN AUF DEN **NACHTMARKT**, WO DIE VERTRETER DER UNTERSCHIEDLICHEN ETHNIEN DIE AUSGEFALLENEN SPEZIALITÄTEN IHRER JEWEILIGEN KÜCHE ANBIETEN. ES GIBT KEINEN BESSEREN ORT FÜR „ETHNO-SHOPPING" VON KLEIDUNG, SILBER UND VIELEM ANDEREN. HANDELN IST PFLICHT.

- NACH DREI AUTOSTUNDEN (EIN WENIG LÄNGER MIT ÖFFENTLICHEN VERKEHRSMITTELN) ERREICHT MAN VON NAM THA AUS DAS GROSSE DORF **MUANG SING** AN DER GRENZE ZU CHINA. IN DER UMGEBUNG KANN MAN DIE VERSCHIEDENEN VOLKSSTÄMME BESUCHEN, U.A. HMONG, YAO, TAI DAM, AKHA UND LANTEN.

- MAN SOLLTE SICH EINE WANDERUNG IM **NATURSCHUTZGEBIET VON LUANG NAM THA** GÖNNEN: IN BEGLEITUNG EINES GUIDES KANN MAN ELEFANTEN, VERSCHIEDENE MAKAKEN-SPEZIES, GAURE (EINE SELTENE ASIATISCHE RINDERART), UND, WENN MAN GLÜCK HAT, NEBELPARDER UND TIGER BEOBACHTEN.

**Beste Reisezeit** *Von November bis April.*

**Zeitbedarf** *1 bis 2 Wochen.*

**Organisatorisches** *Der Norden von Laos ist prädestiniert für Individualreisende, auch wenn man beim Besuch der Dörfer besser einen „Kultur-Vermittler" dabei hat. Das Tourismusbüro in Luang Nam Tha und Nam Ha Eco Guides bieten einen vertrauenswürdigen Guide-Service an. Wer eine organisierte Reise bevorzugt, ist z.B. Exotissimo Travel und Tiger Trail Laos gut aufgehoben.*

**Tipp** *Der Norden von Laos ist ein extrem ruhiges Gebiet, mit gastfreundlichen Menschen und entspannender Landschaft, da kann man gut und gerne noch ein paar Tage verlängern. Nach der Erkundung der Provinz Luang Nam Tha bietet sich ein Besuch der angrenzenden Provinz Bokeo an, ebenso reich an Kultur und noch ursprünglicherer Natur. Das Bokeo Nature Reserve, einer der letzten Lebensräume des Schopfgibbons, kann man allerdings nur mit Gibbon Experience unter der Leitung von eingeborenen Guides besuchen, die Trekkingtouren durch dieses Waldgebiet und Übernachtungen in absolut faszinierenden Baumhäusern aus Holz anbieten.*

# IM LAND DES DSCHINGIS KHAN

Von Ulan Bator zur Wüste Gobi, von Charchorin in die Region Chentii – eine Reise im Geländewagen auf den Spuren des legendären Heerführers und seines Erbes.

Wenn man eine Jurte betritt, sollte man sich an die Anstandsregeln der Hirtennomaden halten – eine falsche Geste könnte die bösen Geister verärgern und katastrophale Folgen nach sich ziehen. Wenn man also das große Zelt aus Filz betritt, die Wohnstätte der Mongolen, dann muss man darauf achten, den Fuß nicht auf die Schwelle zu setzen und die Stützpfeiler des Gebildes nicht zu berühren, wohingegen man beim Hinausgehen im Uhrzeigersinn rund um den Ofen in der Mitte der Jurte gehen sollte. Die wichtigste Regel besteht jedoch darin, nichts von dem abzuschlagen, was einem angeboten wird, auch wenn es mühsam ist, sich an den Geschmack des Airag zu gewöhnen, fermentierte Stutenmilch, oder des Aaruul, getrockneter Teig, der so hart wie Stein ist. Außerdem gehört diese Art der Heimsuchung zur außergewöhnlichen Erfahrung des mongolischen Lebens. Man übernachtet stets in einem Jurten-Zeltlager und fährt über kaum angedeutete Pisten durch ein immenses Gebiet. Ausgangspunkt ist jenes befremdliche „Zementlager" Ulan Bator, die Hauptstadt, um dann, in Richtung Süden, die Gobi zu entdecken (eine überaus variantenreiche Wüste, die zu lediglich 5% aus Sanddünen besteht), oder, in den Steppen im Herzen des Landes, das Naturreservat von Khustain Nuruu, das eingerichtet wurde, um die Takhi zu beschützen, die legendären mongolischen Pferde und Protagonisten der Eroberungszüge des noch legendäreren Dschingis Khan. Der

| **114** *Man ist der Ansicht, dass das Kamel ursprünglich aus der Wüste Gobi stammt.*

**EMPFEHLENSWERT**

- UNWEIT VON CHARCHORIN, DES STÄDTCHENS, DAS IN DER NÄHE DER ALTEN HAUPTSTADT DSCHINGIS KHANS ENTSTANDEN IST, BEFINDET SICH **ERDENE DSUU**, DAS WICHTIGSTE BUDDHISTISCHE KLOSTER DER MONGOLEI. ES WURDE 1568 GEGRÜNDET UND IST REICH AN WERTVOLLEN KUNSTSCHÄTZEN. GEGENWÄRTIG ERLEBT DAS LAND EINE RENAISSANCE DES BUDDHISMUS, SODASS IN DEM KLOSTER 30 MÖNCHE LEBEN.

- DAS ANTLITZ DSCHINGIS KHANS IST AUF ALLEN BANKNOTEN DER MONGOLEI ZU SEHEN, UND DEM „STEPPENWOLF" SIND DER FLUGHAFEN VON ULAN BATOR UND EINE REIHE VON ÖFFENTLICHEN GEBÄUDEN GEWIDMET. DAS AN DER STRASSE VON DER WÜSTE ZUR HAUPTSTADT GELEGENE **ERDENE** VERDIENT EINEN BESUCH, UM DIE **REITERSTATUE** DES HEERFÜHRERS ZU BESICHTIGEN, DIE 2006 ZU SEINEM 800. GEBURTSTAG ERRICHTET WURDE. SIE WIEGT 250 TONNEN UND IST 40 M HOCH.

- AN DEN RÄNDERN DER WÜSTE LIEGT DIE MONDLANDSCHAFT VON **SÜCHBATAAR**, DIE VON 180 ERLOSCHENEN VULKANEN BEHERRSCHT WIRD. MACHEN SIE EINE WANDERUNG AM RAND DER CALDERA VON SCHILIIN BOGD UUL, UND WENDEN SIE SICH IN RICHTUNG GANGA NUUR, EIN VON SEHR HOHEN SANDDÜNEN UMGEBENER SEE.

- „PFLICHTKAUF" IST EIN KLEIDUNGSSTÜCK AUS KASCHMIR: VON DEN 10 MIO. ZIEGEN IN DER MONGOLISCHEN STEPPE GEWINNT MAN DIE WERTVOLLSTE WOLLE DER WELT. DIE HAUPTFABRIK IST DIE GOBI CASHMERE, DIE EINEN FABRIKVERKAUF VOR DEN TOREN DER HAUPTSTADT HAT.

| **115** *Die Wüste Gobi besteht zum größten Teil aus Steppe und Flachland. Die Sandwüste beschränkt sich auf wenige Gebiete: das Hauptgebiet ist Alashan.*

Heerführer, der als mongolischer Held, wenn nicht als Bindeglied der nationalen Identität angesehen wird, lebt noch in den wenigen, aber faszinierenden Resten des antiken Charchorin fort, der Hauptstadt des mongolischen Reichs, die 1235 auf Wunsch seines dritten Sohnes im Gebiet Chentii im Osten errichtet werden sollte, wo Dschingis Khan der Sage nach beerdigt wurde und wo heute das Naturreservat Gurvan Nuur liegt: An den Ufern des Flusses Cherlen sollen die tausend Soldaten ruhen, die nach den Beerdigungsfeierlichkeiten geopfert wurden, um das Geheimnis seines Grabes zu wahren. Während die Suche nach den wenigen Zeugnissen Dschingis Khans ein guter Vorwand für eine Reise in die noch intakte Natur der Mongolei ist, so ist sein Erbe gut im Naadam sichtbar, der „mongolischen Olympiade", die jedes Jahr zwischen dem 12. und 14. Juli in der Ebene unweit der Hauptstadt abgehalten wird. Neben Pferderennen, Kämpfen und Wettbewerben im Bogenschießen feiert man die „Waffen", die zur Errichtung des größten Reichs der Geschichte beigetragen haben, das vom Schwarzen Meer bis nach China reichte.

**Beste Reisezeit** *Von Mai bis September.*

**Zeitbedarf** *3 Wochen.*

**Organisatorisches** *Von den Veranstaltern, die Rundreisen mit dem Auto anbieten, empfehlen wir Travel All Magnolia und Nomads Tours.*

**Tipp** *Wollen Sie das Abenteuer Mongolei mit einem Abenteuer beginnen? Anstatt mit dem Flugzeug nach Ulan Bator zu fliegen, können Sie die Transmongolische Eisenbahn von Peking aus nehmen, die den Karawanenstraßen des Tees folgt, die im 18. und 19. Jhdt. benutzt wurden. Die Reise dauert ca. 30 Stunden und kann über das staatliche chinesische Reisebüro CITS gebucht werden.*

**Website** *www.mongoliatourism.info*

# IM REICH DER FRAUEN VON LUGU HU

Eine Reise bis an die Ufer eines zwischen den Bergen von Yunnan verborgenen Sees, wo man das Reich der Mosuo-Frauen entdecken kann.

In der Sprache der Mosuo gibt es keine Wörter, die „Vater", „Ehemann" oder „Krieg" bedeuten. Dieser Volksstamm, der an den Ufern des Lugu-Sees (chinesisch Lugu Hu) in 2685 m Höhe an der Grenze zwischen Yunnan und Sichuan lebt, lebt in einer matriarchalischen Gesellschaft. Die Frauen haben zwar nicht die alleinige Macht, aber sie sind es, die die Abstammung weitergeben, weil es bei den Mosuo die Ehe als Institution niemals gegeben hat: Sie bevorzugen das System der „Besuchsehe", Zou Hun, auch „walking marriage" genannt. Die Frauen gehen sexuelle Beziehungen ein und holen sich ihren Liebhaber über Nacht ins Haus, aber ein Zusammenleben wird nicht praktiziert. Um in dieses Reich der Frauen zu gelangen, fährt man von Lijiang, der Perle des Tourismus im Yunnan, aus 6 bis 8 Stunden mit dem Bus. Die unbefestigte Straße führt über mit Nadelhölzern und Rhododendron bewachsene Berge, vorbei an Schluchten mit Flüssen und Weiden, auf denen Yaks grasen. Die Ankunft in Luoshi, dem Hauptort des Lugu Hu – eine Ansammlung von Häusern in nüchternem „Neonstil", Karaokebars und Guesthouses für chinesische Touristen, die in der falschen Erwartung leichter Eroberungen hierher reisen –, kann enttäuschend sein, aber es genügt, ans Seeufer zu gehen und sich vom Szenario der Berge des Himalajas, die sich im See spiegeln, und den bunten Gewändern der Mosuo verzaubern zu lassen. Die Leute sind gastfreundlich und laden Besucher zu einer Fahrt in ihren traditionellen Kanus ein, den Zhucaochuan, um ihnen die üppig bewachsenen Inseln zu zeigen und um ihnen einen kleinen Einblick ins „Reich der Frauen" zu geben.

| **116** *Mosuo-Frauen an den Ufern des Lugu-Sees, der an der Grenze zur Provinz Sichuan liegt.*
| **117** *Eine Pagode des Deyue-Pavillons in Lijiang.*

**EMPFEHLENSWERT**

- DER STARTPUNKT DIESES ABENTEUERS, **LIJIANG**, IST EIN ROMANTISCHES STÄDTCHEN MIT MÄRCHENHAFTER ARCHITEKTUR IM „PAGODENSTIL", WICHTIGER ZWISCHENSTOPP DER ANTIKEN TEEROUTE, UND GEHÖRT ZUM WELTKULTURERBE DER UNESCO.
- ES LOHNT SICH, AUF DER FAHRT VON LIJIANG ZUM SEE FÜR EINE TREKKINGTOUR AN DER **TIGERSPRUNG-SCHLUCHT** HALT ZU MACHEN, EINE DER TIEFSTEN UND SPEKTAKULÄRSTEN SCHLUCHTEN DER ERDE. SIE FOLGT DEM OBERLAUF DES YANGTSE MIT STROMSCHNELLEN UND WASSERFÄLLEN.
- DIE RELIGION DER MOSUO HEISST DABA, EINE MISCHUNG AUS BUDDHISMUS UND SCHAMANISMUS: EIN BESUCH DES **LAMA-TEMPELS AUF DER INSEL LIWUBI** IST SEHR ZU EMPFEHLEN.
- MAN SOLLTE NICHT VERSÄUMEN, DIE MOSUO-FRAUEN ZU FOTOGRAFIEREN, WÄHREND SIE MIT IHREN TYPISCHEN, LAMPENSCHIRM-ÄHNLICHEN HÜTEN IM KANU SITZEN UND DIE BLÜTEN DER WASSERPFLANZEN PFLÜCKEN.

**Beste Reisezeit** *Am Lugu Hu ist es immer Frühling. Im Winter besteht jedoch die Gefahr, dass die Anreise durch die stark verschneiten Gebirgspässe unmöglich ist.*

**Zeitbedarf** *1 Woche.*

**Organisatorisches** *Von Lijiang aus kann man die Reise leicht selbst organisieren. Am Ziel angelangt, findet man in den Mosuo-Dörfern problemlos eine Unterkunft, auch als männlicher Tourist. Der Veranstalter Yunnan Adventure bietet einen ethnografischen Exkurs an, der Jeeptransfer, kurze Wanderungen und Bootsfahrten beinhaltet.*

**Tipp** *Man sollte den See bald besuchen, bevor er sich für immer verändert; die chinesische Regierung plant den Bau eines Flughafens in Luoshui.*

**Website** *www.mosuoproject.org*

# DAS WILDE HOKKAIDO

**Lichtjahre von den Wolkenkratzern Tokios entfernt, dominiert im Nordosten von Hokkaido eine unglaubliche Natur und das geheimnisvolle Volk der Ainu.**

Sie leben vom Fischfang, haben eine besondere Vorliebe für Bärenfleisch, sind von gedrungener Statur und haben helle Haut. Die Männer tragen wallende Bärte, unter den Frauen gelten tätowierte Mundwinkel und Handflächen als Schönheitsmerkmal, und sie tragen Kleidung, die aus den Rindenfasern einer Ulmenart gewoben oder aus Fischhaut genäht ist. Ihre Abstammung ist noch unklar; anhand neuer DNA-Untersuchungen sind sie mit südostasiatischen Völkern und Tibetern verwandt. Von den Ainu gibt es laut offiziellen Schätzungen 25.000, aber nur ein geringer Teil von ihnen wurde noch nicht von der japanischen Moderne vereinnahmt: es sind gerade einmal hundert, die noch die Sprache ihrer Vorfahren beherrschen und noch weniger, die dem Schamanismus zugehören. Ihre Enklave ist der Nordwesten der großen Insel Hokkaido: Ein sehr weitläufiges Gebiet am Ochotskischen Meer mit ausgesprochen schöner Natur, Lichtjahre entfernt vom zukunftsorientierten Japan. Hier findet man zwischen Bergen, Wäldern und einer fast

**Website** *http://en.visit-hokkaido.jp*

| **118** *Kraniche aus der Mandschurei tanzen auf einer verschneiten Ebene auf der Insel Hokkaido.*

| **119** *Das Ochotskische Meer erreicht eine Tiefe von bis zu 3521 m.*

arktischen Tundra eine reiche Fauna, Wasserfälle und Seen, wie den Arkansee, Heimat der phänomenalen Marimo-Algen (Torasanpe, „See-Gespenst", in der Ainu-Sprache), kugelförmige, Tennisball-große Algen, die an der Oberfläche des Sees treiben. Aber auch die entlegensten Ziele Hokkaidos sind von der sprichwörtlichen japanischen Entschlossenheit geprägt. Deshalb sind selbst die entferntesten Ecken der wilden Landschaft leicht mit dem Auto zu erreichen, manchmal sogar mit Hochgeschwindigkeitszügen. Deshalb ist es möglich, innerhalb einer Woche den Shiretoko-Nationalpark auf einer der schönsten befahrbaren Gebirgsstrecken des Landes zu durchqueren, die Ainu-Siedlungen zu besuchen und einige Tage in Abashiri zu verbringen, dem Städtchen am Ochotskischen Meer, mit der einmaligen Gelegenheit einer Fahrt an Bord eines Eisbrechers.

**Beste Reisezeit** *Der Nordosten von Hokkaido ist zu jeder Jahreszeit wunderschön. Wer die Kälte nicht fürchtet, sollte im Winter reisen.*

**Zeitbedarf** *1 bis 2 Wochen.*

**Organisatorisches** *Abgesehen von den Sprachschwierigkeiten ist eine unabhängige Reise in diese Gefilde durchaus machbar. Wer mit dem Zug fährt, sollte sich vor Abreise einen Japan Rail Pass besorgen;, man kann zwischen 7, 14 und 21 Tagen Gültigkeit wählen. Wenn man schon auf der Insel ist, kann man auch den Hokkaido Rail Pass kaufen (Gültigkeit 3, 4, 5 oder 7 Tage); beide Dauerkarten berechtigen zu beliebig vielen Fahrten innerhalb des Gültigkeitsbereichs und -zeitraums. Spezialist für organisierte Reisen nach Maß mit dem Mietauto ist der japanische Veranstalter BFH Tours.*

**Tipp** *Es gibt eine bestimmte Zeit, in der man überhaupt nicht nach Japan reisen sollte: Während der sogenannten Goldenen Woche im Frühling (die Daten der Feiertage variieren jährlich), in der wirklich fast jeder Japaner Urlaub macht. Abgesehen davon, dass kaum Hotelzimmer und Plätze im Zug zu bekommen sind, können die ohnehin schon hohen Preise auf das Doppelte ansteigen.*

## EMPFEHLENSWERT

- NICHT WEIT VON ABASHIRI LIEGT AM HAFEN VON MONBETSU DER **SEA ICE OBSERVATION TOWER OKHOTSK**, EINZIGES UNTERWASSER-OBSERVATORIUM DER WELT, IN DEM MAN DAS TREIBEN UNTER DER EISSCHICHT BEOBACHTEN KANN: UNTER ANDEREM SIND DIE KLEINEN FAST TRANSPARENTEN RUDERSCHNECKEN ZU BEWUNDERN, DIE WEGEN IHRES AUSSEHENS AN KLEINE ENGELCHEN ERINNERN.
- AM AKANSEE LIEGT AUCH DAS AINU-DORF **KOTAN**, EIN AUSGEZEICHNETES ZIEL, UM DIE TRADITIONEN DER AINU ZU STUDIEREN, INDEM MAN DAS ETHNOGRAFISCHE MUSEUM BESUCHT, TRADITIONELLE SPEISEN KOSTET UND EINE TANZAUFFÜHRUNG IM YUKAR-THEATER BEWUNDERT, DAS ZUM JAPANISCHEN KULTURERBE GEHÖRT.
- DEN BALZTANZ DER MANDSCHUREN-KRANICHE (DER ROTKRONENKRANICH IST DAS SYMBOL JAPANS) AM KUSHIROSEE IM **KUSHIRO-SHITSUGEN-NATIONALPARK** ZU BEOBACHTEN, IST NICHT NUR EIN HIGHLIGHT FÜR VOGELKUNDLER, SONDERN AUCH FÜR LEIDENSCHAFTLICHE FOTOGRAFEN.
- IM FRÜHLING LOHNT ES SICH, VON ABASHIRI NACH **TAKINOUE** (IN DER PRÄFEKTUR ASAHIKAWA), GENAU IN DER MITTE VON HOKKAIDO, ZU FAHREN, WEIL SICH DANN DIE TÄLER IN EINEN PHANTASTISCHEN ROSAFARBENEN TEPPICH AUS KIRSCHBLÜTEN VERWANDELN. IM JULI UND AUGUST DAGEGEN TAUCHT DIE SPEKTAKULÄRE IRISBLÜTE DIE EBENEN AN DER KÜSTE DES OCHOTSKISCHEN MEERES IN STRAHLENDES PURPUR.

# TSCHUKOTKA, GRENZE DER WELTEN

**Website** *www.visitchukotka.com/eng*

Der nordöstlichste Zipfel von Russland verspricht ein Abenteuer in der extremen Natur der Arktis und die Begegnung mit der isoliertesten Bevölkerung der Erde.

Tschukotka liegt 6400 km Luftlinie von Moskau entfernt. Man gelangt nur per Flugzeug dorthin, weil die „Straßen", diesen Namen nicht verdienen. Wer sich nicht besonders für die Erdölvorkommen dieser Gegend (sehr reich und zum Großteil noch auszubeuten) interessiert, hat den Namen Tschukotka mit Sicherheit noch nie gehört. Die nordöstlichste russische Provinz und auch die einzige, die zum Teil in der westlichen Hemisphäre liegt. Die Hauptstadt der Provinz ist Anadyr, ein Ort mit 14.000 Einwohnern, und ihr weitläufiges Territorium an der Beringstraße wird – neben einer Handvoll Eskimos – von Tschuktschen, Ewenen und Jukagiren bewohnt, die als Nomaden von ihren Rentierherden oder vom Fang von Meeressäugern leben. Wer das alles hört und sich fragt: „Was soll ich dort?", der muss wissen, dass eine Reise ans Ende der Welt das Abenteuer seines Lebens ist: Ob im Jeep, im Kettenfahrzeug, zu Fuß, auf dem Schiff oder Motorschlitten, hier erlebt man die extreme

| **120-121** *Der Permafrostboden auf der Wrangelinsel.*
| **121** *Man schätzt, dass die Population der Tschuktschen etwa 1500 Menschen umfasst..*

Natur zweier Ozeane (Pazifischer und Arktischer), vier spektakulärer Gebirgsketten und von 40 Flüssen. Und man erreicht auch noch den legendären Schnittpunkt des Nördlichen Polarkreises mit dem 180. Längengrad – entlang dieses Längengrads verläuft die internationale Datumsgrenze – macht Bekanntschaft mit Eisbären und Walen und genießt die Gastfreundschaft der Menschen, die sich noch in Tierfelle hüllen und schamanische Riten praktizieren.

**Beste Reisezeit** *Während des kurzen Sommers zwischen Juli und Anfang September, wenn sich die Temperaturen zwischen 5 und 10 Grad bewegen. Im Winter schwanken die Temperaturen zwischen -15 und -45 Grad mit Schneestürmen, die eine ganze Woche lang anhalten können. Wer auf noch mehr Abenteuer aus ist, kann im März und April eine Tschukotka-Tour im Motorschlitten machen.*

**Zeitbedarf** *7 bis 10 Tage.*

**Organisatorisches** *Um beim russischen Konsulat ein Einreisevisum für Tschukotka zu bekommen, benötigt man eine Einladung bzw. Reisebestätigung vom Reiseveranstalter. Auf der offiziellen Tourismus-Website des Autonomen Kreises der Tschuktschen gibt es Links zu Veranstaltern, die Reisen in dieses Gebiet mit Schwerpunkt Natur und Ethnografie organisieren.*

**Tipp** *Vor der Abreise sollte man Taschenlampen, Schweizer Taschenmesser, Angelschnüre, Ledernähnadeln, Thermosflaschen und, so unglaublich es klingt, bunte Perlen einkaufen: Diese Geschenke mögen die Tschuktschen am liebsten.*

**EMPFEHLENSWERT**

- ES MACHT SPASS, EINEN TAG IN EINEM **EWENEN-LAGER** IN DER TUNDRA ZU VERBRINGEN UND DEN MÄNNERN BEI DER ARBEIT MIT IHREN RIESIGEN RENTIERHERDEN ZUZUSEHEN.
- EINE SCHIFFFAHRT IN DER BERINGSTRASSE: MAN REIST VOM ASIATISCHEN KONTINENT ZUM AMERIKANISCHEN UND BESUCHT DAS **NATURRESERVAT DER INSEL WRANGEL**, EIN LEBENDIGES MUSEUM ARKTISCHER FLORA UND FAUNA.
- MAN KÖNNTE ES MIT „WETTKAMPFGEIST" ÜBERSETZEN: **ERGAV**, DAS GRÖSSTE TRADITIONELLE **FESTIVAL VON TSCHUKOTKA**, BEI DEM SICH ANFANG SEPTEMBER ALLE STÄMME IN **ANADYR** VERSAMMELN, UM ZU TANZEN, ZU MUSIZIEREN UND GESCHICKLICHKEITSWETTKÄMPFE ZU VERANSTALTEN.
- IN **KAP DEZHNEV** WURDEN DIE ÜBERRESTE EINER ANTIKEN SIEDLUNG ENTDECKT: DAS „TROJA DER ESKIMOS", EINE VERANSCHAULICHUNG DER ANPASSUNG AN EXTREME KLIMATISCHE VERHÄLTNISSE.

# AUF DER KODIAK-INSEL

Kurz vor der Küste Alaskas liegt die „Smaragdinsel", auf der man Braunbären, die noch majestätischer sind als die Grizzlys, hautnah erleben kann.

Die Kodiak-Insel ist die wichtigste der Inseln des gleichnamigen Archipels nicht weit vor der Küste von Alaska sowie die zweitgrößte der Vereinigten Staaten nach Hawaii. Die Bären der „Smaragdinsel", wie sie auch genannt wird, eine Unterart des Braunbärs, sind mit dem Grizzly verwandt. Die erwachsenen Männchen erreichen ein Gewicht von bis zu 600 kg und teilen sich mit den Eisbären den Ruf, die größten lebenden Fleischfresser zu sein. Doch das stimmt nicht, denn sie sind Allesfresser. Sie mögen gern Lachs (wobei sie die Haut, den Kopf und die Eier bevorzugen), doch sie ernähren sich die meiste Zeit von Beeren, Gräsern und Kräutern. Sie haben nicht allzu viel Zeit für die Jagd, denn in den Sommermonaten müssen sie sich einer massiven Mastkur unterziehen, die es ihnen ermöglicht, die 7 Monate zu überleben, die sie im Winterschlaf verbringen. Im Sommer ist das Beobachten der Bären einer der Hauptgründe für eine Reise auf die Kodiak-Insel: Es gibt hier ca. 3500 Exemplare, die sich einer ausgezeichneten Gesundheit erfreuen

**Website** *www.kodiak.org*

| **122** *Der Kodiakbär, ein Allesfresser, ist ein sehr geschickter Jäger und Fischer.*

| **123** *Die ausgewachsenen Männchen können bis zu 600 kg wiegen.*

und deren Zahl stetig zunimmt. Auch wenn sie scheu sind, kann man sie bei einer (am besten geführten) Wanderung durch die moosbedeckten Wälder oder das blühende Grasland und an den Flüssen beim Lachsfang treffen. Und vielleicht muss man sie sogar vom Auto fernhalten, wenn man die 150 km lange panoramareiche, gewundene Küstenstraße entlangfährt. Doch die Kodiak-Insel hat noch mehr zu bieten: Lachsfischen, Walbeobachten, Kajakfahren in den Buchten, Fischerdörfer besuchen, die nur übers Wasser bzw. in kleinen Wasserflugzeugen zu erreichen sind, oder Wandern auf den Pfaden der Alutiiq-Indianer, den ersten Bewohnern der Insel. Und man kann die kleine Ortschaft St. Paul Harbor erkunden, die Ende des 18. Jhdts. zu einer Art russischer Hauptstadt auf amerikanischem Grund wurde, mit ihren vielen orthodoxen Kirchen mit den charakteristischen Zwiebeltürmen. Denn genau auf Kodiak entstand eine dank des Handels mit Robbenfellen erstarkende zarentreue russische Kolonie.

**Beste Reisezeit** *Von Mai bis September (wenn die Bären aktiv sind).*

**Zeitbedarf** *1 Woche.*

**Organisatorisches** *Die Kodiak-Insel ist mit Anchorage, der Hauptstadt Alaskas, durch die Fluglinien Era Aviation und Alaska Airlines verbunden. Um einen Ausflug zum Beobachten der Bären zu organisieren oder für andere Aktivitäten auf der Insel kontaktieren Sie die Kodiak Adventures Lodge und Kodiaks Wild Side.*

**Tipp** *Bevor Sie sich in die Natur der Insel hineinwagen (es genügt schon ein Spaziergang in der Nähe der bewohnten Zentren) oder ein Zelt aufschlagen, lesen Sie sich auf der Website des Alaska Department of Fish and Game aufmerksam die Verhaltensmaßregeln durch, die Sie im Falle eines Aufeinandertreffens mit einem Bären befolgen sollten, was nicht selten vorkommt.*

## EMPFEHLENSWERT

- UNTER DEN (WENIGEN) ASPHALTIERTEN STRASSEN IST DER **CHINIAK HIGHWAY** DER LÄNGSTE UND SPANNENDSTE; ER LÄUFT AN HOHEN KLIPPEN, WÄLDERN UND SEEN VORBEI. MACHEN SIE HALT IM ORT **PASAGSHAK** AM FOSSIL BEACH, WO ES GROSSE MENGEN AN FOSSILEN MUSCHELN ZU BEWUNDERN GIBT.
- AM 4. JULI FEIERT MAN AUF DER INSEL DEN UNABHÄNGIGKEITSTAG MIT DEM **KODIAK CRAB FESTIVAL**. IM ÜBRIGEN FISCHT MAN GENAU IN DIESEN GEWÄSSERN DES ARCHIPELS NACH DEN BERÜHMTEN ALASKAKRABBEN, UM DIE SICH IN **DEADLIEST CATCH (DER GEFÄHRLICHSTE JOB ALASKAS)** ALLES DREHT, JENER REALITY-DOKUMENTATION, DIE ZUR KULTSERIE DES DISCOVERY CHANNEL WURDE.
- IM WOHNGEBIET VON KODIAK WIRD IM **ALUTIIQ MUSEUM** DIE GESCHICHTE DER SEIT 7000 JAHREN AUF DER INSEL LEBENDEN AMERIKANISCHEN UREINWOHNER ANHAND EINER SAMMLUNG VON ARCHÄOLOGISCHEN UND VÖLKERKUNDLICHEN FUNDSTÜCKEN SOWIE FOTOGRAFIEN ERZÄHLT, DIE DEN ERSTEN KONTAKT MIT DEN EUROPÄISCHEN SIEDLERN DOKUMENTIEREN.
- KODIAK IST WILD, DOCH DIE KLEINE INSEL **RASPBERRY ISLAND** AUF DEM ARCHIPEL IST NOCH WILDER. RESERVIEREN SIE DORT EINE ÜBERNACHTUNG IN DER REMOTE LODGE UND BLEIBEN SIE EIN PAAR TAGE ZUM PAZIFIK-LACHS- ODER HEILBUTTFISCHEN. DIE EIGENTÜMER ORGANISIEREN AUCH AUSFLÜGE ZUM BÄREN-BEOBACHTEN.

# IN CHURCHILL BEI DEN EISBÄREN

An Bord eines Kettenfahrzeugs im Norden der Provinz Manitoba kann man das Abenteuer erleben, den Dickhäutern der Arktis ganz nahe zu kommen.

**EMPFEHLENSWERT**

DER **WAPUSK NATIONAL PARK** IM SÜDOSTEN VON CHURCHILL IST DER EINZIGE ORT DER WELT, WO ES IM WINTER MÖGLICH IST, EISBÄRJUNGE ZU BEOBACHTEN, DIE IM NOVEMBER UND DEZEMBER GEBOREN WERDEN. IM SOMMER BIETEN SICH HIER ÜBERWÄLTIGENDE BILDER DIESER VON ARKTISCHER VEGETATION BEDECKTEN LANDSCHAFT, DIE VON VIELEN SELTENEN VOGELARTEN BEVÖLKERT IST. MAN GELANGT NUR MIT DEM HELIKOPTER DORTHIN, UND ES WERDEN WANDERUNGEN DURCH DIE TUNDRA ORGANISIERT.

IM JULI UND AUGUST, WENN DAS SCHMELZENDE EIS DIE MÜNDUNG DES FLUSSES CHURCHILL FREIGIBT, KOMMEN CA. 3000 **BELUGAS** HIERHER. SIE SIND DIE FREUNDLICHSTEN UND GESELLIGSTEN DER GROSSEN WALARTEN, MAN KANN SOGAR MIT IHNEN SCHNORCHELN. NATÜRLICH NUR MIT EINEM THERMO-TAUCHERANZUG.

IN CHURCHILL IST DAS POLARLICHT VON GROSSER INTENSITÄT: WAHRHAFTIG EINE LIGHTSHOW DER NATUR!

**Beste Reisezeit** *Oktober und November sind die Monate, in denen sich die Bären entlang der Küste von Manitoba sammeln; doch dieses Reiseziel ist das ganze Jahr über interessant.*

**Zeitbedarf** *1 Woche.*

**Organisatorisches** *Von Winnipeg, Hauptstadt der Provinz Manitoba, kann man Churchill mit Calm Air und Kivalliq Air in zweieinhalb Flugstunden oder in einer zweitägigen Zugfahrt durch die Tundra erreichen. Von den Reiseanbietern, die Touren zu den Eisbären organisieren, die 7 oder 9 Tage dauern, empfehlen wir Churchill Wild und The Tundra Buggy Adventure.*

**Tipp** *Wie in allen Zonen der Arktis werden Churchill und seine Bucht in den heißesten Monaten von schrecklichen Kriebelmücken regelrecht heimgesucht. In Kanada ist es ratsam, sich ein spezielles chemisches Abwehrmittel zu besorgen oder, noch besser, einen imprägnierten Anorak und eine Kopfbedeckung mit einem Schutznetz für das Gesicht.*

| **124 u. 125** *Churchill ist die Hauptstadt der Eisbären. Der größte Fleischfresser des Festlands kann bis zu 600 kg wiegen.*

Die Bewohner von Churchill kümmern sich so sehr um die Eisbären, dass sie ihnen ein „Gefängnis" konstruiert und aufgestellt haben. Wer hier einen Bären sichtet, der in der Nähe des Städtchens umherstreift, ruft eine kostenfreie Nummer an, und umgehend trifft eine Gruppe von „Polizisten" ein, um ihn einzufangen (nicht ohne ihn vorher betäubt zu haben) und in dieser Konstruktion einzusperren, die an einen Hangar für kleine Flugzeuge erinnert. Darin bleibt der Bär genau so lange, wie es dauert, um seinen Transport mit einem Helikopter, angehängt an einen Klettergurt, bis zu den Gletschern zu organisieren, der angemessenen Bleibe für ihn. Einem derartigen Unterfangen beiwohnen zu können, ist natürlich ein außerordentlicher Glücksfall. Doch wenn Sie in der richtigen Jahreszeit nach Churchill kommen, werden Ihnen hier Eisbären in ihrer natürlichen Umgebung garantiert zahlreich begegnen. Dieses Städtchen in der Provinz Manitoba, die abgelegenste Siedlung an der Hudson Bay, in dem es nicht mal eine Ampel gibt, ist die unbestrittene Welthauptstadt der Eisbären. Diese sind überraschenderweise nicht weiß: Ihre Haut ist schwarz und der gelbliche Pelz lichtdurchlässig; das Weiß resultiert aus dem Licht, das von den Haaren reflektiert wird. Dies und vieles mehr erfährt man während der aufregenden Tour an Bord eines der Kettenfahrzeuge, die in Churchill starten und an der wilden arktischen Küste der Bucht entlangfahren. Hier treffen sich die majestätischen Tiere, um abzuwarten, dass das Meer zufriert. Es ist spannend, diesen Dickhäutern dabei zuzusehen, wie sie über die Eisbänke springen und ausprobieren, ob die ihrem Gewicht standhalten – und damit die Saison der Robbenjagd einläuten.

**Websites** *http://everythingchurchill.com und www.polarbearsinternational.org*

# MIT DEM ZUG DURCH DIE BARRANCA DEL COBRE

## Von Chihuahua nach Los Mochis, auf einer spannenden Route durch die Schluchten der Sierra Tarahumara im alten (und revolutionären) Herzen Mexikos.

| 126 *Der Zug El Chepe nimmt es mit einem der Canyons auf, die die Berge der Region Chihuahua kennzeichnen.*

Ausgangsstation ist Chihuahua, Hauptstadt des gleichnamigen (und großflächigsten) Staates von Mexiko. Die Stadt wird gern mit der Legende des Revolutionärs Pancho Villa verbunden. Zielstation ist die moderne (ehrlich gesagt, wenig reizvolle) Ortschaft Los Mochis am Mar de Cortés im Staat Sinaloa. Dazwischen liegen die 645 km Bahnstrecke der Ferrocarril Chihuahua-Pacífico, der spektakulärsten Eisenbahn des Landes, die über 37 Brücken und durch 86 Tunnel über Steigungen und Gefälle mit atemberaubender Panoramasicht führt – in der Gegend der Stationen Creel und Divisadero in der Sierra der Tarahumara in Höhen von bis zu 2400 m. An Bord des El Chepe zu reisen, wie die Eisenbahnlinie hier genannt wird, ist dank der außergewöhnlichen Landschaft ein unvergessliches Erlebnis, wenn man das machtvolle Aufeinandertreffen der von dicht mit Kakteen bewachsenen Wüsten mit dem laubabwerfenden Tropenwald und den Bergwäldern mit ihren Koniferen verfolgen kann. Der El Chepe reist nicht nur durch Land, sondern auch durch Zeit – geradewegs bis zu den Anfängen der Schöpfung: Das Volk der Tarahumara, deren Vorfahren Azteken waren, ist berühmt für das Schamanentum, das den Gebrauch von Peyote bei den (auch für mexikanische Verhältnisse) wahnsinnigen Festen vorsieht, und die farbenfroh bestickten Gewänder der Frauen. Und angesichts der Szenerien von Barranca del Cobre, einem Labyrinth von über 1000 m tiefen Schluchten, das sich über eine Fläche von 60.000 km$^2$ im Herzen der Sierra erstreckt, fällt nicht schwer zu glauben, dass dieses Land so alt wie die ganze Welt

### EMPFEHLENSWERT

- 65 KM VON CHIHUAHUA ENTFERNT LIEGT DIE STATION DER KLEINSTADT **CUAUHTÉMOC**: DORT GLAUBT MAN SICH IN DER KULISSE DER SERIE **UNSERE KLEINE FARM**: HIER LEBEN CA. 50.000 MENNONITEN, DIE IM 20. JHDT. AUS KANADA KAMEN (WOHIN SIE IM 16. JHDT. AUS HOLLAND IMMIGRIERT WAREN). ÄHNLICH WIE DIE AMISH TROTZEN SIE STANDHAFT DEN MODERNEN ANNEHMLICHKEITEN: SIE LEBEN VON ACKERBAU UND VIEHZUCHT UND FOLGEN STRENGEN RELIGIÖSEN REGELN.

- VON DER BAHNSTATION DIVISADERO AUS HAT MAN EINEN GUTEN BLICK ÜBER DIE BARRANCA DE URIQUE, MIT 1879 M DIE TIEFSTE SCHLUCHT MEXIKOS. HIER SOLLTE MAN SICH ZEIT FÜR EINEN AUSFLUG IN DIE **BARRANCA DE SINFOROSA** NEHMEN, DER SPEKTAKULÄRSTEN DER SCHLUCHTEN DER SIERRA, MIT DEN WASSERFÄLLEN ROSALINDA UND SAN IGNACIO UND DEM DÖRFCHEN GUACHOCHI, AUF DESSEN MARKT TYPISCHES TARAHUMARA-KUNST-HANDWERK ANGEBOTEN WIRD.

- ZUM ERKUNDEN DER **BARRANCA DEL COBRE** AUF DEN SPUREN DER TARAHUMARA-TRADITIONEN (UND FÜR WANDERUNGEN ZU FUSS ODER ZU PFERDE) VERWEILEN SIE IN DER ENTZÜCKENDEN COPPER CANYON SIERRA LODGE 20 KM VON CREEL ODER IN DER RIVERSIDE LODGE IN BATOPILAS.

- IM STAAT SINALOA SOLLTE MAN DAS STÄDTCHEN **EL FUERTE** BESUCHEN, DAS FÜR SEINE PRACHTVOLLE KOLONIALARCHITEKTUR UND SEINEN KULTURELLEN REICHTUM BEKANNT IST. MAN KANN SICH IM HISTORISCHEN POSADA DEL HIDALGO EIN ZIMMER RESERVIEREN, ANGEBLICH EINST DIE BLEIBE VON DON DIEGO DE LA VEGA, BESSER BEKANNT ALS ZORRO.

| **127** *Der Wasserfall von Basaseachi ist 246 m hoch und kann von Bord des El Chepe bewundert werden.*

ist. Nachdem man dies alles vom Zugfenster aus bewundert hat, kann man schließlich zu Fuß an den unwegsamen Felswänden entlang bis zu den Naturparadiesen mit Wasserfällen und heißen Quellen und zu den abgelegenen Dörfern der Ureinwohner hinabsteigen. Zum Beispiel nach Batopilas, dem in der Felsschlucht des gleichnamigen Flusses versteckten Dorf, das von Maisfeldern und Obstgärten umgeben ist, die von Tausenden von Schmetterlingen bevölkert sind. Es wurde im 16. Jhdt. gegründet, als die spanischen Eroberer hier eine höchst ertragreiche Silbermine ausbeuteten. Die äußerst gastfreundlichen Bewohner gehören alle zum Volk der Tarahumara. Und sie sind derart authentisch, dass sie „cimarrones" genannt werden, „die Wilden".

**Website** *www.chepe.com.mx*

**Beste Reisezeit** *Februar bis April und Oktober bis Dezember.*

**Zeitbedarf** *Die Zugreise dauert ca. 14 Stunden, doch man kann sie in mindestens drei Abschnitte mit Zwischenstationen von einer Aufenthaltsdauer von jeweils 3 bis 4 Tagen unterteilen.*

**Organisatorisches** *Die Reise entlang der El Chepe-Bahnstrecke können Sie selbst organisieren, indem Sie Ihr Ticket über die o. g. Website im Voraus buchen. Der bequeme (mit Klimaanlage und Speisewagen ausgestattete) Primera Express fährt täglich ab Chihuahua, die Zweite Klasse (Económica) fährt montags, donnerstags und samstags. Das Ticket für die erste Klasse von Chihuahua nach Los Mochis kostet ca. 130 Euro, die zweite Klasse etwas weniger als die Hälfte. Von den Reiseunternehmen, die Routen durch die Barranca del Cobre anbieten, empfehlen wir Tarahumara Tours und Viajes Dorados de Chihuahua.*

**Tipp** *Die Reise an Bord des El Chepe ist sehr beliebt, und man sollte weit im Voraus reservieren, denn jeder Primera-Express-Zug hat nur 2 oder 3 Waggons, in die jeweils 64 Passagiere passen.*

# AM SALAR DE UYUNI

| 128 *Im Salar de Uyuni werden jedes Jahr 25.000 Tonnen Salz abgebaut.*

## Eine Reise im Geländewagen zwischen Himmel und Erde, in die surrealen Szenerien des großflächigsten Salzsees der Erde im Herzen der Anden.

Mit zehn Millionen Tonnen Salz ist der Salar de Uyuni das größte Salzvorkommen der Erde. Er erstreckt sich im Südwesten Boliviens in 3700 m Höhe über eine Fläche von 10.500 km$^2$. Doch er birgt nicht einfach nur Salz, sondern auch kostbare Magnesium-, Bor-, und Kaliumvorräte, und vor allem ca. 50% des weltweiten Vorkommens von Lithium, Grundelement zur Herstellung moderner Batterien. Dass es in dieser fotogenen Landschaft nahezu unmöglich ist, eine Steckdose zu finden, um die Batterien der Kamera aufzuladen, ist eine Ironie des Schicksals. In den Monaten Juli und August sollte man auf Temperaturen von bis zu -20° C vorbereitet sein, es kann sogar schneien (was zu einem befremdlichen „Weiß-auf-weiß"-Effekt führt). Abgesehen von dieser Ausnahme ist der Salar de Uyuni zu jeder Jahreszeit ein außergewöhnliches Off-road-Abenteuer. Während der Trockenzeit birst die Oberfläche in eine endlose Reihe von sechseckigen „Briketts", die während der Regenzeit fast vollständig von einer hauchdünnen Wasserschicht bedeckt werden. Das hat einen beeindruckenden Spiegeleffekt zur Folge, durch den Himmel und Erde kaum zu unterscheiden sind; beim Darüberwandern fühlt man sich wie in einem Vakuum. Doch überraschenderweise zeigt sich, dass dieser Salzsee kuriose Lebensformen beherbergt, die man nicht vermuten würde: In der Mitte des Salars liegt die Insel Incahuasi, die aus einem vor 40.000 Jahren versunkenen Vulkan entstand, als das gesamte Areal ein riesiger prähistorischer See war. Auf ihrer felsigen Oberfläche, die aus fossilen Korallen und Algen besteht, wachsen bis zu 12 m hohe Kakteen und Paja brava-Pflanzen, die wie Stachelschweine aussehen. In der Laguna Verde am Rande des Salzsees kurz vor der chilenischen Grenze dominieren hingegen die kräftigen Farben. Und die Laguna Colorada ist zwischen September und November von Hunderttausenden von Flamingos bevölkert. In den beiden Lagunen spiegelt sich der gewaltige, fast 6000 m hohe Vulkan Licambur.

**Website** *www.boliviatravelsite.com*

## EMPFEHLENSWERT

- ZUR **SOL DE MANAÑA**, EINER REIHE VON GEYSIREN UND BRODELNDEN SCHLAMMBÄDERN AN DEN SÜDLICHEN RÄNDERN DES SALAR IN 4850 M HÖHE, SOLLTE MAN MORGENS FRÜH KOMMEN, UM DIE MORGENDÄMMERUNG ZU GENIESSEN. DIE SCHÖNSTEN FOTOS DES STEINBAUMS **(ÁRBOL DE PIEDRA)**, EINER VOM WIND MODELLIERTEN GESTEINSFORMATION, MACHT MAN BEI SONNENUNTERGANG.

- 80 KM VON DER KLEINSTADT UYUNI LIEGT DIE ORTSCHAFT **COLCHANI**, DEREN 600 EINWOHNER ALLE VON DER SALZGEWINNUNG LEBEN. HIER KANN MAN FOTOS VON DEN **CHOLITAS**, DEN FRAUEN IN IHREN TRADITIONELLEN ANDENTRACHTEN, BEI DER ARBEIT MACHEN SOWIE SOUVENIRS AUS SALZ ERWERBEN.

- DIE **LAGUNA COLORADA** IST DER AUSGANGSPUNKT FÜR AUSFLÜGE IN DAS **REA-RESERVAT** (RESERVA NACIONAL DE FAUNA ANDINA EDUARDO AVAROA). DIESES BOLIVIANISCHE PENDANT ZUM YELLOWSTONE IST DER LEBENSRAUM VON PUMAS UND **VICUÑAS**, EINER GESCHÜTZTEN LAMAART.

- VEBRINGEN SIE EINE NACHT IM **PALACIO DE SAL**, EINEM EINSCHLIESSLICH DER MÖBEL VOLLSTÄNDIG AUS SALZBLÖCKEN KONSTRUIERTEN BOUTIQUEHOTEL. ES LIEGT AM NÖRDLICHEN RAND DES SALAR UND VERFÜGT ÜBER EINEN WELLNESSBEREICH UND EINEN GOLFPLATZ (AUS SALZ) MIT NEUN LÖCHERN, AUF DEM MAN MIT BUNTEN BÄLLEN SPIELT.

**Beste Reisezeit** *April, Mai, und von September bis November. Während der Regenzeit zwischen November und März kann man den „Spiegeleffekt" erleben (eine einmalige Gelegenheit zum Fotografieren), doch die Reise könnte gefährlich sein.*

**Zeitbedarf** *3 Tage bis 1 Woche.*

**Organisatorisches** *Der wichtigste Ausgangspunkt für Ausflüge zum Salar ist die nahe gelegene Stadt Uyuni, in der es von Touristikbüros nur so wimmelt. Sie bieten Ausflüge mit dem Jeep von zwischen 2 und 7 Tagen an, Übernachtungen und Mahlzeiten im Preis inbegriffen. Bevor man eine Tour bucht, sollte man sicherstellen, dass sich das Auto in gutem Zustand befindet. Unter den zuverlässigsten Touranbietern empfehlen wir Tupiza Tours, die eine Niederlassung in La Paz haben, und Ruta Verde mit Sitz in Santa Cruz, die Abenteuerreisen durch das ganze Land organisieren. Die von Ruta Verde organisierte Reise zum Salar de Uyuni sieht Übernachtungen in Hotels der Tayka-Gruppe vor, die von den Indio-Gemeinschaften unter Berücksichtigung der Umweltverträglichkeit betrieben werden.*

**Tipp** *Um der Höhenkrankheit vorzubeugen, gewöhnt man sich besser ganz allmählich an die Höhenunterschiede; man sollte erst nach Uyuni reisen, nachdem man einige Tage an Orten in tieferen und mittleren Höhenlagen verbracht hat. Und vergessen Sie nicht, eine Sonnencreme mit höchstem Schutzfaktor und eine gute Sonnenbrille einzupacken: die vom Salz reflektierte Sonnenstrahlung ist unerbittlich.*

| **129** *Der Salar de Uyuni erstreckt sich über 12.000 Quadratkilometer und ist der größte Salzsee der Welt.*

# ÜBERS MEER

## ES KANN DOCH NICHT SEIN, DASS ZWEI DRITTEL DER ERDE, DIE FÜR DEN MENSCHEN BESTIMMT SEIN SOLL, VON MEER BEDECKT SIND, UND ER TROTZDEM KEINE KIEMEN HAT…

Das Meer ist noch nie der Freund des Menschen gewesen. Bestenfalls war es Komplize seiner Rastlosigkeit, schrieb einst Joseph Conrad. Selbst ein Abenteurer, kannte er sehr wohl das Gefühl, von dem jeder beseelt ist, dem das Reisen ein Bedürfnis ist. Überflüssig zu erwähnen, dass einige der abenteuerlichsten und aufregendsten Reisen, zu denen wir in diesem Kapitel raten, durch extreme und oft auch gefährliche Meerengen führen, wie z. B. jene, die die Inseln Moskenesøya und Værøy in den norwegischen Lofoten mit ihrem Mahlstrom trennt, dieser kraftvollen Meeresströmung, oder durch die Drakestraße am Ende des Planeten bis hin zum ewigen Eis der Antarktischen Halbinsel.

Aber keine Angst – unter den Erlebnisreisen auf dem Meer können Sie natürlich auch jene wählen, die etwas ruhiger, doch nicht minder begeisternd sind, wie eine Seefahrt zu den klassischen Trauminseln, den Whitsundays im australischen Great Barrier Reef oder den Galápagosinseln auf den Spuren von Charles Darwin. Sie können Wale beobachten oder in die spektakulärsten Wassertiefen der Welt eintauchen, im Kajak an den Küsten der Hebriden oder von Madagaskar entlang paddeln oder eine Kreuzfahrt auf einem Postfrachter im entlegensten Archipel der Südsee machen.

Andere Völker
Tierbeobachtung
Wandern
Geländewagen
Schiff
Segelschiff
Motorboot
Kajak
Tauchen
Fischen
Whale Watching

# … DENN NICHTS KANN SO WIE DAS MEER – MIT GRENZENLOSEN LANDSCHAFTEN UND WUNDERBAREN TIEFEN – EIN GEFÜHL VON ABSOLUTER FREIHEIT VERMITTELN.

# ÜBERS MEER

## DAS PERFEKTE ABENTEUER

| REISE | S. | ZEIT-ZONEN | BESTE REISEZEIT | EMPFEHLENSWERT |
|---|---|---|---|---|
| **Grönland (Dänemark)** - Im Ilulissat-Eisfjord | 136 | GMT-4 | das ganze Jahr | *Moräne von Eqi* |
| **Norwegen** - Auf Kreuzfahrt in Spitzbergen | 138 | GMT+0 | Juni-September | *Gletscher Longyear Breen* |
| **Norwegen** - Angeln auf den Lofoten | 140 | GMT+1 | Juli-August | *Lofotr Vikingmuseet* |
| **Vereinigtes Köngikreich** - Bei den Äußeren Hebriden | 142 | GMT+1 | Mai-September | *Barra* |
| **Sudan** - Tauchtouren bei Port Sudan | 144 | GMT+3 | Oktober-Juni | *Sha'ab Suedi* |
| **Madagaskar** - Masoala im Kajak | 146 | GMT+3 | April-Mai / Sept.-Nov. | *Nosy Behento* |
| **Myanmar** - Auf dem Mergui-Archipel | 147 | GMT+6:30 | April-Dezember | *Cavern Island* |
| **Indonesien** - Komodo, die Insel der Drachen | 148 | GMT+9 | April-Dezember | *Strand von Pantai Merah* |
| **Indonesien** - Tauchsafari in Raja Ampat | 150 | GMT+9 | Oktober-Mai | *Markt von Pesar Remu* |
| **Russland** - Auf dem Feuerring | 154 | GMT+12 | Mai-Juli | *Naturreservat Komandorsky* |
| **Vereinigte Staaten** - Die Wale des Frederick Sound | 156 | GMT-9 | Juni-September | *Tongass National Forest* |
| **Kanada** - An den Küsten der Baffin-Insel | 158 | GMT-6 | April-September | *Sirmilik-Nationalpark* |
| **Mexiko** - Whale watching in El Vizcaíno | 162 | GMT-7 | Januar-März | *Los Cabos* |
| **Belize** - Tauchen im Great Blue Hole | 164 | GMT-6 | März-Mai | *Ambergris Caye* |
| **Ecuador** - Kreuzfahrt durchs Galapagos-Archipel | 166 | GMT-6 | Dezember-Mai | *Española* |
| **Französisch Polynesien** - Die Marquesas per Frachter | 170 | GMT -10/-9:30 | März-Oktober | *Safari im Jeep auf Hiva Oa* |
| **Australien** - Segeln zu den Whitsunday Islands | 172 | GMT+10 | das ganze Jahr | *Whitehaven Beach* |
| **Palau** - Tauchtour an den Rock Islands | 174 | GMT+9 | das ganze Jahr | *Ongeim'l Tketau (Quallensee)* |
| **Argentinien, ATS** - Antarktis-Kreuzfahrt | 176 | GMT+13 | November-März | *Grytviken, Südgeorgien* |

| 134-135 *Die Rock Islands im Palau-Archipel bieten außergewöhnlichen Meeresgrund für Taucher.*

| NICHT VERGESSEN | PASSENDE REISEBUCH-KLASSIKER |
|---|---|
| Fernglas | *Jørn Riel*: Vor dem Morgen |
| Fußball | *Georgina Harding*: Die Einsamkeit des Thomas Cave |
| Angelzeug | *Jules Verne/Edgar Allan Poe*: Sturz in den Mahlstrom |
| Wasserdichte Kleidung | *Peter May*: Blackhouse. |
| Unterwassertaugliche Kamera | *Tayeb Salih*: The Wedding of Zein |
| Fernglas | *Gerald Durrell*: The Aye-aye and I |
| Unterwassertaugliche Kamera | *George Orwell*: Tage in Burma |
| Sonnencreme und -hut | *Richard Lutz, Judy Marie Lutz*: Komodo: The Living Dragon |
| Malariaprophylaxe | *Alfred Russell Wallace*: Der Malayische Archipel |
| Fotoapparat | *Alexander Solschenizyn*: Der Archipel Gulag |
| Fernglas | *Jack London*: Der Ruf der Wildnis |
| Arktistaugliche Kleidung | *Alexis Troubetzkoy*: Arctic Obsession: The Lure of the Far North |
| Wasserdichte Kleidung | *Jon Steinbeck*: The Log from the Sea of Cortez |
| Tauchschein | *J.-Y. Cousteau, P. Diolé*: Calypso - Abenteuer eines Forschungsschiffes |
| Fotoapparat | *Francisco Coloane*: Galápagos |
| Sonnencreme | *Robert Louis Stevenson*: In der Südsee |
| Segelschein | *David Colfelt*: 100 Magic Miles of the Great Barrier Reef |
| Taucher-Logbuch | *Paul W. Dale*: The Discovery of the Palau Islands |
| Teleobjektiv | *E. Shackleton*: South: the story of Shackleton's last expedition |

# IM ILULISSAT-EISFJORD

Bei einer Bootsfahrt zwischen Eisbergen hoch wie Wolkenkratzer, die sich vom aktivsten Gletscher der Erde lösen, fühlt man sich wahrlich in die Eiszeit versetzt.

Es ist allgemein bekannt, dass Grönland die größte Insel der Erde ist, aber nur wenige wissen, dass sich an der Westküste Grönlands der Jakobshavn Isbræ (auf grönländisch Sermeq Kujalleq) befindet, der schnellste Gletscher der Welt. Er bewegt sich 40 Meter pro Tag, und pro Jahr brechen durchschnittlich 20 Millionen Tonnen Eis unter ohrenbetäubendem Getöse von ihm ab. Eine Menge, die dem jährlichen Wasserbedarf der gesamten amerikanischen Bevölkerung entspricht, um eine ungefähre Vorstellung von den Ausmaßen zu gewinnen. Man muss plausible Vergleiche ziehen, um die Größe der Eisberge begreifen zu können, die der Gletscher produziert: die größten haben unter Wasser eine Grundfläche von 30 Fußballfeldern, auf denen sich ein Eisvolumen so hoch wie der Mount Everest auftürmt. Sie sind so gewaltig, dass sie bis nach Südengland treiben müssten, um zu schmelzen, aber aufgrund ihres Gewichts „parken" sie in den meisten Fällen jahrelang im Ilulissat-Fjord, der wiederum Teil der Disko-Bucht ist und zauberhafte Eislandschaften kreiert, die dann Stück für Stück zerbrechen. Der Jakobshavn Isbræ ist ein absoluter Hotspot für Gletscherforscher, um den Klimawandel (vor allem den des vergangenen Jahrzehnts, der zur Zunahme der Fließgeschwindigkeit des Gletschers führte) zu studieren, während die sagenhafte arktische Landschaft des Ilulissat-Eisfjords – die man bei einer bewegenden Bootsfahrt erkundet – seit 2004 zum Weltnaturerbe der UNESCO gehört. Dies ist der einzige Ort in der nördlichen Hemisphäre, an dem man die Eiszeit leben kann.

**Websites** *www.ilulissaticefjord.com und www.groenlandinfo.de*

**EMPFEHLENSWERT**

- DIREKT AM FJORD UND 250 KILOMETER VOM NÖRDLICHEN POLARKREIS ENTFERNT LIEGT DER ORT ILULISSAT, MIT KNAPP 5000 EINWOHNERN (UND 6000 HUSKYS) DIE DRITTGRÖSSTE ANSIEDLUNG GRÖNLANDS. EIN NETTES STÄDTCHEN MIT EINEM MALERISCHEN FISCHEREIHAFEN, VON DEM EIN PFAD AUF DIE **ANHÖHE VON AVANGNARDLIT** FÜHRT, WO MAN EINE FANTASTISCHE AUSSICHT AUF DEN FJORD HAT.

- DER GRÖSSTE TEIL DER ERDBEVÖLKERUNG NIMMT DIE KLIMAERWÄRMUNG ALS EIN WEIT ENTFERNTES UND NICHT GREIFBARES RISIKO WAHR; NICHT SO IN GRÖNLAND, WO SICH BEREITS SIGNIFIKANTE AUSWIRKUNGEN AUF UMWELT, WIRTSCHAFT UND GESELLSCHAFT ZEIGEN. GENAUERES ERFÄHRT MAN IN DER INTERAKTIVEN AUSSTELLUNG MIT DEM TITEL BREAKING ICE DES **KNUD RASMUSSEN MUSEUMS** IN ILULISSAT.

- DER BESTE ORT, UM DEM KALBEN DES GLETSCHERS BEIZUWOHNEN, IST DER **EQI-GLETSCHER** AN DER SÜDSEITE DES FJORDS, WÄHREND AN DER SPITZE DER DISKO-BUCHT AUF DEN INSELN VON **HUNDE EJLAND** ZEUGNISSE ANTIKER INUIT-SIEDLUNGEN ZU FINDEN SIND.

- IM SOMMER KOMMEN DIE WALE IN DEN FJORD: IN **OQAATSUT**, EINER ALTEN DÄNISCHEN WALFANGSIEDLUNG, 15 KILOMETER VON ILULISSAT ENTFERNT, WERDEN BOOTSTOUREN ZUM „WHALEWATCHING" ANGEBOTEN.

| **136-137** *Ein gewaltiger Eisberg an der Drift von Ilulissat.*

**Beste Reisezeit** *Das ganze Jahr, je nach Vorliebe: Im Winter sieht man das Nordlicht, und vom 21. Mai bis zum 24. Juli geht die Sonne niemals unter.*

**Zeitbedarf** *einen Tag für eine Bootstour, für ein echtes Grönland-Abenteuer mindestens eine Woche.*

**Organisatorisches** *Vor Ort organisieren World of Greenland und Ilulissat Tourist Nature Tagesausflüge mit dem Boot und Hubschrauber-Rundflüge über Gletscher und Fjord. Der dänische Anbieter Arctic Adventure hat Unterkünfte und Aktivitäten in Ilulissat das ganze Jahr über im Programm, während der britische Anbieter eine 13-tägige Kreuzfahrt entlang der Westküste Grönlands an Bord eines Schoners mit Abfahrten im September und Oktober offeriert.*

**Tipp** *Man sollte sich nicht vom Klima am Ilulissat Fjord einschüchtern lassen: Trotz der Tiefsttemperatur von -20° C im Februar und der Höchsttemperatur von 8° C im Juli ist die Luft trocken, und die gefühlte Temperatur ist wesentlich angenehmer, im Sommer könnte man sogar meinen, es hätte 20° C. Deshalb sollte man auch eine etwas leichtere Jacke im Gepäck haben.*

# AUF KREUZFAHRT IN SPITZBERGEN

**Website** *www.spitzbergen.de*

Im Isfjorden der Inselgruppe Spitzbergen, wo man die arktische Fauna in der Eiswildnis beobachtet und äußerst lebendige Gemeinden sowie Hightech entdeckt.

Von außen sieht man fast gar nichts, nur den auf das Meer gerichteten Eingang aus Stahlbeton. Dennoch ist das Svalbard Global Seed Vault eine eindrucksvolle Konstruktion, mit einem langen Eintrittstunnel und drei Schutzräumen, die in einen Sandsteinfels gegraben wurden, der wiederum durch den Permafrostboden geschützt ist. Dieser Saatguttresor beherbergt Millionen von Nutzpflanzensamen der ganzen Welt. Er wurde 2008 zum Schutz der Artenvielfalt offiziell eröffnet. Der Standort Spitzbergen – genau gesagt, die Hauptinsel Spitzbergen – wurde gewählt, weil das Archipel durch das Eis geschützt ist, aber auch, weil es zum politisch stabilen und fortschrittlichen Norwegen gehört. Zudem ist Spitzbergen leicht zugänglich, was es auch zum „einfachsten" Ziel der Arktis macht. Jeden Sommer ist der Isfjorden, die große Bucht von Spitzbergen, das Ziel vieler Kreuzfahrten, auf denen man nicht nur die unbelasteten weißen Landschaften betrachten kann,

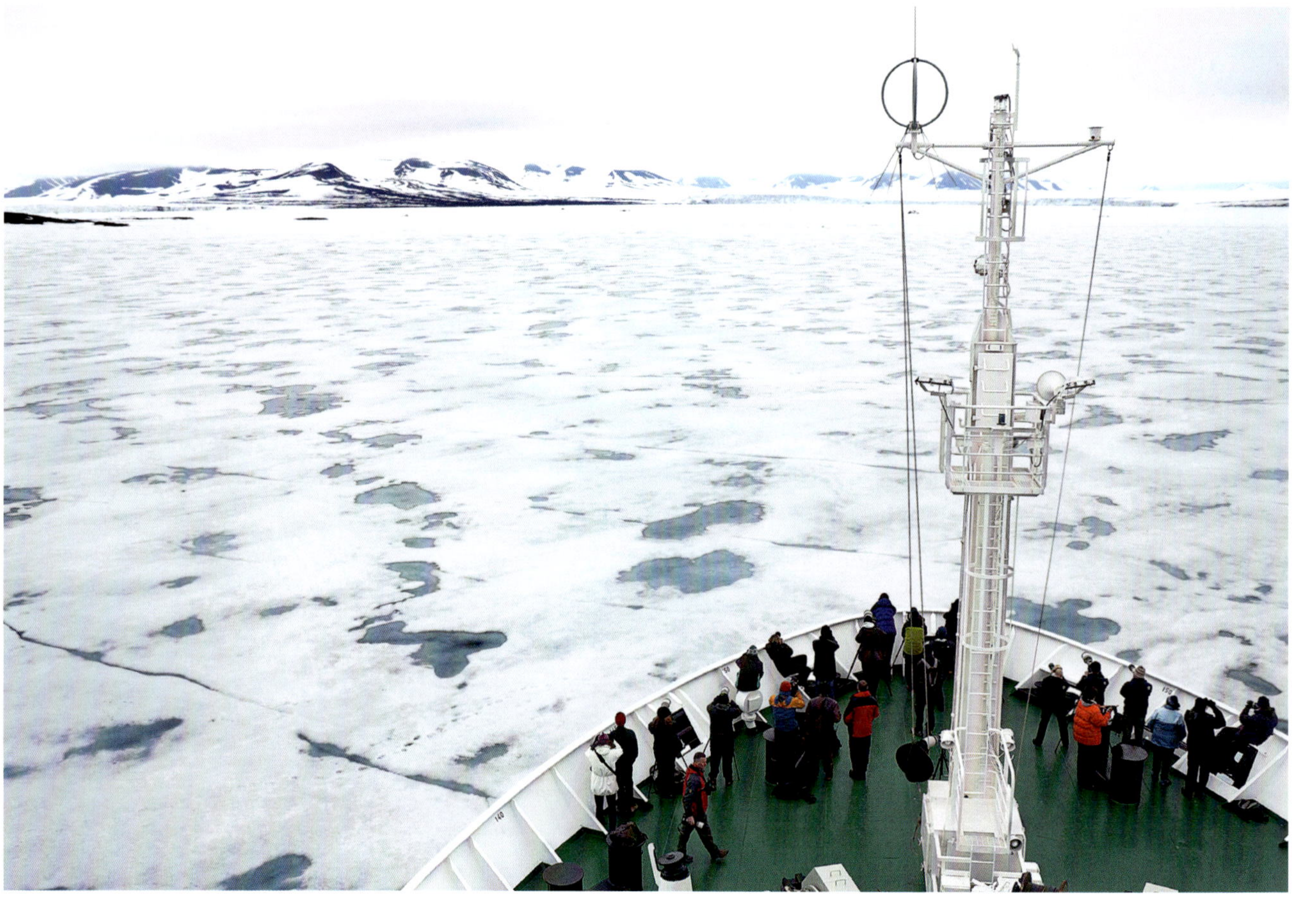

| 138 *Gletscher und eine gewaltige weiße Fläche charakterisieren Spitzbergen, das man auch im Winter an Bord eines Eisbrechers besichtigen kann.*

| **139** *Die Bucht von Spitzbergen wird von etwa 3000 Eisbären besiedelt.*

sondern auch Einblick in die arktische Fauna gewinnt: Vom Eisbären (dort leben ca. 3000 Exemplare) bis zum Walross, vom Polarfuchs über den Moschusochsen bis hin zu riesigen Rentierherden und einer nur dort lebenden Unterart des Karibus ist alles geboten, ganz zu schweigen von den enormen Papageitaucher-Populationen. Bei jedem Aufenthalt des Schiffs haben die Passagiere die Möglichkeit, die Küsten in Schlauchbooten zu erkunden oder das Landesinnere im Rahmen einer Trekkingtour zu entdecken. Natürlich können auch Orte wie Barentsburg, Sitz einer russischen Bergbaugesellschaft, Ny Alesund, wo es ein internationales Zentrum zur Erforschung der Arktis gibt, und Longyearbyen, die Hauptstadt des Archipels, besucht werden. Letztere hat sich von einer Bergbausiedlung zu einem modernen und sehr lebendigen Zentrum gemausert, das sogar eigene Theaterfestspiele und Fußballmeisterschaften ausrichtet!

**Beste Reisezeit** *Von Juni bis Mitte September. Das Nordlicht kann man von Ende September bis März beobachten.*

**Zeitbedarf** *1 Woche*

**Organisatorisches** *Die 1893 gegründete norwegische Schifffahrtsgesellschaft Hurtigurten bietet eine sechstägige Sommerkreuzfahrt durch den Isfjorden von Spitzbergen an. Abfahrt ist jeden Mittwoch und Freitag. Die Kreuzfahrt kann auf der offiziellen Website der Gesellschaft oder über lokale und internationale Veranstalter gebucht werden. Spitsbergen Travel z.B. zeichnet sich durch seine variationsreichen Reiseangebote auf dem Archipel aus.*

**Tipp** *Jede Woche werden in Longyearbyen Grillpartys in den Jägerhütten veranstaltet, die eine gute Gelegenheit bieten, Einheimische kennenzulernen, und in der hypermodernen Svalbar gibt es jeden Abend Live-Jazz.*

## EMPFEHLENSWERT

- IN LONGYEARBYEN SOLLTE MAN DAS **SVALBARD MUSEUM** BESUCHEN, DAS MIT EINER SEHENSWERTEN INTERAKTIVEN AUSSTELLUNG ÜBER GESCHICHTE, NATUR, WIRTSCHAFT UND FORSCHUNG DES ARCHIPELS BERICHTET. IM ÄLTESTEN TEIL DER STADT BEFINDET SICH DIE NÖRDLICHSTE KIRCHE DER WELT. JEDEN DONNERSTAG LÄDT DER PFARRER JEDEN BESUCHER VOR DER SAKRISTEI ZU EINER TASSE KAFFEE UND TRADITIONELL NORWEGISCHEM GEBÄCK EIN.

- NICHT WEIT VON LONGYEARBYEN ENTFERNT ENTSTAND DURCH DIE EROSION DES LONGYEAR-BREEN-GLETSCHERS EINE ENORME MORÄNE, IN DER EINE UNGLAUBLICHE ANZAHL **TIER- UND PFLANZENFOSSILIEN** ZU TAGE KAM, DIE ZWISCHEN 40 UND 60 MILLIONEN JAHRE ALT SIND. DER VERANSTALTER GREEN DOG ORGANISIERT HALBTAGSAUSFLÜGE, BEI DENEN JAGD AUF DIESE FOSSILIEN GEMACHT WERDEN KANN: WER WELCHE FINDET, KANN SIE MIT NACH HAUSE NEHMEN.

- ES WERDEN AUCH 8-TÄGIGE **KAJAKTOUREN DURCH DEN ISFJORDEN** ANGEBOTEN. EINE GUTE MÖGLICHKEIT, DEN GLETSCHER AUS DER NÄHE ZU BETRACHTEN UND DIE GESCHICHTLICHEN ZEUGNISSE MENSCHLICHER ANWESENHEIT DES ARCHIPELS ZU BESUCHEN, VON VERLASSENEN BERGWERKEN BIS HIN ZU DEN ANTIKEN UNTERSCHLUPFEN DER JÄGER.

# ANGELN AUF DEN LOFOTEN

Die Weltmeisterschaft im arktischen Kabeljau-Angeln ist eine Herausforderung legendären Ausmaßes. Möchte jemand mitmachen?

| **140** *Das Nordlicht am Himmel der Lofoten.* | **141** *Der Fischerhafen von Henningsvær.*

Die „Kathedralen der Lofoten": So werden die hohen, dachartigen Holzgestelle genannt, an denen der Dorsch zum Trocknen aufgehängt wird. Sie gehören zur Landschaft dieses zauberhaften Archipels, das sich über 250 km Länge nördlich des Polarkreises im Atlantik erstreckt, ebenso wie das Meer, die Granitfelsen und die verschneiten Berggipfel. Der Fischfang wird seit über Tausend Jahren praktiziert, und jedes Jahr ziehen dort von Februar bis April Millionen Dorsche auf ihrer Wanderung in die Barentssee vorbei und verwandeln den Vestfjorden, der sich vor Svolvær, dem Hauptort des Archipels, erstreckt, in das, was alte Seebären den „reichhaltigsten Fisch-Supermarkt der Erde" bezeichnen. Aber nicht nur die Landschaft hat auf den Lofoten seine Reize: Jedes Jahr wird am zweiten Märzwochenende die Weltmeisterschaft im Kabeljau-Angeln ausgetragen, eine fantastische Gelegenheit, mit rund 600 der erfahrensten Angler zu wetteifern. Wer sich dieser Herausforderung nicht gewachsen fühlt, hat nichts verloren, denn das Angeln ist auf diesen Inseln auch ohne den Reiz des Wettkampfs ein emotionales Erlebnis: Nach der Dorsch-Saison kommt im September die Saison der Sardinen und – diesmal als Highlight für Fotografen – die der Wale und Orkas. Bootssafaris haben dagegen auf den Lofoten ganzjährig Saison: Man überquert die Strudel des Mahlstrom, die durch den gewaltigen Gezeitenstrom in der Meerenge zwischen den Inseln Moskenesøya und Værøy entstehen und zu den gefährlichsten der Erde zählen.

## EMPFEHLENSWERT

- ES GIBT KEIN PERFEKTES ABENTEUER AUF DEN LOFOTEN OHNE ÜBERNACHTUNG IN EINEM **RORBU**, WIE DIE TYPISCHEN HÖLZERNEN FISCHERHÜTTEN GENANNT WERDEN.
- DER ENTZÜCKENDE **ORT Å**, AUF DER INSEL MOSKENESØYA, IST HAUPTSÄCHLICH EIN FISCHERDORFMUSEUM: ZU SEHEN SIND AUCH DAS STOCKFISCHMUSEUM UND DIE ÄLTESTE LEBERTRAN-FABRIK NORWEGENS.
- IN BORG, AUF DER INSEL VESTVÅGØY, GIBT ES DAS **LOFOTR VIKINGMUSEET**, DAS WICHTIGE BAULICHE ÜBERRESTE DER WIKINGER ZEIGT UND DIE MÖGLICHKEIT BIETET, EINEN TAG DAS LEBEN EINES WIKINGERS NACHZUEMPFINDEN. MIT AUSFLUG IN EINEM LANGSCHIFF.
- AUF DER INSEL AUSTVÅGØYA STUDIERT DAS **POLAR LIGHT CENTER** DIE MAGNETISCHEN STRÖMUNGEN, DIE DAS NORDLICHT HERVORRUFEN, UND ORGANISIERT NÄCHTLICHE EXKURSIONEN, UM DIESES PHÄNOMEN ZU BESTAUNEN.

**Beste Reisezeit** *Beste Reisezeit: Dank des Golfstroms ist das Klima auf den Lofoten gemäßigter als in anderen Reisezielen in denselben Breiten. Die wärmsten Monate sind Juli und August mit einer Durchschnittstemperatur von 12° C. Das Nordlicht ist von Ende September bis März zu sehen.*

**Zeitbedarf** *1 Woche. Eine Angelpartie dauert ungefähr 4 Stunden.*

**Organisatorisches** *Viele lokale Veranstalter bieten Unterkünfte in den Fischerdörfern, Angelausflüge und Bootssafaris an. Zu nennen sind u.a. Nusfjord, Lofoten Fisherman Adventures und Aqua Lofoten Coast Adventure.*

**Tipp** *Wer fangfrische lokale Fischgerichte probieren möchte, geht ins Lofomat (Dreyersgate 60, Henningsvær, Tel. +47-97-717059): Serviert werden insbesondere Dorsch, Heilbutt und Muscheln.*

**Website** *www.lofoten.info*

# KAJAKFAHREN BEI DEN ÄUSSEREN HEBRIDEN

Robben, Delfine und Papageitaucher ganz aus der Nähe – in den Buchten von Barra und den Bishop Islands, einem der bestgehüteten Geheimnisse Schottlands.

| 142 *Die Shaint Isles sind ein Rückzugsort für Papageitaucher und Tordalke.*
| 143 *Kisimul Castle in Barra.*

Barra – oder Barraigh, wie die ca. 1000 Einwohner sie nennen, die alle gälischer Abstammung sind – erreicht man mit der Fähre von Oban an der schottischen Küste, oder im Flugzeug von Glasgow, wobei bei beiden die Betriebszeiten von den Tiden abhängig sind: Der Flughafen von Barra ist der einzige auf der Welt mit regelmäßigem Linienflugverkehr, dessen Landebahn auf einem Strand liegt. Die Landung ist schon ein Erlebnis, bei dem man Herzklopfen bekommen kann. Und so beginnt eine mindestens einwöchige Kajaktour, bei der man das wilde Paradies von Barra, der südlichsten der Äußeren Hebriden, bis zum Archipel der Bishop's Isles erkundet, die aus Vatersay, Sandray, Pabby, Mingulay und Berneray bestehen. Man durchquert außergewöhnliche Meeresszenerien mit Grotten und Klippen, die das Zuhause von zwei Robbenarten sind, Buchten mit kristallklarem Wasser und bis zu 200 m hohe Felsenriffs, auf denen im Sommer Scharen von Papageitauchern, Trottellummen und Tordalken nisten. Und es gibt überraschende, uralte Küstenbauwerke zu entdecken, wie das Kisimul Castle, das dem schottischen MacNeil-Clan zum Preis von einem Pfund Sterling und einer Flasche Whisky pro Jahr verpachtet wird.

**EMPFEHLENSWERT**

- ENDE JULI BEHERBERGT BARRA DAS **FÈIS BARRAIGH**, EIN GANZ DER GÄLISCHEN MUSIK UND KULTUR GEWIDMETES FESTIVAL.
- DIE MALERISCHE HAUPTSTADT DER INSEL, CASTLEBAY, LEITET IHREN NAMEN VOM **KISIMUL CASTLE** AB. HIER KANN MAN NACH DER ANSTRENGUNG IN DER DUNARD LODGE ÜBERNACHTEN.
- VOR DER KÜSTE DER HEBRIDEN IST ES LEICHT, **SCHWERT-, BLAU- UND BUCKELWALE** ZU SICHTEN.
- BARRA IST VON ARCHÄOLOGISCHEN FUNDSTÄTTEN AUS DER EISENZEIT UND ZEUGNISSEN DER KULTUR DER KELTEN DURCHSETZT, DARUNTER Z. B. DER GROSSARTIGE **MENHIR**, DER DIE **BREVIG BAY** DOMINIERT.

**Beste Reisezeit** *Mai bis September, gute Witterung vorausgesetzt.*

**Zeitbedarf** *Die komplette Reiseroute zwischen allen Inseln dauert 14 Tage, doch man kann auch kürzere, für Anfänger dieser Sportart geeignete Ausflüge organisieren.*

**Organisatorisches** *Diese Tour, die zum Besten gehört, was zur Erkundung der dortigen Wildnis angeboten wird, bietet der Reiseveranstalter Clearwater Paddling in Barra mit Zeltübernachtungen in menschenleeren Buchten an.*

**Website** *www.isleofbarra.com.*

# TAUCHTOUREN BEI PORT SUDAN

Strandgut, nie gesehene Korallenarten und Schwärme von Mantarochen und Hammerhaien: auf Erkundungstour im Roten Meer, das die sudanesischen Küsten umspült.

Sharm el-Sheikh und Hurghada sind bekannte Orte am Roten Meer. Taucher mit erlesenem Geschmack hingegen meinen vor allem Port Sudan, wenn vom Roten Meer die Rede ist. Das Reiseziel – in einem heute zweigeteilten Land, das erst seit Kurzem in einem brüchigen Frieden lebt – hat an sich nur ein paar staubige Straßen und eine drückende Hitze zu bieten. Doch gegenüber einem der schönsten Korallenriffe der Erde befindet sich der Ausgangspunkt für phänomenale Tauchtouren. In seinen Wassern tauchen jährlich ca. 1500 Personen (so viele wie in Sharm in einer flauen Woche), und jeder Tauchgang ist ein fantastisches Abenteuer. Fährt man in nördlicher Richtung, kann man hier das Wrack der Umbria bewundern, ein italienisches Kriegsschiff, das von der britischen Royal Navy 1940 versenkt wurde und heute am Wingate Reef in ca. 30 m Tiefe ruht, noch immer in unversehrtem Zustand und mit der kompletten, u. a. aus Bomben bestehenden Ladung, sowie einem einmaligen Ökosystem, das sich im Innern des Stahlkolosses entwickelt hat. Nur wenig weiter, auf Höhe des Leuchtturms von Sanganeb, explodieren die riesigen Korallenbänke in aufregenden Formen und Farben, die die Kulisse für Papageifische, Doktorfische, Graue Riffhaie, gewaltige Zackenbarsche und Schildkröten abgeben. Der unvergesslichste Tauchspot ist schließlich das Sha'ab Rumi, wo man großen Barrakuda- und Mantarochenschwärmen begegnet – und sogar den schrecklichen Hammerhaien.

**Website** *https://www.schoener-tauchen.de/rotes-meer/sudan/tauchen*

| **144** *Die Geisterstadt Sawakin.*
| **145** *Die farbenfrohen Korallen des Roten Meeres suchen ihresgleichen auf der Welt.*

**EMPFEHLENSWERT**

IM JAHR 1963 KONSTRUIERTE DER LEGENDÄRE JACQUES-YVES COUSTEAU IN SUDANESISCHEN GEWÄSSERN DAS CONSHELF II, EIN UNTERSEEISCHES FORSCHUNGSZENTRUM IN TIEFEN VON 10 BIS 26 METERN. HEUTE TAUCHT MAN HIER ZU DEM HINAB, WAS VON DEM BAUWERK ÜBRIGGEBLIEBEN IST, IM TAUCHGEBIET VON **SHA'AB SUEDI**.

BEI DEN TAUCHGÄNGEN ZUR **BLUE BELL** BEKOMMT MAN DAS „TOYOTA-WRACK" ZU SEHEN. 1977 LIEF DAS FRACHTSCHIFF, DAS DIE AUTOS FÜR DEN SAUDI-ARABISCHEN MARKT TRANSPORTIERTE, AUF DAS RIFF AUF UND VERSANK. DIE BEMÜHUNGEN, DIE LADUNG ZU BERGEN, HATTEN AUSSCHLIESSLICH ZUR FOLGE, DASS DIE AUTOS BESCHÄDIGT WURDEN. EIN BEFREMDLICHER „UNTERWASSERPARKPLATZ".

NACH DEN TAUCHTOUREN KANN MAN EINEN AUSFLUG NACH **SAWAKIN** UNTERNEHMEN, 45 KM SÜDLICH VON PORT SUDAN. IN DER AUS KORALLE ERBAUTEN (HEUTE VERLASSENEN) ALTSTADT BEFAND SICH EINST EINER DER ÄLTESTEN HÄFEN AM ROTEN MEER, WAHRSCHEINLICH DER **LIMEN EVANGELIS** ODER DER HAFEN DER GUTEN HOFFNUNG AUS DER PTOLEMÄERZEIT.

**Beste Reisezeit** *Oktober bis Juni.*

**Zeitbedarf** *1 Woche.*

**Organisatorisches** *Im Sudan haben die italienischen Reiseunternehmen die meiste Erfahrung, was das Tauchen in diesem Gebiet angeht, und ihre Boote liegen im Hafen von Port Sudan. Mit der Don Questo Sudan, die als einzige in der Region eine Dekompressionskammer an Bord hat, und der Felicidad II Sudan werden 1- bis 2-wöchige Tauchausflüge angeboten.*

**Tipp** *Die Entscheidung, zu welcher Jahreszeit man eine Tauchreise organisiert, hängt von den Prioritäten ab: Die beste Sicht hat man zwischen Februar und Anfang Mai, und will man Hammerhaie sehen, kommt man am besten zwischen Dezember und Juni; der Oktober ist hingegen der beste Monat zum Schwimmen unter den enormen Mantarochenschwärmen.*

# MASOALA IM KAJAK

Mit dem Paddelboot (und zu Fuß) im erstaunlichsten und verstecktesten Nationalpark Madagaskars unterwegs – wie auf einer großen Forschungsreise.

| 146 *Ein Roter Vari, ein Lemur, der in den Wäldern von Masoala lebt.*

Das Masoala-Biotop ist die Attraktion des Zürcher Zoos: Unter einer 11.000 m² großen Kuppel hat man einen Regenwald nachgebildet, der von 30 auf Madagaskar beheimateten Tierarten bevölkert wird. All dies stellt jedoch nur einen kleinen Ausschnitt aus der unendlichen Fläche des Originals dar, denn der Nationalpark der Halbinsel Masoala erstreckt sich über eine Fläche von 236.000 ha Regenwald, mit sumpfigen Küstenstrichen, Mangrovenhainen, menschenleeren Inseln und einem 100 km² großen Seepark im Nordosten des Landes. Der Nationalpark, der 2 % der Pflanzen- und Tierarten des Planeten (sowie die vermutlich höchste Zahl derer, die noch nicht eingestuft wurden) enthält, ist das außergewöhnlichste Schutzgebiet Madagaskars, dieses gigantischen Forschungslabors der Evolution. Die Halbinsel ist tatsächlich unzugänglich; die einzige Art, zu ihr vorzudringen, ist der Seeweg. Mit einem Kajak fährt man an den Wasserläufen entlang, die Masoala durchkreuzen, und bei diesem so originellen wie unvergesslichen Abenteuer kann man 10 Lemurenarten und mit etwas Glück auch die Fossa, das fleischfressende Säugetier, das einem Puma ähnelt, und andere äußerst seltene und wunderschöne Tiere aus der Nähe sehen, den Seidenkuckuck etwa (mit lapislazulifarbenem Gefieder, Coua caerulea) oder den Madagaskar-Urania-Schmetterling (ein großer Falter mit Regenbogen-Flügeln).

**Website** *https://madagaskar.de/natur/nationalparks/masoala-nationalpark/*

**EMPFEHLENSWERT**

- DER WALD SCHLÄFT NIE, UND AUFREGEND IST EINE **SAFARI BEI NACHT**, BEI DER MAN NACHTAKTIVE TIERE WIE DIE SCOTT-WIESELMAKIS (LEPILEMUREN) ERLEBEN KANN, DIE ERST 2008 HIER ENTDECKT WURDEN.
- SCHÄRFEN SIE IHREN BLICK AUCH FÜR KLEINE MERKWÜRDIGE SPEZIES, VON FRÖSCHEN UND GECKOS BIS HIN ZU FISCHEN, UND NATÜRLICH FÜR DIE PFLANZEN, VOM PALISANDER BIS ZUR PALME.
- GÖNNEN SIE SICH EINEN TAG IM PARADIES IM WEISSEN SAND UND IM TÜRKISFARBENEN MEER VON **NOSY BEHENT** ODER BEWUNDERN SIE DEN SONNENUNTERGANG IN DEN BUCHTEN VON **ANTONGIL** VON TAMPOLO AUS.
- IM INNERN DES SCHUTZGEBIETES LIEGEN DIE **DÖRFER DES BETSIMISARAKA-STAMMES**. SIE BIETEN EIN MUSTERBEISPIEL FÜR EINE NACHHALTIGE MENSCHLICHE INTERAKTION MIT DEM WALD.

**Beste Reisezeit** *Die Halbinsel Masoala ist das unangefochten regenreichste Gebiet von Madagaskar. Die trockensten Monate sind April/Mai und September bis November, doch trotz der gelegentlichen Platzregen ist das Klima auch zwischen Juni und August bei Temperaturen von mind. 18° C und max. 25° C angenehm.*

**Zeitbedarf** *Man benötigt mindestens 1 Woche zum Erkunden der Küste und für Ausflüge ins Inselinnere.*

**Organisatorisches** *Im Oktober und November organisiert die Masoala Forest Lodge 10-tägige Kajak-Safaris. Sie sehen vor, in Zeltlagern zu übernachten, die jedoch allen Komfort bieten, sowie kurze Wanderungen zu machen, in den Korallenriffs zu schnorcheln und an den verlassenen Stränden zu entspannen. In den anderen Monaten der Trockenzeit werden kürzere Ausflüge organisiert.*

**Tipp** *Die Kajak-Safari ist auch für jene geeignet, die zuvor noch keine Erfahrung damit gemacht haben, da sie an der Küste entlangführt und die See immer ruhig ist, sowie über kurze Flussabschnitte. Ein gutes Fernglas zum Beobachten der Waldtiere und ein gutes Insektenabwehrmittel sollte man natürlich mitnehmen (man muss trotzdem keine Bedenken haben: Masoala ist malariafreies Gebiet).*

# AUF DEM MERGUI-ARCHIPEL

Mit dem Segelboot zu den rund 800 unberührten Inseln des Mergui-Archipels in der Andamanensee, wo die Seezigeuner leben.

| 147 *Die smaragdblauen Wasser von Nyawi, eine der etwa 800 Inseln des Archipels.*

**EMPFEHLENSWERT**

EINE TREKKINGTOUR DURCH DEN URWALD DER **INSEL LAMPI**, DER SICH ÜBER 16.800 HEKTAR ERSTRECKT UND ZUM NATURSCHUTZGEBIET ERKLÄRT WURDE: DORT LEBT EINE ELEFANTENFAMILIE AUF FREIER WILDBAHN. AUF DER NACHBARINSEL **KUBO** BEFINDET SICH EINE GROSSE BOOTSSIEDLUNG DER SELUNG.

WIE DER NAME VERMUTEN LÄSST, IST **CAVERN ISLAND** EINE AUFEINANDERFOLGE VON GROTTEN UND SCHLUCHTEN AUF MEERESNIVEAU, GROSS GENUG, UM MIT EINEM KLEINEN BOOT DAS INNERE ZU ERKUNDEN.

EIN BESUCH (UND EINKAUF) AUF DER **PERLENFARM** DARF NICHT FEHLEN: DORT WERDEN 100.000 PERLEN PRO JAHR GEERNTET.

ES LOHNT SICH, EINE UNTERWASSERKAMERA IM GEPÄCK ZU HABEN – MIT EINEM MAKROOBJEKTIV: DAS SCHNORCHELN IM WESTLICHEN TEIL DES RIFFS DER **INSEL WA ALE** VERSPRICHT PERFEKTE MOTIVE.

In Myanmar nennt man sie Selung, die Seezigeuner, die die Natur vermutlich mehr als jedes andere Volk achten. Sie betrachten die Besitzgier als das schlimmste Laster und sind davon überzeugt, dass ihr Überleben auf ihrer Fähigkeit beruht, im Einklang mit der Natur zu leben. Sie ziehen die Freiheit, auf ihren Booten zu leben, der Sicherheit des Festlandes vor. Sie ernähren sich aus dem Meer: Sie sammeln Muscheln, Fischen mit bloßer Hand, haben unter Wasser ein ausgezeichnetes Sehvermögen und können sogar für unglaublich lange Zeit auf dem Meeresgrund laufen. Um ihnen zu begegnen, gibt es keinen besseren Ort als den Mergui-Archipel – rund 800 Inseln in der Andamanensee im äußersten Süden von Myanmar, die bis 1997 für Touristen nicht zugänglich waren – ein Meereslabyrinth aus wunderbar ursprünglicher Natur zwischen eindrucksvollen Granitfelsen, weißen Stränden, türkisfarbenen Lagunen, Palmen und Mangroven, sozusagen das jungfräuliche Äquivalent der übervölkerten thailändischen Urlaubsparadiese. Aber wie lange das noch so bleibt? Die burmesische Regierung hat auf der dem Festland nächstgelegenen Insel bereits ein Casino-Resort bauen lassen. Man sollte sich also beeilen, im Rahmen einer Bootstour dieses Paradies zu entdecken; aus Rücksicht auf die Selung natürlich mit dem Segelboot.

**Website** *www.myanmar-tourism.com*

**Beste Reisezeit** *Während der Trockenzeit von November bis April.*

**Zeitbedarf** *1 Woche.*

**Organisatorisches** *Von den burmesischen Veranstaltern, die das Chartern von Segel- oder Motorbooten und Tauchausflüge im Mergui-Archipel anbieten, empfehlen wir Life Seeing Tours in Mergui, Ayuda Myanmar Travel und Asia Whale. Es ist auch möglich, von Kawthaung eine Kreuzfahrt zu buchen: Der Hafen zur Einschiffung liegt nicht weit von der Grenze zu Thailand entfernt. Um das Mergui-Archipel zu besuchen, benötigt man ein gesondertes Visum der burmesischen Regierung, das in 7 bis 14 Tagen über die Chartergesellschaft erhältlich ist.*

**Tipp** *Es sollten Taucherbrillen und Schwimmflossen für alle Teilnehmer an Bord sein, am besten auch noch ein Kajak oder Beiboot zur Erkundung der Mangrovensümpfe.*

# KOMODO, DIE INSEL DER DRACHEN

Die kleinen Sundainseln des Malayischen Archipels wurden erst vor hundert Jahren erforscht und sind das Reich der größten lebenden Echsen der Erde.

| 148 *Ein Komodowaran kann bis zu 3 Meter lang werden.*
| 149 *Idyllische Strände charakterisieren den Komodo-Nationalpark.*

In der New York Public Library befindet sich der Lenox Globe von 1507, einer der ältesten noch existierenden Globen der Welt und der einzige, der in Zusammenhang mit den ostasiatischen Inseln den Schriftzug Hic Sunt Dracones (Hier sind Drachen) aufweist. Die Karten aus dieser Zeit, als die mächtigen Länder Europas gerade begonnen hatten, die entfernten Meere zu erkunden, waren sehr ungenau und beruhten mehr auf in den Häfen gehörten Erzählungen als auf eigenen Beobachtungen. Es hielt sich das Gerücht, dass auf einem Archipel der Sundasee monströse Drachen leben, bis holländische Wissenschaftler vor 100 Jahren in Komodo anlegten und den berüchtigten Drachen als Varanus komodensis, die größte lebende Echse, klassifizierte. Heute ist Komodo zusammen mit den Nachbarinseln Rinca und Padar sowie einer Handvoll kleinerer, umgebender Inseln ein Nationalpark, der in erster Linie geschaffen wurde, um die rund 4000 Exemplare dieses einzigartigen „Drachens" zu schützen. Dort kann man die Warane – mit dem notwendigen Sicherheitsabstand – beobachten, die bis zu drei Meter lang und 70 kg schwer werden können. Trotz dieser Dimensionen sind sie beweglich und schnell. Diese Fleischfresser sind mit spitzen Zähnen ausgestattet. Auch wenn sie nicht in der Lage sind, einen Hirsch oder Büffel zu reißen und zu verschlingen, ist ihr Biss dennoch tödlich, ihre Opfer sterben an Blutvergiftung. In ihrem Speichel wurden 15 verschiedene gefährliche Bakterienarten nachgewiesen. Aber man wird

## EMPFEHLENSWERT

- BEI SONNENUNTERGANG ANKERT MAN IN DER **MASANGGA-BUCHT.** DIE DORTIGEN MANGROVEN SIND VONTTAUSENDEN FLIEGENDEN HUNDEN BEVÖLKERT. WIE FLEDERMÄUSE SIND SIE NACHTAKTIV, UND WENN DIE SONNE UNTERGEGANGEN IST, FLIEGEN ALLE AUF EINMAL LOS, NAHRUNG ZU SUCHEN: EIN UNHEIMLICHES, ABER FASZINIERENDES SPEKTAKEL. WER ÜBER NACHT BLEIBT, WIRD VON IHRER GESAMMELTEN RÜCKKEHR GEWECKT.
- **PANTAI MERAH** IST EIN UNVERGESSLICHER STRAND AUF KOMODO MIT PUDERFEINEM, ROSA-KARAMELL- BIS ERDBEERFARBENEM SAND. DIESE BESONDERE FÄRBUNG BERUHT AUF DEN FORAMINIFEREN, PROTOZOEN MIT ROTER SCHALE, DIE SICH IM WEISSEN SAND BEFINDEN.
- **THE ALLEY** IST EINE KLEINE, KOMODO VORGELAGERTE INSEL UND EINER DER SPEKTAKULÄRSTEN TAUCHPLÄTZE DES PARKES, AN DEM VIELE GROSSFISCHE ZU SEHEN SIND, VON SEPTEMBER BIS DEZEMBER SIND VOR ALLEM ZAHLREICHE MANTAS DORT.
- NACH DEM TREKKING BIETET SICH EINE PAUSE IM CAFÉ DES **BESUCHERZENTRUMS VON LOH LIANG** AN: DER KAFFEE IST VORZÜGLICH (AUS JAVA), UND MAN KANN DIE WARANE BEOBACHTEN, WIE SIE UNTER DEN PFAHLBAUTEN DER RANGER HERUMLUNGERN ODER MACHTKÄMPFE AUSTRAGEN, BEI DENEN SIE ERSCHRECKENDE GUTTURALE LAUTE VON SICH GEBEN.

**Website** *www.komodonationalpark.org*

feststellen, obwohl diese schrecklichen Tiere der Superstar dieser Inseln sind (sie aus wenigen Metern Abstand in Begleitung eines Rangers zu beobachten, ist ein packendes Erlebnis), dass eine Reise nach Komodo wesentlich mehr zu bieten hat. Kommt man in Labuan Bajo an – einem verschlafenen Städtchen an der Spitze der Insel Flores, das den Eingang des Nationalparks repräsentiert und mit dem Flugzeug über Bali, dem Touristenparadies Indonesiens, zu erreichen ist –, fühlt man sich um einige Jahrzehnte in die Zeit zurückversetzt, bevor der Tourismus in Asien Einzug hielt. Bei einer Kreuzfahrt in einer Pinisi, dem traditionellen Fischerboot, erkundet man faszinierende Landschaften, von paradiesischen Stränden und Wüsten über Korallenriffe, in denen es vor bunten Fischen nur so wimmelt und die sich zum Schnorcheln und Tauchen anbieten, bis hin zu den Reliefs der Inseln Komodo und Rinca, deren Vegetation, bedingt durch lange Trockenzeiten, an die afrikanische Savanne erinnert und sich mit vereinzelten bewaldeten Flächen abwechselt. Auch wenn dort 4000 Menschen in einer Handvoll Dörfern aus Pfahlbauten am Wasser leben, die fast schon von den Waranen belagert werden, die ihnen nachts die Schafe reißen, erscheint der Komodo-Nationalpark, das „höllische Paradies“, immer noch „aus der Welt“ zu sein. Nach einer Internet-Wahl zu den Neuen Sieben Weltwundern wurden die „Dracheninseln“ in die Liste der Weltnaturwunder aufgenommen. Danach wurde ein Besucherrekord verzeichnet: 40.000 innerhalb eines Jahres – ein Vielfaches weniger, als das nahe Bali innerhalb einer Woche besuchen.

**Website** *www.komodonationalpark.org*

| **150 u. 151** *Die Inseln des Archipels werden von einem üppigen Korallenriff voller farbenprächtigem Leben umgeben, das ideal zum Tauchen und Schnorcheln ist.*

**Beste Reisezeit** *Während der Trockenzeit von April bis Dezember.*

**Zeitbedarf** *3 Tage bis 1 Woche (mit ein paar Tagen Erholung am Strand).*

**Organisatorisches** *In Labuan Bajo auf der Insel Flores angekommen, kann man sich am Hafen von den Fischern eine Pinisi mit zwei Mann Besatzung für 1.000.000 bis 1.500.000 indonesische Rupien pro Tag (80 bis 120 Euro), einschließlich der Mahlzeiten, chartern. Für Tauchausflüge und komfortablere Unterkünfte empfehlen wir das Komodo Resort. Auf der Insel Sebayur, im Inneren des Parks gelegen, bietet es zauberhafte Bungalos am Strand, Bootsausflüge zu den Sehenswürdigkeiten der Gegend und vier- bis fünftägige Kreuzfahrten.*

**Tipp** *In Loh Liang und Loh Buaya werden von den Besucherzentren des Parks auf den Inseln Komodo und Rince drei geführte Trekkingtouren angeboten: eine kurze, eine mittlere und eine lange. An beiden Orten ist die lange Route (einundeinhalb Stunden) wegen der besseren Möglichkeit, Warane zu sichten, empfehlenswert. Man sollte sich früh morgens auf den Weg machen, wenn die Tiere aktiver sind und die Sonne noch nicht so stark brennt. Ausreichend Wasser mitnehmen.*

**Wissenswert**

- *Der Komodowaran ist in der Lage, sich eingeschlechtlich fortzupflanzen (Parthenogenese), d.h. ohne Befruchtung der Eizelle.*
- *Diese „Drachen" fressen ungefähr einmal im Monat, dabei verschlingen sie bei einer Mahlzeit dreiviertel ihres Körpergewichts. Die restliche Zeit verbringen sie fast unbeweglich in der Sonne, mit der Verdauung beschäftigt.*
- *Die auf vier Dörfer verteilten, rund 4000 Einwohner des Archipels sind muslimische Fischer, die Nachkommen der dort im 19. Jahrhundert vom Sultan der nahegelegenen Insel Sumbawa eingerichteten ehemaligen Strafkolonie.*

# TAUCHSAFARI IN RAJA AMPAT

Im Segelboot durch das Archipel westlich von Neuguinea, auf einer außergewöhnlichen Reise, die auch einen Beitrag zur Erhaltung der Meeresfauna leistet.

Ein beeindruckender Steckbrief: 1606 Fischarten, 603 Korallenarten (75% aller bekannten Arten, das Zehnfache des Vorkommens in der Karibik), 57 Spezies seltener Krustentiere aus der Familie der Stomatopoden, 13 Meeressäuger-Arten und fünf vom Aussterben bedrohte Schildkrötenarten. Und das alles allein im Unterwassergebiet von Raja Ampat, dem Archipel der „vier Könige", das sich über 50.000 $km^2$ vor der Westküste Neuguineas erstreckt und aus rund 1600 zum Großteil unbewohnter Inseln besteht. Forscher betrachten das Raja-Ampat-Archipel als Ausgangspunkt der Meeresfauna der Erde, als Motor einer fundamentalen „Reproduktionskette, der dank der starken Meeresströmungen Korallenlarven aus dem Riff in den Pazifik transportiert und zur Repopulation von weit entfernten, durch die Klimaerwärmung oder menschliches Zutun geschädigten Unterwasserlandschaften beiträgt. Deshalb ist die Erhaltung der Artenvielfalt des Archipels (das über sieben geschützte Zonen verfügt) Gegenstand eines ehrgeizigen internationalen Projekts. Einen eigenen Beitrag dazu zu leisten, ist eine unvergessliche Erfahrung, denn das Leben von Raja Ampat – auch das der kleinen menschlichen Kommunen, die es bewohnen – hängt von den Einnahmen eines umweltbewussten Tourismus' ab. Eine Kreuzfahrt auf einem Segelboot mit spektakulären Tauchgängen, bei denen man farbenprächtige Kleinstlebewesen beobachtet, während Mantas mit einer Spannweite von fünf Metern an einem vorbeiziehen, und nach denen man sich an ursprünglichen Stränden wie Robinson Crusoe fühlen kann, darf also durchaus als gute Tat betrachtet werden.

**Website** *www.diverajaampat.org*

## EMPFEHLENSWERT

- IM KÜSTENORT **SORONG**, TOR ZUM RAJA-AMPAT-ARCHIPEL, SOLLTE MAN SICH EINEN HALBEN TAG FÜR DEN GRÖSSTEN UND FARBENFROHESTEN MARKT VON GANZ IRIAN JAYA (WEST-NEUGUINEA), DEM INDONESISCHEN TEIL DER INSEL PAPUA, ZEIT NEHMEN.
- DIE MEERENGE ZWISCHEN DEN INSELN WAISAI UND GAM, BEKANNT ALS **„THE PASSAGE"**, IST EIN SALZWASSERFLUSS, DER VON EINER FANTASTISCHEN VIELFALT AN WEICHKORALLEN UND NACKTKIEMERN BEWOHNT WIRD.
- BEIM **NÄCHTLICHEN TAUCHGANG AUF PULAU MISOOL** BEKOMMT MAN SPEZIES WIE DEN TEPPICHHAI UND DEN ÜBERAUS SELTENEN EPAULETTENHAI ZU SEHEN, DIE IHRE FLOSSEN DAZU BENUTZEN, AUF NAHRUNGSSUCHE ÜBER DEN MEERESGRUND ZU WANDERN.
- AUF DER INSEL **GAM** KANN MAN BEI EINEM TREKKING DURCH DEN WALD „JAGD" AUF ORCHIDEEN UND PARADIESVÖGEL MACHEN UND DEN MÄNNLICHEN VERTRETERN DIESER SPEZIES BEI IHREN AMÜSANTEN BALZTÄNZEN ZUSEHEN.

| **152-153** *Der Raja Ampat-Archipel besteht aus etwa 1600 Inselchen.*

**Beste Reisezeit** *Von Oktober bis Mai.*
**Zeitbedarf** *1 Woche.*

**Organisatorisches** *Wer ursprünglich wohnen möchte, wendet sich an die Organisation Raja Ampat Homestays, die von Einheimischen angebotene Unterkünfte in den Dörfern wie auch geführte Tauchgänge, Schnorcheln, Trekking, Kajak- und Klettertouren vermittelt.*

**Tipp** *In West-Neuguinea gibt es Anophelesmücken, deren Parasitenstämme gegen das Medikament Lariam, das häufig immer noch zur Malariaprophylaxe empfohlen wird, resistent sind. Die beste Prophylaxe ist ein wirksamer Schutz gegen Mückenstiche. Lassen Sie sich von ihrem Arzt beraten und suchen Sie bei kräftigen Fieberschüben ärztliche Hilfe. Malarone im Reisegepäck für den Notfall schadet nie.*

# AUF DEM FEUERRING

## Eine See-Expedition zwischen der Halbinsel Kamtschatka und den Kurilen-Inseln, auf der Suche nach Naturgewalten und Erinnerungen.

Von der bedrohlichen Präsenz des weltberühmten Feuerrings gibt es viele Kostproben entlang des Randes der Pazifischen Erdplatte – in San Francisco, das unglücklicherweise auf der San-Andreas-Spalte liegt, in Japan, auf Java und Sumatra, um nur einige zu nennen –, aber nur im äußersten Osten Russlands, auf der entlegenen Halbinsel Kamtschatka, zeigt er tägliche Aktivitäten. Die faszinierende Landschaft dort unterliegt durch intensive vulkanische und geothermale Aktivitäten einem ständigen Wandel. Im Ozean sorgen diese Aktivitäten für gewaltige Strömungen, wodurch der Pazifik und das angrenzende Ochotskische Meer dort mit einem Reichtum an Fischen und Meeressäugern aufwarten kann, der zu den größten der Erde gehört. Der erste, der 1741 diese Gegend erforschte, war der legendäre dänische Seefahrer Vitus Bering. Später, während des Kalten Krieges, war dort die gigantische sowjetische Flotte stationiert, vor neugierigen Augen verborgen. Es liegt nahe, dass Kamtschatka und die Kurilen, noch heute Streitpunkt zwischen Russland und Japan, bis zum Zerfall der Sowjetunion Sperrgebiet waren, und immer noch wagen sich nur hartgesottene Touristen in das Gebiet. Dieses Reiseziel birgt an sich schon eine gewisse Originalität, die man mit einer Kreuzfahrt von Petropawlowsk-Kamtschatski, Hauptstadt der Region Kamtschatka, zu den noch entlegeneren Kommandeurinseln der Aleuten auf die Spitze treiben kann. Dieses erklärte Naturschutzgebiet beherbergt große Robben-, Seelöwen- und Papageitaucherkolonien sowie zahlreiche weitere Vogelarten. Hat man das gesehen, geht die faszinierende Kreuzfahrt, auf der man

| **154** *Der braune Kamtschatkabär ernährt sich von Fischen, die die Küstenflüsse entlang wandern.*

**EMPFEHLENSWERT**

- EIN WENIG WEITER NÖRDLICH VON PETROPAWLOWSK-KAMTSCHATSKI LIEGT DIE **AWATSCHA-BUCHT**, EINER DER WEITLÄUFIGSTEN NATURHÄFEN DER WELT. HIER SIND VIELE – MITTLERWEILE FAST VERGESSENE – U-BOOTE UND SCHLACHTSCHIFFE DER SOWJETS.
- AUF DER BERINGINSEL BEFINDET SICH IM **NATURRESERVAT KOMANDORSKY** EIN INTERESSANTES MUSEUM, DAS U.A. EIN KOMPLETTES SKELETT DER STELLERSCHEN SEEKUH AUSSTELLT. DAS RIESIGE SÄUGETIER WURDE 1741 VON GEORG WILHELM STELLER ENTDECKT, ALS ER AN DER ERSTEN EXPEDITION VON VITUS BERING TEILNAHM. DIE SEEKUH WURDE BIS ZU IHRER AUSROTTUNG, KNAPP 30 JAHRE DANACH, GEJAGT.
- DIE KURILENINSEL **ATLASOVA** WIRD VOM ALAID DOMINIERT, MIT SEINEN 2340 M DER HÖCHSTE VULKAN DER REGION. ES GAB EIN FISCHERDORF AUF DER INSEL, DAS 1952 VON EINEM TSUNAMI KOMPLETT WEGGEFEGT WURDE. HEUTE WIRD SIE VON EINER GROSSEN MEEROTTERKOLONIE UND MEHREREN ZEHNTAUSEND VÖGELN BEWOHNT. EIN FOTO DER HARLEKIN-ENTEN, DIE SICH BEIM VORBEIFAHREN DES SCHLAUCHBOOTS ALLE GLEICHZEITIG IN DIE LUFT ERHEBEN, DARF AUF KEINEN FALL FEHLEN.

| **155** *Das vulkanische Gebiet und der Park wurden 1996 zum Weltnaturerbe der UNESCO erklärt.*

Gelegenheit hat, Killerwale zu sichten, weiter zu den Kurilen. Aufgereiht wie Perlen auf einer Kette, schlagen sie eine Brücke zur japanischen Insel Hokkaido und gehören mit ihren aktiven Vulkanen, Wäldern und Tundren zu den landschaftlich schönsten der Erde. Außerdem bieten sie Lebensraum für eine reiche arktische Fauna, die es zu erkunden gilt; nicht selten bekommt man Braunbären bei der Lachsjagd zu Gesicht. Um die Reise würdig zu beenden, sollte man sich, sobald man wieder an Land ist, ins feurige Herz von Kamtschatka begeben, oder man besucht die Region um die Stadt Magadan am Ochotskischen Meer, wo man die Reste des Gulags Kolyma besichtigen kann, das schlimmste Arbeits- und Gefangenenlager der Sowietunion.

**Website** *https://www.kamchatka.cc/*

**Beste Reisezeit** *Für eine Kreuzfahrt Mitte Mai bis Mitte Juli, aber für den, der die arktischen Temperaturen nicht fürchtet, ist Kamtschatka zu jeder Jahreszeit ein Erlebnis.*

**Zeitbedarf** *Die Kreuzfahrt dauert 13 Tage, aber man sollte sich mindestens noch eine weitere Woche Zeit nehmen, um das Landesinnere von Kamtschatka zu erkunden.*

**Organisatorisches** *Es gibt ein Dutzend Agenturen, die Kreuzfahrten in dieser Gegend organisieren. Die australische Gesellschaft Aurora Expeditions verfügt über ein Schiff für 54 Passagiere und hebt sich durch ihren wissenschaftlichen und ökotouristischen Ansatz, die Qualität ihrer Land- und Schlauchbootausflüge, durch guten Service und zahlreiche Aktivitäten an Bord, einschließlich eines Fotoworkshops unter der Leitung erfahrener Naturfotografen, von den anderen ab. Von den lokalen Veranstaltern, die Touren zu Wasser und an Land anbieten, sind Vision of Kamchatka und Kamchatka Lost World Tour zu nennen.*

**Tipp** *Diese Reise muss lange vorher geplant werden: Oft ist es schwierig und langwierig, von den russischen Konsulaten ein Visum zu erhalten, besonders bei Reisezielen im äußersten Osten von Russland, weil die Einreise in bestimmte Gegenden (wie die Kurilen) besonderen Auflagen unterliegt.*

# DIE BUCKENWALE DES FREDERICK SOUND

## Das Abenteuer des Walbeobachtens (und noch mehr) in der unglaublichen Landschaft der Inside Passage im südöstlichen Alaska zwischen Meer, Gletschern und Bergen.

Die auch Buckelwale genannten Buckenwale (Megaptera novaeangliae) haben von allen Walarten den temperamentvollsten Charakter. Dank ihrer gut entwickelten Brustflossen sind sie in der Lage, Kunststücke zu vollführen: sie springen senkrecht in die Höhe, ohrfeigen sich gegenseitig in ausgefeilten Manövern und schlagen aufsehenerregende Saltos. Außerdem ist es ihnen möglich, „mündlich" miteinander zu kommunizieren – besser gesagt, mit intensiven, deutlich artikulierten und lang andauernden Lauten, die sie durch die Nase erzeugen. Sie ernähren sich von Krill und kleinen Fischen, und sie haben eine originelle Technik zum Fischefangen entwickelt, die im Fachjargon mit dem Ausdruck bubble-net bezeichnet wird, bei der sie ihre Mahlzeiten mit einem spiralförmigen Netz aus Luftbläschen in die Falle locken. Buckenwale zu beobachten ist ein sehr aufregendes Erlebnis, vor allem, wenn sie zu Dutzenden oder sogar Hunderten auftreten, wie im Frederick Sound der Fall: In diesem bis zu 60 km breiten Meeresarm in der berühmten Inside Passage im südöstlichen Alaska machen im Sommer zwischen 500 und 1000 Buckenwale neben einer umfangreichen Schwertwal-, Robben- und Seelöwenpopulation Station. Neben dem Walbeobachten liegt der Reiz des Frederick Sound auch in den großartigen, durch die unablässigen Bewegungen der Gletscher geformten Landschaften mit den schneebedeckten Bergen der Coastal Range, die sich bis zu 3000 m über dem Meer erheben. Man gelangt nur auf dem Luft- oder Seeweg hierhin, mit den Fährschiffen, die auf dem legendären Alaska Marine Highway verkehren.

**Website** *www.travelalaska.com*

### EMPFEHLENSWERT

- **PETERSBURG** AM WRANGELL KANAL AM NÖRDLICHEN ENDE DES FREDERICK SOUND IST DAS ZENTRUM DER NORWEGISCHEN KULTUR IN ALASKA. DIE 3000 EINWOHNER ERRICHTETEN DEN GRÖSSTEN HAFEN FÜR DIE HEILBUTTFISCHEREI DES STAATES. SIE LEBEN IN DEN CHARAKTERISTISCHEN HOLZHÄUSERN, DIE MIT **ROSEMÅLING** VERZIERT SIND, DEN BUNTEN MALEREIEN IN DER TRADITION DER SKANDINAVISCHEN BAUERN.

- DER **LECONTE GLACIER** WENIGE KILOMETER VON PETERSBURG IST DER SÜDLICHSTE IN EIN MEER MÜNDENDE GLETSCHER DER NÖRDLICHEN HEMISPHÄRE. SEINE STIRNSEITE – AUS DER DIE EISBERGE, DIE IM FREDERICK SOUND „UMHERSURFEN" – HERAUSBRECHEN, KANN BEI EINER AUSFAHRT MIT DEM MOTORBOOT ODER KAJAK ERKUNDET WERDEN.

- MIT 69.000 KM² ERSTRECKT SICH DER **TONGASS NATIONAL FOREST** ÜBER DIE KOMPLETTE INSIDE PASSAGE. ES IST DAS GRÖSSTE GESCHÜTZTE WALDGEBIET DER VEREINIGTEN STAATEN. HIER BEFINDEN SICH SIEDLUNGEN DER EINGEBORENEN TLINGIT, HAIDA UND TSIMSHIAN UND AUSSERGEWÖHNLICHE WANDERSTRECKEN, DIE QUER DURCH UNBERÜHRTE NATUR FÜHREN.

| 156-157 *Der Buckenwal, auf Griechisch* Méga Pterón *(Großer Flügel), kann regelrechte akrobatische Kunstwerke vollführen.*

**Beste Reisezeit** *Von Juni bis September.*

**Zeitbedarf** *Das „Whalewatching" dauert 1 Tag, und wenn Sie einen Ausflug in die Natur von Frederick Sound unternehmen mögen, bleiben Sie eine Woche.*

**Organisatorisches** *Petersburg und Juneau, die wichtigsten Ansiedlungen am Frederick Sound, erreicht man mit den Fähren der Alaska Marine Highway System, die die Inside Passage befahren. Unter den lokalen Reiseveranstaltern, die Ausflüge zum Walbeobachten, mehrtägige Kreuzfahrten, Kajakausflüge und die Teilnahme am Fischfang anbieten, empfehlen wir die Petersburg Alaska Sea Adventures und Gastineau Guiding Company in Juneau.*

**Tipp** *Nachdem Sie den Frederick Sound erkundet haben, kommen Sie in südlicher Richtung über die Inside Passage nach Ketchikan, der amerikanischen Hauptstadt der Lachsfischerei. Hier können Sie an einem außergewöhnlichen Ausflug der Snorkel Tours mit Maske und Flossen teilnehmen: tauchen Sie in die Algenwälder aus Seetang dieses eisigen Meeres ein, und entdecken Sie eine Meeresfauna mit tropisch anmutenden Farben, zu der Nacktkiemer (Nudibranchia), Schalentiere und Seesterne gehören.*

# AN DEN KÜSTEN DER BAFFIN-INSEL

Mit dem Schiff (und im Schlauchboot) zur Erkundung der legendären Insel der Inuit, mit ihren phänomenalen weißen Landschaften und einer unglaublichen Tierwelt.

| 158 *Die Eisbärenjungen wiegen bei der Geburt weniger als ein Kilogramm.*
| 159 *Die Inuit kleiden sich auch heute noch mit Tierfellen.*

## EMPFEHLENSWERT

■ 1899 TAUFTE DER NORWEGISCHE FORSCHER OTTO SVEDRUP DIE GEMEINDE **GRISE FIORD** „FJORD DER SCHWEINE" NACH DEN TAUSENDEN VON WALROSSEN, DIE IHN BEVÖLKERTEN. DOCH IN DIESEM HERRLICHEN FJORD LEBEN AUCH 141 INUIT, DIE NÖRDLICHSTE STÄNDIGE GEMEINSCHAFT DER ERDE. VON APRIL BIS OKTOBER GEHT DIE SONNE NICHT UNTER.

■ ZWISCHEN DEM NORDEN VON BAFFIN UND DER INSEL BYLOT ERSTRECKT SICH EIN SCHUTZGEBIET FÜR DIE VÖGEL DER REGION, DER **NATIONALPARK SIRMILIK** („ORT DER GLETSCHER"), SOZUSAGEN EINE EISBERG- UND EISBANKFABRIK. ES BEHERBERGT EINE UMFANGREICHE POPULATION VON FÜCHSEN UND POLARHASEN, DIE BEIDE EIN SCHNEEWEISSES FELL HABEN.

■ UM EIN IGLU ZU BAUEN, MÜSSEN DIE EISBLÖCKE **APUTI** SEIN, EIN BEGRIFF, DER DEN SCHNEE ALS „PERFEKTEN SCHNEE" AUSWEIST: BEI EINER ÜBERNACHTUNG IN EINEM DORF DER INUIT KÖNNEN SIE DAS ZU UNTERSCHEIDEN LERNEN, Z. B. IN DEM KLEINEN **KIMMIRUT** IM SÜDEN DER INSEL. WENN SIE EINE REISE ZUR KULTUR DER MENSCHEN DER ARKTIS PLANEN, KONTAKTIEREN SIE DIE GREAT ADVENTURE COMPANY IN EDMONDTON.

■ DIE INUIT SIND EIN KÜNSTLERISCHES VOLK. UM DIE SCHÖNHEIT IHRER ARTEFAKTE ZU ENTDECKEN, GEHEN SIE AM BESTEN INS **NUNATTA SUNAKKUTAANGIT MUSEUM** IN IQALUIT ODER, EBENFALLS IN DER HAUPTSTADT, ZUR NUNAVUT ARTS & CRAFT ASSOCIATION, DIE ZWISCHEN JUNI UND ANFANG JULI DAS **ALIANAIT ARTS FESTIVAL** VERANSTALTET, DAS SICH KUNST, MUSIK, THEATER UND KINO DES „TIEFSTEN NORDENS" WIDMET.

Paul Nicklen wurde in der Provinz Saskatchewan in Kanada geboren und ist Anfang achtzig. 1995, nach einer Karriere als Biologe und Naturschützer, begann er sich mit dem Fotojournalismus zu beschäftigen, und veröffentlichte seine Reportagen im National Geographic. Er wurde zu einem der großen Meister der Naturfotographie, und wenn es darum geht, an den unwirtlichsten Orten der Erde zu fotografieren, sogar zum größten. Er selbst definiert es als eine „Polar-Besessenheit" (wie der Titel seines letzten, 2010 in Italien veröffentlichten Buches lautet), die ihn, wie er erzählt, schon in Kindertagen befiel, die er im Eis einer abgelegenen Inuit-Gemeinde auf der Baffin-Insel verbrachte: „Ich bin niemals auf eine Kultur getroffen, die mehr Geduld aufzubringen imstande ist als die Inuit. Sie leben in einer schwierigen Welt, und genau wie die Eisbären können auch sie einfach abwarten." Nicklens Qualität zeigt sich hauptsächlich beim Fotografieren von Tieren in ihrem natürlichen Umfeld, und dank dieser Fähigkeit ist er imstande, einer breiten Öffentlichkeit die Wunder der Polarregion zu enthüllen und anzuprangern, wie diese Welt aufgrund der globalen Erwärmung im Verschwinden begriffen ist, herbeigeführt durch menschliches Handeln. Beim Betrachten seiner Bilder entdeckt man, dass die Polar-Besessenheit ansteckend ist, und man danach zu lechzen beginnt, in dieses Weiß und diese Kälte aufzubrechen und selbst das Abenteuer „seiner" Baffin-Insel zu erleben.

Baffin, so groß wie Deutschland, ist das Gebiet mit der geringsten Bevölkerungsdichte der Erde. Die Insel gehört zu Nunavut, der kanadischen Provinz, die ihrerseits so groß ist wie Westeuropa und erst 1999 als angestammtes Land des Volkes der Inuit anerkannt wurde. Sie befindet sich größtenteils nördlich des arktischen Polarkreises und ist durchgehend von Eis bedeckt. Die nächstgelegene Landmasse ist Grönland, von dem sie gerade noch von der Davisstraße getrennt ist. Die Jahresdurchschnittstemperatur liegt bei -8° C, doch das widrige Klima wird von der Gastfreundschaft der Menschen ausgeglichen, denn die Kultur der Inuit beruht auf dem Ethos des Teilens und ihrem Gemeinschaftssinn. Die Ansiedlungen der Inselbewohner – einschließlich Iqaluit, mit seinen fast 7000 Einwohnern Hauptstadt von Nunavut – sind miteinander und mit der Außenwelt ausschließlich über den Luft- und Seeweg verbunden, sodass die beste Möglichkeit zum Erkunden der außergewöhnlichen arktischen Natur der Insel eine Umrundung mit dem Schiff ist. So ist die Insel auch die beste Basis, um mit dem Schlauchboot zur Erkundung der tiefen Fjorde und Satelliteninseln zu starten, wobei Sie sich auch die Erfahrung gönnen sollten, eine Nacht auf dem Eis zu campen, oder einen Ausflug mit Schlittenhunden oder Skiern in die Bergszenerien des Nationalparks von Auyuittuq zu unternehmen – der Name bedeutet so viel wie „das Land, das niemals mehr auftauen wird". Die weißen Landschaften von Baffin dienen Tieren wie den Big Five der Arktis als Lebensraum: dem Eisbären, dem Moschusochsen, dem Walross, der Ringelrobbe und dem Wal. Von letzterer Spezies kann man hier seltene Arten beobachten, wie den geselligen Beluga, der in großen Gruppen lebt und ungeachtet der beachtlichen Maße aufgrund der zwitschernden Laute, die er erzeugt, als „Kanarienvogel des Meeres" bekannt ist. Ferner den Südkaper aus Grönland, der ohne Rückenflosse und mit einer Länge von bis zu 20 m im gesamten Tierreich den zweiten Platz hinter dem Blauwal einnimmt. Doch auf Baffin ist der Narwal der Superstar: Mit seinem spiralförmigen und messerscharfen Schneidezahn von bis zu drei Metern Länge nährt er in allen Breiten die Legende vom Einhorn. Die größte Konzentration an Meerestieren (und Polarbären) findet sich im Frühjahr und Sommer auf den sinaaq: Dieses Wort der Inuit bezeichnet die Packeismassen, die im arktischen Ozean auf Höhe des nördlichsten Punktes von Baffin treiben. Um die enormen Karibuherden zu beobachten, die mit ca. 750.000

| **160** *Beste Zeit für Hundeschlitten-Touren auf Baffin Island sind die Monate von April bis Juni.*

| **161** *Die Baffininsel verdankt ihren Namen dem englischen Entdecker William Baffin, der 1615 dorthin gelangte.*

Exemplaren das am häufigsten vorkommende Landsäugetier der östlichen Arktis darstellen, genügt es jedoch, ein wenig ins Innere der Insel vorzudringen. Dennoch ist die verbreitetste Spezies der Insel diesmal ein Meeressäuger: die Ringelrobbe. Ihr reichliches Vorkommen – ca. 2 Mio. Exemplare – ist maßgeblich für das Gleichgewicht des komplexen arktischen Ökosystems, da sie die Hauptnahrung der Eisbären und der Inuit darstellt. Jährlich werden von den Inselbewohnern etwas weniger als 30.000 Robben erlegt. Diese Zahl ist vertretbar; anders könnte es nicht funktionieren, da die Inuit seit Jahrtausenden das, was sie gerade brauchen, von der Natur nehmen: Das Prinzip ihres Lebens ist Avatittinnik Kamatsiarniq, was sich in etwa mit „Respekt und Sorge für die Erde, die Tiere und die Umwelt“ übersetzen lässt – ein Grundsatz, der nicht nur an den Polen gelten sollte.

**Website** *www.nunavuttourism.com*

**Beste Reisezeit** *Von April bis September.*

**Zeitbedarf** *Kreuzfahrten dauern 10-15 Tage.*

**Organisatorisches** *Unter den Reiseunternehmen, die im Sommer Kreuzfahrten entlang der Küsten der Baffin-Insel organisieren (auf denen auch die legendäre Nordwestpassage durchquert wird), empfehlen wir die kanadischen Büros von Adventure Canada und The Great Canadian Travel Company. Hervorragend sind auch die Angebote des französischen Unternehmens Compagnie du Ponant.*

**Tipp** *Nutzen Sie nach Möglichkeit den Aufenthalt in einer großen kanadischen Stadt dazu, sich mit passender Kleidung für die Arktis auszustatten. Scheuen Sie nicht die Kosten für ein Paar absolut wasserdichte Trekkingschuhe mit guter Wärmeisolierung.*

**Wissenswert**

- *Viele sagen Eskimo, wenn sie sich auf die Inuit beziehen, was jedoch als Beleidigung aufgefasst wird. In der Sprache Inuktitut bedeutet das Wort Inuit (im Singular Inuk) „menschliches Wesen“.*

- *Im Laufe der Geschichte war der Stoßzahn des Narwals stets ein Objekt der Begierde. Im 16. Jahrhundert erwarb Königin Elisabeth von England ein Exemplar zum Preis von 10.000 Pfund Sterling, heute in etwa der Preis einer Burg, und das aktuelle Zepter von Elisabeth der II. wurde aus einem Zahn dieses fabelhaften Meereseinhorns angefertigt.*

- *Ungeachtet seines plumpen Anscheins ist das Walross in der Lage, auf der Suche nach Weichtieren (Mollusken), seiner bevorzugten Nahrung, mehrere Hundert Meter tief zu tauchen. Bei einer einzigen Mahlzeit kann es bis zu 4000 Stück verzehren. Doch es wird seinerseits als gastronomische Delikatesse angesehen: Das in der Sprache der Inuit* igunaq *genannte fermentierte Walross-Fleisch ist eine lokale Spezialität mit einem leichtem Nachgeschmack von reifem Käse.*

# WHALE WATCHING IN EL VIZCAÍNO

Das Gebiet von Los Cabos auf der Halbinsel Baja California im Mar de Cortés ist ein wundervoller natürlicher „Spielplatz“ für viele Walgattungen.

| **162** *Unmittelbarer Kontakt mit einem Grauwal in der Lagune von San Ignacio.*
| **163** *El Arco ist eine unverwechselbare Felsformation am südlichsten Rand von Cabo San Lucas.*

Der Blauwal ist das größte lebende Säugetier der Welt. Er erreicht eine Länge von 30 Metern und ein Gewicht von 200 Tonnen: Allein seine Zunge wiegt so viel wie ein ganzer Elefant, das Herz so viel wie ein Kleinwagen. Er ernährt sich ausschließlich von Krill, wovon er vier bis acht Tonnen täglich hinunterschluckt. Er steht auf der Roten Liste der vom Aussterben bedrohten Tierarten – er ist das seltenste der Meeressäugetiere. Auf dem gesamten Planeten findet sich kein besserer Punkt, um ihn zu beobachten, als das Mar de Cortés, und dort vor allem die Lagune El Vizcaíno und die Küste von Los Cabos an der Spitze der schmalen Halbinsel Baja California. Dank der mexikanischen Regierung, die schon 1933 die Jagd auf Wale verboten hatte, haben diese Tiere hier ihr Schutzgebiet, in dem sie überwintern und sich ungestört fortpflanzen können – beinahe ungestört in Anbetracht der Dutzenden von Schiffen, die täglich von Cabo San Lucas ablegen, damit Touristen die außergewöhnliche Meeresfauna beobachten können. Zu der gehören neben den Blauwalen noch Grauwale, Pottwale, Brydewale, Seelöwen und Delfine. Das sind nur die Stars eines der tierreichsten Meere der Welt, das von ca. 900 Wirbeltierarten und 2000 wirbellosen Meerestierarten bevölkert ist. Als Kontrast hierzu breitet sich auf dem Festland von Baja California eine faszinierende Wüstenlandschaft aus, durchsetzt von Kakteen, Yuccapalmen und Agaven, die u. a. von (Klapper-)Schlangen und Skorpionen bewohnt ist – denen man im Gegensatz zum Blauwal lieber nicht begegnen möchte.

**Website** *http://visitloscabos.travel*

**EMPFEHLENSWERT**

- DAS ZUM UNESCO-WELTKULTURERBE ERKLÄRTE **BIOSPHÄRENRESERVAT EL VIZCAÍNO** BIRGT LANDSCHAFTEN VON GROSSER SCHÖNHEIT, WIE DIE WILDEN STRÄNDE VON BAHÍA SANTA INÉS UND DIE DES NOCH ENTLEGENEREN PUNTA CHIVATO, DIE SICH ZUM ENTSPANNEN UND ZUM SCHNORCHELN EIGNEN.
- IM GEBIET VON LOS CABOS IST ES LEICHT, WALE ZU SICHTEN, SOGAR BEI EINEM AUSFLUG MIT DEM KAJAK, BEIM WANDERN ODER EINER TOUR ENTLANG DER KÜSTE IN EINEM GELÄNDEWAGEN ODER MIT DEM QUAD. FÜR EIN OFF-ROAD-ABENTEUER IN DER KÜSTENWÜSTE KONTAKTIEREN SIE AM BESTEN BAJA OUTBACK ODER BAJA WILD IN SAN JOSÉ DEL CABO.
- GÖNNEN SIE SICH EINEN AUFENTHALT IN DEM RUHIGEN UND LUXURIÖSEN, ZWISCHEN WÜSTE UND MEER GELEGENEN **ÖKORESORT PRANA DEL MAR.** ES WURDE IM HINBLICK AUF NACHHALTIGKEIT UND UMWELTSCHUTZ ENTWORFEN UND BIETET BIO-GERICHTE, YOGAKURSE, SURFSTUNDEN, AUSFLÜGE ZUM WALBEOBACHTEN UND REITWANDERUNGEN AN.

**Beste Reisezeit** *Von Mitte Januar bis Mitte März.*

**Zeitbedarf** *Der Ausflug zum Whalewatching dauert 1 Tag; um ganz Los Cabos zu erkunden, sollte man 1 Woche einplanen.*

**Organisatorisches** *In Cabo San Lucas und San José de Los Cabos, den wichtigsten touristischen Zentren an der Spitze von Baja California, gibt es zahlreiche Reiseanbieter, die Exkursion zur Walbeobachtung anbieten. Möchte man jedoch ein Abenteuer der besonderen Art erleben, bucht man eine einwöchige Whaling Cruise oder eine Tour bei den Searcher Natural History Tours: Der Inhaber, der US-Amerikaner Art Taylor, ist Wissenschaftler und hat sein Leben ganz dem Studium der Wale verschrieben.*

**Tipp** *Buchen Sie eine Exkursion am Morgen, denn dann sind die Wale am aktivsten. Auch wenn es heiß ist, nehmen Sie eine Regenjacke mit aufs Boot: Sie dient Ihrem Schutz (und vor allem dem Ihrer Kamera) vor den Wasserspritzern, die die Wale produzieren.*

# TAUCHEN IM GREAT BLUE HOLE

Eine Reise (unterhalb des Meeres) zum Mittelpunkt der Erde, zu einem der spektakulärsten Tauchgebiete der Welt. Worte von Jacques-Yves Cousteau.

Vom Flugzeug (oder vom Satelliten) aus wirkt es wie eine Art „Auge der Karibik", deren nachtblaue Pupille den Himmel fixiert und die von einer prachtvollen, türkisfarbenen Lagune wie von einer Iris eingefasst wird. Der Erste, der in diese Tiefe vordrang, war 1971 der Meeresforscher Jacques-Yves Cousteau, und er erklärte sie zu einem der zehn aufregendsten Tauchgebiete des Planeten. Nicht ohne Grund, denn hier befindet sich im Zentrum des Lighthouse Reef, ca. 70 km vor der Küste von Belize, das Great Blue Hole, das unvergleichliche Schmuckstück des weitläufigsten Korallenriffs der westlichen Hemisphäre und seit 1996 Nationaldenkmal. Das Great Blue Hole, 125 m tief und mit einem Durchmesser von 330 Metern, ist der Zugang zu einem Höhlensystem aus

**Website** *www.travelbelize.org*

| **164** *Das Great Blue Hole ist eine unter Wasser gelegene Karstdoline.*

| **165** *Felsstalagtiten großen Ausmaßes charakterisieren die Tiefe des Great Blue Hole.*

Kalkgestein, das gegen Ende der letzten Eiszeit ins Meer kollabierte und in 30 Metern Tiefe eine komplexe geologische Architektur hinterließ, die aus einem Labyrinth aus bis zu sechs Meter langen Stalaktiten, gewaltigen Säulen und mit Schwämmen und Gorgonien verzierten Felswänden besteht. Abgesehen von einigen neugierigen Walen, die sich von Zeit zu Zeit in diese unterseeische Kathedrale hineinwagen, sind Meeresbewohner im Great Blue Hole eher selten anzutreffen. Das Tauchen hier bekommt dadurch den Reiz einer mystischen Reise in die Entstehungszeit der Erde.

**Beste Reisezeit** *Die Trockenzeit zwischen März und Mai. Die Monate August bis Oktober sollte man aufgrund des Hurrikanrisikos meiden.*

**Zeitbedarf** *Zum Tauchen im Great Blue Hole genügt 1 Tag, doch wir empfehlen eine Woche Aufenthalt zur Erkundung des Korallenriffs von Belize.*

**Organisatorisches** *Von allen Tauchzentren in Ambergris Caye, die Tauchgänge im Great Blue Hole anbieten, empfehlen wir das Aqua Scuba Center von San Pedro. Das sich im Besitz des Regisseurs Francis Ford Coppola befindliche Turtle Inn Resort in Placencia bietet von Alexandra Cousteau konzipierte 7-tägige Tauchsafaris an: Die Enkelin des legendären Jacques-Yves Cousteau war* Emerging Explorer *des* National Geographic.

**Tipp** *Das Tauchen im Great Blue Hole ist ein Unterfangen für erfahrene Taucher und kann gefährlich sein. Vergewissern Sie sich, dass sich die vom Tauchcenter bereitgestellte Tauchausrüstung in optimalem Zustand befindet.*

## EMPFEHLENSWERT

- UM DIE **MEERESFAUNA** ZU BEOBACHTEN, GENÜGT ES SCHON, **AM ÄUSSEREN RAND DES KRATERS** IN GERINGER TIEFE ZU TAUCHEN: HIER WIRD DAS RIFF VON ZAHLREICHEN FARBENFROHEN TROPISCHEN FISCHEN UND DER GRÖSSTEN PAPAGEI-FISCHART DES PLANETEN BEVÖLKERT. UND MIT ETWAS ABSTAND SCHWIMMEN HIER MANTAROCHEN, ZACKENBARSCHE, SCHILDKRÖTEN, BARRAKUDAS UND HAIE DER SORTE **CARCHARHINUS LONGIMANUS**, IMMER IN BEGLEITUNG IHRER LOTSENFISCHE.

- IN DER NÄHE DER INSEL **AMBERGRIS CAYE** BEFINDEN SICH WEITERE SPEKTAKU-LÄRE TAUCHPUNKTE IM RIFF VON BELIZE, Z. B. HÖHLEN UND UNTERSEEISCHE SCHLUCHTEN.

- ABENDS ENTSPANNT MAN SICH IN EINEM DER RESTAURANTS AM **STRAND VON SAN PEDRO**, DER „HAUPTSTADT“ VON AMBERGRIS CAYE: DAS PURE VERGNÜGEN IM **CARIBBEAN STYLE!**

# KREUZFAHRT DURCHS GALÁPAGOS-ARCHIPEL

Entdecken Sie auf den Spuren von Charles Darwin die kargen Landschaften und die Tierarten des Archipels, der Werkstatt der Evolution.

| **166** *Zahlreiche Seehundkolonien prägen die Strände von Galápagos.*
| **167** *Der Archipel vulkanischen Ursprungs wird von 13 großen Inseln gebildet.*

Von Quito, der Hauptstadt Ecuadors, fliegt man 3 Stunden, um die Galápagos-Inseln zu erreichen. Bitten Sie vorausschauend um einen Fensterplatz, um vom Himmel aus einen Vorgeschmack auf das Panorama des verrücktesten Archipels der Welt zu bekommen. Von hier haben Sie eine phänomenale Aussicht auf das aus 14 großen und zahlreichen kleineren und winzigen Inseln bestehende Archi-pel. Stürzen Sie sich in die Geschichte der Wissenschaft (und der Menschheit): 1859 gab der Naturforscher Charles Darwin „Über die Entstehung der Arten" in Druck, in dem er eine fortlaufende Evolution der lebenden Spezies, die Abstammung aller Organismen von ein und demselben gemeinsamen Vorfahren, und schließlich die Auslese postulierte, die sich im Ringen um die Existenz durch das Überleben des am Besten an die Umwelt „Angepassten" verwirklicht. Für Darwin, der 1835 an Bord der Beagle hier ankam, begann alles mit dem Beobachten der auf den Inseln lebenden 13 Buchfinkenarten. Sie erhalten aus der Vogelperspektive einen so außergewöhnlichen wie widersprüchlichen Blick aufs Ganze: Denn die Galápagos-Inseln sind wild und prähistorisch, leiden aber dramatisch unter der menschlichen Präsenz. Das Geschäft mit dem naturwissenschaftlichen Tourismus hat ein Anwachsen der Ansiedlungen auf inzwischen bereits 40.000 Anwohner bewirkt, die sich größtenteils in dem Städtchen Puerto Ayora niedergelassen haben, und die demographische

## EMPFEHLENSWERT

- **ESPAÑOLA**, DIE SÜDLICHSTE DER INSELN, IST DIE WOHL GASTLICHSTE UND FASZINIERENDSTE. HIER BEFINDET SICH DER EINZIGE BRUTPLATZ DER WELT DES GROSSEN GALÁPAGOSALBATROS, UND MAN KANN IN DEN SAUBEREN WASSERN DER GARDNER-BUCHT WUNDERBAR SCHNORCHELN. NUR WENIGE METER VOM UFER ENTFERNT SIEHT MAN MEERESSÄUGETIERE AUS NÄCHSTER NÄHE.

- IN GLEISSENDEM SONNENLICHT FÜHRT DER ANSTIEG DES PFADES ESCALERA ÜBER 379 STUFEN BIS ZUM GIPFEL DES **VULKANS DER INSEL BARTOLOMÉ**. DIE LANDSCHAFT IST GROSSARTIG, NAHEZU „AUSSERIRDISCH". ÜBERDIES IST DER BEEINDRUCKENDE **PINNACLE ROCK** AUS LAVAGESTEIN AN EINEM ENDE DER KLEINEN INSEL DER BESTE PUNKT ZUM BEOBACHTEN DER PINGUINE AUF DEM GANZEN ARCHIPEL.

- BESUCHEN SIE DAS **EL CHATO-RESERVAT** AUF DER INSEL SANTA CRUZ, UM IN EINER AUSSERGEWÖHNLICH GRÜNEN LANDSCHAFT GROSSE ANSAMMLUNGEN VON RIESENSCHILDKRÖTEN ZU BEOBACHTEN, DIE HIER IM SCHLAMM FAULENZEN. DIESE PRAXIS HILFT IHNEN, DIE KÖRPERTEMPERATUR ZU REGULIEREN UND SICH VOR DEN STECHMÜCKEN ZU SCHÜTZEN.

- WENN SIE AUF DEN KANÄLEN ENTLANG FAHREN, DIE DIE **INSELN ISABELA UND FERNANDINA** VONEINANDER TRENNEN, SOLLTEN SIE DIE KAMERA BEREITHALTEN, DENN HIER SAMMELN SICH WALE UND SCHWERTWALE. AUF ISABELA KANN MAN BEI **PUNTA MORENO** AN DEN ERSTARRTEN LAVASTRÖMEN ENTLANG WANDERN UND DEN CERRO AZUL BETRACHTEN, EINEN DER AKTIVSTEN VULKANE DES ARCHIPELS, UND DIE VON FLAMINGOS BEVÖLKERTEN LAGUNEN.

| **168** *Die Meerechse kann eine halbe Stunde unter Wasser bleiben; dann muss sie ihren Körper wieder aufwärmen und ruht auf den Felsen.*

Wachstumsrate wird für nicht vertretbar gehalten. Und so wissen Sie schon vor der Ankunft auf den Galápagosinseln um das widersprüchliche Gefühl, das sie beschleichen wird: Sie werden die Insel San Cristóbal wiedererkennen, wo 2001 der Öltanker Jessica havarierte (mit dem Treibstoff für die Schiffe an Bord, die „unsere" Kreuzfahrten unternehmen); die Mutter aller kommenden ökologischen Desaster. Doch dann bietet sich der Anblick der Insel Española, wo die Blaufußtölpelpärchen Anfang Winter ihre unglaublichen Balztänze aufführen, und jener der Vulkane der Inseln Isabella und Fernandina: Alle träumen davon, mit ansehen zu können, wie die Leguane einmal im Jahr die Calderas erklimmen, um dort ihre Eier abzulegen. Nur von oben hat man letztlich die Möglichkeit, alle Galápagos-Inseln zu sehen, denn gemäß den strengen Vorschriften des sie schützenden Nationalparks sind gerade mal 8 % davon für Besucher zugänglich. Schon dieser winzige Teil bietet 70 überirdische und 75 im Meer befindliche, dem Tourismus offenstehende Plätze. Bei der Landung bekommt man in der Nähe des Flughafens auf der kleinen Insel Baltra bereits die ersten Drusenköpfe – Galápagos-Landleguane – zu sehen, und bevor Sie für eine Kreuzfahrt an Bord gehen, sollten Sie die wichtigste der öffentlich zugänglichen Niederlassungen der Darwin Foundation auf der Insel Santa Cruz besuchen, die 1959, im hundertsten Jahr der Veröffentlichung von Über die Entstehung der Arten, eingerichtete wurde. Hier können Sie sogar den Panzer einer Riesenschildkröte streicheln, der Galápagos, die dem Archipel seinen Namen gegeben hat: Sie wiegt bis zu 30 kg und wird zwischen 150 und 200 Jahren alt. Nur ein wenig weiter erhalten Sie einen ersten Eindruck von der eigentümlichen Flora der Inselgruppe, nämlich beim Betrachten der Opuntia, der riesigen Kaktusart, die die Form eines Baumes entwickelt und so die Früchte vor dem Zugriff der gefräßigen Leguane schützt. Man kann die Natur der Galápagos-Inseln in ihrem gesamten Ausmaß eigentlich nur auf einer Kreuzfahrt würdigen: In diesem Paradies mit der äußeren Gestalt eines Hexenkessels, mit seinem unwirtlichen Landschaftsbild aus schwarzer Lava im unbarmherzig grellen Licht der Sonne ziehen Unschuld und Grausamkeit einander rettungslos an. In diesem Freiluft-Laboratorium kann man der natürlichen Auslese tatsächlich beiwohnen: Man kann „monsterartige" Tiere wie den Meeresleguan beobachten, die einzige lebende Meerechsenart, Nachfahre einer vor 100 Millionen Jahren ausgelöschten Spezies von Landbewohnern. Sie ist in der Lage, eine halbe Stunde unter Wasser zu bleiben, um sich von Algen zu ernähren, und gleicht danach ihre Körperwärme auf den Klippen aus Lavagestein wieder aus. Oder die einzigen Robben- und Pinguinarten, die sich dem Leben im tropischen Klima angepasst haben. Oder die zahlreichen Vogelarten, vom majestätischen Galápagosfalken bis zu den berühmten Darwinschen Buchfinken. Von denen hat eine Art sogar Vampirqualitäten entwickelt: Mit ihrem scharfen Schnabel saugt sie das Blut aus den weißen Hälsen der Tölpel.

**Website** *https:// www.galapagospark.org*

**Beste Reisezeit** *Für die meisten naturkundlichen Ausflüge ist die Zeit zwischen Dezember und Mai vorgesehen, wenn die See ruhig ist und angenehm laue Temperaturen vorherrschen. Doch im Juli und August ist die heimische Vogelwelt am aktivsten, und es ist möglich, Wale zu sichten.*

**Zeitbedarf** *Die Kreuzfahrten dauern zwischen 11und 15 Tagen.*

**Organisatorisches** *Bei der Wahl des Reiseanbieters für eine Kreuzfahrt durch die Galápagosinseln sollten Sie jenen den Vorzug geben, die über kleine Boote verfügen, denn der Zugang zu den Aussichtspunkten ist jeweils auf Gruppen von max. 16 Personen begrenzt, und auf einigen Inseln wie z. B. Genovesa wird nur Schiffen, die max. 40 Passagiere transportieren, das Anlegen gestattet. Es sollte jedes Mal ein Naturwissenschaftler mit an Bord sein. Zu empfehlen sind darunter die Enchanted Expeditions, die amerikanischen Row Adventures, die auch Übernachtungen auf den Inseln im Zelt und Kajakfahrten vorsehen, sowie die Natural Habitat Adventures, die eng mit dem WWF zusammenarbeiten und auch spezielle Routen für Fans der Naturfotografie anbieten.*

**Tipp** *Anhänger des Tauchsports können eine Kreuzfahrt bei den Dive the Galápagos! buchen, dem einzigen Reiseunternehmen auf dem Archipel, das zum Anbieten dieser Art von Vergnügen autorisiert ist.*

### Wissenswert

*Die Riesenschildkröten der Galápagos-Inseln werden zwar als eine einzige Spezies eingestuft, doch es gibt 11 Unterarten. Das einzige Exemplar der 12. Unterart* (Chelonoidis nigra abingdoni), *die als* Lonesome George *bekannte Pinta-Riesenschildkröte, starb im Sommer 2012. Unter evolutionsgeschichtlichem Gesichtspunkt sind sie von äußerst großem Interesse – doch von Darwin wurden sie vernachlässigt: Er vermerkte in seinem Notizbuch lediglich, dass sie in der Suppe hervorragend munden würden...*

*Darwin war nicht der erste Europäer, der seinen Fuß auf die Galápagos-Inseln gesetzt hat: 1535, genau 300 Jahre vorher, ging hier der Spanier Tomás de Berlanga, Bischof von Panamá, an Land, und er taufte sie zu Ehren Christopher Kolumbus auf den Namen Arquipélago de Colón. Noch heute ist dies der offizielle Name.*

*Die Galápagosscharbe ist eine der seltensten Vogelarten der Welt. Die nur an den Küsten der Inseln Isabela und Fernandina lebende Population zählt kaum 900 Exemplare. Sie ist die einzige der 29 Kormoranarten, die ihre Flugfähigkeit verloren hat. Trotzdem hat sie eine große Flügelspannweite, nur um ein Drittel kürzer als die ihrer „Vettern".*

| **169** *Die Galápagos-Riesenschildkröten können bis zu 300 kg wiegen.*

| 170 *Fatu Hiva, das vulkanischen Ursprungs ist, hat Gipfel von 1000 m Höhe.*

# MIT DEM FRACHTER ZU DEN MARQUESAS

## Begeben Sie sich (inmitten von Postpaketen) auf eine Kreuzfahrt von Papetee nach Fatu Hiva – und zurück – durch die abelegensten Atolle der Welt

Die echten Reisenden hassen Kreuzfahrten von Herzen. Doch selbst eingefleischte Abenteurer sind gewillt, eine Ausnahme zu machen, um sich auf dem Schiff, das Tahiti mit den Marquesas verbindet, einzuschiffen, den abgelegenen Vulkaninseln, die zu den letzten Gebieten gehören, auf denen sich Menschen angesiedelt haben. Die Aranui III (die dritte aus der „Dynastie" von Schiffen dieses Namens, die seit 1980 einziges reguläres Transportmittel des Archipels sind) ist ein Postfrachter, der die Grenze zwischen den Ureinwohnern der Marquesas zum Rest der Welt überschreitet: Er transportiert Güter des täglichen Bedarfs, vom Zement bis zum Zucker, vom Spielzeug bis zum Bier, und lädt Kokosnüsse, Kopra und Früchte. Nebenbei transportiert das Schiff auch Passagiere. Es ist zwar schnörkellos, doch es bietet angemessenen Komfort und verfügt über ein Schwimmbad, ein kleines Geschäft, eine Bibliothek und ein Restaurant, in dem mehr als nur ordentliche Mahlzeiten serviert werden. Doch der eigentliche Luxus liegt in den Szenerien, die man

**Website** *www.tahiti-tourisme.pf*

durchquert, und jeder der Namen der 14 Inseln, auf denen Zwischenstation gemacht wird, birgt den Traum eines Südseeabenteuers in sich. Die erste Begegnung mit den Marquesas ist die mit den hohen vulkanischen Gipfeln von Ua Pou, der von Robert Louis Stevenson geliebten Insel, und dann die mit der zauberhaften Bucht von Nuku Hiva, Schauplatz der Erzählung von Herman Melville. Und bevor man die sattgrüne Insel Fatu Hiva erreicht, das etwas über 1000 km von Papetee entfernte Herz der Kultur des Marqueservolks, kommt die Aranui III noch an Punkten wie Hiva Oa, jahrelang der herrliche Zufluchtsort von Paul Gauguin, und Ua Huka vorbei, auf der rund 300 Einwohner und etwa 1000 Wildpferde leben, auf einer Route, die den Beinamen „Frachtschiff ins Paradies" verdient.

**EMPFEHLENSWERT**

- AUF NUKU HIVA GÖNNEN SIE SICH EIN BAD IN DEN **WASSERFÄLLEN DES HAKAU**I UND SCHNORCHELN IN DER **BUCHT VON TAIOHAE** MIT IHREN ZAHLREICHEN VULKANKRATERN.

- EINE **JEEP-SAFARI** AUF HIVA OA, ZWISCHEN KOKOS- UND VANILLEPLANTAGEN UND IM URWALD, UM DIE **TIKI** ZU BEWUNDERN, DIE TOTEMARTIGEN STEINFIGUREN, DIE POLYNESISCHE GOTTHEITEN DARSTELLEN.

- FATU HIVA BESUCHT MAN ZUM „ETHNO-SHOPPING": HIER KAUFT MAN **TAPA**-STOFFE, TEXTILIEN AUS EINER AUS BAUMRINDE GEWONNENEN FASER, UND **MONOI**, EIN ÖL AUS SANDELHOLZ, KOKOS UND TIAREBLÜTEN, DAS ANGEBLICH EINE APHRODISIERENDE WIRKUNG BESITZEN SOLL.

- RANGIROA, TEIL DES TUAMOTU-ARCHIPELS – UND DER LETZTE ABSCHNITT DER KREUZFAHRT – IST **DAS GRÖSSTE KORALLENATOLL SÜDLICH DES ÄQUATORS**. ES UMFASST EINE HERRLICHE LAGUNE MIT 415 INSELN (**MOTU**, AUF TAHITIANISCH) UND IST DIE POLYNESISCHE HAUPTSTADT DER SCHWARZPERLENZUCHT.

**Beste Reisezeit** *Von März bis Oktober während der Trockenzeit.*

**Zeitbedarf** *Die Kreuzfahrt dauert 14 Tage.*

**Organisatorisches** *Das von der Compagnie Polynesienne de Transport Maritime betriebene Frachtschiff* Aranui III *fährt in Papetee (Tahiti) jeden 1. und 3. Samstag des Monats (Januar ausgenommen) ab. Bei jeder Kreuzfahrt ist ein Wissenschaftler an Bord, der die Passagiere abends mit Vorträgen über Natur und Kultur der Marqueser unterhält.*

**Tipp** *Vergessen Sie die „gewöhnlichen" Kreuzfahrten: An Bord trägt hier sogar der Kapitän Flip-Flops, und das, wo an Bord doch legere Kleidung eigentlich verpönt ist ...*

| 171 *Fatu Hiva hat dank der reichen Regenfälle auf der Insel eine üppige Vegetation.*

# MIT DEM SEGELSCHIFF DURCH DIE WHITSUNDAY ISLANDS

Im Herzen des Great Barrier Reef liegt ein Paradies aus 74 Inseln (und Inselchen und Klippen), ein Vergnügungspark für jeden Seebären.

Daydream Island, Heart Reef, Whitehaven Beach: Schon beim Lesen dieser Namen auf der Seekarte kann man erahnen, dass die Whitsunday Islands ein Paradies sind. Zu diesem Archipel im Herzen des australischen Great Barrier Reef gehört auch Hamilton Island, die vor einigen Jahren internationalen Ruf erlangte, als der Tourismusminister des australischen Staates Queensland im Internet einen Wettbewerb um „die schönste Arbeit der Welt" auslobte. Die Tätigkeit, den Leuchtturm dieser wundervollen Insel zu bewachen (die vermutlich inzwischen zum schönsten See-„Vergnügungspark" des Planeten geworden ist), erregte weltweites Aufsehen. Haben Sie Erfahrung im Segeln, mieten Sie ein Boot, das zu Ihnen passt, oder nehmen Sie an einer organisierten Kreuzfahrt an Bord eines Segelschiffes teil, das vage an die Endeavour erinnert (jedoch mit einem deutlich höheren Maß an Komfort): Mit ihr fuhr der Forscher James Cook genau am Pfingstsonntag 1770 hier vorbei und taufte den Meeresarm zwischen der Küste von Queensland und dem Archipel Whitsunday Passage. Hier können Sie einen wahrlich traumhaften Urlaub verbringen. Das von den Australiern freundschaftlich Whitsundays genannte Archipel besteht aus 74 Inseln und Korallenriffs. Sieben davon sind Insel-Resorts (die dem zügellosen Luxus und der Romantik eher abgeneigt sind, sich jedoch für Feinschmecker, Familien, Supersportliche oder all jene mit ausgeprägtem Umweltbewusstsein eignen), und alle anderen unberührte naturbelassene Juwelen, die zu einem großen Teil durch Parks und Naturreservate geschützt sind. Durch dieses spektakuläre Labyrinth zu schippern –

| 172 *Whitehaven Beach erstreckt sich über etwa 7 Kilometer.*

**EMPFEHLENSWERT**

- BEI EBBE KÖNNEN SIE IN DER TONGUE BAY VOR ANKER GEHEN, UND MIT EINEM TENDER ERREICHEN SIE HILL INLET: HIER IST DAS MEERESFARBEN-MOSAIK VON **WHITEHAVEN BEACH ZU** BESTAUNEN, UND DANN KOMMT VIELLEICHT EIN TAUCHGANG IM VERSTECKTEN BETTY BEACH.

- **BLUE PEARL BAY** AN DER NORDÖSTLICHEN STEILWAND DER HAYMAN-INSEL EIGNET SICH PERFEKT ZUM SCHNORCHELN ODER TAUCHEN. HIER GIBT ES EINE IMMENSE VIELFALT AN FISCHEN, UND AUF DEM RIFF VON **CASTLE ROCK** KANN MAN WUNDERVOLLE KORALLEN UND RIESIGE SEEFÄCHER BEWUNDERN.

- DER **NGARO SEA TRAIL**, DER ZWISCHEN DEN WHITSUNDAY ISLANDS, SOUTH MOLLE UND HOOK VERLÄUFT, IST EIN KOMBINIERTER WANDERWEG, DER IN TEILEN AUCH DURCHS WASSER FÜHRT UND AUF DEM MAN DIE HEILIGEN ORTE DER NGARO-ABORIGINES ENTDECKEN KANN. AUF DEM LAND FÜHRT EIN NETZ AUS WEGEN DURCH DICHTEN TROPENWALD UND WUNDERBARE LICHTUNGEN BIS ZU DEN GROTTEN, DIE SIE ALS BEGRÄBNISSTÄTTEN NUTZTEN.

- NACH DEM SEGELTÖRN GÖNNEN SIE SICH DEN LUXUS, **MIT DEM WASSERFLUGZEUG** ÜBER DAS ARCHIPEL ZU FLIEGEN. BEI DEN AUSTRALIERN IST ES IN MODE GEKOMMEN, SEINEN HEIRATSANTRAG ZU MACHEN, WÄHREND MAN ÜBER DAS HEART REEF MIT SEINER PERFEKTEN HERZFORM HINWEGFLIEGT. KONTAKTIEREN SIE HIERZU AIR WHITSUNDAY ODER GLS AVIATION.

| 173 *Der Strand von Whitehaven wurde zum schönsten ganz Australiens gewählt.*

und dabei natürlich entsprechende Ausflüge aufs Land zu unternehmen, um die hier höchst grünen Landschaften zu bestaunen und die von Leben nur so wimmelnden Korallenriffe zu entdecken – ist ein lohnenswertes Erlebnis. Hier findet jeder seinen eigenen versteckten Strand, eingefasst von einem Meer mit zauberhaften Farben. Und man sollte nicht vergessen, einen Halt im „weißen Paradies" von Whitehaven Beach einzulegen, der sich über 7 km des weißen Sands der Insel erstreckt, der dem Archipel seinen Namen gibt und zum schönsten Strand Australiens erwählt wurde.

**Website** *www.tourismwhitsundays.com.au*

**Beste Reisezeit** *Das Klima ist das ganze Jahr über angenehm. Die niedrigsten Temperaturen liegen bei durchschnittlich 23° C im Juli und August, und die niederschlagsreichste Jahreszeit ist zwischen Januar und März, mit Temperaturen um die 28°– 30° C.*

**Zeitbedarf** *1 Woche.*

**Organisatorisches** Bareboating *ist der Ausdruck, den man benutzt, wenn man selbst der Skipper des Schiffes ist, das bei darauf spezialisierten Anbietern gemietet werden kann: Segelboote unterschiedlichster Größen, Katamarane und Motorjachten. Unter den Agenturen, die Charterboote anbieten (mit oder ohne Skipper) empfehlen wir die Whitsunday Escape und Queensland Yacht Charters. Für eine Kreuzfahrt an Bord eines Großseglers kontaktieren Sie hingegen die Whitsunday Sailing Adventures, und für einen Ausflug an Bord eines Bootes, das an legendären Regatten teilgenommen hat – und für Segelunterricht – wenden Sie sich an ProSail.*

**Tipp** *Wenn Sie ein guter Seemann sind, dann sind die perfekten Konditionen für eine vergnügliche Bootsfahrt im März/April und September/Oktober, mit Wind aus südöstlicher Richtung bei einer Geschwindigkeit von 15 bis 20 Knoten. Um alle Geheimnisse des Archipels zu entdecken, kaufen Sie sich das Buch* 100 Magic Miles.

| 174 *Etwa 300 kleine Inseln bilden den „Schwimmenden Garten von Palau".*

# TAUCHTOUR AN DEN ROCK ISLANDS

Die „schwimmenden Gärten von Palau" schenken unvergessliche Taucherlebnisse. Auf der Suche nach Wracks, mit Haien und ... mit Quallen.

Es sind Millionen, und wenn sie in horizontalen Linien durch das klare Wasser schweben, sehen sie aus wie klassische Balletttänzerinnen. Es sind kleine aprikosengelbe, für den Menschen ungefährliche Quallen, die den von den palauischen Ureinwohnern Ongeim'l Tketau genannten Quallensee im Herzen der Insel Eil Malk bevölkern, einer der Perlen der Rock Islands. Er ist mittels einer Reihe von Spalten und unterirdischen Kanälen mit dem Meer verbunden. Das Archipel besteht aus einer Handvoll unbewohnter Inseln, die in sattem Grün als pilzartige Kalksteinkuppeln aus dem Meer auftauchen. Sie sind derart außergewöhnlich, dass sie den Beinamen „schwimmende Gärten von Palau" wirklich verdienen. Dieses Ziel aller Tauchbegeisterten stellt die Krönung einer jeden „Unterwasserlaufbahn" dar. Obwohl es äußerst leicht ist, dort zu tauchen (Tauchgerätschaften kann man ruhig auf dem Schiff lassen), ist das Schwimmen mit diesen sehr speziellen Medusen selbst für die alten Hasen unter den Tauchern ein unvergessliches Erlebnis. Außergewöhnliche Taucherlebnisse bekommt man rings um die Rock Islands in verschwenderischer Vielfalt geboten. Zwischen unterseeischen Tunneln, Grotten und Korallenriffs gibt es eine Konzentration von Meeresgetier wie nirgendwo sonst auf der Welt. Dazu zählen über 700 Korallenarten und 1500 Fischsorten sowie eine große Zahl von Quallen, die durch die weltweit strengste Gesetzgebung geschützt sind. Und als ob das nicht bereits genügen würde, befinden sich in den die Rock Islands umfassenden türkisfarbenen Lagunen noch 75 Wracks von amerikanischen und japanischen Schiffen und Flugzeugen, die im Zweiten Weltkrieg hier gesunken sind, als das Archipel vor den Philippinen, damals unter japanischer Kontrolle, Schauplatz der Operation Desecrate One der US-Kriegsmarine war. Und unter dem Blech dieser Kriegsrelikte haben sich besondere Ökosysteme mit Spezies entwickelt, die sich von jenen der benachbarten Riffe völlig unterscheiden.

**Website** *www.visit-palau.com*

**EMPFEHLENSWERT**

AM ZUGANG ZUR CHANDELIER CAVE (FÜR DAS HÖHLENTAUCHEN EINE DER AUFREGENDSTEN HÖHLEN) BEFINDET SICH EINE VON **MANDARINFISCHEN** BEVÖLKERTE LAGUNE. AUFGRUND IHRER FARBEN UND IHRES AUSWEICHENDEN VERHALTENS SIND DIESE FISCHE EINE ART HEILIGER GRAL FÜR DIE FANS DER UNTERWASSERFOTOGRAFIE.

EINIGE TAUCHCENTER BIETEN **PADI-KURSE** AN, DAMIT MAN AN DEN MONITORING-AKTIONEN ZUM STUDIEREN DER GEWÖHNHEITEN DER GROSSEN SEEKUHHERDEN TEILNEHMEN KANN, DIE ZWISCHEN FEBRUAR UND MAI HIER ZUR PAARUNG IN DEN SOGENANNTEN GERMAN CHANNEL IM SÜDWESTLICHEN AUSSENRIFF KOMMEN.

DIE ÜBERRESTE DES AMERIKANISCHEN KRIEGSSCHIFFES **USS PERRY** WURDEN ERST IM JAHR 2000 IN 75 M TIEFE GEFUNDEN. DAS ABENTEUER, ES ZU ERKUNDEN, BLEIBT DEN ERFAHRENEN TAUCHERN VORBEHALTEN. DAS TAUCHEN BEIM WRACK DES JAPANISCHEN FRACHTERS **CHUYO MARU**, DAS SICH IN HERVORRAGENDEM ZUSTAND BEFINDET, IST JEDOCH ALLEN MÖGLICH – FAST ALLEN.

DAS ARCHIPEL IST AUCH ÜBER DEM WASSER WUNDERSCHÖN: BEI EINER **KAJAKTOUR** IN DEN LAGUNEN DER ROCK ISLANDS KÖNNEN SIE DIE MIKRONESISCHE KULTUR AUF DER INSEL KOROR ENTDECKEN UND DORT DAS **ETPISON-MUSEUM** MIT SEINER BEACHTLICHEN VÖLKERKUNDLICHEN SAMMLUNG BESUCHEN, DAS AKTIV PROJEKTE ZUM ERHALT DER HOCHSEESPEZIES DES ARCHIPELS BETREIBT.

**Beste Reisezeit** *Bei einer konstanten Durchschnittstemperatur von 27° C herrscht das ganze Jahr über angenehmes Klima. Größere Niederschlagsmengen, die jedoch nicht weiter stören, gibt es zwischen Juni und Oktober.*

**Zeitbedarf** *1 Woche.*

**Organisatorisches** *Koror, die Hauptinsel des Archipels Palau, ist die Ablegestelle zu den Rock Islands. Unter den vielen spezialisierten Anbietern von Tauchausflügen mit Motor- oder Segelboot empfehlen wir Sam's Tours und Neco Marine. Beide leisteten den Fotografen des* National Geographic *bei deren Unterwasser-Reportage über das Tauchen bei Palau technische Unterstützung.*

**Tipp** *Auf Palau befinden sich die Taucher in besten Händen. Das Personal der Tauchcenter ist äußerst qualifiziert und die zur Verfügung gestellte Ausrüstung stets in bestem Zustand. Auf Koror gibt es einen modernen Gesundheitsdienst, und das öffentliche Krankenhaus verfügt über zwei Dekompressionskammern. Wir empfehlen den Erwerb eines spezifischen Versicherungsschutzes über das Divers Alert Network.*

| 175 *Die Unterwasserwelt von Palau ist so geheimnisvoll wie bezaubernd.*

# ANTARKTIS-KREUZFAHRT

Ein unvergessliches Abenteuer: von Ushuaia durch die Drake-Straße bis an die vereisten Ufer des Kontinents an der Endstation der Welt.

Ginge es um Musik, wäre es Mozart. Wäre es Kunst, dann Michelangelo. Und bei der Literatur müsste es Shakespeare sein. Dies sind die perfekten Vergleichsgrößen zum Beschreiben der Unbeschreiblichkeit der Antarktis, diesem wunderbaren Stück Erde am Ende der Welt, das erst 1821 zum ersten Mal von Menschen betreten wurde. Sie gehört zu keinem Staat und ist der einzige Kontinent ohne eine dauerhafte Besiedlung (eine Gruppe von Wissenschaftlern lebt hier, doch jeweils nur für ein Jahr). 98 % des ausgedehnten Gebietes der Antarktis sind von im Durchschnitt 1600 m dickem Eis bedeckt. Sie ist der einzige Kontinent ohne jegliche nennenswerte Flora. Auf ihr leben keine Säugetiere, keine Reptilien und keine Amphibien. Und schließlich kann man in der Antarktis (im engeren Sinne) nicht (herum)reisen – zumindest nicht ohne an einer wissenschaftlichen Expedition teilzunehmen. So muss man sich gleichsam damit begnügen, während der Monate der „nicht endenden Tage" des Sommers auf der südlichen Hemisphäre einen flüchtigen Blick auf ihre Küsten zu werfen. Doch auch so, wenn man bei einer der ab Ushuaia, der unbestritten südlichsten Stadt der Welt, startenden Kreuzfahrten hier an diesem abgelegenen Vorposten Argentiniens ankommt, wird das Erlebnis, die Antarktis zu sehen, das Leben eines jeden Reisenden verändern. Die Kreuzfahrt beginnt in der Drake-Straße zwischen Kap Hoorn und der antarktischen Halbinsel,

| **176** *Die Kreuzfahrtschiffe zu den Gletschern der Antarktis legen üblicherweise in dem Städtchen Ushuaia ab.*

**EMPFEHLENSWERT**

- **SALISBURY PLAIN** AUF DER INSEL SÜDGEORGIEN IST ALS DIE SERENGETI DES SÜDENS BEKANNT. DIESE EBENE IST EIN NATURBELASSENES PARADIES: NEBEN DEN KÖNIGSPINGUINEN WIRD SIE NOCH VON EINER 30 ARTEN UMFASSENDEN POPULATION VON HEIMISCHEN VOGELARTEN SOWIE DICHTEN KOLONIEN VON SEEBÄREN BEVÖLKERT.

- AUF SÜDGEORGIEN IST ES EINE PFLICHT, DEM GRAB DES GROSSEN FORSCHERS SIR ERNEST SHACKLETON DIE EHRE ZU ERWEISEN UND DIE SIEDLUNG **GRYTVIKEN** ZU BESUCHEN, WO ES EIN MUSEUM GIBT, DAS SICH DEN ANTARKTIS-EXPEDITIONEN WIDMET, SOWIE EINE ALTE WALFANGSTATION, EINE KIRCHE UND EIN FORSCHUNGSZENTRUM MIT CA. 20 DORT LEBENDEN WISSENSCHAFTLERN.

- **DECEPTION ISLAND,** EINE DER SÜDLICHEN SHETLANDINSELN, IST FÜR DIE PINGUIN-KOLONIEN DER ART **PYGOSCELIS** UND DIE ANTARKTISCHE SEESCHWALBE BEKANNT UND VERDANKT SEINE AUFSEHENERREGENDE GEOLOGISCHE BESCHAFFENHEIT EINEM VULKANAUSBRUCH. NUR MUT: SCHLÜPFEN SIE IN EINEN TAUCHERANZUG UND SPRINGEN SIE HINEIN, DENN DIE WASSER DER BUCHT WERDEN DURCH DIE INTENSIVE GEOTHERMISCHE AKTIVITÄT ERWÄRMT.

- EIN AUSFLUG MIT DEM KAJAK IN DEN VON EISBERGEN ÜBERSÄTEN FJORD VON **ANTARCTIC SOUND** IST NICHT IM PREIS DER KREUZFAHRT ENTHALTEN, DOCH ES IST EIN ERLEBNIS, DAS ALLEIN DIE REISE WERT IST.

| 177 *Eisberge und Meeressäuger sind auf den South Shetland Islands allgegenwärtig.*

den tückischsten Gewässern der Welt, und nähert sich allmählich den Falkland-Inseln und der Insel Südgeorgien mit ihrer Kolonie von 100.000 Königspinguinen. Und kommt man dann in die Nähe der Südlichen Shetlandinseln, wird man angesichts der großen Zahl von Eisbergen, die im Licht der Sonne tiefblaue Farbnuancen annehmen, verzaubert und von der Fülle an Meeressäugern, von den neugierigen und geselligen Zwergwalen und den Schwertwalen bis hin zu den aggressiven Seeleoparden, beeindruckt. Und wenn die Fauna dieser Endstation des Planeten und die gewaltigen Gletscherzungen, die ins Meer stürzen, einem den Atem rauben, wenn man ein Boot verlässt und den ersten Schritt auf dem Weiß der Antarktis tut, dann hat man eine ungefähre Ahnung davon, wie es für Armstrong gewesen sein muss, auf dem Mond zu landen.

**Website** *www.coolantarctica.com*

**Beste Reisezeit** *Im astronomischen Sommer der Südhalbkugel, von Ende November bis Anfang März.*

**Zeitbedarf** *Die Kreuzfahrten dauern im Schnitt 10 bis 22 Tage.*

**Organisatorisches** *Es gibt an die 80 Reiseunternehmen, die der IAATO (International Association of Antarctica Tour Operators) angehören, von der die Regeln bezüglich des Verhaltens und der Umweltverträglichkeit von Antarktis-Reisen aufgestellt werden. Darunter sind jene zu bevorzugen, die Kreuzfahrten mit kleineren Schiffen unternehmen, denn diese sind im Allgemeinen dazu in der Lage, in die Fjorde hineinzufahren und am dichtesten an die Küste heranzukommen. Überdies sind die einzelnen Landgänge auf Grundlage der internationalen Richtlinien auf je 100 Passagiere begrenzt - bei einem großen Schiff wären Sie insofern gezwungen, zu warten, bis Sie an die Reihe kommen. Unter den Reiseunternehmen mit langer und umfangreicher Erfahrung in Antarktisreisen empfehlen wir Antarpply Expeditions und Quark Expeditions. Beide sehen die Anwesenheit von Forschern an Bord vor, Ausflüge mit dem Schlauchboot, und mindestens zwei Landgänge pro Tag nach der Ankunft an der antarktischen Halbinsel.*

**Tipp** *Eine Antarktis-Kreuzfahrt ist natürlich teuer. Doch es macht sich bezahlt, bei den Kosten noch etwas draufzulegen, um – auch wenn es nicht nötig wäre – die Kameraausrüstung zu optimieren und um ein 500 mm-Teleobjektiv zu ergänzen: Sind Sie erst einmal wieder zu Hause, werden Sie viel Freude haben, diese Abenteuer noch einmal aufleben zu lassen, wenn Sie Ihre Fotomotive von Nahem betrachten.*

# AUF 2 RÄDERN

## PFERD UND FAHRRAD SIND MEHR ALS NUR ZWEI TRANSPORTMITTEL. SIE LASSEN UNS DIE UMGEBUNG AUF MAGISCHE WEISE ERLEBEN...

Georges-Louis Leclerc, Comte de Buffon, ein geistreicher französischer Aufklärer, hielt das Pferd für die edelste Eroberung des Menschen. Und in Bezug auf das, was man auch als Pferd aus Stahl definieren könnte (oder dessen mit Motor ausgerüstete Variante, das Motorrad), schrieb Albert Einstein in einem Brief an seinen Sohn: „Im Leben ist es wie mit dem Fahrradfahren. Du musst Dich bewegen, um die Balance zu halten." Bei all diesen Abenteuern, auf zwei Rädern, zu Pferde, auf einem Kamel oder sogar auf einem Elefanten – denn in diesem Kapitel haben wir an alles gedacht – ist es genau das kleine Extra an Anstrengung, durch das jede dieser Reisen zu einem unvergesslichen Erlebnis wird. Nach Art der Cowboys durch die bühnenreifen Szenerien des amerikanischen Monument Valley oder mit den Gauchos durch die argentinische Pampa zu reiten, die legendären Etappen der Tour de France entlang zu radeln, die durch die Pyrenäen führen, oder einen Slalom zwischen den Schlaglöchern der kubanischen Straßen bis zur östlichen Provinz Pinar del Río im Land des Tabaks zu machen: Jede einzelne der in diesem Abschnitt vorgestellten Reisen verspricht unsere bisherige Art, die Welt zu erkunden, wirklich zu revolutionieren.

# ODER 4 BEINEN

Andere Völker
Tierbeobachtung
Wandern
Felsenklettern
Fahrrad
Motorrad
Fähre
Reitwanderungen
Auf dem Kamel
Auf dem Elefanten

...UND LASSEN UNS DIE WELT
AUS EINER BESONDEREN
PERSPEKTIVE BETRACHTEN,
MIT DER GLEICHEN BEGEISTERUNG,
WIE SIE KINDER ALLEM NEUEN
ENTGEGENBRINGEN.

# AUF 2 RÄDERN ODER 4 BEINEN

## DAS PERFEKTE ABENTEUER

| REISE | S. | ZEIT-ZONEN | BESTE REISEZEIT | EMPFEHLENSWERT |
|---|---|---|---|---|
| **Island** - Zwischen Geysiren und Vulkanen | 184 | GMT 0 | Juni–September | *Thingvellir National Park* |
| **Norwegen** - Am Rallarvegen entlang | 186 | GMT+1 | Juli–Oktober | *Nærøyfjord* |
| **Frankreich, Spanien** - Die Pyrenäen-Tour | 188 | GMT+1 | Mai–September | *Vall de Boí* |
| **Namibia** - Zu Pferde durch den Fish River Canyon | 192 | GMT+1 | Mai–September | *Fish River Lodge* |
| **Russland, Kasachstan, Mongolei** - Auf dem Altai | 194 | GMT+7/+8 | Mai–November | *Belukha* |
| **China** - In der Taklamakan-Wüste | 198 | GMT+8 | August–September | *Tonggzubasti* |
| **Thailand** - Bei den Elefanten des Goldenen Dreiecks | 200 | GMT+7 | November–März | *Thai Elephant Conservation Center* |
| **Vietnam** - Den Ho-Chi-Minh-Pfad entlang | 202 | GMT+7 | November–März | *Hué* |
| **Australien** - Der Bicentennial National Trail | 204 | GMT+10 | April–Oktober | *Kilkivan* |
| **Australien** - Western Australia mit dem Motorrad | 207 | GMT+8 | Mai–September | *Pinnacles, Nambung National Park* |
| **Vereinigte Staaten** - Im Monument Valley | 210 | GMT-7 | Mai–September | *Hunts Mesa* |
| **Kuba** - Im wilden Westen von Pinar del Río | 212 | GMT-5 | Dezember–April | *Caverna de Santo Tomás* |
| **Argentinien** - Mit den Gauchos in der Pampa | 214 | GMT-3 | November–März | *San Antonio de Areco* |

| 182-183 *Ein Ausritt im Navajo-Gebiet im Monument Valley ist eine authentische Möglichkeit, seine Ferien im Western-Stil zu verbringen.*

| NICHT VERGESSEN | PASSENDE REISEBUCH-KLASSIKER |
|---|---|
| Badeanzug | *Jón Kalman Stefánsson*: Himmel und Hölle |
| Straßenkarte | *Erlend Loe*: Die Tage müssen anders werden, die Nächte auch |
| Regendichte Kleidung | *Gianni Mura*: The Last Kilometer |
| Hut mit breiter Krempe | *Thomas Pynchon*: V. |
| Fernglas | *Colin Thubron*: The Lost Heart of Asia |
| Winddichte Kleidung | *Bruce Sterling*: Taklamakan |
| Fotoapparat | *Rita Ringis*: Elephants Of Thailand In Myth, Art And Reality. |
| Schuhe mit hohem Schaft | *Denise Chong*: Das Mädchen hinter dem Foto. |
| Schuhe zum Wechseln | *Bruce Chatwin*: Traumpfade |
| GPS-Gerät | *Bill Bryson*: Frühstück mit Kängurus: Australische Abenteuer |
| Fotoapparat | *Cormac McCarthy*: Die Abendröte im Westen |
| Führerschein | *F. Ortiz*: Kuba: Kontrapunkt des Tabaks und des Zuckers |
| Stiefel, Hut, Poncho | *Jorge Luis Borges*: Martín Fierro |

| 184-185 *Der Jokulsarlon, der wörtlich „Lagune des Eissees" heißt, ist in ständigem Werden und wird als einer der Naturwunder Islands angesehen.*

**Beste Reisezeit** *Im Sommer zwischen Juni und September, wenn die Temperaturen milder und die Tage länger sind.*

**Zeitbedarf** *Die örtlichen Veranstalter organisieren Rundtouren mit dem Mountain Bike von der Hauptstadt Reykjavík, die zwischen einem und sechs Tagen dauern können. Radsportfans, die die Anstrengung und das wechselhafte Klima herausfordern wollen, können auch Rundfahrten von zwei oder mehr Wochen planen.*

**Organisatorisches** *Die Rundfahrten mit dem Mountain Bike sind heute so verbreitet, dass die offizielle Seite des Icelandic Mountain Bike Club immer mehr Unterstützer findet, auf der man allgemeine Hinweise bezüglich Ausrüstung und Reiseplanung findet. Von den Agenturen mit Niederlassung in Reykjavík ist Opus Adventures eine der beliebtesten, die Rundfahrten verschiedener Länge und Schwierigkeitsgrad anbietet.*

**Tipp** *Um die Muskeln von der Anstrengung des Tretens zu entspannen, gibt es nichts Besseres als ein Bad in einem der vielen Thermalbädern der Insel. Das berühmteste – und eines, das von* National Geographic *als Weltwunder angesehen wird – ist die sogenannte Blue Lagoon in der Nähe der Hauptstadt.*

# ZWISCHEN GEYSIREN UND VULKANEN

Eine Herausforderung: Mit dem Mountain Bike bei Wind und Wetter durch die spektakulärsten Landschaften einer unruhigen Erde.

Im März 2010, als die Asche einer spektakulären Eruption den Flugverkehr in Europa zum Erliegen brachte, bestand das größte Problem der Nicht-Isländer darin, den Namen des Vulkans Eyjafjöll einigermaßen korrekt auszusprechen und, noch schlimmer, den des Hauptvulkans Eyjafjallajökull. Das Ereignis hob schlagartig den Reiz dieser Vulkaninsel ins Bewusstsein, die vor 20 Mio. Jahren im Atlantik entstanden ist, was die Insel zum Stolz ihrer 300.000 Bewohner zum jüngsten Land des Planeten macht und auch zu einem der am meisten heimgesuchten. Das auf dem mittelatlantischen Rücken gelegene Island ist von einer starken vulkanischen und geothermischen Aktivität durchzogen, die seine Landschaft zusammen mit den gewaltigen Gletschern prägt. Das Klima ist gemäßigt und entspricht dem Breitengrad in der Nähe des Nördlichen Polarkreises, doch seine isolierte Lage hat die menschliche Besiedelung nicht gerde erleichtert. Bis zum 9. Jhdt., als die ersten Norweger kamen, war die Insel nur von irischen Mönchseremiten bewohnt. Noch heute vermittelt sie dem Besucher den Eindruck eines ursprünglichen und unzugänglichen Landes, aber es ist gerade diese wilde Natur, die jedes Jahr die abenteuerlustigsten Reisenden anzieht, welche die meist unasphaltierten isländischen Straßen mit dem Mountain Bike in Angriff nehmen. So kann man die Landschaften mit mehr Ruhe zu genießen, als das mit einem motorisierten Fortbewegungsmittel möglich wäre. Die Strecken sind im Allgemeinen schwierig, doch Island belohnt die Mühe mit einer außergewöhnlichen Gastfreundschaft. Wer davon träumt, einem Vulkanausbruch beizuwohnen, vielleicht sogar nur wenige Meter von einem Gletscher entfernt, hat hier eine einmalige Gelegenheit: Durchschnittlich alle fünf Jahre findet eine Eruption statt.

**Website** *www.iceland.is*

**EMPFEHLENSWERT**

- DER **SNAEFELLSJOKULL NATIONAL PARK**, DER SEINEN NAMEN DEM GLEICHNAMIGEN GLETSCHER VERDANKT, ERHEBT SICH AUF ÜBER 1440 M HÖHE ZWISCHEN MONDLANDSCHAFTEN UND WILDNIS. OHNE FAHRRAD BIETET ER GROSSARTIGE MÖGLICHKEITEN ZUM TREKKING ENTLANG VON LAVAFELDERN UND KRATERN SOWIE ZUM BIRDWATCHING.

- DER 2004 INS WELTNATURERBE DER UNESCO AUFGENOMMENE **THINGVELLIR NATIONAL PARK** IST EINER DER SYMBOLISCHEN ORTE DER ISLÄNDISCHEN GESCHICHTE. ER LIEGT IN EINEM UNVERGESSLICHEN VULKANISCHEN PANORAMA NICHT WEIT VON DER HAUPTSTADT ENTFERNT UND WAR ZUGLEICH SITZ EINES DER ERSTEN PARLAMENTE DER WELT, DAS 930 N. CHR. ENTSTAND.

- **AFJÖRDUR**, DIE GRÖSSTE SIEDLUNG IM GEBIET DER WESTLICHEN FJORDE, IST FÜR SEIN KULTURELLES LEBEN, FÜR SEINEN KUNSTREICHTUM UND EBENSO FÜR DIE ANWESENHEIT ZAHLREICHER MUSIKER UND KOMPONISTEN BEKANNT, DIE DEN ORT ALS IDEALES REFUGIUM GEWÄHLT HABEN.

# AM RALLARVEGEN ENTLANG

## Gletscher und Fjorde: die historische Straße parallel zum unwegsamsten Streckenabschnitt der Bahnlinie Bergen–Oslo ist ein sensationeller Radweg.

Im Jahr 1894 beschloss das norwegische Parlament mit großer Mehrheit den Bau einer Bahnstrecke von Bergen im Westen nach Christiania (der alte Name Oslos) im Osten, die über die hohe Gebirgskette führen sollte, die bis dahin das Land zweiteilte. Der Bau stellte sich als das ehrgeizigste Eisenbahnprojekt ganz Europas heraus: das gesamte Baumaterial musste mit Pferdekarren während des kurzen, wechselhaften Sommers des Norden herangeschafft werden. Dafür wurden vorher 2400 Marinesoldaten dazu verpflichtet, eine Versorgungsstraße zu bauen. 1909 eröffnet, ist die Bahnlinie bis heute in Betrieb, während die Versorgungsstraße, der Rallervegen, auch „alte Marinestraße“ genannt, heute ein Nationaldenkmal und nur für den Fahrradverkehr geöffnet ist. Er erstreckt sich über 84 km fast parallel zur Bahnstrecke am Rande des Hardangervidda-Nationalparks durch die Orte

| **186** *Der Abschnitt des Rallarvegen, der das Ufer des Uste-Sees säumt.*

| **187** *Der Hardangerjøkulengletscher im Hardangervidda-Nationalpark.*

Haugastøl e Flåm, das Tor zur wunderbaren Fjordregion, vorbei an Finse (wo sich auf 1222 Metern die höchste Bahnstation der Welt befindet) und der entlegenen Ortschaft Myrdal. Der Rallervegen gilt als spektakulärste Fahrradstrecke des Landes und wird deshalb jeden Sommer von 20.000 Radsportlern befahren. Die Bewältigung der Steigung auf über 1300 Höhenmeter und die extrem steile Abfahrt bis auf Meeresniveau wird durch die Schönheit der Landschaft reichlich belohnt.

**Website** *www.visitrallarvegen.no*

**Beste Reisezeit** *Vom 15. Juli bis zum 1. Oktober.*

**Zeitbedarf** *Die Fahrradtour schafft man in 3 Tagen, um Ausflüge in die Umgebung zu machen, weitere 3 Tage.*

**Organisatorisches** *Den Rallarvegen kann man in Eigenregie befahren: In der Nähe des Start-Bahnhofs Haugastøl und entlang der Strecke gibt es zahlreiche Übernachtungsmöglichkeiten in einfachen Unterkünften, B&B und komfortablen Hotels, die einen Fahrradverleih und technische Unterstützung anbieten. Aus der letzten Kategorie sind zu nennen: das nette Hotel Finse 1221, Teil der Gesellschaft historischer Hotels von Norwegen. In den Sommermonaten hängt die norwegische Bahn (Norges Statsbaner AS) auf der Strecke zwischen Bergen und Oslo einen zusätzlichen Waggon zum Transport der Fahrräder an.*

**Tipp** *Der Rallervegen ist etwas für geübte Radfahrer, besonders im Abschnitt des Flåmsdalen, in dem auf knapp 20 km 857 Höhenmeter und 21 steile Haarnadelkurven zu überwinden sind. Weniger geübte können auch eine Wanderung in Erwägung ziehen, bei der man ganz in Ruhe die prächtige Landschaft aus Wäldern und Wasserfällen genießen kann.*

## EMPFEHLENSWERT

- IM PITTORESKEN ORT FINSE STEHT DAS INTERESSANTE **RALLAR MUSEET**, DAS IN ANSCHAULICHER WEISE ÜBER DEN BAU DER BAHNSTRECKE BERICHTET.

- IM NATIONALPARK HARDANGERVIDDA ERREICHT MAN NACH EINER SPEKTAKULÄREN, VIERSTÜNDIGEN WANDERUNG MIT START IN FINSE DEN **BLÅISEN-GLETSCHER**. DIE WEISSE LANDSCHAFT ERSCHEINT DERART SURREAL, DASS MAN DORT DIE SZENEN AUF DEM PLANETEN HOF IM FANTASY-ABENDTEUER **DAS IMPERIUM SCHLÄGT ZURÜCK** DREHTE.

- AN EINEM BACH AUF 1310 METER HÖHE LIEGT DAS **FAGERNUT**, FRÜHER EINE RUSTIKALE UNTERKUNFT FÜR GLEISBAUARBEITER, HEUTE EIN TYPISCHES CAFÉ MIT EINER KLEINEN AUSSTELLUNG, PERFEKT FÜR EINE ERHOLSAME PAUSE.

- IN FLÅM ANGEKOMMEN, LOHNT ES SICH, EINEN TAG MIT EINER SCHIFFFAHRT IM **NÆRØYFJORD** ZU VERBRINGEN, DEM WILDESTEN ARM DES BERÜHMTEN SOGNEFJORD, „KÖNIG DER FJORDE“ UND TEIL DES WELTNATURERBES DER UNESCO.

# DIE PYRENÄEN-TOUR

## Vom Atlantik zum Mittelmeer, vorbei am legendären Col du Tourmalet - auf den Spuren der Champions der Tour de France bei einer Reise auf zwei Rädern.

| 188 *Eine Ansicht des Sees von Fabrèges, auf 1241 m Höhe im Gebiet der atlantischen Pyrenäen.*

„Mörder!" rief der von der Anstrengung gezeichnete Octave Lapize im Jahre 1910 den Organisatoren der Tour de France zu, als er ins Ziel ging. Der legendäre Radsportler war der Erste, der den Col du Tourmalet, die höchste Straße der gesamten Pyrenäenkette, bezwungen hat: 19 Kilometer bergan mit einem Höhenunterschied von 1404 Metern, und einen guten Teil der Strecke, damals eine Straße voller Schlaglöcher, hatte Lapize mit dem Fahrrad in der Hand laufen müssen. Doch ungeachtet der Erfahrung dieses ersten Males – und einer Streckenführung, die als „schwerste Kategorie" eingestuft wird – wurde der Col du Tourmalet zu einem klassischen Streckenabschnitt der Tour de France, und wird auch häufig für die gleichfalls berühmte Vuelta de España genommen. Niemand, der sich für den Radsport begeistert, würde sich im Fernsehen die Live-Übertragung der „Pyrenäen-Etappe" entgehen lassen, des anstrengendsten, aufregendsten und dramatischsten Abschnitts der gesamten Radrennstrecke. Gleichermaßen gibt es kaum einen Amateurradsportler, der es sich nicht wünschen würde, sie einmal zu bezwingen, um dann vor dem Géant de Tourmalet eine Pause einzulegen, dem Denkmal, das zu Ehren der Helden dieses Sports auf der Passhöhe in 2115 m Höhe errichtet wurde. Lässt man die Anspannung des Wettkampfes beiseite und geht es mit der gebührenden Ruhe an, ist das Überqueren der Pyrenäen vom Atlantik zum Mittelmeer eine der

### EMPFEHLENSWERT

- ES GIBT SO VIELE AUSGEZEICHNETE ZIELE, DIE MAN IM **PYRENÄEN-NATIONALPARK** ANSTEUERN KANN, DASS ES SICH DURCHAUS LOHNT, DAS FAHRRAD STEHENZULASSEN, UM ZU FUSS DIE WUNDER DES **VALLÉE D'OSSAU** MIT SEINEN FELSWÄNDEN ZU ERKUNDEN, DEM BESTEN AUSSICHTSPUNKT ZUM BEOBACHTEN DER GREIFVÖGEL, ODER DIE WEGE ZWISCHEN DEN EISSEEN DES **VALLÉE DE LUZ**.
- GÖNNEN SIE SICH NACH EINER ANSTRENGENDEN ETAPPE IN **BAGNÈRES-DE-LUCHON** EINEN TAG ZUM ENTSPANNEN, IM RENOMMIERTESTEN THERMALBAD DER PYRENÄEN. HAUPTATTRAKTION IST HIER DAS VAPORARIUM: DAS IN DEN FELS GEHAUENE BAD IST DER EINZIGE NATÜRLICHE HAMAM EUROPAS.
- DIE PYRENÄEN WEISEN EINE ÜBERRASCHENDE KONZENTRATION VON LANDSCHAFTLICH UND KULTURELL EINMALIGEN ORTSCHAFTEN AUF.
- ES IST EINE MAGISCHE SZENERIE, WIE DIE BERGE DAS **VALL DE BOÍ** UMSCHLIESSEN, EINEN DER SCHÄTZE KATALANIENS. SEINE ACHT KIRCHEN (UND EINE KAPELLE), DIE ZUM UNESCO-WELTKULTURERBE ERKLÄRT WURDEN, SIND MEISTERWERKE DER ROMANISCHEN KUNST, DIE SICH IN DER ARCHITEKTUR, DEN SKULPTUREN UND MALEREIEN AUSDRÜCKT.

| **189** *Der Col de l'Aubisque, der zusammen mit dem Tourmalet und dem Galibier einer der legendären Anstiege der Tour de France ist.*

außergewöhnlichsten Radwanderungen Europas. Sicherlich lohnt sich neben dem Col du Tourmalet auch das Befahren anderer außerordentlicher Steigungen, wie die des nicht weit entfernten Col d'Aspin und des Col de Peyresourde sowie des Port de la Bonaigua, des höchsten Passes auf der spanischen Seite der Gebirgskette. Eine reiche Belohnung für die Mühe ist die Schönheit der Landschaft auf einer Route, die von St. Jean de Luz, ganz in der Nähe des mondänen Biarritz, an die Costa Brava führt, vorbei an von der Natur geschaffenen Kunstwerken, an dem Iratiwald, dem weitläufigsten Buchenwald Europas, am Nationalpark der Pyrenäen mit seinen kristallklaren Seen, den Wäldern und den Gipfeln aus Granitgestein, und im katalonischen Spanien an der Grenze zum kleinen Andorra vorbei am wildwüchsigen Nationalpark von Cadí-Moixeró, wo Pablo Picasso sich aufzuhalten pflegte, um Inspiration zu bekommen. Schwer ist dann allerdings auch noch die Auswahl der Zwischenstationen auf der Wegstrecke, die an verzauberten Dörfchen und herrlichen Thermalkurorten vorbeiführt. Abschnittweise verläuft sie über die alte Pilgerstrecke in Richtung Santiago de Compostela oder über eine der kulinarischen Reiserouten wie die Route du Fromage, die von den Flüssen Ossau und Irati durchs Baskenland führt, auf der man die Almkäsesorten kosten kann, oder die Weinstraße im Département Lot. Oder sie verhilft zum Entdecken alter Traditionen, wie jener der Fiestas, die mit einer unglaublichen Lebensfreude selbst in den verlassensten aller spanischen Dörfer gefeiert werden. Vergessen Sie nicht, zu Beginn dieser grünen Reise durch Täler und Berge auch dem Ozean – und an ihrem Ende dem Meer – die Ehre zu erweisen (und beide ausgiebig zu genießen). Man sagt, das Baden der Füße im Atlantik bringe Glück für die Reise. Und schließlich gibt es keine schönere Belohnung, als unter der mediterranen Sonne zu schwimmen.

**Websites** *www.tourisme-midi-pyrenees.com und www.spain.info*

| 190 *Der Col du Tourmalet ist ein mythischer Ort des Radsports.*
| 191 *Die vollständige Überquerung der Pyrenäen ist wirklich sehr anstrengend, sodass man üblicherweise nur einen Abschnitt in Angriff nimmt.*

**Beste Reisezeit** *Von Mai bis September.*

**Zeitbedarf** *10 bis 14 Tage (mit Zwischenstationen).*

**Organisatorisches** *Wenngleich eine unabhängige Überquerung der Pyrenäen möglich ist, gibt es doch viele spezialisierte Touranbieter, die Gruppenreisen organisieren, und den Verleih von Fahrrädern, das Reservieren von Unterkünften und technische Hilfestellung auf der Wegstrecke anbieten, einschließlich der Gepäckbeförderung. Wir empfehlen darunter: Vélo Loco und Best of the Pyrénées.*

**Tipp** *Nehmen Sie immer eine wasserdichte Jacke mit. Das Klima in den Pyrenäen ist vor allem auf der französischen Seite sehr feucht, sogar im August regnet es im Durchschnitt an 10 von 31 Tagen!*

## Wissenswert

*Nach dem Mythos leitet sich der Name „Pyrenäen" von Pirene ab, der bildhübschen Tochter des Königs von Cerdanya, die Herkules zur Gattin nehmen wollte. Der Vater verweigerte die Zustimmung, die junge Frau entfloh und kam auf tragische Weise ums Leben. Herkules beerdigte sie unter einem Gesteinshaufen: der Pyrenäenkette.*

*Einige ziehen das Phänomen von Unregelmäßigkeiten im Magnetfeld heran, andere bestehen darauf, dass auf ihrem Berg die Bundeslade verborgen sei – Tatsache sei auf jeden Fall, dass das winzige Pyrenäendorf Bugarach als einziger Ort das von den Maya für 2012 vorhergesagte Ende der Welt überstehen würde. Es ist noch nichts passiert, doch die Immobilienpreise sind alle steil nach oben geklettert, und das Dorf hat beträchtliche Werbung erfahren.*

*Wenn der Col du Tourmalet ein „Meilenstein" in der Geschichte des Radfahrens ist, so ist das nicht nur den Champions zuzuschreiben, die ihn bezwungen haben, sondern auch den Farben, in denen ihre Heldentaten erzählt wurden. Deshalb hat man Jacques Goddet, dem berühmtesten französischen Sportjournalisten und Gründer der Tageszeitung* L'Équipe*, auf der Passhöhe ein Denkmal errichtet.*

# ZU PFERDE DURCH DEN FISH RIVER CANYON

Eine Reise im Wildweststil in den Süden Afrikas, um – weit weg von allem – die Landschaften aus Granitgestein, die geologischen Meisterstücke des Kontinents, zu erleben.

| **192** *Der spektakulärste Abschnitt des 650 km langen Fish River, der Canyon, erstreckt sich über 160 km.* | **193** *Das Pferd ist eines der besten „Verkehrsmittel", um die Naturwunder des Fish River Canyon zu entdecken.*

Nach einer Sage des Nama-Volkes wurde der Fish River Canyon von der Riesenschlange Koutein Kooru geschaffen, die sich mit den schlängelnden Bewegungen ihres Körpers eine Straße durch die Felsen bahnte, während die Geologen die Bildung des Canyon auf heftige tellurische und erosive Phänomene zurückführen, die vor 650 Mio. Jahren begannen, zu der Zeit, als sich Gondwana vom Superkontinent abspaltete. Sagenhaft ist das Landschaftsbild des „Grand Canyon Afrikas", der sich über 160 km erstreckt und bis zu 500 m tief ist. Die meisten der 3000 Ausflügler, die ihn jedes Jahr besuchen, nehmen die Anstrengung auf sich, ihn zu Fuß zu durchqueren, doch am spannendsten ist es, zu Pferde unterwegs zu sein: Bei einem Reitausflug kann man nicht bloß den Canyon in seiner gesamten Ausdehnung durchqueren – vom Örtchen Hobas bis zur Schwefelquelle von Ai-Ais, wobei man die Farbnuancen der Gesteinsschichten und das Dickicht aus Aloe dichotoma bewundern kann, einem eigentümlichen Baum, aus dessen Holz die Buschleute (San) ihre Pfeile und Köcher konstruieren – sondern auch in andere Gebiete wie die Ebene von Karoo weiterreiten, bis an die Grenze zu Südafrika. Und in dieser vielfältigen Gegend ist es gut möglich, die kleinen namibischen Wildpferde zu sichten, eine an die extremen Lebensbedingungen der Wüste angepasste Pferderasse.

## EMPFEHLENSWERT

- BADEN SIE IN DEN NATÜRLICHEN **THERMALQUELLEN VON PALM SPRINGS UND AI-AIS** BZW. IM NORDEN DES CANYONS UND AN SEINEM SÜDLICHEN RAND. DIE STADT VERDANKT IHREN NAMEN DEN DATTELPALMEN: MAN SAGT, SIE SEIEN AUS DATTELKERNEN GEKEIMT, DIE ZWEI DEUTSCHE SOLDATEN DORT GELASSEN HATTEN, DIE AUS EINEM SÜDAFRIKANISCHEN GEFÄNGNIS AUSGEBROCHEN WAREN UND SICH HIER ZWEI JAHRE LANG VERSTECKT HIELTEN, BIS DER ZWEITE WELTKRIEG VORÜBER WAR.
- VERBRINGEN SIE EIN PAAR NÄCHTE IN DER **FISH RIVER LODGE:** DIE EINZIGE UNTERKUNFTSMÖGLICHKEIT HIER LIEGT IN SPEKTAKULÄRER LAGE AM RANDE DER SCHLUCHT. IN DEM LUXURIÖSEN AMBIENTE IN MODERNEM CHIC UND MIT PERFEKTEM SERVICE KANN MAN SICH WUNDERBAR VON DER MÜHE DER STRECKE ERHOLEN.
- LASSEN SIE DEN CANYON HINTER SICH UND GENIESSEN SIE DEN AUSRITT ZWISCHEN DEN DÜNEN DES **AUSSENKEHR NATURE RESERVE.** HIER KANN MAN AN DEN UFERN DES FLUSSES ORANGE IM DORF AUSSENKEHR VERWEILEN, WO DAS LANDSCHAFTSBILD ÜBERRASCHENDERWEISE VON WEINBERGEN GEPRÄGT IST. AUS DEREN TRAUBEN WIRD EIN DUFTENDER SAUVIGNON BLANC GEKELTERT.

**Beste Reisezeit** *Von Mai bis September.*

**Zeitbedarf** *6 bis 11 Tage.*

**Organisatorisches** *Unter den lokalen Reiseanbietern, die 6- bis 11-tägige Reitausflüge in die Schluchten organisieren (mit täglich 20 bis 30 km Strecke) empfehlen wir die Namibia Horse Safari Company sowie Chameleon Holidays & Travel.*

**Tipp** *Machen Sie sich bereit für ein Abenteuer, das wirklich nicht von dieser Welt ist: Voraussichtlich werden Sie auf der gesamten Tour keine Menschenseele treffen. Und nicht einmal die Mobiltelefone funktionieren.*

**Website** *www.namibiatourism.com.na*

# AUF DEN BERGEN DES ALTAI

Im Gebirgsparadies von Zentralasien, zu Pferde auf den Spuren des stolzen Nomadenvolks der Kasachen, Meister in der Kunst der Falkner.

Wenn der Vater eines Falkners am Tag des ersten Schnees im November stirbt, so erzählen sich die Kasachen, braucht man zur Beerdigung auf den Sohn nicht zu warten: Er wird mit seinem Steinadler in den Bergen des Altai sein, denn der erste Schnee kündigt den Beginn der Jagdsaison auf den „Corsac", den Steppenfuchs an. Es gibt kein besseres Fell, um die schweren Filzmäntel einzufassen und die Mützen daraus zu nähen, die die kasachische Tracht ausmachen. Im Übrigen ist die Falknerei das wichtigste Symbol dieses Volkes: Sie waren es, die diese Kunst unter den Arabern und in China einführten, und im 12. Jahrhundert sollen es Kasachen gewesen sein, die Dschingis Khan unter den besten Falknern für seine Leibgarde auswählte. Bis zu seinem zehnten Lebensjahr lernt jeder Kasache von seinem Vater ein Steinadlerküken zu fangen und für die Jagd auszubilden und ihn so fürsorglich großzuziehen wie einen eigenen Sohn – oder, besser gesagt, eine Tochter, denn die Kasachen bevorzugen die aggressiveren Weibchen dieser größten und schnellsten Greifvogelspezies, die mit einer Spannweite von über zwei Metern aufwarten kann und im Sturzflug Geschwindigkeiten bis zu 280 Stundenkilometer erreicht. Auf dem Pferd mit den Kasachen zu reiten (die Kasachen sind ausgezeichnete Reiter), während sie im Sommer ihre Steinadler für die Jagd auf Füchse, Murmeltiere und Hasen ausbilden, oder ihre Schaf-, Yak-, Pferde- und Trampeltierherden auf die Weide im Altaigebirge führen, in der Jurte – einem großen Zelt aus Filz, die mobile Behausungen der Kasachen – zu schlafen ist eine Erfahrung, die ihre Spuren hinterlässt. Man erlebt die Natur in den sogenannten „Goldenen Bergen", die sich im Grenzgebiet von Kasachstan, Sibirien, der Mongolei und China mit Gletschern, Gebirgsseen, reißenden Bächen, Nadelwäldern, grünen Weiden und über 4000 m hohen Gipfeln erstrecken. Eine geheimnisvolle Landschaft, die niemand besser

**Website** *www.visitaltai.info*

**EMPFEHLENSWERT**

DER BERG **BELUKHA** AUF RUSSISCHEM TERRITORIUM IST FÜR DIE KASACHEN EIN HEILIGER ORT, AN DEM DIE URSPRÜNGE IHRES VOLKES LIEGEN. DER AUFSTIEG AUF DEN GLETSCHER ZU PFERDE IST ANSTRENGEND (VOM DORF TUNGUR BENÖTIGT MAN ZWEI TAGE), ABER DIE LANDSCHAFT IST SAGENHAFT.

DA SICH DER **TELETZKER SEE** IN NUR 80 KM ENTFERNUNG DER WELTRAUMBASIS BAIKONUR BEFINDET, KANN ES SEIN, DASS MAN FÜR DIE ZUFAHRT ZUM SEE EINE SONDERGENEHMIGUNG BENÖTIGT. IN DIESEM FALL IST DER **BIYA**, EINZIGER ABFLUSS DES SEES, DAS ERKLÄRTE ZIEL, SOZUSAGEN EINE DER TOURISTENHOCHBURGEN ALTAIS: HIER WERDEN BEEINDRUCKENDE RAFTINGTOUREN ORGANISIERT.

IDEAL ZUM „BIRDWATCHING" IST DER **NATIONALPARK ALTAI TAVAN BOGD** IN DER MONGOLEI; AN DEN UFERN DER SEEN KHOTON, KHURGAN UND DAYAN BEKOMMT MAN AUCH SELTENE SPEZIES WIE ARGALI-SCHAFE, MARALHIRSCHE UND SOGAR DEN SEHR SCHEUEN SCHNEELEOPARDEN ZU SEHEN.

NICHT WEIT VOM KHOTON-SEE ENTFERNT SOLLTE MAN SICH IM URSPRÜNGLICHSTEN SPA DER WELT EINE PAUSE GÖNNEN, NÄMLICH IN DEN HEISSEN **QUELLEN VON RASHANY IKH UUL.** DES WASSER IST 33-36° C WARM, UND MAN KANN DORT SOGAR IN EINER JURTENSIEDLUNG ÜBERNACHTEN.

| **194-195** *Das Wort Altai bedeutet auf Türkisch und in der mongolischen Sprache „Goldene Berge".*

**Beste Reisezeit** *Von März bis November.*

**Zeitbedarf** *2 Wochen.*

**Organisatorisches** *Eine Tour zu Pferde im Altai kann man in der mongolischen Hauptstadt Ulan Bator buchen, z.B. bei den lokalen Veranstaltern Altai Expeditions, Blue Wolf Travel, Kazakh Tour oder von Novosibirsk in Russland aus, mit Ecotours Russia und K2 Travel.*

**Tipp** *Wenn man sich für eine Reise in das russische Altai-Gebiet entscheidet, sollte man die Hauptstadt der Republik Altai, Gorno-Altaisk, auslassen; diese Stadt steht für die größten Bausünden, die das Sowjetregime je verbrochen hat. Ein besserer Ausgangspunkt ist Barnaul. Die Stadt hat 750.000 Einwohner und ist die Hauptstadt des russischen Altai-Gebiets: Zu Zeiten Katharinas der Großen lebte dort eine deutsche Gemeinde; heute gilt diese Universitätsstadt als verborgenes Juwel Sibiriens.*

| **196** *Eine kasachische Jurte auf mongolischem Boden im Altai-Gebiet.* | **197** *Zwei Falkner nehmen am kasachischen Adlerfestival teil.*

kennt als die Kasachen. Dieses Gebiet wurde von Russland als autonome Republik Altai anerkannt, das über eine Fläche von 92.600 km² verfügt; die Hauptstadt ist Gorno-Altaisk, und der höchste Berg ist der Belukha (auch der höchste von ganz Sibirien). 80.000 Kasachen leben auch in der Mongolei als starke muslimische Minderheit in einer buddhistisch geprägten Nation. Der Islam wird bei den Kasachen eher flexibel praktiziert. Das Studium des Korans basiert hauptsächlich auf mündlicher Überlieferung, und die Frauen, die sich nicht verschleiern, sind den Männern gleichgestellt. Als hervorragende Reiterinnen sind sie auch die Protagonisten eines der eigenartigsten Bräuche dieses Volkes, bei dem sie die Männer zu Pferde verfolgen: Hat eine Frau einen Mann eingeholt, darf sie ihn für seine „Unanständigkeiten", die er sich geleistet hat, mit der Peitsche bestrafen. Dieses Reiterspiel gehört zu den Höhepunkten des kasachischen Adlerfestes, das jedes Jahr im Oktober im Schatten des Tavan-Bogd-Gebirges in der mongolischen Region Bayan-Ölgii abgehalten wird. Kasachen aus dem gesamten Altai-Gebiet ziehen dort hin, um sich bei der Jagd mit ihren Greifvögeln zu beweisen.

**Wissenswert**

- *Es waren die Völker des Altai, die die Pferde in die Mongolei brachten, und heute verfügt dieses Land mit 2 Mio. Exemplaren die größte Pferdezucht des asiatischen Kontinents.*

- *Die Falkner betrachten ihre Kunst als Teil des ökologischen Gleichgewichts des Altais. Die Jagdsaison auf den Corsac, der vom Aussterben bedroht ist, endet am 20. Februar, um seine Fortpflanzung nicht zu stören. Die Steinadler (die durchschnittlich 35 Jahre alt werden) werden nach 10 Jahren Gefangenschaft in die Freiheit entlassen.*

- *Die Kasachen jagen wegen des Pelzes auch Wölfe, für die Mongolen ist dies jedoch tabu: Sie betrachten sie als Nachkommen des blauen Wolfs, des mythischen Vorfahren Dschingis Khans, und man sagt, die Wölfe trügen seinen Geist in sich, und sieht man einen, bringt das Glück.*

| 198 *Eine Touristenkarawane mit Kamelen nimmt die Dünen des Taklamakan in Angriff, die westlichen Ausläufer der Wüste Gobi.*

# IN DER TAKLAMAKAN-WÜSTE

## Den Jeep kann man getrost vergessen: Es bedarf eines Trampeltiers, um in dieser Wüste die Karawanenrouten der legendären Seidenstraße zu erkunden.

Taklamakan wurde aus dem Uigurischen oft mit „Meer des Todes" übersetzt. Auch wenn von ihrer Fläche – mit 900 km Länge und 400 km Breite – nicht mit den großen Wüsten der Erde mithalten kann, waren die Berichte derer, die über die Jahrhunderte diese Wüste durchquert hatten, stets von Schrecken geprägt. In dieser höckrigen und menschenleeren Ebene sinken die Temperaturen im Winter bis auf -35° C, und im Juli erreichen sie sengende 50° C und mehr. Wenn sich um die Mittagszeit der Kara Buran, der „schwarze Sandsturm" erhebt, erreicht er Windgeschwindigkeiten von 250 km/h und überzieht die Karawanen mit einem Gewitter aus Sand und Steinen. Wenn man den Legenden Glauben schenken kann, sind unter den Dünen ganze Dörfer und Volksstämme begraben. Und doch war die Taklamakanwüste eine unumgängliche Route der Seidenstraße, und an ihrem Rand liegen einige der ältesten Oasenstädte Zentralasiens, vom berühmten Kashgar bis hin zu den Oasen Hotan und Turfan, jede mit ihrem Markt, der die Erzählungen (vielleicht nicht wahrheitsgetreu, aber deshalb nicht minder faszinierend) aus Marco Polos Milione wachruft. Heute Teil der turbulenten autonomen Provinz Xinijang und zum Großteil von muslimischen Uiguren bevölkert, wurde die

**Beste Reisezeit** *August und September.*

**Zeitbedarf** *1 bis 2 Wochen.*

**Organisatorisches** *Um nach Kashgar zu gelangen, Startpunkt für eine Tour durch die Taklamakan, verweisen wir auf die Informationen im Kapitel zum Karakorum Highway. In Kashgar gibt es einige Veranstalter unter uigurischer Leitung, die eine 3- bis 17-tägige Kameltour anbieten. Darunter sind Adbul Wahab Tours und Uighur Tours zu nennen.*

**Tipp** *Man sollte die Reise so planen, das man jeweils am Sonntag in Kashgar bzw. Hotan ist, um zwei der größten und interessantesten Märkte von ganz Zentralasien zu besuchen, die dort jeden Sonntag abgehalten werden.*

Taklamakan sozusagen von den Chinesen gezähmt, die in Rekordzeit eine Autobahn hindurch bauten. Doch um die Eindrücke der Seidenstraße mit der gebotenen Langsamkeit zu erleben – islamische Ansiedlungen, in denen man Männer mit langen Bärten und blauen Augen sieht und abgelegene Zeugnisse des Buddhismus, der in dieser Gegend einst verbreitet war –, sollte man, zumindest teilweise, den unsichtbaren Routen durch die Taklamakan mit dem Transportmittel folgen, das den Karawanen seit jeher zu eigen war: dem Trampeltier. Dieses zweihöckrige Kamel überwindet selbst 80 m hohe Dünen immer noch besser als jedes Automobil, besonders wenn der Kara Buran bläst.

**EMPFEHLENSWERT**

- DAS STÄDTCHEN **YINGSAR** IST FÜR DIE KUNSTHANDWERKLICHE HERSTELLUNG VON UIGURISCHEN MESSERN BERÜHMT, UND DAS NAHE GELEGENE **YARKANT** – DAS BIS ZUM 16. JHDT. DIE HAUPTSTADT DER UIGURENREICHS WAR – BEHERBERGT WUNDERSCHÖNE MOSCHEEN.

- NICHT WEIT VON HOTAN LIEGT DAS VON PAPPELN UMGEBENE **TONGGZUBASTI**, EINES DER WENIGEN VERBLIEBENEN DÖRFER IN DER TAKLAMAKAN. ALLE HÄUSER SIND AUS LEHM GEBAUT. MAN SAGT, DASS DIE BEWOHNER ANGEHÖRIGE EINES DER IN DER WÜSTE VERSUNKENEN VOLKSSTÄMME SEIEN.

- BEKANNT ALS DER **GRAND CANYON DER TAKLAMAKAN**, WARTET DER **TIEN SHAN** MIT EINER SPEKTAKULÄREN SZENERIE AUF, WÄHREND IN DEN ROSAFARBENEN FELSEN AM NORDUFER DES FLUSSES MUZAT, UNGEFÄHR 40 KM VON DER KARAWANSEREI KUCHA ENTFERNT, ZAHLREICHE GROTTEN LIEGEN, MIT BUDDHISTISCHEN FUNDSTÜCKEN AUS DEM 3. BIS 8. JHDT.

- VON DER **OASE TURFAN** AUS KANN MAN DIE RUINEN DES ANTIKEN **YARGUL** BESUCHEN, DAS IM 1. JHDT. V.CHR. GEGRÜNDET WURDE UND VERMUTLICH DIE ERSTE ANSIEDLUNG DER TAKLIMAKAN WAR, BEWOHNT BIS ZUM 8. JHDT., BIS ES DSCHINGIS KHANS TRUPPEN IN SCHUTT UND ASCHE LEGTEN. ZU SEHEN SIND DIE ÜBERRESTE DER MAUER, VON VERTEIDIGUNGSANLAGEN, BUDDHISTISCHEN STUPAS, MOSCHEEN, GRABMÄLERN UND EINEM ÜBERRASCHENDEN UNTERIRDISCHEN BEWÄSSERUNGSSYSTEM.

| 199 *Die Bergkette von Tian Shian erstreckt sich über 2800 km.*

# BEI DEN ELEFANTEN DES GOLDENEN DREIECKS

Sind sie das königliche Symbol Thailands oder nur eine Touristenattraktion? – Erleben Sie Ihr eigenes Abenteuer mit diesen majestätischen Dickhäutern.

| **200** *Ein Mahut säubert einen Elefanten in Chiang Dao.*
| **201** *Ein Ausflug auf dem Rücken eines Elefanten.*

Jedes Jahr wird am 16. April in der Elefantenschule von Chiang Dao die prächtige Dam Hua Zeremonie abgehalten. Vor Jahrhunderten, in der Epoche der Lanna-Dynastie, wurden mit dieser Zeremonie die ältesten Bewohner der Gemeinde geehrt. Heute sind jedoch die Elefanten die Protagonisten: Sie werden mit Blumengirlanden geschmückt, und die Männer knien vor ihnen nieder, um sie um Verzeihung zu bitten. Und es gibt wahrlich etwas zu verzeihen. Die majestätischen und sanftmütigen Dickhäuter wurden vom Symbol der Natur und der Könige Thailands zur Touristenattraktion deklassiert und werden oft nicht mit dem Respekt behandelt, der ihnen gebührt. Statt sich beim Trekking durch den Urwald des Goldenen Dreiecks, den jede Agentur der Touristenhochburg Chiang Mai organisiert, mit dem dazugehörigen halbstündigen Elefantenritt zu begnügen, kann man eine echte „Elefanten-Erfahrung" machen, indem man 3 Tage im Thai Elephant Conservation Center in Hang Chat verbringt, das 1993 gegründet wurde und sich um die Pflege der 2700 in Gefangenschaft lebenden thailändischen Elefanten kümmert. Jedem Besucher wird ein Dickhäuter anvertraut, man bringt ihm bei, das Tier über die unwegsamen Urwaldpfade zu führen und für ihn zu sorgen. Außerdem bekommt man Einblick in das Leben der Mahut, der Elefantenführer: Man schläft und isst in ihren einfachen Holzhütten.

**Website** *www.thailandelephant.org*

## EMPFEHLENSWERT

- JEDEN TAG UM 9.40 UHR UND 13.10 UHR KANN MAN IM **THAI ELEPHANT CONSERVATION CENTER** DEN ELEFANTEN BEIM BADEN ZUSEHEN: SIE SIND GUTE SCHWIMMER (IHRE NÄCHSTEN VERWANDTEN SIND DIE DUGONGS) UND VERGNÜGEN SICH DAMIT, SICH GEGENSEITIG MIT WASSER ZU BESPRITZEN.
- DAS ZENTRUM BEHERBERGT EINE ELEFANTENKLINIK, EINE BABYSTATION UND DIE KÖNIGLICHEN STÄLLE MIT DEN SECHS WUNDERBAREN **WEISSEN ELEFANTEN**, DIE SICH IM BESITZ DES THAILÄNDISCHEN KÖNIGS BHUMIBOL ADULYADEJ BEFINDEN.
- MITTEN IN DER MALERISCHEN LANDSCHAFT DER VOM VOLKSSTAMM DER KEREN BEWOHNTEN HÜGEL ÖFFNET DIE **ELEFANTENSCHULE VON CHIANG DAO** WÄHREND DER AUSBILDUNGSSAISON IHRE PFORTEN, UM BESUCHERN ZU ERMÖGLICHEN, DEM TRAINING BEIZUWOHNEN UND AN ORGANISIERTEN RAFTINGS AUF BAMBUSFLÖSSEN AUF DEM FLUSS PING TEILZUNEHMEN.

**Beste Reisezeit** *Von November bis März.*

**Zeitbedarf** *1 Tag bis 1 Woche.*

**Organisatorisches** *Neben dem Thai Elephant Conservation Center gibt es im Umkreis von 50 km von Chiang Mai weitere Orte, an denen man Zeit mit Elefanten verbringen kann, z.B. der Elephant Nature Park, der um die 10 Elefanten beherbergt, die nach Unfällen oder aus der Misshandlung durch ihre Besitzer gerettet wurden, um sie auf ein Leben in Freiheit vorzubereiten. Außerdem werden 2-, 7- oder 14-tägige Trekkingtouren in den Urwald organisiert.*

**Tipp** *Wer nicht gleich auf „Tuchfühlung" mit den Elefanten gehen möchte, kann einen Aufenthalt im luxuriösen Anantara Golden Triangle Resort & Spa in Chiang Seaen buchen. Das dortige Elephant Camp wird in Zusammenarbeit mit der Golden Triangle Asian Elephant Foundation geleitet und organisiert von Mahut geführte Trekkingtouren und Bäder im Fluss mit den Elefanten.*

| **202-203** *Der Weg windet sich zum großen Teil durch die Berglandschaft an der Grenze zu Laos.*

## EMPFEHLENSWERT

IN **HANOI** KANN MAN **HO CHI MINH IM MAUSOLEUM**, DAS SEINE STERBLICHEN ÜBERRESTE ENTHÄLT, HULDIGEN UND IM MUSEUM ETWAS ÜBER DEN TRIUMPH DES KOMMUNISMUS ERFAHREN, DER UNGLAUBLICH KITSCHIG DARGESTELLT IST: PROPAGANDA IN TECHNICOLOR!

MAN KANN SICH AUCH VON DER GASTFREUNDSCHAFT DER THAIS ÜBERZEUGEN, DIE IN EINER HANDVOLL **PFAHLDÖRFERN** GANZ IN DER TRADITION IHRER VORFAHREN IN DEN NÖRDLICHEN BERGEN LEBEN UND EIN AUSGEZEICHNETES MAHL GENIESSEN.

EIN AUFENTHALT IN **HUÉ** IST DIE GELEGENHEIT, DIE **KÖNIGLICHEN GRABMÄHLER UND PAGODEN** ZU BEWUNDERN UND IM ANSCHLUSS DIE BERÜHMTE KRIEGSGRENZE, DEN 17. BREITENGRAD, ZU ÜBERQUEREN UND NACH **HOI AN** ZU FAHREN, DAS IM 16. JHDT. VON JAPANISCHEN HÄNDLERN GEGRÜNDET WURDE UND ALS ROMANTISCHSTER ORT DES LANDES GILT.

IM DISTRIKT CU CHI, NICHT WEIT VON HO CHI MINH STADT ENTFERNT, HAT MAN DIE MÖGLICHKEIT, DIE BERÜHMTEN **TUNNEL DER VIETCONG** ZU BESICHTIGEN, EINE ART MANNSHOHES AMEISENLABYRINTH (AUCH WENN MAN ZEITWEISE GEBÜCKT LAUFEN MUSS), DAS ALS VERSTECK, MUNITIONSLAGER UND SOGAR ALS FELDLAZARETT FÜR DIE SOLDATEN, DIE GEGEN DIE SÜDVIETNAMESISCHEN STREITKRÄFTE KÄMPFTEN, DIENTE.

# DEN HO-CHI-MINH-PFAD ENTLANG

## Urwald, Schlamm und starke Gefühle auf den Spuren der Geschichte des Vietnamkriegs in einem legendären Motorradabenteuer.

Eine der größten Leistungen der militärischen Ingenieurskunst des 20. Jahrhunderts: So hatte die American National Security Agency während des Vietnamkriegs den 1600 km langen Ho-Chi-Minh-Pfad beschrieben, der den Truppen- und Munitionstransport zwischen Hanoi und Saigon, der heutigen Ho Chi Minh Stadt, ermöglichte und so eine fundamentale logistische Unterstützung des Volksheeres Nordvietnams und der Widerstandkämpfer der Vietcong im Süden darstellte. Obwohl er damals das Symbol des schwärzesten Kapitels der amerikanischen Kriegsgeschichte repräsentierte, ist der Pfad heute ein Mythos. Seit 2000 kann das Land mit dem Ho Chi Minh Highway aufwarten, eine bequeme Küstenautobahn, die die Hauptstadt im Norden mit der aufstrebenden Metropole des Südens verbindet: Vorsicht vor Verwechslungen, denn der gleichnamige Pfad, benannt nach dem Vater der Republik, liegt größtenteils in den Wäldern zwischen den Bergen an der Grenze zu Laos verborgen. Ihn zu befahren, ist alles andere als leicht, verspricht aber die Entdeckung entlegener Landschaften von unglaublicher Schönheit mit Dörfern, die von schachbrettartigen Reisfeldern umgeben sind und von ca. 30 ethnischen Minderheiten bewohnt werden. Und vor allem ist der Pfad viele Kilometer von den gängigen Touristenzielen Vietnams entfernt. Um authentisch zu bleiben (und auch weil man den schmalen Pfad nur auf zwei Rädern befahren kann), ist es fast schon ein Muss, sich auf eine ebenso legendäre Minsk zu wagen, das 125 ccm starke Motorrad, das, auch wenn es in Vietnam noch produziert wird, ein Oldtimer aus der Sowjet-Ära ist. Dennoch ist es vor der Abfahrt gut zu wissen, dass man, außer der Landschaft, keine Erfahrungen à la Apocalypse Now zu befürchten hat, sondern die entwaffnende Gastfreundschaft des fröhlichsten Volkes Südostasiens.

**Website** *www.ridehochiminhtrail.com*

**Beste Reisezeit** *Von November bis März. In diesen Monaten liegt die Durchschnittstemperatur im Norden bei 17° C (10° C in den Bergen) und im Süden bei 27° C.*

**Zeitbedarf** *Um den gesamten Pfad von Hanoi bis Ho Chi Minh Stadt zu befahren, benötigt man mindestens 16 Tage.*

**Organisatorisches** *Folgende auf Abenteuerreisen und nachhaltigen Tourismus spezialisierte Veranstalter bieten das Bereisen des gesamten Pfades zu einem Preis von ca. 90 Euro pro Tag an, wobei die Minsk, ein Guide, ein Mechaniker, alle Übernachtungen und Mahlzeiten inbegriffen sind: Activetravel Vietnam und Explore Indochina.*

**Tipp** *Das ist keine Reise für Anfänger: Man muss darauf vorbereitet sein, mindestens 160 km pro Tag auf äußerst unwegsamen Pisten zurückzulegen, und mit Furten, Schlamm, starkem Gefälle und Slalomfahrten zwischen Hühnern und Wasserbüffeln rechnen.*

# DER BICENTENNIAL NATIONAL TRAIL

Der mit 5330 km längste ausgewiesene Wanderpfad der Welt führt durch alle Landschaften Australiens. Angelegt wurde er in einer heroischen Unternehmung zu Pferde.

„Er war über alle Maßen großzügig, liebte es zu scherzen und schäumte förmlich über vor Energie." So kannte man den 1923 im kanadischen Bundesstaat Alberta geborenen und mit 78 Jahren in Dorrigo im Norden von New South Wales gestorbenen Dan Seymour. Er war durch und durch ein Pionier: Nach verschiedenen Irrfahrten durch den Wilden Westen und nachdem er als Schiffsjunge bei der Handelsmarine der Vereinigten Staaten angeheuert hatte, wanderte er 1950 nach Australien aus, wo er 20 Jahre im Outback arbeitete. Anfang der Siebziger lernte er bei einem Rodeo R. M. Williams kennen, einen exzentrischen Bushman, der es zum Millionär gebracht hatte und Gründer der Australian Trail Horse Riders Association war. Die beiden waren sich vom ersten Moment an sympathisch, und als Williams ihm von seinem Traum erzählte, einen Reitweg zu schaffen, der Australien auf den Wegen der Pioniere von Nord nach Süd durchkreuzt, bot sich Dan freiwillig dazu an, die Umsetzung dieses Unternehmens zu wagen. Und so brach er im Februar 1972 von Ferntree Gully im Bundesstaat Victoria mit zwei Reitpferden, einem Packesel und Bluey, seinem treuen Hund auf – überquerte die gesamte Great Dividing Range, die viertlängste Bergkette der Welt – und erreichte 21 Monate später Cooktown in den Tropen von Queensland. Er hatte über 5000 Kilometer zurückgelegt. So entstand der National Horse Trail, auch wenn es noch viele Jahre brauchen sollte, um einen Plan der

| 204 *Ein Wasserfall in den Wäldern der Region Brisbane.*

## EMPFEHLENSWERT

- WENN SIE IN ABSCHNITT 2 DES BNT UNTERWEGS SIND, MACHEN SIE IN **RAVENSWOOD** STATION, HEUTE FAST EINE GEISTERSTADT MIT GERADE EINMAL 160 EINWOHNERN, DOCH ENDE DES 19. JHDTS. WAR SIE AUSTRALIENS ZENTRUM DER GOLDSUCHER. DIE GEBÄUDE GEHÖREN ZUM NATIONALEN KULTURERBE, UND IM HISTORISCHEN IMPERIAL HOTEL WIRD NOCH HEUTE EIN BEZAUBERNDES PUB BETRIEBEN.

- **KILKIVAN** IN QUEENSLAND MIT SEINER GRENZSTADTATMOSPHÄRE IST EINE DER WENIGEN STÄDTE, DIE DER BNT DURCHKREUZT. HIER FINDET JEDES JAHR VON APRIL BIS JUNI DAS GRÖSSTE COWBOYTREFFEN AUSTRALIENS STATT: AN DER GRAND PARADE NEHMEN ÜBER TAUSEND PFERDE TEIL.

- ABSCHNITT 8 ZWISCHEN EBOR UND ABERDEEN FÜHRT DURCH EINE GANZE REIHE VON GEBIRGSWÄLDERN, FEUCHTGEBIETEN UND 5 NATIONALPARKS. PLANEN SIE EINEN VON DEN DISCOVERY RANGERS GEFÜHRTEN BESUCH EIN, BEI DEM SIE FLORA UND FAUNA WIE RIESENFARNE UND SELTENE BEUTELTIERARTEN SOWIE ZEUGNISSE DER ABORIGINE-KULTUR ENTDECKEN KÖNNEN.

- DIE AUSGEDEHNTE GEBIRGSREGION DES **KOSCIUSZKO NATIONAL PARK** WIRD VOM MOUNT KOSCIUSZKO (2228 M) BEHERRSCHT, DEM HÖCHSTEN BERG AUSTRALIENS. ZUM GIPFEL, DER DEN BEGINN VON ABSCHNITT 11 DES BNT MARKIERT, DER SICH IM WEITEREN VERLAUF IM GEBIET DES BUNDESSTAATS VICTORIA MIT DEN EBENSO PRACHTVOLLEN WANDERSTRECKEN DES ALPINE WALKING TRACK KREUZT, GELANGT MAN ZU PFERDE.

| **205** *Der Kosciuszko National Park gehört zu den UNESCO-Biosphärenreservaten.*

Route aufzuzeichnen. Dabei wurde er in zwölf 400 bis 500 km lange Abschnitte unterteilt, die jeden Kilometer durch eigens dazu bestimmte Wegmarken anzeigen, was auch beim Verfassen und Veröffentlichen eines präzisen Reiseführers zu jedem einzelnen der Abschnitte hilfreich war. 1988 überschnitten sich die Feiern zum 200. Geburtstag Australiens mit dem Abschluss der Arbeiten, und dies war die beste Gelegenheit, um den Weg in Australian Bicentennial National Trail umzubenennen. Er ist der längste Wanderweg der Welt. Der Ausgangspunkt liegt in Cooktown, und das offizielle Ziel bei Healesville auf Kilometer 5330, ca. 60 Kilometer von Melbourne entfernt. Der Weg, der zu einigen der entlegensten und unberührtesten Orte des Landes führt, verbindet 18 Nationalparks und 50 Waldschutzgebiete, die spektakuläre Landschaftsszenerien preisgeben: Tropenwälder, Felsschluchten, alpin anmutende Berggipfel und -täler und wüstenartige Ebenen mit rotem Sand. Doch natürlich legt die überwältigende Mehrheit der Ausflügler nur einen der 12 Abschnitte zurück, oder diesen sogar nur zum Teil, und bis heute haben lediglich an die 20 Unverzagte die gesamte Strecke geschafft. Auch wenn sie eigentlich zum Reiten gedacht war, wurden manche Wege in den letzten Jahren zum Ziel begeisterter Mountainbiker, während sich andere wiederum für aufregende Fußwanderungen eignen. Am 17. September 2012 ging der Ultramarathonläufer Richard Bowles durchs Ziel dessen, was nach dem Unterfangen von Dan Seymour als legendärstes Abenteuer des Australian National Trail in die Annalen einging: In fünfeinhalb Monaten lief er die gesamte Strecke ab, wobei er (u. a.) Hitze und Schlamm des Tropenforstes und Schneestürme ertragen musste und sogar riskierte, von den Hörnern eines Stiers aufgespießt und vom Hochwasser eines Flusses weggerissen zu werden. Dank der umfassenden Berichterstattung in den Medien konnten alle Australier jeden Schritt seiner Reise voller Sorge mitverfolgen. Und voller Sympathie wurde ihm am Ende der Beiname „australischer Forrest Gump" verliehen.

**Website** *www.nationaltrail.com.au*

| 206 *Die Landschaft des Outback in Upper Hunter Valley, der australischen Hauptstadt der Cowboys und Pferdesportler.*

**Beste Reisezeit** *Der BNT durchquert unterschiedlichsten Klimazonen, Breitengrade und Höhenlagen, doch für einen weiten Teil der Strecke ist April bis Oktober die beste Jahreszeit.*

**Zeitbedarf** *So viel Sie erübrigen können!*

**Organisatorisches** *Auch wenn er gut ausgeschildert ist, und sogar, wenn man den detaillierten Reiseführer hat – für jeden der 12 Abschnitte gibt es einen umfangreichen Band – ist der BNT derart vielfältig, dass sich einige Teilbereiche bequem und unabhängig in Spaziergängen zurücklegen lassen und andere wiederum gefährliche Wegstrecken darstellen, die man nur mit einem erfahrenen Führer in Angriff nehmen sollte, doch in Anbetracht der Ausmaße gibt es keinen Reiseunternehmer, der die Gesamtstrecke als Tour anbietet. Daher verweisen wir zum Planen eines Reitausflugs auf die offiziellen Tourismuswebseiten der verschiedenen Staaten, die der Weg kreuzt. Nur im Bundesstaat Victoria – durch den ein weiter Teil des Abschnitts 1 verläuft, begehbar im Spätfrühling und Herbst – wird der BNT in 11 Unterabschnitte unterteilt, von denen sich jeder einzelne in 1 oder 2 Tagen zurücklegen lässt.*

**Tipp** *Nehmen Sie ein GPS-Gerät mit und überprüfen Sie häufig, ob Ihre Koordinaten mit denen übereinstimmen, die im Reiseführer angegeben sind.*

**Wissenswert**

- *Ausgangspunkt des BNT ist Cooktown, eine Siedlung (mit wenig mehr als 2000 Einwohnern), die genau an jener Stelle entstand, an der Kapitän James Cook 1770 in Australien an Land ging. Sie liegt an der Mündung des Flusses, der nach seinem Schiff benannt wurde, Endeavour.*

- *Unlängst wurden von der Fernsehcrew von Animal Planet bei einer Erkundung der Wälder von Queensland für den Dokumentarfilm „Auf der Suche nach Big Foot" Laute aufgenommen, die man als „sehr glaubhaften Beweis" für die Existenz jenes sagenhaften, großen Primaten auslegte, der in der Tradition Yowie genannt wird. Seien Sie gewarnt: Sollten Sie in den Abschnitten 1 und 2 der Route unterwegs sein, könnten Sie die Ersten sein, die ihn zu Gesicht bekommen...*

- *Das Upper Hunter Valley am Beginn des Abschnitts 9 ist eines der weltweit größten Zentren für Pferdezucht. Allein in der Gegend um Scone gibt es 65 prämierte Stallungen für Vollblutpferde, und seit 1947 veranstaltet man hier das renommierteste Reitturnier der Antipoden.*

# WESTERN AUSTRALIA MIT DEM MOTORRAD

**Auf zwei Rädern über rote, staubige Pisten, um Freiheit zu atmen und Umgebungen in sich aufzunehmen, in denen Australien noch das Land der Pioniere ist.**

Für Kenner des australischen Abenteuers ist sie ganz einfach Kim. Auf der Landkarte heißt sie hingegen Kimberley, eine Region (die größer als Deutschland ist und nur 40.000 Einwohner hat), die selbst für Australier eine Ikone des Wilden ist, des Pioniergeists und des – harten wie bewegenden – Erlebens des Outback, jener Landschaft aus feuerroter Erde, die nicht zu diesem Planeten zu gehören scheint. Und dieser Wilde Westen der Antipoden, der neben fantastischen Nationalparks wie Purnululu oder Bungle Bungles oder dem Windjana Gorge eine der reichsten Diamantenminen der Erde beheimatet, ist gerade mal ein Teil des Staats Western Australia, der mit seiner Hauptstadt Perth die märchenhafte „letzte Grenze" des Tourismus im Land darstellt. Passend zum abenteuerlichen Charakter dieses gewaltigen Gebiets (und seiner überaus gastfreundlichen Bewohner) gibt Western Australia sein Bestes, wenn es mit dem Motorrad entdeckt wird: über die staubigen Pisten im Inneren auf dem Weg zu Wüsten, Schluchten und geheimen Tälern, die

| **207** *Die 660 km lange Gibb River Road war ursprünglich ein Viehpfad.*

Flüsse, Wasserfälle und eine überaus farbenfrohe Flora verbergen. Oder entlang der Küsten, die mit Traumstränden gespickt sind, von jenen auf der Dampier-Halbinsel im Norden über Monkey Mia, wo man mit Delfinen schwimmen kann, bis nach Ningaloo mit seinem von der UNESCO geschützten Korallenriff, das – buchstäblich – mit zwei Schwimmzügen vom Festland aus erreichbar ist. Eine lange Durchquerung dieses Paradieses vom trockenen Norden um Kimberley bis zu den grünen Schönheiten des Südens in der Umgebung von Perth ermöglicht es, jedes Klima und jedes Ökosystem Australiens zu erleben, eingeschlossen die majestätischen Baummonumente der berühmten Wälder des Südwestens und der Margaret River, eines der lieblichsten und epikureischsten Weinbaugebiete Australiens.

**Website** *www.westernaustralia.com*

**Beste Reisezeit** *Von Mai bis September.*

**Zeitbedarf** *Man benötigt mindestes einen Monat, um Westaustralien von Norden nach Süden zu durchqueren, aber man kann auch eine 1- bis 2-wöchige Reise mit dem Motorrad für jede einzelne Region des Staats planen.*

**Organisatorisches** *Motorradreisen in Western Australia sind sehr beliebt, daher gibt es in dem Staat verschiedene Anbieter, die geführte Rundreisen veranstalten oder Motorräder samt technischer Assistenz entlang der Route vermieten. In der Region Kimberley empfehlen wir Kimberley Trail Bike Tours und in Perth Down Under Motorcyle Tours, die Reisen mit der legendären Harley Davidson anbieten.*

**Tipp** *Machen Sie diese Erfahrung mit mutigem Pioniergeist, aber vergessen Sie nicht, Ihr GPS-Gerät mitzunehmen, denn in dieser unendlichen Wildnis kann man sich leicht verirren...*

## EMPFEHLENSWERT

- DIE VON VIEHHERDEN GETRAMPELTE **GIBB RIVER ROAD**, EINE ÜBER 600 KM LANGE PISTE, VERBINDET WYNDHAM MIT DERBY IN DER REGION VON KIMBERLEY UND IST DIE ANSTRENGENDSTE, ABER AUCH LEGENDÄRSTE ALLER STRASSEN DES AUSTRALISCHEN OUTBACK. ALLEIN IHRE LANDSCHAFTEN SIND DIE REISE WERT.
- IM NORDEN DER DAMPIER-HALBINSEL BEHERBERGEN DIE **FELSWÄNDE DES GEBIETS VON BURRUP** DIE BEDEUTENDSTE ANSAMMLUNG VON FELSENMALEREI IN AUSTRALIEN. DIE ÄLTESTEN PIKTOGRAMME KÖNNEN AUF DIE EISZEIT VON VOR 60.000 JAHREN DATIERT WERDEN. SIE STELLEN DAS KOMPLEXE MYTHENSYSTEM DER AHNENKULTISCHEN „TRAUMZEIT" DER ABORIGINES DAR – DIE MYTHEN, DIE AUF BEWUNDERNSWERTE WEISE IM BUCH **TRAUMPFADE** VON BRUCE CHATWIN ERZÄHLT WERDEN.
- EINE REISE ENTLANG DES INDIAN OCEAN DRIVE, DER SPEKTAKULÄREN KÜSTENSTRASSE, DIE PARALLEL ZUR CORAL COAST VERLÄUFT, LÄSST EINEN UNBERÜHRTE MEERESLAND-SCHAFTEN UND WÜSTENSTRICHE ENTLANG DER KÜSTE ENTDECKEN: NICHT VERSÄUMEN: DIE **PINNACLES**, DIE MONDSICHELFÖRMIGEN KEGEL AUS FOSSILEN MUSCHELN UND SANDSTEIN IM **NAMBUNG NATIONAL PARK.**
- NEBEN DEM WEIN UND EINER FLORA, DIE ÜBER 8000 BLÜTENPFLANZENARTEN ZÄHLT (DARUNTER 400 ORCHIDEEN), BIETET DIE **REGION DES SÜDWESTENS** ZUM SURFEN GEEIGNETE STRÄNDE, IN DEREN WASSERN MAN VON MAI BIS SEPTEMBER HÄUFIG WALE SICHTEN KANN.

| **208** *Die felsigen Zinnen im Nambung National Park.* | **209** *Cape Leveque, der äußerste Norden von Western Australia.*

# IM MONUMENT VALLEY

Auf Pferden zu den Monumenten aus Sandstein und über die roten Sanddünen des legendären Tals, das John Fords großem Westernklassiker als Kulisse diente.

**EMPFEHLENSWERT**

DIE MEISTEN BESUCHER KOMMEN HIERHER, UM SONNENAUF- UND -UNTERGANG ZU BEWUNDERN, DOCH ES LOHNT SICH AUCH, **ÜBER NACHT ZU BLEIBEN**: DAS MONUMENT VALLEY IST EINER DER WENIGEN ORTE DER VEREINIGTEN STAATEN, AN DENEN ES WEIT UND BREIT KEINE KÜNSTLICHEN LICHTQUELLEN GIBT, UND MAN KANN DIE STERNE BIS ZUM HORIZONT GANZ KLAR SEHEN.

DIE ZERBRECHLICH ANMUTENDEN, HOHEN UND SCHMALEN FIALEN DES **TOTEM POLE** GEHÖREN ZU DEN KURIOSESTEN GESTEINS-FORMATIONEN DES TSE' BII' NDZISGAII (DES „TALS DER FELSEN", WIE DIE NAVAJOS DAS MONUMENT VALLEY NENNEN). FOTOGRAFIEREN SIE SIE BEI SONNENUNTERGANG, MIT DEN ROTEN SANDDÜNEN IM HINTERGRUND.

**HUNTS MESA** GILT ALS DAS VERSTECKTE KLEINOD DES TALS, DAS FÜR FREUNDE DER LANDSCHAFTSFOTOGRAFIE AUSSCHLIESSLICH IN GEFÜHRTEN TOUREN IM GELÄNDEWAGEN VON DER SIEDLUNG KAYENTA AUS ZUGÄNGLICH IST. SIE WERDEN VON DEM UNTERNEHMEN MONUMENT VALLEY SAFARI ORGANISIERT.

DAS VON EINER NAVAJOFAMILIE GEFÜHRTE UND SICH PERFEKT INS LANDSCHAFTSBILD EINFÜGENDE **THE VIEW** IST DAS EINZIGE **HOTEL** IM INNEREN DES SCHUTZGEBIETES. VON ALLEN 95 ZIMMERN AUS HAT MAN EINE SPEKTAKULÄRE PANORAMASICHT.

**Beste Reisezeit** *Von Mai bis September.*

**Zeitbedarf** *2 Tage.*

**Organisatorisches** *Für Reitausflüge von wenigen Stunden oder 2 Tagen mit Übernachtungen im Lager wenden Sie sich am besten an die Sacred Monument Tours oder Black's Tours. Für eine Reiseroute von mehreren Tagen im Park der Navajo Nation (auch individuell gestaltet und mit Reitausflügen) kontaktieren Sie den Reiseanbieter Discover Navajo.*

**Tipp** *Um Kunsthandwerk der Natives und Kinomemorabilien zu erwerben, machen Sie einen Halt in einem Trading Post der Navajo Nation (traditioneller Silberschmuck, Teppiche und Keramik).*

| **210** *Mitten Butte, der unverwechselbare Filmschauplatz.*
| **211** *Eine geführte Tour durch die Schauplätze des Monument Valley.*

Das Kino hat das Monument Valley in einen Mythos verwandelt. Der beste Ort, um von oben auf das Monument Valley zu blicken, ist denn auch der John Ford Point, und man möchte wetten, dass der Regisseur von Ringo und Der Schwarze Falke die Kamera zum Drehen der denkwürdigen Szenen vieler seiner großen Western tatsächlich exakt an diesem Punkt hier aufgestellt hatte. Denn von hier aus hatte er eine einzigartige Möglichkeit, einen Überfall auf die Postkutsche oder eine Konfrontation zwischen Cowboys und Indianern genau zwischen den glühenden Sandsteinmeisterwerken der Mitten Buttes und dem Merrick Butte in Szene zu setzen. Das Monument Valley existierte schon lange vor John Ford , doch er war es, der es der Welt geschenkt hat, indem er es aus seiner abgeschiedenen Existenz im Navajoreservat an der Grenze zwischen Arizona und Utah (70 km von Kayenta, dem nächsten bewohnten Zentrum) herausriss, um es zum Sinnbild der Heldengeschichten des Westens zu machen. Heute gehört diese prachtvolle Talebene, unterteilt von den monumentalen Butte genannten Hügeln, die das Ergebnis von jahrtausendelangen Erosionen sind, zu den am häufigsten besuchten und fotografierten sogenannten Tribal Parks des Navajo-Volkes. Am besten reitet man in Begleitung eines Navajo dorthin. Neben den cineastischen Naturmonumenten wird er einem außerdem beachtliche Zeugnisse der Kultur der amerikanischen Ureinwohner zeigen, von alten und mysteriösen Felsbildern bis zu einem beeindruckenden Pueblo, einer alten Höhlensiedlung des mythischen Volks der Anasazi.

**Website** *http://navajonationparks.org/htm/monumentvalley.htm*

| **212** *Das liebliche Panorama des Valle di Viñales mit den typischen Mogotes im Hintergrund.*

# IM WILDEN WESTEN VON PINAR DEL RÍO

Mit dem Motorrad (sogar mit Beiwagen) und danach zu Pferde durch den Westen der Insel, das herrliche Land des erlesensten Tabaks der Welt.

Kubas Straßennetz umfasst 60.858 km. Nur ungefähr die Hälfte der Straßen ist asphaltiert, und sie sind durchweg so löchrig wie ein Emmentaler Käse. Begibt man sich außerhalb Havannas darauf, besteht der Verkehr vor allem aus den Karren der Campesinos, aus alten LKWs, die Zuckerrohr transportieren, und den Guaguas, den mit bis unters Dach völlig mit Menschen überfüllten Bussen. Man kommt leicht von selbst darauf, dass das Verkehrsmittel, das auf Kubas Straßen am meisten Spaß macht, zweifellos ein Motorrad ist. Und unter den Abenteuern, die ein „kubanischer Biker“ erleben kann, ist das aufregendste, in den Westen der Insel zu fahren, und zwar genau in die Provinz Pinar del Río, 170 km von der Hauptstadt entfernt. Die Tabakpflanzungen (zusammen mit dem Tourismus die Haupteinnahmequelle des Staates Kuba für wertvolle Devisen) erstrecken sich hier über 40.000 ha, und man produziert eine hochwertige Sorte, die für die Capa benutzt wird, den äußeren Teil der berühmten Zigarren. Im Herzen der Provinz liegt das Valle de Viñales – eine von der UNESCO wegen der Einzigartigkeit ihrer Natur und Kultur geschützte Landschaft. Die Tabakflächen werden von den malerischen, Mogotes genannten Kalksteinformationen unterbrochen, und auf den Lichtungen findet sich die gesamte vielfältige Botanik Kubas mit kuriosen Pflanzen wie dem Almácigo, bekannt auch als „Touristenbaum“, da sich die Rinde, wie bei einem der karibischen Sonne ausgesetzten Besucher die Haut, abschält. Geht man die Gässchen Pinar del Ríos entlang, entdeckt man Dörfer,

**Beste Reisezeit** *Von Dezember bis April.*

**Zeitbedarf** *1 Woche, einschließlich der Fahrt von und nach Havanna.*

**Organisatorisches** *Reisepass und Fahrerlaubnis genügen, um in Havanna ein Motorrad zu mieten. Wenn es sich um ältere Modelle handelt, ist es häufig möglich, eines mit Beiwagen aus sowjetischer Fabrikation zu mieten – versichern Sie sich jedoch, dass sich alles in gutem Zustand befindet. Die Reiseunternehmen, die wir für das Mieten eines Motorrades oder organisierte Ausflüge empfehlen können, sind Mototouring (unter italienischer Geschäftsführung) und Cuba Motorcycle Tours, die den Verleih von Harley-Davidsons und entsprechende Reiserouten anbieten.*

**Tipp** *Die* Mogotes *des Valle de Viñales sind ein perfektes Ziel fürs Felsenklettern, da einige der Wände auch für Anfänger geeignet sind.*

die einem Wildwestfilm entsprungen zu sein scheinen, mit Holzhäusern und Cowboys, die Nachfahren der Siedler sind, die Ende des 18. Jhdts. von den Kanaren kamen, um den Tabak für das spanische Königshaus anzubauen. Von ihren Vorvätern haben sich die blauen Augen und blonden Haare erhalten, und ein außergewöhnliches Geschick beim (Kunst-)Reiten. Es lohnt sich, hin und wieder das Motorrad abzustellen, um auf den unwegsamen Straßen zu Pferd, in gebührender Langsamkeit, in die bezaubernden, von den Mogotes beherrschten Canyons vorzudringen.

**Website** *www.cubatravel.cu*

## EMPFEHLENSWERT

- DAS GEBIET VON VUELTA ABAJO IST FÜR DIE PRODUKTION DESSEN BERÜHMT, WAS MAN ALS GRAND CRU DES TABAKS BEZEICHNET. HIER KANN MAN TABAKBETRIEBE BESUCHEN, VOR ALLEM DIE RENOMMIERTE **FINCA VEGAS ROBAINA** IM STÄDTCHEN **SAN JUAN Y MARTÍNEZ**, WO DIE WELTBESTEN HAVANNAS AUS BLÄTTERN HERGESTELLT WERDEN, DIE NACH VON DEN UNTEREHMENSGRÜNDERN VORGEGEBENEN STANDARDS AUSGEWÄHLT WERDEN, DEN VORFAHREN DES LEGENDÄREN DON ALEJANDRO ROBAINA.

- BEI DEN **MOGOTES** GIBT ES VIELE HÖHLEN. BESUCHEN SIE DIE **CUEVA DEL INDIO**, IN DENEN SICH ZEUGNISSE DER KULTUR DER TAÍNO-INDIANER FINDEN, UND DIE **CAVERNA DE SANTO TOMÁS**, DAS GRÖSSTE HÖHLENSYSTEM DER INSEL. MAN GELANGT ÜBER EINE SPEKTAKULÄRE WEGSTRECKE DURCH DEN WALD HIERHIN. AUF DEM **MOGOTE LOS HERMANOS** IST SCHLIESSLICH (IM AUFTRAG VON FIDEL CASTRO) EIN RIESIGES UND EXTREM KITSCHIGES WANDGEMÄLDE AUFGEBRACHT, DAS DEN WEG DER MENSCHHEIT VOM **HOMO SAPIENS** BIS ZUM **HOMO SOCIALISTA** VERANSCHAULICHEN SOLL.

- IN DER PROVINZHAUPTSTADT PINAR DEL RÍO ODER DEN DÖRFERN IN DER UMGEBUNG ÜBERNACHTEN SIE IN EINER CASA PARTICULAR, EINEM PRIVATHAUS, WO SIE DIE HERZLICHE GASTFREUNDSCHAFT DER KUBANISCHEN COWBOYS KENNENLERNEN, WÄHREND SIE BEI EINEM DEFTIGEN MAHL UND DER GUAYABITA (DEM TYPISCHEN, ANGENEHMEN, HOCHPROZENTIGEN GIFT) MIT AUF EINER GITARRE GEZUPFTEN SCHMACHTVOLLEN BOLEROS UNTERHALTEN WERDEN.

- MACHEN SIE EINEN REITAUSFLUG INS DORF **LOS AQUÁTICOS**: HIER LEBEN DIE LETZTEN MITGLIEDER EINER GEMEINSCHAFT, DIE DAVON ÜBERZEUGT IST, ES GÄBE NICHTS BESSERES, UM GESUND ZU BLEIBEN, ALS TÄGLICH IM FLUSS ZU BADEN., UND DIE SOGAR IHRE TIERE HINEINSPRINGEN LASSEN ...

| 213 *Die Casa del Veguero, eine Tabakplantage in der Nähe von Viñales.*

# MIT DEN GAUCHOS IN DER PAMPA

## Eine Reise im Sattel eines Criollo-Pferdes zu den Estancias der Provinzen von Buenos Aires und Córdoba, ganz in der Tradition der argentinischen Cowboys.

In Argentinien gibt es mehr Kühe als Einwohner. Genauer gesagt: 54 Mio. Rinder und 40 Mio. Menschen. Dies ist kein Land für Vegetarier: mit einem jährlichen Rindfleischkonsum von 70 kg pro Kopf stehen die Argentinier weltweit mit Abstand an erster Stelle. Die Geschichte erzählt, dass die Rinder Mitte des 16. Jhdts. von Don Pedro de Mendoza, der auch für die Gründung von Buenos Aires verantwortlich war, aus Spanien hierher gebracht wurden. Wenige Jahre später kam die Kolonisierung jedoch zu einem Stillstand, und beim Aufstand der Indios wurden die Lager der Spanier in Schutt und Asche gelegt. Einige Rinder (der Legende nach sieben...) gingen dabei durch und fanden im grenzenlosen Grasland der Pampa Zuflucht. In diesem verlassenen Grünland, in dem es kaum Raubtiere gab, pflanzten sich die Tiere schnell fort, und in wenigen Jahrhunderten stieg ihre Zahl auf eine Million. Dann wurde der Privatbesitz abgeschafft, jedoch das Derecho de Vaquería (Kuhstallgesetz) eingeführt, nämlich das Recht, die Rinder einfangen zu dürfen. Darum kümmerten

**Websites**
*www.confederaciongaucha.com.ar und*
*www.argentina-argentinien.com*

| **214** *Ein Gaucho bei der Jagd mit dem Lasso.*

| **215** *Die* Estancias, *typische argentinische Ranchs, sind oft dafür eingerichtet, Wanderer zu beherbergen.*

sich die Gauchos (der Begriff kommt aus der Sprache der Quechua und heißt so viel wie „Waise" oder „Einzelgänger"). Die Cowboys schufen einen neuen Lebensstil: Sie fingen Kühe und Kälber ein, ernährten sich von deren Fleisch und verarbeiteten ihre Felle. Heute ist die Gaucho-Tradition ein Symbol für Argentinien, genauso wie der Tango, Jorge Luis Borges und die Fußballmannschaft der CA Boca Juniors. „Tempel" der Gauchos sind die Estancias, die enormen Ranchen in den Provinzen Buenos Aires und Córdoba, denen man einen Besuch abstatten kann. Doch die Cowboys der Pampa kann man vor allem erleben, indem man sie im Sattel eines Criolla-Pferdes bei ihrem Tagewerk begleitet, wenn sie den gewaltigen Rinderherden folgen, und dann abends gemeinsam mit ihnen in den typischen Pulperias oder beim Mondschein im Freien zu Abend isst, ein Festmahl mit dem traditionellen Asado, dem mächtigen Rinder-Barbecue nach argentinischer Art. Vegetarier müssen sich natürlich enthalten!

**Beste Reisezeit** *Von November bis März.*

**Zeitbedarf** *1 oder 2 Wochen.*

**Organisatorisches** *Wenn Sie in einer Estancia übernachten möchten, um die Traditionen der Gauchos kennenzulernen und um die Pampa zu Pferde zu erkunden, wählen Sie eine, die Ihnen am meisten zusagt: Einige besitzen sogar Polofelder und -schulen, der Reitsport schlechthin. Unter den Reiseunternehmen, die Reitausflüge organisieren, empfehlen wir Argentina Exepción, Riding Argentina und Welcome Argentina.*

**Tipp** *Vor einem Abenteuerausflug in die Pampa kaufen Sie sich am Besten auf der Feria de Mataderos, dem Gaucho-Markt, der jeden Sonntag im gleichnamigen Viertel in Buenos Aires gehalten wird, die Ausstattung eines Gauchos (Stiefel, Lederhut und den unvermeidlichen Poncho). Hier findet man die besten Kunsthandwerker.*

**EMPFEHLENSWERT**

- SAN ANTONIO DE ARECO, ETWA 100 KM VON BUENOS AIRES ENTFERNT, IST DIE HAUPTSTADT DER GAUCHO-KULTUR. SIE WURDE ZU EINER HISTORISCHEN ORTSCHAFT VON NATIONALEM INTERESSE ERKLÄRT. NEBEN DEN VIELEN ESTANCIAS KANN MAN HIER DAS **MUSEO GAUCHESCO RICARDO GÜIRALDES** BESUCHEN, DAS DIE TRADITION DER COWBOYS DER PAMPA ZURÜCKVERFOLGT. ANFANG NOVEMBER WIRD HIER DIE **FIESTA DE LA TRADICIÓN** GEFEIERT, BEI DER DIE GAUCHOS IM WETTKAMPF IHRE GESCHICKLICHKEIT ZU PFERDE DEMONSTRIEREN.

- DIE VON DER UNESCO GESCHÜTZTEN, ZWISCHEN 1599 UND 1767 VON DEN JESUITEN IN DER PROVINZ CÓRDOBA GEGRÜNDETEN ESTANCIAS SIND SCHÄTZE BAROCKER ARCHITEKTUR. MIT LANDWIRTSCHAFT UND VIEHZUCHT SCHUFEN DIE JESUITEN EIN KULTURELLES, SOZIALES UND RELIGIÖSES SYSTEM, DAS EINMALIG IST IN SÜDAMERIKA. ALLE SIND ES WERT, BESUCHT ZU WERDEN, DOCH DAS ENTSCHIEDENE MEISTERSTÜCK IST DIE **ESTANCIA SANTA CATALINA.**

- DAS **ONGAMIRA-TAL** IST EINE DER AUSSERGEWÖHNLICHSTEN SZENERIEN DER PAMPA. DIESES VOM FLUSS SAUCES DURCHZOGENE UND VON **TERRONES**, GROSSEN FELSBLÖCKEN AUS ROTEM SANDSTEIN DURCHSETZTE GRASLAND ERKUNDET MAN AM BESTEN BEI EINER REITWANDERUNG, DIE BEI DER PRACHTVOLLEN **ESTANCIA DOS LUNAS** STARTET.

# REISEN AUF SEEN

## MAN STEIGT NICHT ZWEIMAL IN DENSELBEN FLUSS, SAGT EINE ALTE WEISHEIT. FLÜSSE NEHMEN UNS MIT AUF IHRE REISE. UND MEHR ALS DAS.

Es gibt wohl kein besseres Sinnbild für den stetigen Wandel, dem sowohl die Landschaften als auch unser Lebensweg unterworfen sind, als den Fluss. Und es gibt nichts, das sich wiederum so beständig wie ein Fluss seinen Weg sucht und immer weiter fließt. Verlieren Sie sich im endlosen Labyrinth der Flüsse und Kanäle des Planeten. Auf den Süßwasserwegen ist auch das Reisen „süß“, ob Sie nun die ruhigen Landschaftsszenerien Irlands durchqueren oder sich dafür entscheiden, die Mäander des Amazonasbeckens zu befahren, mit dem Kanu die außergewöhnliche Tierwelt des noch unberührten Okawango-Deltas in Südafrika entdecken oder in einem Boot darauf warten, zwischen den Mangroven der Sundarbans die wilden Tiger von Bengalen zu sichten.
Denn unsere Kultur entstand schließlich einst an Flüssen (und Seen). Hier, in den fruchtbaren Überschwemmungsgebieten, hat der Mensch begonnen, das Land zu kultivieren und den Planeten zur Befriedigung seiner Bedürfnisse zu verändern (wovon das riesige Amazonasgebiet als nicht gerade rühmliches Beispiel zeugt). Von Wasserläufen, die sich durch dichte Wälder schieben, bis zu den „Wasserautobahnen“ des Mekong-Deltas hat jeder Fluss eine großartige Geschichte zu erzählen.

# UND FLÜSSEN

ANDERE VÖLKER
TIERBEOBACHTUNG
WANDERN
RADFAHREN
GELÄNDEWAGEN
ZUG
FLUGZEUG
SEGELSCHIFF
MOTORBOOT
KAJAK
REITWANDERUNGEN

DIE SICH IM WECHSEL
DER JAHRESZEITEN
VERÄNDERNDEN LANDSCHAFTEN
SCHENKEN NEUE EINDRÜCKE
UND ANDERE SICHTWEISEN
AUCH IM HINBLICK AUF DIE
AKTIVITÄTEN DES MENSCHEN.

# REISEN AUF SEEN UND FLÜSSEN

## DAS PERFEKTE ABENTEUER

| REISE | S. | ZEITZONEN | BESTE REISEZEIT | EMPFEHLENSWERT |
|---|---|---|---|---|
| **Irland** - Die Waterways von Irland | 222 | GMT0 | Mai-September | *Athlone* |
| **Indien, Bangladesch** - Im Labyrinth der Sundarbans | 224 | GMT+5:30/+6 | Okt.-März | *Sajnekhali Tiger Reserve* |
| **Vietnam, Kambodscha** - Im Mekong-Delta | 226 | GMT+7 | Nov.-April | *Markt von Cai Be* |
| **Indonesien** - Bei den Orang Utans von Kalimantan | 230 | GMT+8 | Mai-September | *Camp Leakey* |
| **Kanada** - Auf dem Nahanni River | 232 | GMT-7 | Mai-September | *Virginia Falls* |
| **Botswana** - Im Okawango-Delta | 234 | GMT+2 | Juni-Oktober | *Moremi Game Reserve* |
| **Guatemala** - Segeln auf dem Río Dulce | 236 | GMT-6 | Nov.-Mai | *Castillo de San Felipe de Lara* |
| **Honduras** - La Mosquitia per Cayuco | 238 | GMT-6 | Feb.-Mai/Aug.-Nov. | *Lagunendörfer Raista und Bélen* |
| **Venezuela** - Im Kanu zum Salto Ángel | 240 | GMT -4:30 | Juni-November | *Kavak* |
| **Brasilien** - Auf dem Rio Negro | 242 | GMT-4 | Juli-Dezember | *Yanomami-Dörfer* |
| **Brasilien** - Im Pantanal | 246 | GMT-4 | Mai-Oktober | *Tierwelt* |

| **220-221** *Das Okawangodelta in Botswana ist eine der spektakulärsten Orte, um die afrikanischen Wildtiere zu beobachten.*

| NICHT VERGESSEN | PASSENDE REISEBUCH-KLASSIKER |
|---|---|
| Badge zum Öffnen der Schleusen | *Brendan Behan*: Bekenntnisse eines irischen Rebellen |
| Malariaprophylaxe | *Amitav Ghosh*: Hunger der Gezeiten |
| Insektenabwehrmittel | *Marguerite Duras*: Der Liebhaber |
| Fotoausrüstung | *Biruté M. F. Galdikas*: Orangutan Odyssey |
| Wasserdichte Kleidung | *R. M. Patterson*: The Dangerous River |
| Fotoausrüstung | *Alexander McCall Smith*: Ein Gentleman für Mma Ramotswe |
| Wasserdichte Kleidung | *Gabriel García Márquez*: Liebe in den Zeiten der Cholera |
| Malariaprophylaxe | *Paul Theroux*: Moskito-Küste |
| Fernglas | *Arthur Conan Doyle*: Die vergessene Welt |
| Dichtes Behältnis | *Ann Patchett*: Familienangelegenheiten |
| Gelbfieberimpfung | *Jorge Amado*: Tocaia Grande: Der große Hinterhalt |

# DIE WATERWAYS VON IRLAND

## Im Hausboot oder im Kanu auf Entdeckungsreise über die Wasserwege auf der grünen Insel.

**Website** *www.waterwaysireland.org*

„Wenn dir das Wetter nicht gefällt, dann warte fünf Minuten" – ein oft zitierter Satz der Iren, wenn sich Ausländer über die Regenfälle beschweren, die sich in diesen Breiten sintflutartig über einen ergießen, wenn man es am wenigsten erwartet, nur um ebenso schnell wieder zu verschwinden und den ersehnten Sonnenstrahlen Platz zu machen. Aber wäre der Regen nicht, wäre Irland auch keine grüne Insel. Das Wasser, das dort von oben kommt, ist Teil der Landschaft. In der Tat wissen nur wenige, dass ein Fünftel der Insel „flüssig" ist und einen gigantischen Naturspielplatz bildet, der sich, auf 13 Grafschaften verteilt, aus über 1000 km befahrbaren Wasserläufen speist, von denen über die Hälfte den Shannon entlang führen, dem wichtigsten Fluss der Insel. Dazu gesellen sich zwei große künstliche Kanäle, der Gran Canal und der Royal Canal, die im 18. Jhdt. gebaut wurden, um den Shannon mit der Liffey, dem Fluss Dublins, zu verbinden, damit den Handel zu fördern und Irland den Eintritt in die Moderne zu ermöglichen – ganz zu schweigen vom Schleusen- und Kanalsystem des Shannon-Erne-Waterway, der den

| **222** *Carrick-on-Shannon ist der Hauptausgangsort für Kreuzfahrten.*

| 223 *Das Ross Castle im Lough Leane ist die historische Residenz des O'Donoghue-Clans.*

Shannon mit der Erne verbindet, die bezaubernde Wasserstraße der Provinz Ulster, die sich in ihrem Lauf zu zwei Seen erweitert. Die Binnengewässer der Insel werden seit 1999 von Waterways Ireland verwaltet – eine der ersten irisch-nordirischen Gesellschaften – und repräsentieren eines der weitläufigsten Ökotourismusgebiete Europas. Man kann dort unvergessliche Wochen damit verbringen, langsam auf einem vollausgestatteten Hausboot dahinzugleiten, im Kanu oder Kajak zu paddeln, sich dem Windsurfen oder Wasserskifahren hinzugeben, zu angeln und sogar zu schwimmen (sofern man die Wassertemperaturen aushält, die selten 18° C überschreiten). Vor allem aber genießt man unverbaute Landschaften mit Märchenschlössern, Weiden, Lichtungen und Schwänen und Enten, die im Schilf umher paddeln. Dann, am Abend, bieten die Uferdörfer Entspannung und Craic, das traditionelle Amüsement der „Eingeborenen", bestehend aus Guinness und gälischer Musik, die – das wird man dort jederzeit beschwören – die Mutter des Bluegrass ist, der musikalischen Säule des amerikanischen Westens, der von furchtlosen Cowboys irischer Herkunft kolonialisiert wurde.

**Beste Reisezeit** *Die angenehmste Zeit ist von Mai bis September.*

**Zeitbedarf** *In der Hochsaison werden die Boote mit 1- oder 2-wöchiger Mietdauer angeboten.*

**Organisatorisches** *Zum Mieten eines Bootes wendet man sich an die Irish Boat Rental Association. Es werden weder ein Bootführerschein noch Bootserfahrungen verlangt. Man kann die Bootsfahrt auch mit einem Golf-Aufenthalt, auf den zahlreichen Greens entlang der Ufer oder mit kulturellen Ausflügen verbinden.*

**Tipp** *Vor der Abfahrt muss man ein elektronisches Badge erwerben (gibt es an jeder Anlegestelle), mit dem man die Schleusen öffnen kann.*

**EMPFEHLENSWERT**

- DER **ROYAL CANAL** IST 146 KILOMETER LANG UND VERBINDET ÜBER 46 SCHLEUSEN DUBLIN MIT DEM HERZEN IRLANDS AUF EINE REISE DURCH DIE GESCHICHTE DER INSEL.
- IN **MULLINGAR**, AM ROYAL CANAL, SOLLTE MAN DAS **BELVEDERE HOUSE & GARDENS** BESUCHEN: DAS ZAUBERHAFTE ANWESEN IST VON BLÜHENDEN ROSEN- UND RHODODENDRONGÄRTEN UMGEBEN UND BESITZT ALS ROMANTISCHEN SPLEEN FALSCHE GOTISCHE RUINEN.
- AN EINER SCHLEIFE DES SHANNON FINDET MAN DAS SCHÖNE STÄDTCHEN **ATHLONE**, DAS VON EINER BURG DOMINIERT WIRD UND EXAKT IN DER MITTE IRLANDS LIEGT.
- LUST AUF ABENTEUER? DER **LOUGH ALLEN**, AN DEN GRENZEN ZU ULSTER, WIRD MIT DEM KANU ERFORSCHT, WÄHREND SICH DIE **IRON MOUNTAINS** FÜR EIN TREKKING ANBIETEN.

# IM LABYRINTH DER SUNDARBANS

Das bengalische Becken verfügt über das ausgedehnteste Mangrovengebiet der Erde und ist das letzte Refugium des „menschenfressenden“ Tigers.

Wenn sie in ihren Holzbooten stehend durch das Labyrinth der weitläufigsten Mangrovenwälder der Erde rudern, tragen die Fischer der Sundarbans eine Maske mit einem aufgemalten menschlichen Gesicht auf dem Hinterkopf, ihre einzige Waffe gegen den gefährlichen Bengalischen Tiger, der, wie es heißt, nur von hinten angreift. Sie nennen ihn „Menschenfresser“, und das nicht von ungefähr, denn jedes Jahr fallen ihm mindestens 50 Bewohner der Dörfer am Rande des bengalischen Beckens, das neben dem Ganges-Delta auch von den Flüssen Brahmaputra und Meghna gebildet wird, zum Opfer. Wenn man zudem bedenkt, dass das größte Delta der Erde immer schon von großer Armut und häufig dramatischen Überflutungen geprägt war, liegt es auf der Hand, dass dies nicht unbedingt der einfachste Ort zum Leben ist. Und auch nicht für den Tourismus. Dennoch sind die Sundarbans ein Ort von befremdlicher Schönheit, wenn nicht der einzige, an dem man die Möglichkeit hat, den mittlerweile sehr seltenen Bengalischen Tiger in seiner natürlichen Umgebung zu beobachten. Schippert man die Kanäle entlang, inmitten einer „beweglichen“ Landschaft aus Sandbänken und Mangrovensümpfen, die ebenso fragil wie artenreich ist, kann man riesige Wasservogelkolonien, Krokodile, Makaken und den Axishirschen oder Chital beobachten, der dort mit 80.000 Exemplaren vertreten ist. Man macht Halt an den Pfahldörfern und sieht den Fischern bei der Arbeit zu, deren Hauptbroterwerb das Fischen der Krebse ist, die allein den höchsten Anteil der gesamten tierischen Biomasse der Sundarbans darstellen.

**Websites** *http://wbtourism.gov.in*

**EMPFEHLENSWERT**

- IM 75 KM VON KALKUTTA ENTFERNT LIEGENDEN DORF **PIYALI** WIRD EINE „SANFTE“ EINFÜHRUNG IN DIE SUNDARBANS ANGEBOTEN. EINGEBETTET IN KANÄLE UND REISFELDER SIND DIE GUESTHOUSES EIN BELIEBTES FLITTERWOCHENZIEL DER BENGALEN.

- IM **SAJNEKHALI TIGER RESERVE**, AUF INDISCHEM TERRITORIUM, WURDE EIN TURM ZUR BEOBACHTUNG DIESER RAUBKATZEN ERRICHTET, DEN MAN NACH EINEM 45-MINÜTIGEM FUSSMARSCH DURCH DICHTE MANGROVENWÄLDER IN BEGLEITUNG EINES BEWAFFNETEN RANGERS ERREICHT.

- DER BERÜHMTE SCHRIFTSTELLER UND HUMANIST DOMINIQUE LAPIERRE, U.A. AUTOR VON **STADT DER FREUDE**, GRÜNDETE DIE **SOUTHERN HEALTH IMPROVEMENT SAMITY**, EINE STIFTUNG ZUR MEDIZINISCHEN UNTERSTÜTZUNG DER BEWOHNER DER SUNDARBANS. DER SITZ DER STIFTUNG IST IN BANGAR, UND IHRE KRANKENHAUSBOOTE FAHREN IM DELTA UMHER.

- IN BANGLADESCH, LIEGT DIE INSEL **KATKA**, DIE ÜBER EINE ÜPPIGE VEGETATION (WUNDERSCHÖN SIND DIE MIT ORCHIDEEN BEWACHSENEN LICHTUNGEN) UND EINEN MENSCHENLEEREN TRAUMSTRAND VERFÜGT, PERFEKT FÜR EIN ERHOLSAMES BAD IM MEER.

| **224-225** *Etwa 250 „Menschenfresser“ bevölkern das Territorium der Sundarbans.*

**Beste Reisezeit** *Von Oktober bis März.*

**Zeitbedarf** *3 bis 4 Tage.*

**Organisatorisches** *Die Sundarbans kann man auch als Individualreisender besuchen; man fährt mit den Linienbooten, die die Dörfer der Hauptkanäle verbinden. Um die Natur besser (und komfortabler) zu erleben, empfehlen wir eine organisierte Tour auf einem Motorboot, das über Kabinen verfügt, die Besuche von Naturheiligtümern und kurze Wanderungen beinhaltet. In Indien wendet man sich an Tour de Sundarbans, das von einem jungen enthusiastischen Team geleitet wird, und India Beacons Sojourn, auf Ökotourismus spezialisiert; in Bangladesch vertraut man sich Bengal Tours an.*

**Tipp** *Malaria und Denguefiber sind nur die bekanntesten Krankheiten, die in den Sundarbans von Mücken übertragen werden. Ein wirksamer Mückenschutz kann lebensrettend sein. Lassen Sie sich von ihrem Arzt über Prophylaxe-Möglichkeiten beraten.*

# IM MEKONG-DELTA

Website *www.vietnamtourism.com*

## Eine Entdeckungsreise in eine fließende Welt, zwischen schwimmenden Märkten, Städten, Kanälen und den Geschichten über die Mündung der „Mutter aller Flüsse".

In Südostasien heißt es: Die Laoten leben am Fluss, die Kambodschaner auf dem Fluss und die Vietnamesen im Fluss. Trotz der scheinbaren Übertreibung könnte man es nicht treffender sagen. Nachdem er über 4000 Kilometer zurückgelegt hat, von seiner Quelle im Hochplateau von Tibet, durch Birma, Laos, Thailand und Kambodscha, öffnet sich der Mekong, dessen Name von Mae Nam Khong, „Mutter aller Flüsse" abstammt, in Vietnam in ein gigantisches Delta. Dort leben 17 Mio. Menschen, 22 % der Gesamtbevölkerung Vietnams, und dort findet auch 50 % des gesamten Reisanbaus des Landes statt (Vietnam ist der zweitgrößte Reisexporteur der Welt), und darüber hinaus 80 % des gesamten Obstanbaus und 60 % des Fischfangs. Zudem wird das Delta, trotz der dichten Bevölkerung, als Schatztruhe der Naturschönheiten angesehen; allein im vergangenen Jahrzehnt wurden ca. 1000 neue Tierspezies entdeckt. Die fließende Landschaft des Deltas ist so weitläufig, dass sie sogar von den Gezeiten

| **226** *Die „Affenbrücken" überqueren die Kanäle des Mekong.* | **227** *Das Mekongdelta umfasst ein Gebiet von 39.000 Quadratkilometern.*

beeinflusst wird. Es gibt große Städte – von Can Tho, mit über 1 Mio. Einwohner, über My Tho und Vinh Long, mit Gebäuden, die von der französischen Kolonialherrschaft zeugen, und buddhistischen Pagoden – und Tausende große und kleine Inseln, alle durch ein Labyrinth aus Kanälen verbunden, und jede mit eigenem Charakter. In Ba Vat hängt der süßliche Duft aus den Manufakturen, in denen Süßigkeiten aus Kokos hergestellt werden, in der Luft, Thoi Son hat ausgedehnte Obstplantagen und Blumenfelder. Dann findet man sich im Delta plötzlich vor einem Symbol der Moderne des aufstrebenden „neuen Asiens" wieder wie der 6-spurigen, knapp 3 km langen Can-Tho-Brücke, der größten Schrägseilbrücke des Kontinents, die über den Fluss Bassac führt und deren Bau 342 Mio. Dollar verschlang. Dann sieht man, nicht weit entfernt, die ätherischen Bambuskonstruktionen der Cau Khi, der „Brücken der Affen", die kaum 30 cm breit sind und diesen Namen tragen, weil man über einen bemerkenswerten Gleichgewichtssinn verfügen muss, um sie zu überqueren. Die überwältigende Mehrheit der Touristen besucht das Mekong-Delta im Rahmen einer ein- bis zweitägigen organisierten Reise von der Hauptstadt Ho Chi Minh City aus, aber um Größe und Bedeutung dieses Gebiets richtig zu erfassen, bedarf es mehr Zeit. Es macht Spaß, sich in seinen Mäandern zu verlustieren, mit den verschiedensten Transportmitteln – von großen Fähren über Lastenkähne und Motorboote bis hin zu den kleinen Ruderbooten – auf Entdeckungsreise zu den schwimmenden Dörfern zu gehen, durch Flussarme zu gleiten, die Pfahldörfer und Reisfelder an ihren Ufern zu betrachten, um sich inmitten eines farbenprächtigen schwimmenden Marktes wiederzufinden. Um die Inseln in ihrer gesamten Länge zu erkunden, kann man mit dem Fahrrad durch Kokosplantagen radeln, vorbei an den Anbaugebieten der Blumen, die in die ganze Welt exportiert werden. Die wahre Faszination des Deltas liegt in seiner Verschiedenartigkeit und Betriebsamkeit, von den Fabriken, in denen die Reisfladen hergestellt werden, mit denen auf der ganzen Welt die berühmten Frühlingsrollen zubereitet werden, bis hin zu den malerischen Kanälen, wo man außer ein paar Gänsehirten mit den typischen konischen Hüten in ihren Kanus niemandem begegnet, und schließlich den Mangrovenwäldern, Heimat tausender Wasservögel.

| **228** *Auch das Fahrrad ist ein geeignetes Fortbewegungsmittel, um die Dörfer und die Natur des Deltas zu entdecken.*

| **229** *Die Insel Phu Quoc liegt in der Mündung des Deltas.*

## EMPFEHLENSWERT

WENN DER **MARKT VON CAI BE**, NICHT WEIT VON VINH LONG, DER GRÖSSTE DES DELTAS IST, DANN IST DER VON **PHUNG HIEP** IM SÜDEN DER EXOTISCHSTE: DORT GIBT ES EINEN EIGENEN BEREICH, IN DEM NUR SCHLANGEN VERKAUFT WERDEN, EINE BELIEBTE DELIKATESSE.

DER **TRAM-CHIM-NATIONALPARK** SCHÜTZT DIE LETZTEN RESTE DER „SCHILFEBENE", EIN AUSSERGEWÖHNLICHES FEUCHTGEBIET MIT LOTOSBLÜTEN UND VIELEN VOGELARTEN. HIER KANN MAN DEN SELTENEN SARUSKRANICH BEWUNDERN, DIE GRÖSSTEN KRANICHE, DIE BIS ZU 180 CM GROSS WERDEN KÖNNEN.

VON DEN KHMER BEWOHNT, BEHERBERGT DAS STÄDTCHEN **TRA VINH** EINE REIHE RELIGIÖSER BAUWERKE, FARBENFROHE PAGODEN, IN DENEN GROSSE MÖNCHSGEMEINDEN LEBEN.

AN DER DELTAMÜNDUNG LIEGT DIE INSEL **PHU QUOC**, DIE GRÖSSTE INSEL VIETNAMS. SIE IST BERÜHMT FÜR DIE HERSTELLUNG DER NUOC MAM, DER FERMENTIERTEN FISCHSOSSE, MIT DER JEDES GERICHT GESALZEN WIRD, UND VERFÜGT ÜBER WEISSE TRAUMSTRÄNDE, AN DENEN MAN DEN EINEN ODER ANDEREN TAG AUSSPANNEN KANN. NICHT ZUFÄLLIG WIRD SIE ALS „ZWILLING" DER THAILÄNDISCHEN INSEL BETRACHTET, ALLERDINGS BEVOR SIE DER MASSENTOURISMUS ERREICHTE.

**Beste Reisezeit** *In der Trockenzeit, von November bis April.*

**Zeitbedarf** *1 bis 2 Wochen.*

**Organisatorisches** *Das Delta kann man leicht in Eigenregie bereisen, wer aber eine organisierte Tour bevorzugt, sollte sich von einem lokalen Anbieter maßgeschneiderte Ausflüge zusammenstellen lassen. Zu nennen sind: Sinh Balo Adventure Travel, die kombinierte Boots- und Fahrradtouren sowie Übernachtungen in den Dörfern anbieten, und Viet Bamboo Travel, die Kreuzfahrten auf einem traditionellen Sampan im Programm haben.*

**Tipp** *Man auch das gesamte Delta bis zur kambodschanischen Hauptstadt Pnom Phen durchqueren und sich dann flussaufwärts zum Tonle-Sap-See begeben. Als Individualreisender muss man sich einer Reihe von Fähren und Buslinien bedienen, alternativ kann man auch ein Motorboot beim Anbieter Blue Cruiser chartern.*

## Wissenswert

*Das typischste Gericht ist der Elefantenohrfisch, der frittiert und aufrecht, gestützt durch Bambusstöckchen, serviert wird; als Beilage werden verschiedene Gemüsesorten serviert, die in Form von Lotusblüten ausgeschnitten werden. Man ist ihn mit Stäbchen und tunkt ihn in eine süßsaure Soße ein.*

*Sa Dec wird vermutlich von der Bezeichnung „kleines Venedig" profitiert haben. Es ist ein kleiner verträumter Ort, in dem die Schriftstellerin Marguerite Duras lebte und ihren Roman* Der Liebhaber *spielen ließ. Um in diese literarische Atmosphäre einzutauchen, besucht man Tran Thuy Le in der Nguyen Hue Straße Nr. 255 A: ein Anwesen im Kolonialstil aus dem 19. Jhdt. mit einer romantischen chinesisch-vietnamesischen Einrichtung.*

*Die Königin der im Delta angebauten Früchte ist die Durian-Frucht (nicht nur wegen ihrer Größe und ihres Gewichts, das 4 kg erreichen kann). Diese geruchsintensivste Frucht der Welt enthält 43 Komponenten des Schwefels, einschließlich derer, die auch in Zwiebel, Knoblauch und der Analdrüse des Stinktiers vorkommen: eine penetrante Mischung, doch ist das Fruchtfleisch süß und so wohlschmeckend, dass die Durian-Frucht in Südostasien als Delikatesse gilt.*

# BEI DEN ORANG UTANS VON KALIMANTAN

Im Boot entlang der Flüsse des Tanjung Puting Nationalparks, auf der Suche nach der verborgenen Heimat der großen asiatischen Primaten.

**EMPFEHLENSWERT**

- **CAMP LEAKEY**, UNTER DER LEITUNG DER STIFTUNG VON DR. BIRUTÉ MARY GALDIKAS, IST EIN REHABILITATIONSZENTRUM FÜR ORANG UTANS IM HERZEN DES URWALDS. TÄGLICH UM 14 UHR KANN MAN DER FÜTTERUNG BEIWOHNEN. DUTZENDE DER GROSSEN PRIMATEN KOMMEN ZU DEN AUF BÄUMEN ERRICHTETEN PLATTFORMEN, UM SICH DIE BANANEN ZU HOLEN.

- ANDERE SUPERSTARS DES PARKS SIND DIE NASENAFFEN MIT IHREN WEISSEN GESICHTERN UND DER RÜSSELARTIGEN NASE. SIE SIND SEHR NEUGIERIG UND SCHEINEN AUF DIE KLOTOKS ZU WARTEN. MALAYSISCHE BÄREN UND NEBELPARDER SIND SCHWERER ZU SICHTEN.

- MAN KANN DIE **GASTFREUNDSCHAFT DER IBAN**, EIN STAMM DER DAYAK, GETROST GENIESSEN. SIE SIND AM GANZEN KÖRPER TÄTOWIERT UND LEBEN IN PFAHLDÖRFERN ENTLANG DER FLÜSSE.

- DAS DORF **TANJUNG HARAPAN** IST AUF ÖKOTOURISMUS EINGESTELLT. MAN KANN DORT KURZE TREKKINGS IN DEN URWALD ORGANISIEREN, UM BOTANISCHE BESONDERHEITEN, Z.B. DEN SANDELWALD, ZU SEHEN.

**Beste Reisezeit** *Die trockenste Zeit ist zwischen Mai und September mit sporadischen Regengüssen bei angenehmen Temperaturen. Andererseits steigt das Wasserniveau der Flüsse in der Regenzeit an und ermöglichst es, auch entlegenere Ecken des Parks zu besuchen.*

**Zeitbedarf** *1 Woche.*

**Organisatorisches** *Das Städtchen Pangkalan Bun ist Sitz des Besucherzentrums des Parks, dort kann man problemlos ein Klotok mieten. Möchte man bereits von Zuhause aus eine Tour buchen, kann man sich an die indonesischen Veranstalter Adventure Indonesia und Borneo EcoTour wenden. Die Orangutan Foundation International bietet sagenhafte Touren unter der Leitung der Primatologin Biruté Mary Galdikas an.*

**Tipp** *Bei den Orang Utans sind die vorgegebenen Verhaltensmaßregeln unbedingt einzuhalten. Und wegen der Krokodile und sonstigen Gefahren sollte man aus keinem Grund der Welt ein Bad in den Flüssen nehmen.*

| 230 *Ein junger Orang Utan.* | 231 *Ein Dayak-Dorf im Tanjung Puting-Nationalpark.*

Auf Indonesisch bedeutet Orang Utan „Waldmensch“, und trotzdem ist er von den großen Primaten unser entferntester Verwandter – wenn auch der einzige, der auf dem asiatischen Kontinent lebt. Er verfügt über eine außerordentliche Intelligenz, und seine Jungen sehen unseren Neugeborenen ähnlicher als die der anderen Affen. Die ersten europäischen Entdecker berichteten, dass ihm „nur die Sprache fehle“, was die weißen Männer aber nicht davon abhielt, ihn zu Hunderten zu jagen. Seit dieser Zeit hat sich die Population der Orang Utans aufgrund der Waldrodungen drastisch reduziert: Mittlerweile leben sie nur noch in kleinen Gruppen im Norden von Sumatra, im Urwald von Sabah (Malaysisch Borneo) und in größerer Zahl im Nationalpark Tanjung Puting, in Kalimantan (Indonesisch Borneo). Und genau dort studierte die kanadische Primatologin Biruté Mary Galdikas in Zusammenarbeit mit der National Geographic Society 1971 als Erste die Genetik und Verhaltensweise der Orang Utans und machte die Welt auf deren Schicksal aufmerksam. Es versteht sich von selbst, dass diese immense grüne Lunge das ideale Ziel ist, den Orang Utans zu begegnen. Die einzige Möglichkeit, in den Urwald zu gelangen, ist über das Netz der Flüsse, das man an Bord der Klotoks, der traditionellen Hausboote der eingeborenen Dayak, befährt und dabei bequem auf der Brücke sitzend unvergessliche Fotos schießt.

**Website** *www.orangutan.org*

# AUF DEM NAHANNI RIVER

Eine Kanu-Expedition im Schein der Mitternachtssonne auf dem Fluss Nahanni, Namensgeber eines sensationellen Nationalparks, der so groß ist wie die Schweiz.

Pierre Elliot Trudeau war einer der beliebtesten Politiker in Kanadas Geschichte. 1970 kam es zum Eklat, als er mit offiziellem Anstrich zwei Wochen im Kanu auf dem Nahanni River in den Northern Territories verbrachte. Auch wenn diese Betätigung nicht wirklich zum Aufgabengebiet eines Premierministers gehört, wurde ihm dieses Abenteuer schließlich verziehen, denn der Fluss ist – offiziell – ein Schatz der Nation. Der Nationalpark, dem er seinen Namen gegeben hat, ist eines der ausgedehntesten Schutzgebiete der Erde (und so groß wie die Schweiz), und besitzt hohe Berge, Tundren und weite Flächen von Permafrostboden, eine Reihe von Schwefelquellen und Koniferenwälder, in denen Braunbären, Waldbisons, Elche und Rentiere leben. Um dieses Gebiet ranken sich äußerst obskure Sagen, wovon die Namen zeugen, die einige der berühmtesten Ziele zur Zeit der Goldsucher bekamen, von Deadmen's Valley (Tal der Toten) bis Funeral Range (Begräbniskette), Headless Creek (Bach der Geköpften) und Hells Gate (Höllenpforte). Die komplett im Park liegenden 322 km des Nahanni River im Kanu hinabzufahren, ist ein Erlebnis im Stile von Into the Wild. Es bleibt all jenen vorbehalten, die für die Gefahr genügend Verachtung übrig haben, um sich an der Landschaft zu erfreuen, die von den vier spektakulären Canyons charakterisiert wird, den tiefsten Kanadas. Am Ende der Reise kommt man dann bei den Virginia Falls an, den Wasserfällen, die zweimal so hoch sind wie die Niagarafälle.

**Website** *www.pc.gc.ca/eng/pn-np/nt/nahanni/index.aspx*

**EMPFEHLENSWERT**

- AN DEN ZUSAMMENFLUSS DER FLÜSSE NAHANNI UND LIARD GELANGT MAN AUSSCHLIESSLICH ÜBERS WASSER. HIER LIEGT **NAHANNI BUTTE**, EINE DER ENTLEGENSTEN ANSIEDLUNGEN DER KANADISCHEN **FIRST NATIONS**. DIE GEMEINDE WIRD VON ETWA HUNDERT INDIANERN DES STAMMES DER DEHE BEWOHNT, VERWANDT MIT DEN NAVAJO.

- GÖNNEN SIE SICH EIN THERMALBAD IN DEN TUFFSTEIN-SCHWIMMBÄDERN DER **RABBITKETTLE HOT-SPRINGS**, DEREN MINERALHALTIGES WASSER MIT EINER KONSTANTEN TEMPERATUR VON 20° C HERVORSPRUDELT. FÜR DIE EINGEBORENEN DEHE IST DIES EIN HEILIGER ORT; ANGEBLICH BRINGT ES GLÜCK FÜR DIE REISE, TABAK UND ZÜNDHÖLZER DAZULASSEN, UM DIE WASSERGOTTHEIT GNÄDIG ZU STIMMEN.

- BUCHEN SIE IHRE **KANUFAHRT** ZWISCHEN JUNI UND JULI, WENN IN DIESEM SUBARKTISCHEN GEBIET DIE SONNE NICHT MEHR UNTERGEHT!

| 232-233 *Die Virginia Falls stürzen etwa 90 m hinab.*

**Beste Reisezeit** *Von Mai bis September.*

**Zeitbedarf** *1 bis 3 Wochen.*

**Organisatorisches** *Um eine Reise mit dem Kanu (oder Schlauchboot) auf dem Nahanni River zu unternehmen, muss man sich an ein spezialisiertes Reiseunternehmen wenden. Darunter empfehlen wir die Canadian River Expeditions und Black Feather, die Ausflüge unterschiedlicher Dauer (von 1 Woche bis zu einer anspruchsvollen 3-wöchigen Expedition) in unterschiedlichen Schwierigkeitsstufen anbieten. Dabei sind das Übernachten im Zelt und ein Wandern entlang der Route vorgesehen.*

**Tipp** *Die beste Art, um ins Herz des Parks zu gelangen, ist, den gesamten Verlauf des Nahanni von oben zu bewundern und in Fort Simpson ein kleines Flugzeug oder Wasserflugzeug zu mieten. Von den Charterflugunternehmen, die diesen Service anbieten, empfehlen wir Wolverine Air und Simpson Air. Letztere hat ihre Basis (und ihre Startbahn) am Little Doctor Lake, wo sich auch die entzückende Nahanni Mountain Lodge befindet.*

# IM OKAWANGO-DELTA

## An Bord eines Mokoro, dem Kanu der eingeborenen Batawana, auf Safari in der außergewöhnlichen Wasserwelt, die in der Kalahari-Wüste „lebt".

Der Fluss Okawango wird vom südlichen Sommerregen, der auf den Hochebenen Angolas niedergeht, genährt und fließt 1300 km durch die Kalahari-Wüste. Er entfaltet sich fächerförmig zu einem gewaltigen inneren Delta. Mit ihren unzähligen Kanälen, ihren von Palmen gesäumten Sümpfen, den Papyruspflanzen und den etwa 50.000 Inseln ist die Landschaft eine der heitersten, abwechslungsreichsten und betörendsten ganz Afrikas. Der Entdecker Aurel Schultz, der 1897 als einer der ersten Europäer dorthin gelangte, sah es als Rätsel an, dass das gesamte Wasser des Deltas verschwinden konnte, von der Wüste verschluckt. In Wirklichkeit „stirbt" nur ein winziger Teil des Flusses in der Kalahari bzw. nährt den Ngadi-See: Der Rest wird eher über die Blätter der Pflanzen in die Atmosphäre freigesetzt als über Verdunstung. Alles in allem handelt es sich um einen außergewöhnlichen lebenden Organismus mit den Kanälen als Arterien, den fernen angolanischen Bergen als Herz und den Inseln als Reproduktionsorganen. 70 % von ihnen hat sich aufgrund von Sedimentablagerungen rund um die Termitenhügel wäh-

**Website** *www.botswanatourism.co.bw*

| **234** *Navigation mit dem* Mokoro *im Okawangodelta.*

| 235 *Die Elefanten sind gute Schwimmer und fühlen sich auch im tiefen Wasser wohl.*

rend der jahreszeitlichen Überschwemmungen gebildet. Das Okawango-Delta hält eine der höchsten Konzentrationen an Fauna auf dem ganzen Kontinent am Leben. Mit 60.000 Exemplaren ist der Letschwe (Kobus leche), eine große Antilope von rötlichem Fell, die Königsart. Sie ernährt sich von Wasserpflanzen und entkommt ihren Jägern dank ihrer Fähigkeit, zu schwimmen und sich im Wasser zu verbergen. Hier begegnen sich große Büffel- und Elefantenherden sowie Nilpferde, Krokodile und Großkatzen. Der Organismus des Deltas ist äußerst fragil, daher ist es am besten, ihn von Innen heraus und langsam zu erleben: bei einer Safari an Bord eines Mokoro, des traditionellen Kanus der indigenen Bevölkerung.

**Beste Reisezeit** *Das Delta präsentiert sich während der Trockenzeit zwischen Juni und Oktober in seinem höchsten Glanz, aber man kann das Gebiet während des ganzen Jahres genießen.*

**Zeitbedarf** *1 Woche.*

**Organisatorisches** *Zur Organisation einer Safari im Mokoro wenden Sie sich an Polers Trust Seronga, eine Organisation für Ökotourismus, die mit Unterstützung der African Development Foundation und der Europäischen Union entstanden ist und der indigenen Bevölkerung Arbeitsplätze bietet. Trotz ihrer traditionellen Form sind die Kanus aus glasfaserverstärktem Kunststoff, einem nachhaltigen Material.*

**Tipp** *Botswana ist eines der teuersten Länder Afrikas. Die Entscheidung für eine Safari im Mokoro ist auch die günstigste. Nachts schläft man zwar in Zeltlagern auf den Inseln, doch man hat die Möglichkeit, sich den Stammeskulturen zu nähern, die im Delta leben. Wenn Sie es luxuriöser vorziehen, dann buchen Sie einen Aufenthalt im Khwai River Lodge, das in einem Privatreservat am Moremi Game Reserve liegt.*

## EMPFEHLENSWERT

DAS ERST 1915 VOM STAMM DER BATAWANA GEGRÜNDETE **MAUN** IST HEUTE DAS EINFALLSTOR ZUM DELTA, SOMIT DIE TOURISTENHAUPTSTADT BOTSWANAS UND ZUGLEICH EINE DER STÄDTE MIT DEM SCHNELLSTEN WACHSTUM DES KONTINENTS. STÖBERN SIE DORT IN DEN HERVORRAGENDEN HANDWERKSLÄDEN UND GENIESSEN SIE DIE SPEZIALITÄTEN DER ÖRTLICHEN GASTRONOMIE.

IM HERZEN DES DELTAS TRÄGT DAS **MOREMI GAME RESERVE** DEN NAMEN DES STAMMESCHEFS DER BATAWANA UND BIETET AUSSERGEWÖHNLICHE MÖGLICHKEITEN ZUM WILDLIFE WATCHING. MAN KANN ES NICHT NUR MIT DEM MOKORO, SONDERN AUCH MIT EINEM GELÄNDEWAGEN ODER BEI EINER FOTOSAFARI ZU FUSS ERKUNDEN.

ANGRENZEND AN DAS MOREMI GAME RESERVE IST **CHIEF'S ISLAND** DIE GRÖSSTE LANDMASSE DES DELTAS UND DIE EINZIGE, DIE NIE ÜBERSCHWEMMT WIRD. SIE IST HEIMAT VIELER TIERARTEN: MIT ETWAS GLÜCK SEHEN SIE DAS WEISSE RHINOZEROS ODER DEN AFRIKANISCHEN WILDHUND.

MIT EINEM PREIS AB 110 DOLLAR PRO PERSON UND PRO 25 MINUTEN IST EIN HELIKOPTERFLUG ÜBER DAS DELTA EIN LUXUS, DOCH ES IST DIE BESTE ART, UM DIE GRÖSSE DIESES WASSERSYSTEMS ZU BEGREIFEN, UND NICHT ZULETZT EINE UMWERFENDE GELEGENHEIT ZUM FOTOGRAFIEREN! VON DEN VERANSTALTERN, DIE SOLCHE FLÜGE ANBIETEN, EMPFEHLEN WIR DELTA RAIN SAFARIS, GOLDEN OKAVANGO UND KAVANGO AIR.

# SEGELN AUF DEM RÍO DULCE

Sie ist zwar nicht besonders lang, doch die Fahrt auf dem Izabal-See nach Livingston, dem „pueblo perdido" der Karibik, ist eine Reise in eine andere Welt.

Der ca. 42 km lange Río Dulce ist so süß wie sein Name. Dennoch ist er für die Indios der „gringofressende Fluss". Mehr als von den tatsächlichen Gefahren rührt sein Ruf wohl eher von der Tatsache her, dass es unmöglich ist, nach Hause zurückkehren zu wollen, hat man erst einmal jenen magischen grünen Teppich des Waldes gesehen, von dem die Fischerdörfchen an den Ufern verhüllt werden, und sich an den langsameren und träumerischen Rhythmus der Leute hier gewöhnt. Das Reisen mit dem Segelschiff über den Izabal-See (dem größten Guatemalas, ca. 45 km lang und 20 km breit) ist ein fantastisches Erlebnis, bei dem man die Zeugnisse aus der Epoche der Maya und der spanischen Kolonisation entdecken und die Manatis und Schildkröten beobachten kann, die die Gewässer bevölkern. Der Ort erscheint noch immer als ein verstecktes Paradies, ungeachtet dessen, dass man ihn über die moderne Autobahn von Petén erreicht, welche die Geschwister-Städtchen El Relleno und Fronteras über eine Brücke miteinander verbindet, genau an der Stelle, wo der Río Dulce in den Izabal-See fließt. Das Gefühl, sich weit weg von der Welt und in einer anderen Zeit zu befinden, hält auch auf dem Fluss an, wenn man zum Beobachten der Vögel am Golfete-See verweilt, da, wo das Becken sich verbreitert und kleine Inseln und Teppiche aus Wasserhyazinthen

| 236 *Der Parque Nacional Río Dulce bedeckt ein Gebiet von 130 Quadratkilometern.*

**EMPFEHLENSWERT**

- DIE HISTORISCHE HAUPTATTRAKTION DES IZABAL-SEES IST DIE IMPOSANTE FESTUNG **CASTILLO DE SAN FELIPE DE LARA,** DIE 1595 VON DEN SPANISCHEN EROBERERN ERRICHTET WURDE, UM DEN HANDELSWEG VON GUATEMALA VOR DEN RAUBZÜGEN DER ENGLISCHEN UND HOLLÄNDISCHEN PIRATEN ZU SCHÜTZEN.
- NICHT WEIT ENTFERNT VON FRONTERAS, BEI DER BRÜCKE ÜBER DEN RÍO DULCE, KÖNNEN SIE SICH EINE NATÜRLICHE UNTERWASSER-MASSAGE (IN HEISSEM WASSER!) AM WASSERFALL DER **FINCA EL PARAÍSO** IM HERZEN DES TROPISCHEN DSCHUNGELS GÖNNEN.
- ENTLANG DES FLUSSES SOLLTEN SIE AUF DER **HACIENDA TIJAX** VERWEILEN, EINER HERRLICHEN ÖKO-LODGE MITTEN IM WALD (MIT EINER BOOTSANLEGESTELLE). DORT WERDEN AUSFLÜGE MIT DEM KAJAK ODER ZU PFERDE ORGANISIERT.
- DIE ANGESEHENSTE EINRICHTUNG LIVINGSTONS IST DAS **PIEL CANELA**, DIE GARÍFUNA-VERSION DES KUBANISCHEN BUENA VISTA SOCIAL CLUB. MAN KOMMT, UM DIE NEUESTE LATIN-MUSIK ZU HÖREN UND EINEN **SUERO** ZU SCHLÜRFEN, EINEN COCKTAIL AUF DER BASIS VON RUM, SALZ UND ZITRONEN, DER HÄUFIG UND BISLANG ERFOLGLOS ZU IMITIEREN VERSUCHT WURDE.

| 237 *Das Castillo de San Felipe de Lara am Izabal-See geht auf das Jahr 1595 zurück.*

beherbergt, oder die hohen Sandsteinwände bei dem Abschnitt des Flusses bestaunt, den man als El Canyon kennt. Ist man einmal an der Mündung angelangt, wo das grüne Wasser des Río Dulce sich mit dem türkisfarbenen der Amatiquebucht in der Karibik vermengt, kann man die Wände sogar berühren. Hier erhebt sich das prächtige Kolonialstädtchen Livingston, Zentrum der Kultur der Garífuna, eines Mestizenvolkes, das aus karibischen Ureinwohnern und Afrikanern des Bantustammes entstand, die als Sklaven hierherkamen. Livingston, das man ausschließlich mit dem Schiff erreicht, ist heute ein wundervolles pueblo perdido, doch einst begann hier und über den Río Dulce hinweg die spanische Eroberung Guatemalas.

**Website** *http://www.guatemala-reisefuehrer.de/rio_dulce.htm*

**Beste Reisezeit** *Von November bis Mai.*

**Zeitbedarf** *4 Tage für die Segelkreuzfahrt; für eine Erkundung des Gebietes ein wenig länger.*

**Organisatorisches** *Das lokale Reiseunternehmen Caribbean Experience bietet Kreuzfahrten mit dem Segelschiff auf dem Lago Izabal und dem Río Dulce an. Von den vielen Unternehmen, die Rundfahrten in Motorbarkassen auf dem Fluss anbieten, empfehlen wir die Hotel Bahia Azul and Exotic Travel Agency von Livingston, zu der ein gemütlicher Gasthof und ein Restaurant in der Stadt gehören. Sie organisiert Überfahrten auf dem Seeweg nach Belize und Honduras und weiteren Orten an der guatemaltekischen Küste.*

**Tipp** *Bei einer Segelkreuzfahrt auf dem karibischen Meer sollten Sie durchaus den Umweg über die süßen Wasser des Río Dulce in Betracht ziehen, sogar in entgegengesetzter Richtung. Der Fluss und der Izabal-See bieten in der Hurrikan-Saison auch den sichersten Unterschlupf für Segler.*

| 238 *Die Mosquitia wird von einer Abfolge von Mangroven, Lagunen, Savannen und Regenwäldern charakterisiert.*

# LA MOSQUITIA PER CAYUCO

## Ein Film (und der Name) haben ihr den Nimbus des Unheilvollen gegeben. Aber wie eine Bootsfahrt zeigt, ist diese abgelegene Region eine der grünen Juwelen Mittelamerikas.

Kennen Sie den Film Mosquito Coast (1986), mit einem düsteren Harrison Ford als Hauptdarsteller? Darin wird die Geschichte einer amerikanischen Familie erzählt, die auf der Suche nach ihrem Paradies in Richtung Karibik aufbricht, doch sie finden sich in einem grünen Albtraum wieder. Die fürchterliche Filmkulisse befindet sich in La Mosquitia, in Honduras. Nicht einmal der Name klingt besonders beruhigend. Dennoch rührt er nicht etwa von der Präsenz von Stechmücken her (spanisch: mosquitos), sondern von den Musketen, mit denen die spanischen Conquistadores einen der Stämme ausrüsteten – der sich seinerseits Misquitos nennt – um ihm bei der Unterwerfung der anderen Stämme zu helfen. Und diese abgelegene Region, das größte, zusammenhängende Regenwaldgebiet nach dem Amazonas, gehört zum Biosphärenreservat des Río Plátano und ist ein sehr friedliches Reiseziel für einen Abenteuerurlaub. Man munkelt, dass Paul Theroux, der Autor von Mosquito Coast, ihr einen unheilvollen Ruf verschaffen wollte, um zu verhindern, dass der Tourismus dieses unberührte Kleinod zerstören würde. La Mosquitia ist nicht eben einfach zu erreichen: Man fliegt an Bord eines kleinen Flugzeugs von La Ceiba nach Puerto Lempira, und von hier an geht die Reise durch ein Labyrinth aus Wasserwegen weiter. Man kann eine Fähre oder ein Cayuco nehmen, den traditionellen Einbaum, wahlweise mit Motor oder Paddeln, um die herrliche Natur der Tropen und die

Fauna zu erkunden (darunter Vögel, Affen, Alligatoren, Manatis, Ozeloten und Jaguare), wenn man durch Palmen- und Mangroventunnel fährt, um zu der herrlichen Karibikküste zu gelangen. Neben den Misquitos leben noch fünf weitere Ethnien in dieser Region – die Pesch-, Rama-, Tawahka- und Sumu-Indianer und die Garífunas (Mestizen) – von denen sich jeder Stamm seine Traditionen bewahrt hat, die man bei einem Aufenthalt in den Dörfern mit allen Annehmlichkeiten des Ökotourismus kennenlernen kann.

## EMPFEHLENSWERT

- LAUSCHEN SIE BEI EINER **CAYUCO-FAHRT DEN RÍO PATUCA HINUNTER** DEM ATMEN DES WALDES, DORT, WO DIE TAWAHKA-INDIANER IN EINTRACHT MIT DER NATUR LEBEN UND MANIOK, KAKAO UND REIS ANBAUEN.

- KOMMEN SIE DER KULTUR DER MISKITOS UND DER GARÍFUNA IN DEN MALERISCHEN **LAGUNENDÖRFERN RAISTA UND BELÉN** NÄHER. DIE INDIOS VERANSTALTEN TANZVORFÜHRUNGEN UND **CAYUCO-AUSFLÜGE DURCH DIE LAGUNEN,** AUCH NACH SONNENUNTERGANG, DAMIT SIE DIE NACHTAKTIVE TIERWELT BEOBACHTEN KÖNNEN.

- VERLASSEN SIE DAS KOMFORTABLE BOOT FÜR EINE WANDERUNG NACH LAS MARIAS, DER WILDWÜCHSIGEN BERGREGION IM **RESERVAT RÍO PLÁTANO**. NACH PICO DAMA BENÖTIGT MAN DREI TAGE AUF EINEM WANDERWEG DURCH EINEN ORCHIDEENREICHEN WALD, ZUM BEOBACHTEN DER VÖGEL AUF DEM **CERRO EL ZAPOTE** GENÜGT EIN TAG.

- NEHMEN SIE AM **TURTLE CONSERVATION PROGRAM IN PLAPLAYA** TEIL. ZWISCHEN APRIL UND JULI BESCHÄFTIGEN SICH ALLE ANWOHNER DIESES ABGESCHIEDENEN KÜSTENORTES DAMIT, DIE EIER ZU SUCHEN, DIE VON DEN SCHILDKRÖTEN AM STRAND ABGELEGT WERDEN. SIE SCHÜTZEN SIE BIS ZUM ZEITPUNKT DES SCHLÜPFENS VOR DEM ZUGRIFF DER RAUBTIERE; EINEN MONAT NACH DER GEBURT WERDEN DIE KLEINEN WASSERSCHILDKRÖTEN INS MEER ENTLASSEN.

**Website** *www.letsgohonduras.com*

**Beste Reisezeit** *Feburar bis Mai und August bis November.*

**Zeitbedarf** *1 oder 2 Wochen, einschließlich des Entspannens an der Karibikküste.*

**Organisatorisches** *Der wichtigste Touristikanbieter der Region ist die La Ruta Moskitia Ecotourism Alliance, eine Organisation, die von einem Gremium der sechs Volksgruppen betrieben wird. Sie bietet Bootstouren, Aufenthalte in den Öko-Lodges, Fußwanderungen, Reitausflüge und Motto-Exkursionen an. Das dadurch eingenommene Geld kommt den Kommunen zugute, die zu den ärmsten von Honduras gehören. Unter den übrigen lokalen Reiseveranstaltern (jedoch unter europäischer Verwaltung) empfehlen wir Omega Tours und La Moskitia Ecoaventuras.*

**Tipp** *In La Mosquitia gibt es nicht mehr Stechmücken als andernorts, doch es ist auf alle Fälle ein Malariagebiet. Eine Malariaprophylaxe ist daher dringend angeraten.*

| **239** *In dem äußerst unwirtlichen, wilden Gebiet wohnen 418 Einwohner pro Quadratkilometer.*

# IM KANU ZUM SALTO ÁNGEL

Der höchste Wasserfall der Erde heißt nun Kerepakupai-Merú, wie Präsident Chávez entschieden hat. Und kann mit den Pemón-Indianern im Kanu erkundet werden.

Als der amerikanische Flieger Jimmie Angel 1933 auf der Suche nach einer sagenumwobenen goldenen Stadt die venezolanische Hochfläche von Gran Sabana überflog, erblickte er unter sich den höchsten Wasserfall der Welt: 979 Meter hoch – 20-mal so hoch wie die Niagarafälle. Dieses Wunder der Natur wird ihm zu Ehren Salto Ángel genannt. Es befindet sich im Herzen einer der eigenwilligsten Landschaften der Welt, die man heute als Parque Nacional Canaima kennt. Vor Kurzem wurde der Wasserfall vom venezolanischen Präsidenten Hugo Chávez auf den schwierigen Namen Kerepakupai-Merú umbenannt, unter dem er bei den Ureinwohnern der Region bekannt war, den Pemón-Indianern. Eine nachvollziehbare Motivation hierzu wäre gewesen, dass die Pemón den Ort schon lange vor Jimmie Àngel gekannt hatten. Doch Chávez hat sich noch etwas anderes ausgedacht – und bezichtigt die Vereinigten Staaten mit mehreren Jahrzehnten Verspätung der Verletzung des venezolanischen Luftraums. Aber wie auch immer man ihn nennt – am besten lässt sich der Wasserfall aus der Perspektive der Ureinwohner betrachten: indem man an Bord einer curiara dort hingelangt, dem typischen großen Kanu der Indios (heute mit Motor ausgestattet), auf einer Abenteuerfahrt auf den Flüssen Acanán und Carrao, die an dem monumentalen Gebirgsmassiv des Auyantepui vorbeiführen, bis sie mit dem Río Churún genau an dem Punkt zusammenfließen, an dem der Salto Ángel hinabfällt, wobei er einen phänomenalen Regenbogen kreiert. Während der Überfahrt kann man den Wald förmlich spüren. Und wenn man über Nacht in den Pfahlbau-Dörfern der Pemón bleiben sollte, schläft man wie die Indios in einer Hängematte und lässt sich vom Rauschen des Wasserfalls in den Schlaf wiegen.

**Website** *http://salto-angel.com*

**EMPFEHLENSWERT**

- DER HAUPTZUGANG ZUM SALTO ÁNGEL IST DAS STÄDTCHEN CANAIMA. DOCH NOCH BESSER NIMMT MAN DIE „HINTERTÜR", DAS VON PEMÓN-INDIANERN BEWOHNTE DORF **KAVAK**. ES IST VON DSCHUNGEL UMGEBEN UND BESITZT BEEINDRUCKENDE ÖKOTOURISMUS-RESORTS, IN DENEN MAN IN TRADITIONELLEN HÜTTEN, DEN **CHURUATAS** WOHNT.
- MACHEN SIE EINEN SPAZIERGANG, UM DIE ÜPPIGE VEGETATION MIT ORCHIDEEN, PALMEN UND BROMELIEN DER **ISLA ORQUÍDEA** ZU BETRACHTEN. SIE IST CA. 1 KM LANG, BEFINDET SICH GENAU VOR DEN KASKADEN UND BIETET EINEN ZAUBERHAFTEN AUSBLICK AUF DEN AUYANTEPUI.
- DIE DEUTLICH NIEDRIGEREN FÄLLE DES **SALTO SAPO** SIND DER IDEALE ORT FÜR EINE ENTSPANNUNGSPAUSE: MAN SPRINGT IN EINES DER IN SANDSTEIN GEHÖHLTEN NATURSCHWIMMBÄDER UND BEWUNDERT DIE URSPRÜNGLICHE LANDSCHAFT, VON DER MAN UMGEBEN IST. DANACH KANN MAN SICH NOCH DARAUF EINLASSEN, HINTER DEM WASSERVORHANG DER KASKADEN HINDURCHZUSPAZIEREN.
- NEHMEN SIE EIN FERNGLAS MIT: MIT GLÜCK KANN MAN EIN GÜRTELTIER ODER EINEN JAGUAR SICHTEN, UND DER HIMMEL ÜBER DEM WALD IST EINE METROPOLE, BEVÖLKERT VON PAPAGEIEN UND TUKANEN.

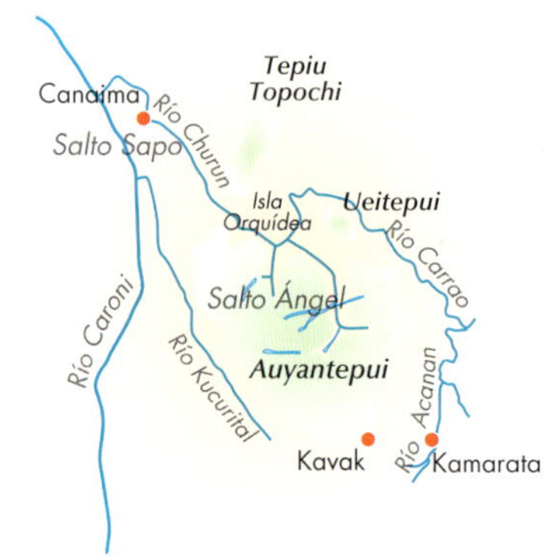

| **240-241** *Der Salto Ángel stürzt 979 m hinab. Um ihn überhaupt sehen zu können, muss man während der Regenzeit zwischen Juni und September kommen.*

**Beste Reisezeit** *Juni bis November, während der Regenzeit (andernfalls ist der Wasserfall nicht, oder fast nicht, da).*

**Zeitbedarf** *Die Bootstour dauert insgesamt 3 bis 5 Tage.*

**Organisatorisches** *Flüge über den Nationalpark Canaima gehen von Caracas und Ciudad Bolívar aus mit Zielort Canaima und Kamarata (Kavak). Unter den vielen venezolanischen Unternehmen, die Kanuausflüge (auch in Kombination mit kurzen Wanderungen) anbieten, empfehlen wir die Venezuela Eco Adventures und die Angel Eco Tours.*

**Tipp** *Lesen Sie vor der Abreise* Die vergessene Welt *von Arthur Conan Doyle, u. a. bekannt als der „Vater" von Sherlock Holmes. Er ließ sich von den Landschaften des Nationalparks Canaima inspirieren, und dieser Roman, ein Klassiker der großen Abenteuerliteratur, spielt genau in dieser Umgebung.*

# AUF DEM RIO NEGRO

Unterwegs auf den kaffeebraunen Wassern des größten Nebenflusses vom Rio Amazonas – eine Reise durch das grüne Paradies (und die grüne Hölle) der Erde.

**EMPFEHLENSWERT**

- **MANAUS** IST DIE HAUPTSTADT DES BUNDESSTAATES AMAZONAS AM RIO NEGRO SOWIE EIN AUSWEIS DES AKTUELLEN REICHTUMS VON BRASILIEN. IHR AUFSCHWUNG BEGANN ANFANG DES 19. JAHRHUNDERTS MIT DEN KAUTSCHUKEXPORTEN, WOVON NOCH ZAHLREICHE HERRLICHE BAUWERKE ZEUGEN, WIE DAS TEATRO AMAZONAS UND DER PALACIO RIO NEGRO, ZWEI ZEUGNISSE AUS DER BELLE ÉPOQUE.

- IN DER GEGEND BEI BARCELOS ERSTRECKT SICH EIN WEITERES RIESIGES FLUSSINSEL-ARCHIPEL, **MARIUÁ,** BEKANNT ALS WELT-HAUPTSTADT DES ZIERFISCHFANGS, DER RIESENHAFTEN KATZENWELSE UND TUCUNARÉ. UM AUF DEM RIO NEGRO AUF FISCHFANG ZU GEHEN, WENDEN SIE SICH AN PESCAMAZON.

- UM DIE **YANOMAMI** ZU TREFFEN, BENÖTIGT MAN EINE SONDERGENEHMIGUNG DER BRASILIANISCHEN REGIERUNG. ZUGANG ZUM RIO NEGRO UND SEINEN NEBENFLÜSSEN HAT MAN ÜBER DIE DÖRFER BARÉ, KULINA, KAXINAWA, SATERÉ-MAWÉ UND TIKUNA. LETZTERE SIND SEHR GASTFREUNDLICH: MAN ERREICHT SIE ÜBER DEN RIO CURICURIARI, AN DEM SICH DIE GEMEINSCHAFTSHÜTTEN DER SOGENANNTEN **SÃO FÉLIX-GRUPPE** ANEINANDERREIHEN.

- DAS NÖRDLICHE UFER DES RIO NEGRO IST DURCH DEN **PARQUE NACIONAL DO PICO DA NEBLINA** GESCHÜTZT, DER NACH DEM HÖCHSTEN BERG BRASILIENS BENANNT IST (3014 METER). ER IST ZWAR SCHWER ZUGÄNGLICH, DOCH DER SÜDLICHE BEREICH DES PARKS ERSTRECKT SICH NICHT WEIT VON SÃO GABRIEL DA CACHOEIRA. HIER VERLÄSST MAN DAS BOOT, UM EINE WANDERUNG DURCH DEN WALD BIS ZU EINER KURIOSEN GESTEINSFORMATION ZU UNTERNEHMEN, DIE ALS **„LA BELA ADORMECIDA“** („DIE SCHÖNE SCHLAFENDE“) BEKANNT IST.

**Website**
*www.visitamazonas.com.br*

| **242** *Der Rio Negro mündet nach 2000 km bei Manaus in den Amazonas.*
| **243** *Das Teatro Amazonas su Praça de São Sebastião in Manaus.*

Man taufte ihn „die Begegnung der Wasser“, und der bestimmte Artikel ist nicht zufällig gewählt worden: An keinem anderen Ort der Welt setzen die Wasser zweier Flüsse ein derart außergewöhnliches Schauspiel in Szene wie an diesem hier, elf Kilometer von Manaus entfernt. Es geht um die beiden Flüsse Rio Negro und Rio Solimões: Die kaffeebraune Färbung des Ersten rührt vom Geröll und der hohen Konzentration an Gerbsäure (Tanninen) her, die sich während des langen Transports aus den Wäldern Kolumbiens und Venezuelas aus den Baumstämmen „presst“; der Zweite verdankt die kokosmilchartige Färbung seines Wassers einer unglaublichen Menge von hellem Schlamm, den er während seiner Reise von Perú aufnimmt. Bevor sie zu einem werden, fließen die beiden Gewässer mindestens 15 km in einer Farbzusammenstellung nebeneinander her, die an das Symbol von Yin und Yang erinnert. Aus ihrer Vereinigung geht der Rio Amazonas hervor, der mit seinen 6937 km der größte Fluss der Welt ist, was die Durchflussmenge, die Zahl der Zuflüsse (10.000!) und den Umfang des Wassereinzugsgebietes angeht. Seine Gewässer – die sich nunmehr zu einer Milchkaffee-Farbe zusammengemixt haben – vermischen sich an der Mündung zu einem weiteren Farbwunder und schieben sich Hunderte von Kilometern ins Blau des Meeres hinein, ein Schauspiel, dessen Ausmaß sich erst über ein Satellitenbild erschließt. Doch zurück zum Ausgangspunkt, das heißt, an den Ort des Zusammentreffens der weißen und schwarzen Wasser: Hier wurde der Parque

Ecólogico Janauary eingerichtet. Zu seinen Hauptattraktionen gehören die Buchten (auf Portugiesisch igarapés genannt), die üppigen Schwemmwaldgebiete (igapós) und die schwimmenden Blumeninseln aus Vitória Régia, einer Riesenseerosenart, deren Blätter bis zu über einen Meter lang werden. Doch dieses Schutzgebiet ist kaum mehr als ein winziges, gut besuchtes Vorspiel dessen, was Sie in dem endlosen Amazonasgebiet erwartet. Denn nicht ohne Grund ist bereits der Name eine Sinnestäuschung, der dem Mythos der Amazonen entlehnt wurde, dem von den grausamen nackten Kriegerinnen mit abgetrennter rechter Brust, die die portugiesischen Eroberer hier gepeinigt vom Delirium des Malariafiebers zu sehen glaubten. Im Übrigen ist der Amazonas ein Paradies der Artenvielfalt, in dem sich 60 % aller Lebensformen des Planeten konzentrieren (man glaubt, dass es hier weitere 30 % gibt, die noch nicht entdeckt worden sind), mit ca. einer Million Tier- und Pflanzenarten, darunter 2000 Fischsorten, 2500 Vogel- und 3550 Hochwaldbaumarten, und gleichzeitig ist es eine grüne Hölle. Denn in Amazonien mehr als andernorts kann die Natur töten – mit einem Biss der Surucucu, der größten lebenden Giftschlange (die bis zu 3 m lang werden kann), oder mit einem Mückenstich, über den die cerebrale Malaria übertragen wird –, oder sie kann mit einem Biss der Tucandera-Ameise unmittelbar Lähmungen verursachen... Doch Paradies und Hölle sind eng zusammen, wenn es sich um den unschätzbaren ökonomischen Wert des Amazonasgebietes handelt, am offenkundigsten der Baumreichtum, von dem hier jährlich 2 Mio. ha abgeholzt werden, und dann das Vermögen an Pflanzen und Beeren, die Objekt der Begierde multinationaler Pharmaunternehmen sind, denn es heißt, sie könnten Heilmittel für alle bekannten Krankheiten liefern und sogar für all jene, die es noch zu ermitteln gilt. Eine Reise ins Amazonasgebiet setzt den Reisenden einer geballten Häufung von Wundern und Widersprüchen aus, nicht zuletzt in Bezug auf die Politik des Erhalts der Isolation vieler Indiogemeinschaften – ganz vorne die berühmten Yanomami –, vorangetrieben von der FUNAI, der Nationalen Stiftung der Ureinwohner, über die sich das brasilianische Ministerium, häufig mit wenig klaren Zielsetzungen, dem Schutz der Gebiete und der Kultur der Eingeborenen widmet, und auf die Rolle, die der Tourismus in diesem Gebiet spielt. Wie dem auch sei, auf den Flüssen unterwegs zu sein, und vor allem auf den befahrbaren 700 km des Rio Negro, der am besten zugänglich und auf Besucher eingerichtet ist, ist ein Erlebnis, das geradewegs ins Herz trifft, ob man nun die Fähre nimmt, die zwischen Manaus,

| **244** *Aus den Wassern des Rio Negro entstehen die Anavilhanas, die den größten Flussarchipel der Welt bilden.*

| 245 *Die Yanomami tragen Bambusstöckchen, die durch die Nasenscheidewand und durch die Unterlippe gestochen werden.*

Barcelos und São Gabriel da Cachoeira hin- und herpendelt, oder mit den Ruderbooten für Touristen unterwegs ist, die auch Umwege über die Nebenflüsse machen, um die Wälder und Indio-Dörfer erkunden zu können, in denen die immer noch primitiven Lebensweisen auf unstimmige Weise auf die Aspekte des modernen Lebens treffen. Entlang des Rio Negro kann man so fabelhafte Orte wie das Anavilhanas bewundern, das größte Flussinsel-Archipel der Erde, ein einmaliges Ökosystem. Hier, wo der Flusslauf sich auf eine Breite von 27 km öffnet, erstreckt es sich mit seinem Labyrinth aus 400 Inseln über eine Länge von 90 Kilometern. Das Labyrinth dieser Inseln ist märchengleich, vielleicht ein Symbol für die Tatsache, dass man sich im Amazonas leicht verlieren kann – und verloren bleiben kann, auch nachdem man nach Hause zurückgekehrt ist.

**Beste Reisezeit** *In der Trockenzeit: Juli bis Dezember.*

**Zeitbedarf** *Mindestens 2 Wochen.*

**Organisatorisches** *Wer es liebt, unabhängig zu reisen, dem sei angeraten, zum Hafen von Manaus mit seinen schwimmenden Docks zu gehen und von dort eine Fähre den Rio Negro hinunter zu nehmen, oder mit einem der Schiffe mitzufahren, die Waren in die am Fluss liegenden Dörfer transportieren. Für eine organisierte Reise empfehlen wir die Unternehmen Discover Brazil, Southern Cross Tours & Expeditions sowie die Amazon Riders.*

**Tipp** *Angesichts einer solchen (möglicherweise feindlichen) Umgebung ist es wohl überflüssig, auf die Notwendigkeit einer Malariaprophylaxe hinzuweisen und darauf, ein wirksames Insektenabwehrpräparat zu benutzen. Wir empfehlen außerdem ein Antimykotikum sowie einen guten Vorrat an Elektrolytpräparaten, um den in diesem feucht-warmen Klima durch das Schwitzen bedingten Flüssigkeits- bzw. Salzverlust auszugleichen. Die Feuchtigkeit und die häufigen Regenfälle können den Fotoapparat beschädigen, weshalb es ratsam ist, ihn in einem absolut dichten Plastikbehältnis aufzubewahren, und noch besser mit einem Tütchen Silicagel darin. Bewahren Sie auch Pass und Flugticket in einer wasserdichten Hülle auf.*

**Wissenswert**

*Laut der INPA (Instituto Nacional de Pesquisas da Amazônia) wird bis zum Jahr 2020 die Rodung 42 % der Waldfläche getilgt haben. Auch der wachsende demographische Druck bedroht den Fortbestand: In den letzten 20 Jahren ist die Bevölkerung des Amazonasbeckens von 2 auf 20 Millionen gestiegen.*

*Der Amazonaswald entzieht der Atmosphäre jedes Jahr durch die Fotosynthese eine Tonne $CO_2$ pro Hektar, womit ihm beim Eindämmen des Treibhauseffektes eine bedeutende Rolle zukommt. Ökonomisch ausgedrückt liegt der Wert dieses „Geschäftes" bei 141 Dollar pro ha im Jahr, und Wirtschaftswissenschaftler haben errechnet, dass die Menschheit insgesamt dem Amazonasgebiet 35 Mrd. Dollar jährlich schuldet.*

*Zu den originellsten Tieren, die in den Flüssen des Amazonas leben, zählt ganz sicher der Amazonasdelfin (Boto oder Pink Dolphin). Die Indio-Fischer verabscheuen ihn jedoch, da er ihnen häufig den Fisch aus ihren Netzen stiehlt: Einer lokalen Legende zufolge sollen Ureinwohner mit hellem Haar und blauen Augen und Albinos Boto-Menschen sein, und noch heute werden sie von der Gemeinschaft diskriminiert.*

| 246 *Das Pantanal ist das größte Binnenlandfeuchtgebiet der Erde.*

# IM PANTANAL

## In einem motorgetriebenen Einbaum geht es in ein Feuchtgebiet, das ein Mega-Angebot an Fauna bereit hält: Hier kann man Jaguare, Anakondas und Kaimane aus der Nähe beobachten.

Wenn einen die Vorstellung nicht schreckt, eine Anakonda von der Länge eines Busses vor der Eingangstür zur Hütte zu finden, oder wenn man akzeptiert, dass Piranhas, die gefräßigsten aller Süßwasserfische, durch eine Art ausgleichende Gerechtigkeit in heißem Palmöl gebraten auch eine Delikatesse sein können, dann ist man bereit für die Superlative einer Reise ins Pantanal. Wenngleich diese Schwemmlandebene, die von einem Netz aus 170 Flüssen durchzogen ist und sich über die brasilianischen Bundesstaaten Mato Grosso und Mato Grosso do Sul erstreckt, immens groß ist, kann sie im Hinblick auf Größe und Landschaftsszenerien mit dem Amazonasgebiet nicht mithalten. Doch ist sie eindeutig das Gebiet auf dem amerikanischen Kontinent, in dem es am leichtesten (und aufregendsten) ist, die Tierwelt zu beobachten. Und was für eine Fauna: Sie sollten Ihr Geld zurückfordern, wenn Sie bei einer Fahrt mit dem Einbaum keinen Jaguar antreffen, und rein rechnerisch ist es unmöglich, keinen der inzwischen selten gewordenen Hyanzinth-Aras mit seinem kobaltblauen Gefieder und einer Flügelspannweite von einem Meter aus der Nähe zu sehen. Er ist der größte Papagei der Welt, überraschenderweise jedoch nicht die größte Vogelart des Pantanals. Diesen Rekord hält der Jabiru, eine Storchenart, dessen ausgebreitete Flügel über zweieinhalb Meter messen. Was die Maße betrifft, muss man auch noch die Anakonda erwähnen, den Ameisenbär, den Riesenotter und das Wasserschwein, mit 30 kg das größte Nagetier. Und dann der Tapir, der aufgrund seiner Größe und seines prähistorischen Aussehens von Stanley Kubrick für die Anfangsszene von 2001: Odysee im Weltraum ausgewählt wurde. Im Pantanal ist auch die Anzahl der Lebewesen einmalig: Bezieht man wirbellose Tiere mit ein, kommt man auf 150.000 Spezies, wobei es den ca. 10 Mio. Kaimanen zu verdanken ist, dass hier zudem die weltweit höchste Konzentration von Krokodilen anzutreffen ist.

**Website** *www.pantanal.org*

## EMPFEHLENSWERT

- WENNGLEICH DIE TIERWELT DIE ATTRAKTION DES PANTANALS SCHLECHTHIN IST, SOLLTE MAN DOCH AUCH DER PFLANZENWELT BEACHTUNG SCHENKEN, WIE DEN LAGUNEN, DIE VON HERRLICHEN LOTOSBLUMEN EINGEFÄRBT SIND, ODER DEN RIESIGEN SCHWIMMENDEN **CAMALOTES-TEPPICHEN**, EINER WASSERHYANZINTHENART MIT VIOLETTEN BLÜTEN.

- DIE EINZIGE ASPHALTIERTE STRASSE DES PANTANAL IST DIE **TRANSPANTANEIRA,** DIE TROTZ IHRES KLANGVOLLEN NAMENS GERADE MAL CA. 145 KM LANG IST – MIT GUT 122 HOLZBRÜCKEN. SIE VERBINDET DIE STÄDTCHEN POCONÉ UND PORTO JOFRE MITEINANDER.

- ALS NACHFAHRE DER WENIGEN 1535 VON DEN PORTUGIESEN EINGEFÜHRTEN EXEMPLARE HAT SICH DAS PANTANAL-PFERD **(CAVALO PANTANEIRO)** PERFEKT AN DAS FEUCHT-WARME ÖKOSYSTEM ANGEPASST UND IST HIER ZUM WICHTIGSTEN TRANSPORTMITTEL NEBEN DEN BOOTEN GEWORDEN. DIE **ARARAS ECO LODGE IN POCONÉ** ORGANISIERT BESUCHE DER **HARAS BAFO DA ONÇA**, EINER RANCH, AUF DER MAN REITAUSFLÜGE UNTERNEHMEN UND EINEN TAG MIT BRASILIANISCHEN RINDERHIRTEN ERLEBEN KANN.

- MAN KANN IM PANTANAL AUCH IN DEN **FAZENDAS** ÜBERNACHTEN. EIN INTERESSANTES ERLEBNIS, DA DIESES GEBIET DIE BESTE GEGEND FÜR DIE NACHHALTIG BETRIEBENE RINDERZUCHT IST. DIE GÜTE DES FLEISCHES ERKLÄRT DEN RUF DER BRASILIANISCHEN CHURRASCARIAS.

**Beste Reisezeit** *Von Mai bis Oktober.*

**Zeitbedarf** *4 bis 7 Tage.*

**Organisatorisches** *Um die Wunder des Pantanal zu genießen, kann man eine Bootsfahrt mit dem Einbaum mit kurzen Wanderungen kombinieren – dazu wendet man sich am besten an einen der lokalen Touranbieter. Unter denen mit der meisten Erfahrung empfehlen wir Pantanal Nature und Pantanal Trackers. Letztere werden von dem Indio Julinho Monteiro geleitet, der hierzulande eine Legende ist: Seit 20 Jahren organisiert er Ausflüge ins Gebiet von Porto Jofre auf den Spuren der Jaguare.*

**Tipp** *Überraschenderweise ist das Pantanal malariafreies Gebiet. Der brasilianische Gesundheitsminister empfiehlt jedoch, sich gegen Gelbfieber impfen zu lassen.*

| **247** *Der Schwarze Kaiman ist vom Aussterben bedroht, obwohl er der größte Jäger des Amazonasgebiets ist.*

# ADRENALIN

## VOM TAUCHEN AUF DU UND DU MIT DEM WEISSEN HAI VOR DER SÜDAFRIKANISCHEN KÜSTE BIS ZUM BUNGEEJUMPING IN NEUSEELAND...

Hier ist schließlich das Kapitel für all jene, die die Gefahr lieben. Hier geht es auf die eine oder andere Weise um Extremabenteuer. Wenn man an Bord eines Eisbrechers, mit dem Motorschlitten oder auf Skiern unterwegs ist (wie in den kanadischen Rocky Mountains, wo das Heliskiing erfunden wurde), oder vom Himmel aus an Bord eines Heißluftballons die legendären Landschaften des Wadi Rum in Jordanien bewundert oder schließlich in den Tiefen der Erde auf Reiserouten unterwegs ist, die in die Mysterien der Grotten oder der Ozeane führen, um den blutrünstigsten Raubtieren der Meere so nahe zu kommen, wie es geht, stellt nur noch das Klima eine Grenze dar.
Und eine Grenze überschreiten wir auch, wenn wir beim Freeclimbing in Thailand oder beim Schweben über den Wäldern in Costa Rica unsere Angst besiegen. Oder wenn wir bei einer Aktivität Adrenalin ausschütten, die nur wenige Sekunden dauert - beim Bungeejumping in der Nähe des neuseeländischen Städtchens Queenstown, das sich des wohlverdienten Titels erfreuen darf, Welthauptstadt der Extremsportarten zu sein. Für einige dieser Abenteuer braucht man zugegebenermaßen ein bisschen gesunden Leichtsinn. Doch im Grunde ist es so, wie schon Mark Twain sagte: „Das Bett ist der gefährlichste Ort der Welt: Hier sterben 80 % der Menschen..."

TIERBEOBACHTUNG
HÖHLENFORSCHUNG
WANDERN
BUNGEEJUMPING
FELSENKLETTERN
Š KRAPING
MOTORSCHLITTEN
SKI
MOTORRAD

GELÄNDEWAGEN
BUS
ZUG
EISBRECHER
MOTORBOOT
KAJAK
RAFTING
TAUCHEN
HEISSLUFTBALLON
RITT AUF ELEFANTEN

... BEIM EXTREMSPORT WIE BEIM REISEN **DEN TRAUMHAFTESTEN SCHNEE,** DIE SPEKTAKULÄRSTEN HÖHLEN **DER ERDE UND DIE FASZINIERENDSTEN** WUNDER DES HIMMELS ERLEBEN.

# ADRENALIN

## DAS PERFEKTE ABENTEUER

| REISE | S. | ZEIT-ZONEN | BESTE REISEZEIT | EMPFEHLENSWERT |
|---|---|---|---|---|
| **ISA** - Nordpol-Crossing auf Skiern | 254 | - | April | *Arktisstation* |
| **Finnland** - Berührende Eindrücke in Lappland | 256 | GMT+2 | Dezember-April | *Nationalpark Urho Kekkonen* |
| **Frankreich, Schweiz** - Im Skigebiet Portes du Soleil | 260 | GMT+1 | Dezember-April | *Piste La Chavanette* |
| **Kroatien** - Škraping in Dalmatien | 262 | GMT+1 | das ganze Jahr | *Paklenica-Nationalpark* |
| **Sambia** - Rafting auf dem Sambesi | 264 | GMT+2 | Juli-Februar | *Rapide Gulliver Travels* |
| **Südafrika** - Im Käfig in der Shark Alley | 266 | GMT+2 | Juni-September | *White Shark Festival* |
| **Jordanien** - Im Ballon über das Wadi Rum | 268 | GMT+2 | März-Mai/Sept.-Nov. | *Felszeichnungen der Nabatäer* |
| **Russland** - Am Baikalsee | 270 | GMT+9 | November-April | *Insel Okhon* |
| **Thailand** - Rockclimbing in Krabi | 274 | GMT+7 | November-März | *Strände von Railey* |
| **Malaysia** - In den Höhlen von Gunung Mulu | 276 | GMT+8 | Juli-Sept./März-April | *Deer Cave* |
| **Philippinen** - Der unterirdische Fluss von P. Princesa | 278 | GMT+8 | Januar-Mai | *Babuyan* |
| **Neuseeland** - Bungeejumping in Queenstown | 280 | GMT+12 | Dezember-Februar | *Plattform Ledge Bungy, Nevis Gorge* |
| **Kanada** - Heliskiing in den Rocky Mountains | 284 | GTM-8 | November-April | *Rocky Mountaineer-Zug* |
| **Vereinigte Staaten** - Rafting im Grand Canyon | 286 | GMT-7 | April-Oktober | *Redwall Cavern* |
| **Mexiko** - In den Cenotes der Maya | 288 | GMT-6 | Oktober-April | *Cenote Calavera* |
| **Costa Rica** - "Luft"-Trekking in Monteverde | 290 | GMT-6 | November-Mai | *Selvatura Park* |
| **Costa Rica** - Bei den Haien an der Kokosinsel | 292 | GMT-6 | Juni-November | *DeepSee Submersible Tour* |

| 252-253 *Das Heliskiing erlaubt es, auf die adrenalinhaltigsten und unberührten Hänge der kanadischen Rocky Mountains zu gelangen.*

| NICHT VERGESSEN | PASSENDE REISEBUCH-KLASSIKER |
|---|---|
| Arktistaugliche Bekleidung | *Philipp Felsch*: Wie August Petermann den Nordpol erfand |
| Warme Kleidung | *Arto Paasilinna*: Der Sohn des Donnergottes |
| LVS-Gerät/ Lawinenpiepser | *Jean Vuarnet, Serge Lang*: Notre victoire olympique |
| Bergschuhe | *Predrag Matvejevic*: Der Mediterran: Raum und Zeit |
| Regendichte Kleidung | *J. P. R. Wallis*: The Zambezi expedition of David Livingstone |
| Tauchanzug | *Dean Crawford*: Shark |
| Fotoausrüstung | *T. E. Lawrence*: Die sieben Säulen der Weisheit |
| Warme Kleidung | *Peter Thomson*: Sacred Sea: A Journey to Lake Baikal |
| Magnesia | *Alex Garland*: Der Strand |
| Taschenlampe | *Christina Godshalk*: Kalimantaan |
| Taschenlampe | *Jessica Tarahata Hagedorn*: Dream Jungle |
| Lebensversicherung | *Patrick Laviolette*: Extreme Landscapes of Leisure |
| LVS-Gerät/ Lawinenpiepser | *Chic Scott*: Deep Powder and Steep Rock |
| Leichte Kleidung | *William Least Heat-Moon*: PrairyErth (A Deep Map) |
| Tauchmaske und Flossen | *J. Eric S. Thompson*: Die Maya |
| Lange Hosen | *Luis Antonio Vivanco*: Green Encounters |
| Unterwassertaugliche Kamera | *August Gissler*: My twenty years of Cocos Island |

# NORDPOL-CROSSING AUF SKIERN

Treten Sie dem exklusiven Polarclub bei, indem Sie mit Skiern an einer Arktisexpedition bis zum nördlichsten Punkt des Erdenballs teilnehmen.

„Den Everest in der Horizontalen“: so hat der Südtiroler Extrembergsteiger Reinhold Messner die Reise zum Nordpol definiert. Zusammen mit seinem Bruder Hubert wagte er sich 1995 an das Unternehmen, das Eis von Sibirien bis Kanada zu überqueren und dabei den nördlichsten Punkt des Globus zu passieren, doch es misslang. Anderen jedoch gelang das Unternehmen, sodass die Ehrentafel der Polarforscher ziemlich viele Namen verzeichnet: Roald Amundsen erreichte den Nordpol im Jahre 1927 an Bord des Heißluftballons Norge in der ersten wissenschaftlich kontrollierten Expedition; ein weiterer Norweger, Børge Ousland, brach 1990 in Ellesmere Island in Kanada auf, und seine Skiexpedition war die erste, die den Nordpol ohne Versorgung von außen in 58 Tagen erreichte. Im Gegensatz zur Antarktis, die einen Kontinent darstellt, ist der Nordpol „lediglich“ eine Koordinate für das GPS-Gerät: Wegen des Windes und der Strömungen des Ozeans ist das arktische Packeis ein

**Websites** *www.barneo.ru und www.polaradventures.de*

| 254 *Die Expeditionen zur Überquerung der Arktis mit Skiern dauern nur zwischen 8 und 12 Tagen.*

| 255 *Nur mit einem PADI-Schein für Eistaucher ist es möglich, einen Tauchgang im Eis zu erleben.*

immenses Eismeer von mindestens zwei Metern Stärke, das sich mit einer Geschwindigkeit zwischen 0,1 und 0,3 km/h voran schiebt. Daher muss die unter dem Akronym Barneo bekannte Arktisstation russischer Wissenschaftler jedes Jahr neu auf- und danach wieder abgebaut werden. Barneo erreicht man auf dem Luftweg von Longyearbyen auf der Insel Svalbard aus, die auch die Operationsbasis der wenigen und hyperspezialisierten Touranbieter ist, die höchst kostspielige, voll ausgerüstete Skitrekkings zum Nordpol anbieten. Um auf Skiern zum nördlichsten Reiseziel des Planeten zu gelangen, braucht man mit täglich 8 bis 9 Stunden von der Basis aus ca. 5 Tage für die insgesamt 100 km. Dort angekommen ist es nunmehr Tradition, die erfolgreiche Unternehmung mit einer eisigen Party bei Kaviar und Champagner feierlich zu begehen.

**Beste Reisezeit** *April.*

**Zeitbedarf** *Die Expedition dauert 8 bis 12 Tage, geeignete klimatische Bedingungen vorausgesetzt.*

**Organisatorisches** *Unter den (sehr wenigen) Anbietern, die Expeditionen organisieren, empfehlen wir Polar Adventures; sie bieten Skitreks an, Schlittentouren mit ausgebildeten Huskys, Extremabenteuer wie Ice-Diving und Fallschirmspringen am Nordpol sowie den „Adventure Express“ an Bord eines Helikopters. Die Polar-Expeditions-Experten Nordpol-Reisen bieten eine 2-wöchige Kreuzfahrt zum Nordpol an Bord des Eisbrechers „50 Years of Victory” vom russischen Hafen Murmansk aus an, inklusive Helikopterausflug.*

**Tipp** *Dies ist kein Abenteuer für die breite Masse, nicht nur, weil es so kostspielig ist. Man sollte sich zunächst einer eingehenden medizinischen Untersuchung unterziehen und damit beginnen, ernsthaft zu trainieren.*

**EMPFEHLENSWERT**

- WENN IHNEN NICHT DANACH IST, MIT SKIERN ZUM NORDPOL ZU GELANGEN, GIBT ES EINEN TROST: ES IST GENAUSO EINMALIG, MIT DEM **HELIKOPTER** DORT HINZUFLIEGEN. UNTER DENEN, DIE DAS BEREITS UNTERNOMMEN HABEN, BEFINDEN SICH DER ASTRONAUT NEIL ARMSTRONG UND SIR EDMUND HILLARY, DER SO ZUM ERSTEN MENSCHEN WURDE, DER AN BEIDEN POLEN UND AUF DEM GIPFEL DES EVEREST GEWESEN IST.

- ES IST DER WAHNSINN, ABER ES GIBT SIE: JENE, DIE ENDE APRIL BEIM **UVA NORTH POLAR MARATHON** TEILNEHMEN UND LAUFEND AM NORDPOL ANKOMMEN. ES SIND SOGAR MÄNNER UND FRAUEN DARUNTER, DIE ZUM GRAND SLAM MARATHON CLUB GEHÖREN UND AUF JEDEM KONTINENT MINDESTENS AN EINEM WETTLAUF TEILGENOMMEN HABEN, EINSCHLIESSLICH DES EBENSO EXTREMEN ANTARCTICA ICE MARATHON.

- BESITZT MAN DEN PADI ICE DIVER-SCHEIN, KANN MAN AN EINER DER **TAUCHTOUREN AM NORDPOL** TEILNEHMEN, DIE VON DEN POLAR EXPEDITIONS ADVENTURES ORGANISIERT WERDEN. AN DREI TAGEN SIND JE ZWEI TAUCHGÄNGE VORGESEHEN.

| **256** *Das Farbspektakel des Nordlichts am Himmel von Lappland.*

# BERÜHRENDE EINDRÜCKE IN LAPPLAND

## Auf Kreuzfahrt an Bord eines Eisbrechers, im Motor- oder Hundeschlitten oder auf Skiern. Der gewaltige Eiszirkus im Norden Finnlands.

Der dick gepolsterte Anzug, den man über der Kleidung trägt, ist leuchtend orange und lässt einen aussehen wie das Michelin-Männchen. Aber dank dieser guten Isolierung – einschließlich riesiger Handschuhe und einer kleinen Öffnung für das Gesicht – kann man das eindrucksvollste Bad seines Lebens nehmen: im Baltischen Meer, im Winter. Den eleganten Auftritt im Frei- oder Schmetterlingsstil kann man sich allerdings abschminken. Man muss sich damit begnügen, rücklings auf dem Wasser zwischen Eisblöcken zu treiben. So müssen sich Astronauten fühlen, wenn sie schwerelos im All schweben. Im Anschluss daran wird man mit einem Cocktail aus Wodka und arktischem Wacholderbeerensaft belohnt, der in Gläsern aus Eis an der unglaublichsten Freiluftbar der Welt serviert wird: eine Theke aus Eisblöcken an der (logischerweise gefrorenen) Wasseroberfläche, ungefähr 35 Kilometer von der Küste entfernt. Um den Transport dorthin kümmert sich vermutlich der Kapitän der Sampo, des Eisbrechers, der 25 Jahre lang das Eis für die Frachtschiffe brach, die im Golf von Bothnia unterwegs sind, und zu einem Kreuzfahrtschiff umgebaut wurde. Die Sampo legt zwischen dem 21. September und Mitte April mindestens 4-mal pro Woche vom Hafen in Kemi ab. Die Überfahrt dauert insgesamt 4 Stunden und ist ein Erlebnis für sich: Die Sampo bohrt sich mit 3500 t Wasserverdrängung donnernd durch die massiven Eisschichten der zugefrorenen See. Aber die Kreuzfahrt auf dem Eisbrecher ist gerade einmal ein Abenteuer unter vielen, die eine Reise in den Winter Lapplands zu bieten hat. Nördlich des Polarkreises leben 183.000 Menschen (einschließlich des Nikolauses, der sein Haus in der Stadt Rovaniemi hat) und 203.000 Rentiere, ein magisches Ziel für Aktivurlauber. Von Süden nach Norden kann man alle Provinzen höchst abenteuerlich auf dem Motorschlitten entdecken, Tausende Kilometer weißer Strecke, die aus Pfaden durch Wald und Tundra führen, ja sogar über zugefrorene Seen und Flüsse. Wer es traditioneller liebt, kann an einer Tour durch gut 6 Nationalparks teilnehmen, im einem Schlitten, der von Rentieren oder einer Meute Huskys, den Hunden mit den magischen blauen Augen, gezogen wird, die im Schnee bis zu 60 km pro Tag zurücklegen können. Die wohlverdiente Nachtruhe findet man in den typischen Koten (Holzhütten) der Samen. Wem das nicht genügt, der kann in der Arktis, wo man 200 Tage im Jahr das Nordlicht bewundern kann, auch noch zum Eisfischen gehen oder sich in das Abenteuer eines Schneeschuh-Trekkings am Inarisee, im Herzen der antiken Kultur der Samen, stürzen. Auch Wintersportler kommen in Skigebieten, die zu den sensationellsten der Erde gehören, auf ihre Kosten. Die Langlauf-, Alpinski- und Snowboard-Saison dauert hier von Oktober bis in den Mai hinein, der den Tag mit 16 Sonnenstunden verwöhnt. An dieser Stelle sind die Gebiete Suomo, wo begeisterte Snowboarder sogar durch den Wald zwischen den Bäumen abfahren können, und Saariselkä, ein traumhafter Skizirkus mit den spektakulären Landschaften des Urho Kekkonen Nationalparks, wo man sogar im Iglu-Dorf Kakslauttanen in gläsernen Hightech-Iglus übernachten kann. Man schläft unter einer transparenten Glaskuppel (überraschenderweise im Warmen, in einem Schlafsack, obwohl die Innentemperatur des Iglus nur -3° C beträgt), und kann im Liegen den unglaublichen Sternenhimmel, und mit etwas Glück sogar das Polarlicht, bewundern. Nicht fehlen darf ein Besuch in der finnischen Sauna, besser noch in der Savusauna (Rauchsauna), einer rustikalen Hütte mitten in der unberührten Natur, in der der Rauch durch einen Kamin aus aufgeschichteten Steinen entsteht und über die Decke des Raumes nach außen abzieht. Um den gesundheitsfördernden Effekt der Sauna zu verstärken, schlägt man sich sanft mit Birkenzweigen und wälzt sich im Anschluss daran im kalten Schnee oder taucht im kalten Wasser unter, meist durch ein Loch in der Eisdecke eines zugefrorenen Sees, aber diesmal ohne Schutzanzug.

**Website** *www.onlyinlapland.com*

| **257** *Die Wildnis Lapplands kann bei einer ein- oder mehrtägigen Safari mit dem Motorschlitten entdeckt werden.*

## EMPFEHLENSWERT

MAN BENÖTIGT JEDES JAHR 21.000 M³ SCHNEE, UM ZWISCHEN DEZEMBER UND JANUAR DAS **LUMI LINNA**, DIE GRÖSSTE SCHNEEBURG DER WELT ZU BAUEN. DAS AUSSERGEWÖHNLICHE WEISSE GEBÄUDE BEFINDET SICH IN KEMI UND BEINHALTET EIN RESTAURANT, EIN HOTEL (MAN SCHLÄFT IN THERMOSCHLAFSÄCKEN AUF BETTEN AUS EIS), ENTSPANNUNGSBEREICHE UND EINE KAPELLE, IN DER TRAUUNGEN VOLLZOGEN WERDEN. DEKORIERT IST DIE BURG MIT KUNSTWERKEN, FÜR DIE 200 M³ EIS BENÖTIGT WERDEN.

DIE **ARCTIC HUSKY FARM** ZÄHLT ZU DEN GRÖSSTEN HUNDEZÜCHTUNGEN LAPPLANDS: IN PYHÄTUNTURI GELEGEN, VERFÜGT SIE ÜBER 90 ALASKA-HUSKYS UND 20 SIBIRISCHE HUSKYS, DIE ALLE ZU SCHLITTENHUNDEN AUSGEBILDET SIND. HIER KANN MAN EINE SCHLITTENTOUR BUCHEN ODER EINEN TAG MIT DEN ZUCKERSÜSSEN WELPEN VERBRINGEN.

IN SIIDA AM INARISEE KANN MAN DAS **SAMI ECOMUSEUM** BESUCHEN, DAS ÜBER DIE KULTUR DES „ARKTISCHSTEN“ VOLKES VON NORDEUROPA UND IHRE ÜBERLEBENSSTRATEGIE IM UNWIRTLICHEN NÖRDLICHEN KLIMA ERZÄHLT.

DIE **KOROUMA-SCHLUCHT** IN DER NÄHE DES ORTES POSIO IST 30 KM LANG UND VERFÜGT ÜBER SPEKTAKULÄRE, GEFRORENE WASSERFÄLLE. EIN FASZINIERENDES ZIEL FÜR EINEN AUSFLUG MIT SCHNEESCHUHEN ODER DAFÜR, SICH IM ICECLIMBING ZU VERSUCHEN. EXKURSIONEN WERDEN VON DER AGENTUR SYÖTTEEN ERÄPALVELUT, IM SKIRESORT SYÖTTE, ANGEBOTEN.

| 258-259 *Auch die Rentiere sind ein geeignetes Transportmittel, um auf dem Schnee voranzukommen.* | 259 *Ein Eisbrecher im Golf von Botnia.*

**Beste Reisezeit** *Von Dezember bis April.*

**Zeitbedarf** *1 bis 2 Wochen.*

**Organisatorisches** *Alle internationalen Anbieter, die auf Abenteuerreisen in die Arktis spezialisiert sind, haben Lapplandreisen im Programm, die eine Fahrt auf dem Eisbrecher oder Safaris im Motor- oder Hundeschlitten beinhalten.*

**Tipp** *Um einen Motorschlitten zu fahren, muss man mindestens 15 Jahre alt sein und zumindest einen gültigen Traktorführerschein besitzen. Wegen der hohen Strafen sollte man die Geschwindigkeitsbegrenzung von 60 km/h auf dem Festland und 80 km/h auf Meer, Seen und sonstigen gefrorenen Wasserflächen unbedingt einhalten.*

**Wissenswert**

- *Die Grenze von Schwedisch-Lappland und Finnisch-Lappland verläuft zwischen dem schwedischen Haparanda und dem finnischen Tornio, die durch einen Fluss voneinander getrennt sind. Dort findet man das fortschrittlichste Beispiel europäischer Integration: Obwohl sie verschiedenen Staaten angehören mit unterschiedlichen Währungen und einer Stunde Zeitdifferenz, teilen sie sich die Verwaltung, die (zweisprachige) Schule, das Gesundheitssystem und die Feuerwehr.*

- *In Finnland gibt es ungefähr 9000 Samen, die nach dem Muster ihrer Ahnen leben. Sie züchten Rentiere und ernähren sich von Fischfang und Jagd. Das autonome Parlament mit Sitz in Inari setzt sich für ihre Sprache und Kultur ein. In den Universitäten von Helsinki, Oulu und Rovaniemi gibt es eigene Studiengänge über die Samen.*

- *Man sagt, dass es in Finnland so viele Saunen gibt, dass sie die Gesamtbevölkerung des Landes von 5,5 Mio. Einwohnern gleichzeitig beherbergen könnten. Es gibt sogar eine im finnischen Parlament in Helsinki, und in 1400 m Tiefe im Bergwerk von Pyhäsalmi. Immerhin ist die Sauna einen finnisches Identitätssymbol!*

# IM SKIGEBIET PORTES DU SOLEIL

Auf den 650 km Piste des größten Skigebietes der Welt ist Skifahren nicht bloß ein Sport, sondern wird zu einer fabelhaften weißen Reise.

| **260** *Ein Fahrer im Tiefschnell in Portes du Soleil.*
| **261** *Skipiste mit Blick auf die Dents du Midi.*

Die „Schweizer Wand", die Piste La Chavanette, ist Traum und Albtraum eines jeden Skifahrers: Wenn man sich hier ganz oben befindet – in 2151 m Höhe, genau an der französisch-schweizerischen Grenze – schwindelt einem beim Anblick jener weißen, 1 km langen Buckelpiste in der um die 330 m hohen Steilwand und der Reihe von fast kleinwagengroßen Huckeln. Wenn man es nicht beschämend findet, kann man auch mit dem Sessellift nach oben gelangen. Diese Piste im Skigebiet von Les Crosets-Champéry ist gerade mal eine von den 27 als „schwarz" eingestuften Pisten von Portes du Soleil, dem größten Skiareal der Welt, das sich über 1000 km$^2$ und über 14 Täler zwischen dem Mont Blanc und dem Genfersee erstreckt. Die Zahlen sind beeindruckend: 12 Skigebiete (davon 7 in Frankreich und 5 in der Schweiz), 283 planierte Pisten über eine Gesamtstrecke von 650 Kilometern, 119 Aufstiegsanlagen, 10 Snowparks zum Snowboarden und für Freestyle, und 90 Restaurants und Schutzhütten entlang der Pisten. Die Schaffung eines derartigen Schnee-Networks, das es ermöglicht, die aufregendste Ski-Safari des Alpenraums zu unternehmen, ist einer Idee des französischen Abfahrtsläufers Jean Vuarnet zu verdanken: Heute, mit 80 Jahren, kann er sich noch immer nicht damit abfinden, als Namensgeber einer Sportbrillenmarke bekannter zu sein als dafür, bei der Winterolympiade 1960 Gold geholt zu haben. Oder dafür, Zehntausende von Skifahrern glücklich gemacht zu haben, die jedes Jahr „sein" Portes du Soleil voll auskosten.

**Website** *www.portesdusoleil.com*

**EMPFEHLENSWERT**

- IN DER ZWEITEN MÄRZHÄLFTE FINDET IM SKIGEBIET PORTES DU SOLEIL DAS COOLSTE FESTIVAL DER ALPEN STATT: BEI **ROCK THE PISTES** WERDEN AUF DEN PISTEN BÜHNENANLAGEN AUFGEBAUT UND TAGELANG KOSTENFREIE KONZERTE MIT INTERNATIONAL BEKANNTEN KÜNSTLERN UND DUTZENDE VON **APRÈS SKI** -EVENTS GEBOTEN.

- WEM DIE PLANIERTEN PISTEN NICHT GENÜGEN, DER KANN SICH (MIT VORSICHT) AUF VIELE MIT NEUSCHNEE BEDECKTE ABFAHRTEN BEGEBEN. ZIELE, DIE SICH ANHÄNGER DES FAHRENS ABSEITS DER PISTE NICHT ENTGEHEN LASSEN SOLLTEN, SIND DIE BERGE VON NYON UND CHAMOSSIÈRE IN MORZINE UND DER MONT CHÉRY IM **SKIGEBIET VON LES GETS**.

- SUPERPIPES, BOARDER CROSS UND VARIETY-MODULES SIND DIE DISZIPLINEN BEIM SNOWBOARDEN, IN DENEN MAN SICH IM **THE STASH** ÜBEN KANN, DEM ERSTEN 100 % ÖKOLOGISCHEN SNOWPARK EUROPAS. ER BEFINDET SICH IN AVORIAZ UND WURDE VON KEINEM GERINGEREN ALS JAKE BURTON, DEM ERFINDER DES „SCHNEESURFENS",, ENTWORFEN.

**Beste Reisezeit** *Von Dezember bis April.*

**Zeitbedarf** *1 Woche (mindestens).*

**Organisatorisches** *Auf der Webseite von Portes du Soleil finden sich Links zu den Seiten der 12 dazugehörigen Skiorte (Abondance, Avoriaz, Champéry, Châtel, La Chapelle d'Abondance, Les Gets, Montriond, Morgins, Morzine, St. Jean d'Aulps, Torgon und Val d'Illiez-Les Crosets-Champoussin), über die man die Aufenthalte und Reiserouten organisieren kann. Die gesamte Rundstrecke der Ski-Safari lässt sich von jeder der Ortschaften aus im oder gegen den Uhrzeigersinn zurücklegen.*

**Tipp** *Von den besten Berghütten empfehlen wir Le Toupin auf dem Pointe de Ripaille in Champéry (Schweiz), wo man großartige Fondues serviert bekommt, die Auberge d'Alpage Chez Denis auf der Piste von Plaine Dranse in Châtel im französischen Hochsavoyen, wo man sich Raclette und Tartiflette mit Wurstwaren schmecken lässt und Bergkäsesorten kaufen kann.*

# ŠKRAPING IN DALMATIEN

Im Nationalpark Paklenica und auf den Kornati-Inseln gibt es eine neue Extremsportart, die sich rasch wachsender Beliebtheit erfreut.

| **262** *Die gezackten Felsen des Velebit.* | **263** *Klettern im Paklenica-Nationalpark.*

## EMPFEHLENSWERT

- JEDES JAHR IM MÄRZ WIRD AUF PASMAN DAS **ŠKRAPING RACE** MIT TEILNEHMERN AUS DER GANZEN WELT ABGEHALTEN. MAN KANN ZWISCHEN DEN KATEGORIEN ULTRA (42 KM) UND LIGHT (21 KM) WÄHLEN.
- MIT EINER LÄNGE VON 14 BZW. 12 KM UND EINER BREITE VON 50 BZW. 10 M SIND DIE **SCHLUCHTEN VON VELIKA UND MALA PAKLENICA** DIE HAUPTATTRAKTIONEN DES PARKS.
- IM SOMMER WIRD JEDER SKRAPING-DURCHGANG MIT EINEM SPRUNG INS BLAUE MEER VON DEN DURCH DIE EROSION KURIOS GEFORMTEN FELSEN VON **TKON AUF PASMAN** BELOHNT.
- IN ZADAR SOLLTE MAN SICH UNBEDINGT DIE **MEERESORGEL** AM HAFEN ANSEHEN, DIE MIT 35 STEINERNEN ORGELPFEIFEN DURCH DIE WELLENBEWEGUNG DES MEERES MUSIK ERZEUGT UND DIE PERFEKTE MUSIKALISCHE UNTERMALUNG DES TRAUMHAFTEN SONNENUNTERGANGS BILDET.

Der Name dieses neuesten Extremsports wird aus dem Dalmatischen abgeleitet. Skrapa bedeutet so viel wie „schroffer Fels“. Es ist eine Kombination aus Trekking, Laufen, Freeclimbing und einer Art Parcours in der unberührten Natur. Diese Sportart wurde 2006 von einem kroatischen Athleten erfunden und fand – dank der Propaganda auf Face – schnell zahlreiche Anhänger. Sie kann überall dort praktiziert werden, wo es unwegsames Gelände und Felsen gibt, und es ist kein Zufall, dass die Sportart in der Umgebung Zadars, einer der schönsten Kleinstädte Dalmatiens, erfunden wurde. In dieser Gegend ist die Landschaft ebenso spektakulär wie unwegsam, wie auf den Kornati-Inseln, Pasman und Ugljan sowie im Landesinneren. Dort, an den Südhängen des Velebit, der „heiligen Berge“ der Kroaten, erstreckt sich der Nationalpark Paklenica, der auf einer Oberfläche von 95 km² mit tiefen Schluchten, schwindelerregenden Gipfeln und sogar einem Höhlensystem aufwarten kann. Ein perfekter, natürlicher „Sportplatz“, jedenfalls für diejenigen, die die grenzenlose Herausforderung suchen.

**Beste Reisezeit**. *Ganzjährig mit Ausnahme der Tage, an denen die Bora bläst.*

**Zeitbedarf** *Eine Woche, um den Nationalpark und die Inseln zu erkunden.*

**Organisatorisches** *Dank der guten Beschilderung der Pfade (Gesamtlänge 150 km) kann der Park problemlos in Eigenregie besucht werden. Zum Skraping und Freeclimbing ist man mit einem spezialisierten Anbieter, z.B. Zara Adventure, gut beraten.*

**Tipp** *Škraping ist ein anstrengender und gefährlicher Sport: die richtige Ausrüstung ist unabdingbar, auch sollte man immer ausreichend Wasser mitführen.*

**Websites** *www.tzzadar.hr und www.paklenica.hr*

# RAFTING AUF DEM SAMBESI

Angesichts der majestätischen Victoriafälle im tiefsten Inneren Afrikas erlebt man im Schlauchboot das aufregendste Abenteuer der Welt.

Man kann sagen, dass der erste Europäer, der auf dem Sambesi Rafting betrieben hat (auch wenn dieser Sport damals noch nicht erfunden war), Dr. David Livingstone war, der im November 1855 von einem Trupp Eingeborener Kololo an einen Ort gebracht wurde, der von ihnen Mosi-oa-Tunya genannt wurde, „der donnernde Rauch". Er befand sich an Bord eines Floßes, von dem aus er – wie er später in seinem Notizbuch notierte – „einen Rauch" beobachten konnte, „der hochsteigt, wie ein Buschfeuer in der Savanne". Jener Rauch ist in Wirklichkeit der Wasserdampf, der von den 546 Mio. Kubikmetern Wasser produziert wird, die inmitten der Regenzeit jede Minute einen 100 m tiefen Abhang hinabstürzen und die Victoriafälle formen, die von dem britischen Entdecker zu Ehren seiner Königin so getauft wurden. Livingstone seinerseits verlieh seinen Namen der Stadt, die in der Nähe der Wasserfälle auf der sambischen Seite des Flusses entstand und die heute (zusammen mit der Zwillingsschwester

| **264** *„Der donnernde Rauch", der mehr als angebrachte Name der indigenen Bevölkerung für die Victoriafälle.*

| 265 *Die Stromschnellen des Sambesi sollten zwischen Juli und Februar in Angriff genommen werden, wenn der Fluss nicht so viel Wasser führt.*

der Victoriafälle in Simbabwe) zu den beliebtesten Zielen des afrikanischen Kontinents gehört. Das Rafting entlang der 25 Stromschnellen, die in dichtem Rhythmus in einer der Wände der tiefen Basaltschlucht aufeinander folgen, gilt als aufregendstes Rafting der Welt. Während der Regenzeit, wenn der Fluss viel Wasser führt, werden etwa die Hälfte der Stromschnellen mit dem Schwierigkeitsgrad 5 klassifiziert (zum Verständnis: Grad 6 befindet sich jenseits des Machbaren). Alle haben einen Namen, die viel über die Emotionen verraten, die man durchlebt, wenn man sie mit dem Schlauchboot durchfährt: Probieren geht über Studieren auf dem Stairway to Heaven, in der Washing Machine und in der Gulliver Travels, der längsten und schwierigsten von allen, die ihrerseits in eine Reihe von Einzelpassagen unterteilt werden kann, welche die fantastischen Welten von Gullivers Reisen heraufbeschwören.

**Websites** *www.zambiatourism.com/travel/places/victoria.htm und www.victoriafalls-guide.net*

**Beste Reisezeit** *Zwischen Juli und Mitte Februar, wenn der Fluss weniger Wasser führt und es möglich ist, alle 25 Stromschnellen abzufahren.*

**Zeitbedarf** *Das klassische Rafting dauert einen halben Tag.*

**Organisatorisches** *In Livingstone (Sambia) und in Victoria Falls (Simbabwe) gibt es Dutzende von Agenturen, die Rafting anbieten. Für ein 3- bis7-tägiges Abenteuer im Schlauchboot entlang des Sambesi wendet man sich am besten an internationale, spezialisierte Anbieter wie Safari par Excellence, Global Descents, Water by Nature und Zambesi Safari & Travel Company.*

**Tipp** *Buchen Sie in Victoria Falls ein Zimmer im Victoria Falls Hotel (oder nehmen Sie einen Drink dort zu sich): Das Hotel liegt in der Pole Position an den Wasserfällen und ist ein Juwel aus der Kolonialzeit, das 1904 errichtet wurde, als das Städtchen an die Eisenbahnlinie angeschlossen wurde, die Kairo mit Kapstadt verbindet.*

### EMPFEHLENSWERT

- WENN IHNEN EXTREMSPORTARTEN GEFALLEN, KÖNNEN SIE HIER AUCH **BUNGEE-JUMPING** PRAKTIZIEREN ODER EINEN FLUG DURCH DAS ATEMBERAUBENDE PANORAMA IM ANGESICHT DES WASSERFALLS (DER MIT SEINEN DREI ABSCHNITTEN FAST 2 KM BREIT IST) UNTERNEHMEN.

- EINE TOUR ZU FUSS (ODER AUF DEM RÜCKEN EINES ELEFANTEN) IN DEN NATIONALPARKS DER VICTORIA FALLS BZW. AN DEN UFERN DES FLUSSES IN SIMBABWE UND SAMBIA, UM DIE WASSERFÄLLE UND DIE ÜPPIGE VEGETATION ZU BETRACHTEN. BEI VOLLMOND WERDEN **NÄCHTLICHE EXKURSIONEN** ORGANISIERT.

- GÖNNEN SIE SICH DEN LUXUS EINER FAHRT MIT DEM DAMPFZUG ZWISCHEN DEN VICTORIA FALLS IN SIMBABWE UND DEM SAMBESI NATIONAL PARK IN SAMBIA. DAS ERLEBNIS DAUERT ZWEI STUNDEN UND SCHLIESST EINEN CHAMPAGNER-APERITIF AN BORD SOWIE DIE UNVERGLEICHLICHE AUSSICHT VON OBEN AUF DIE WASSERFÄLLE IM LICHT DES SONNENUNTERGANGS EIN.

# IM KÄFIG IN DER SHARK ALLEY

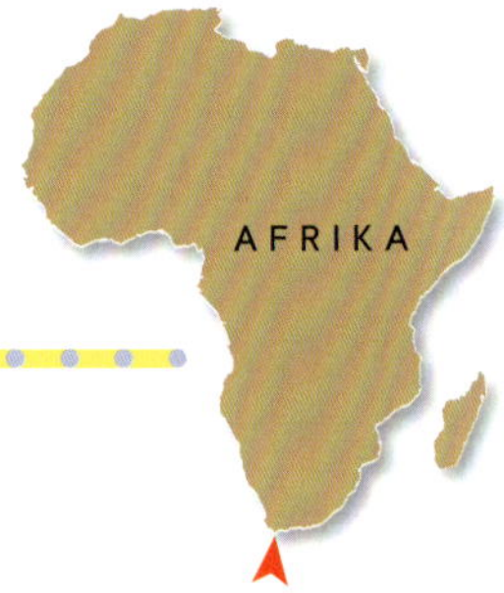


Sie haben den Ruf von Killern der Meere, doch die Weißen Haie sind gar nicht so schlimm. Probieren geht über Studieren bei einem bewegenden Cage Diving in Gansbaai.

Der Film von Steven Spielberg ist schuld, dass der Weiße Hai den Ruf eines Killers der Meere hat. In Wirklichkeit ist es fast unmöglich, von einem Weißen Hai verschlungen zu werden. Wissenschaftlern zufolge sind die äußerst seltenen Fälle, in denen Menschen angegriffen werden, einer fatalen „Verwechslung" zuzuschreiben. Wir sind keine attraktive Beute für sie. Diese großen Raubtiere – die in 300 Mio. Jahren Evolution unverändert geblieben sind, eine Art Meeresdinosaurier – stehen an der Spitze der Nahrungskette und haben somit eine große Auswahl an Mahlzeiten zur Verfügung. Die Seeotter, welche die Klippen des kleinen Archipels von Dyer Island in der südafrikanischen Provinz Cape bevölkern, sind einer ihrer Lieblingssnacks. Der enge Kanal zwischen diesen Inseln und dem Festland wurde sogar Shark Alley oder „Haifischstraße" getauft, und die Küstenstadt Gansbaai, die zwei Autostunden von Kapstadt entfernt liegt, hat daraus eine wunderbare Touristenattraktion gemacht. Sie ist die Welthauptstadt der Adrenalintauchgänge bzw. des Cage Diving, dank dessen äußerst nahe Begegnungen mit Weißen Haien im Schutz von Stahlkäfigen in einer Art umgekehrtem Meereszoo stattfinden können. Das Cage Diving ist ein zu 100% sicherer Sport, dennoch ist es schaurig, sich nur wenige Zentimeter vor dem aufgerissenen Maul eines fünf Meter langen Weißen Hais entfernt wiederzufinden.

**Website** *www.gansbaaiinfo.com*

| **266** *Ein Metallkäfig trennt den Taucher von der direkten Begegnung mit einem Weißen Hai.*
| **267** *Ein Weißer Hai, eine vom Aussterben bedrohte Art, zeigt seinen Rachen.*

### EMPFEHLENSWERT

- DIE BEHAUPTUNG, DASS GAANSBAAI EINE „KÜSTE DER GEGENSÄTZE" IST, SCHEINT EIN KLISCHEE, ENTSPRICHT ABER DER WAHRHEIT, ANGEFANGEN BEI DEN ORTSNAMEN: **PEARLY BEACH** IST EIN ENTZÜCKENDES DORF AN EINEM WEISSEN SANDSTRAND, DER FÜR SPAZIERGÄNGE BESTENS GEEIGNET IST, WÄHREND **DANGER POINT** MIT SEINEN SCHARFEN KLIPPEN UND SEINEN UNTERWASSERFELSEN EINER DER FÜR DIE SCHIFFFAHRT GEFÄHRLICHSTEN ORTE DER WELT IST. BEWUNDERN SIE DAS PANORAMA, INDEM SIE DIE HUNDERT STUFEN ZUM GIPFEL DES LEUCHTTURMS HINAUFSTEIGEN.

- DIE ALS „SHARK LADY" VON GAANSBAAI BEKANNTE KIM MACLEAN ORGANISIERT IM OKTOBER DAS **WHITE SHARK FESTIVAL**. GEFEIERT WIRD MIT AUFFÜHRUNGEN, KULINARISCHEN EVENTS, AUSSTELLUNGEN UND KONFERENZEN, UM DAS PUBLIKUM FÜR DEN SCHUTZ DER WEISSEN HAIE ZU SENSIBILISIEREN.

- DIE AUSGANGSBASIS DER CAGE DIVING-EXKURSIONEN IST DER PITTORESKE FISCHERORT **KLEINBAAI**. BELOHNEN SIE SICH NACH ERFOLGTEM ABENTEUER MIT EINEM MITTAGESSEN AUS HUMMERN, MUSCHELN UND WEISSWEIN AUS DER CAPE-REGION IM GREAT WHITE HOUSE.

**Beste Reisezeit** *Von Juni bis September während des südlichen Winters.*

**Zeitbedarf** *Das Cage-Diving dauert zwischen 3 und 5 Stunden.*

**Organisatorisches** *Von den Veranstaltern aus Gansbaai, die Cage Diving-Exkursionen anbieten, empfehlen wir Shark Lady Adventures und White Shark Project. Beide beteiligen sich an Projekten zur Erforschung und Erhaltung des Weißen Hais, einer Art, die auf der Roten Liste der IUCN (International Union for Conservation of Nature) steht.*

**Tipp** *Für das* Cage Diving *mit den Weißen Haien gibt es außer Ihrem Mut keine Hindernisse: Der Tauchgang geht nie tiefer als 1 m unter die Wasseroberfläche; das Atemgerät wird von einer Sauerstoffflasche auf dem Boot gespeist, sodass ein Taucherschein nicht erforderlich ist.*

# IM BALLON ÜBER DAS WADI RUM

## Erklimmen Sie die roten Felswände, erkunden Sie den inneren Kern des Wadi, und entdecken Sie die Wunder und Absonderlichkeiten der Wüste des Lawrence von Arabien.

Als die Engländer die Wüste von Arabien Empty Quarter tauften, hatten sie gewiss die äußersten nördlichen Ausläufer nicht bedacht. Verglichen mit der großen (und philosophischen) Leere, die im Wesen des Wortes „Wüste" liegt, ist das Wadi Rum außergewöhnlich reich. Ein Teil dieses gewaltigen, als Rift bekannten tektonischen Systems, das Geologen in Aufregung versetzt, ist die (dank eines Anteils an Quarzkörnchen) lumineszierende Zunge aus rosafarbenem Sand, die sich mitten durch zwei Gebirgsketten schiebt, den Jebel Um Ishrin im Osten und den Jebel Rum im Westen. Beide sind über 1000 m hoch und werden von bezaubernden Fialen, Zinnen, Bögen und engen Schluchten charakterisiert. Man hält sie für eine Luftspiegelung, die kleinen, perfekten Oasen mit Dattelpalmen und Tamarisken, die von wie durch Zauberei aus dem Stein hervorsprudelnden Wasserfällen und Quellen genährt werden. Heute ist das Wadi Rum zusammen mit der benachbarten „verlorenen Stadt" Petra der touristische Anziehungspunkt des Königreichs Jordanien schlechthin, überfüllt von Jeeps, die pausenlos die Pisten zerfurchen. Da und dort werden sie von typischen Beduinenzelten aus schwerer, schwarzer Wolle durchsetzt und von ebenso vielen Igluzelten der Touristen. Für die Übrigen ist das Wadi Rum nicht allein Symbol für die vollkommene Schönheit der Landschaft, sondern auch in literarischer Hinsicht mit einer Person verbunden,

| 268 *Ein Beduine bei einem natürlichen Felsentor im Wadi Rum.*

### EMPFEHLENSWERT

- DIE BEKANNTESTE GESTEINSFORMATION DES WADI RUM IST ZWEIFELSOHNE JENE, DIE MAN NACH DEM TITEL DER MEMOIREN DES T. E. LAWRENCE **DIE SIEBEN SÄULEN DER WEISHEIT** GETAUFT HAT. ETWAS WEITER GELANGT MAN ZUM SIQ UM TAWAQI, UND IN DIESEM SCHMALEN CANYON KANN MAN NACH DEM IN STEIN GEMEISSELTEN HAUPT VON LAWRENCE AUSSCHAU HALTEN, GESCHAFFEN VON DEN BEDUINEN, DIE EINST SEINE WAFFENBRÜDER WAREN.

- DER BERG **JEBEL ANFASHIEH** MIT SEINEN ALTEN FELSZEICHNUNGEN IST EIN FANTASTISCHES ZEUGNIS AUS DER ZEIT DER NABATÄER, MAN ERKENNT MENSCHLICHE FIGUREN, TIERE UND KAMELKARAWANEN. VON OBEN KANN MAN DIE EINDRUCKSVOLLEN RESTE DES TEMPELS DER ALLAT AUSMACHEN, DER MUTTERGÖTTIN DER NABATÄER.

- FÜR DIE FREUNDE SPORTLICHER KLETTERTOUREN FÜHREN VIELE PFADE AUF DEN JEBEL RUM. SIE WEISEN SCHON DURCH NAMEN WIE TOWERING INFERNO ODER ALLAH FACTOR AUF DEN SCHWIERIGKEITSGRAD UND DIE ADRENALINMENGE HIN, DIE MAN FÜR DAS UNTERFANGEN BENÖTIGT. UM DEN GIPFEL DER **ROCK BRIDGE** ZU ERKLIMMEN, EINER BRÜCKE AUS ROTEM GESTEIN, VON DER MAN EINEN PHÄNOMENALEN PANORAMABLICK HAT.

**Website** *www.wadirum.jo*

| 269 *Bei einer Reise mit dem Heißluftballon eröffnen sich einem atemberaubende Blicke von oben auf den Wadi Rum.*

die dazu beigetragen hat, die Legende vom Wüstenabenteuer zu erschaffen: T. E. Lawrence, jener britische Geheimagent, der das Wadi Rum zu seiner Bleibe erklärte, als er während des Ersten Weltkriegs den Aufstand der arabischen Beduinen gegen die Ottomanen lenkte. Vor ihm war diese Wüste allein dank der Vorkommen von Wasser eine Zwischenstation für die von der Durchquerung der arabischen Wüste erschöpften Karawanen. Und noch früher wurde sie von den Nabatäern besiedelt, denen die Erbauung von Petra zu verdanken ist und von denen zahlreiche Zeugnisse erhalten sind, von den Resten eines Tempels bis zu den Tausenden von Malereien und Felsgravuren, die aus den Klüften mit ihren mehrfarbigen Stratigraphien ein wunderbares Buch aus Stein machen. Erleben Sie das Wadi Rum von innen: lassen Sie sich von erfahrenen Beduinenführern begleiten, um ihm seine Geheimnisse zu entlocken, um seine Naturkathedralen zu erklettern, und um (zumindest) eine Nacht damit zu verbringen, die Sterne zu zählen, leuchtend wie Sie sie vielleicht noch nie zuvor gesehen haben. Doch will man die Poesie dieser Wüste wirklich begreifen: Auf einer lautlosen Fahrt im Heißluftballon kann man vom Himmel aus das Majestätische und die Komplexität bewundern und die überraschende Nähe dieser Wüste zu einer weiteren „großen Leere“ erahnen: jener des Roten Meers, das den Hafen von Aqaba blau färbt.

**Beste Reisezeit** *Von März bis Mai und von September bis November.*

**Zeitbedarf** *Eine Fahrt im Heißluftballon dauert eine Stunde, doch man sollte zumindest eine Nacht unter den Sternen des Wadi Rum verbringen.*

**Organisatorisches** *Der unter der Schirmherrschaft des Königs Abdullah II Ibn Al Hussein von Jordanien gegründete Royal Aero Sports Club of Jordan hat seinen Sitz am Flughafen Aqaba. Von hier werden Heißluftballonfahrten oder Flüge in Ultraleichtflugzeugen über das Wadi Rum angeboten. Das schon früh am Morgen beginnende Abenteuer kann man über die Touranbieter der Region buchen, wie die ausgezeichneten Rum Stars. Um sich auf dem Rücken eines Kamels oder zu Fuß in die Wüste zu wagen sowie für Klettertouren sollte man sich die Vorschläge der Beduinenführer des Verbands der Wadi Rum Mountain Guides näher betrachten.*

**Tipp** *Wenn man seinen Rucksack für das Abenteuer Wadi Rum vorbereitet, sollte man bedenken, dass es zwischen Tag und Nacht äußerst starke Temperaturschwankungen gibt, von über 30° C bis 0° C (im Heißluftballon kann es am Morgen richtig kalt sein!).*

# AM BAIKALSEE

## Ein Abenteuer bei Temperaturen unter dem Gefrierpunkt im Eis einer der schönsten Landschaften Sibiriens, inmitten des „großen Nichts“.

Mit 336 Zuflüssen und nur einem einzigen Abfluss ist der Baikalsee das älteste – 25 Mio. Jahre! – und größte Süßwasserreservoir (23.000 Kubikkilometer): Er ist zwar nur der sechstgrößte See, aber, wie neueste Messungen beweisen, mit einer Tiefe von 1741 Metern der tiefste der Erde. Er befindet sich 5500 km östlich von Moskau, 3700 westlich des Pazifiks, 250 km nördlich der mongolischen Steppe und im Süden des Nichts (das bedeutet, dass er genauso gut auf dem Mond sein könnte, und dennoch leben dort ungefähr 80.000 Menschen). Bedenkt man, dass ein Großteil der 2000 km Ufer steil und dicht mit Koniferen und Birken bewachsen und auf dem Landweg nicht erreichbar sind, sein Wasser unübertroffen rein ist und dass seine Oberfläche oft innerhalb einer Nacht gefriert, wobei die Wellen zu Eisskulpturen erstarren, die fünf Monate lang bestehen, bis sie langsam wieder auftauen, dann liegt es auf der Hand, dass diesem Ort etwas Heiliges, Mystisches anhaftet. Nicht umsonst sind einige Orte des Baikal, wie die Insel Olkhon und Halbinsel Svyati Nos, die majestätischen Kulissen schamanischer Riten der Nomadenvölker der Taiga, während er für die Russen (die den See erst 1662 entdeckten) eine tiefe symbolische Bedeutung hat. Er reflektiert in seinen Wassern „Mütterchen Russland“: riesig, mächtig und in der Lage, alle Widrigkeiten zu überwinden.

**EMPFEHLENSWERT**

- DER BAIKALSEE VERDIENT EINE WÜRDIGE ANREISE: MAN KANN VON MOSKAU AUS DEN ZUG NEHMEN, KEINEN GERINGEREN ALS DIE **TRANSSIBIRISCHE EISENBAHN**.
- **IRKUTSK**, DAS „PARIS VON SIBIRIEN“, IST DIE INOFFIZIELLE HAUPTSTADT DES BAIKAL. EIN AUFENTHALT LOHNT SICH, DIE STADT VERFÜGT ÜBER WUNDERSCHÖNE HOLZHÄUSER AUS DEM 18. JHDT. UND VIELE MUSEEN.
- MITTEN IM **PRIBAIKALSKIY NATIONALPARK** GELEGEN, IST OKHON DIE GRÖSSTE DER 26 INSELN DES BAIKAL. HIER AM RAND DES MALERISCHEN ORTES KHUZIN IST ES EIN MUSS, EIN FOTO DES SCHAMANENFELSENS ZU SCHIESSEN, AN DEM HEUTE NOCH KOMPLIZIERTE MAGISCHE RITEN PRAKTIZIERT WERDEN.
- NACH EINEM TAG AUF DEM EIS SOLLTE MAN SICH IN EINEM **BANYA**, DER TRADITIONELLEN RUSSISCHEN SAUNA AUFWÄRMEN. PUSCHKIN NANNTE SIE „EINE ZWEITE MUTTER“, UND SO MANCHER TOURIST „EINE FREIWILLIGE TORTUR“. NUR WER ES AUSPROBIERT, KANN DARÜBER URTEILEN!

**Websites** *www.baikal.ru und www.der-baikalsee.de*

| **270 u. 271** *Das gefrorene Wasser des Baikalsees erlaubt es, verborgene Winkel wie Eishöhlen zu entdecken.*

Überraschenderweise befindet sich jedoch nicht das ganze Territorium des Baikal in Russland: Ein Teil des Ostufers befindet sich unter der Gerichtsbarkeit der halb anerkannten Republik Burjatien mit der Hauptstadt Ulan-Ude. Der See ist aber auch der Ort sagenhafter Abenteuer, die man – um seinem Geist treu zu bleiben – in den Wintermonaten unternimmt, wenn die Temperaturen, die weit unter 0° C sinken, der Preis für die Eislandschaften von ausgesprochener Schönheit sind, die man zu sehen bekommt. Paradoxerweise erwacht das Leben am Baikal ausgerechnet in der härtesten Jahreszeit: Wenn die Eisfläche des zugefrorenen Sees stabil genug ist, verwandelt sie sich in eine Art Autobahn, die es erlaubt, mit Motorschlitten oder Spikes bereiften Jeeps die entlegensten Ufergebiete zu erreichen, Eishöhlen zu erforschen und auf Langlaufskiern nahegelegene Wälder und Dörfer zu erkunden. März und April, kurz vor dem Tauwetter, sind die besten Monate, um mit den alten sowjetischen Motorrädern mit Beiwagen über den See zu fahren bis zur Bucht, die Maloye More (kleines Meer) genannt wird. Das ist auch der Ort, an dem sich die Baikalrobben, die einzigen Süßwasserrobben der Erde, versammeln, nachdem sie ihre Jungen geboren haben. Sie haben ein weiches, weißes Fell, um sich perfekt zu tarnen. Und sie sind, an einem Ort, der durch seine endemische Fauna charakterisiert ist, die Spezies, die das Abenteuer Baikal am besten repräsentiert. Diese Robben sind aus dem Polarmeer bis hierher gekommen, indem sie in grauer Vorzeit dem Lauf des Jenisseis, dem großen Fluss Sibiriens flussaufwärts gefolgt sind.

| 272 *Den Baikalsee mit Skiern zu überqueren erfordert intensives Training.*
| 272-273 *Der See friert Ende November innerhalb einer einzigen Nacht zu und nimmt sogar die Wellen bis zur Schneeschmelze gefangen.*

**Beste Reisezeit** *Während des langen sibirischen Winter von November bis April. Das Klima ist „milder" von Mitte Februar bis April mit Temperaturen zwischen -15° und -8° C.*

**Zeitbedarf** *Die von den Veranstaltern angebotenen Touren dauern 1 bis 2 Wochen.*

**Organisatorisches** *Viele Veranstalter von Irkutsk bieten Extremtouren an: Baikal Nature hebt seine Rücksichtnahme auf das empfindliche Ökosystem und die einheimische Bevölkerung hervor. Angeboten werden Touren mit dem Motorschlitten, Jeep, Langlaufskiern, Motorrad mit Beiwagen mit Übernachtungen in traditionellen Dörfern. Schutzkleidung gegen die Kälte wird ebenfalls gestellt.*

**Tipp** *Die angebotenen Skitouren sind ausschließlich für sehr erfahrene Läufer mit guter Kondition geeignet.*

## Wissenswert

- *Aufgrund des anhaltenden Tourismus am Baikal wurde 2002 von einigen Non-Profit-Organisationen ein Projekt zum Schutz des Sees ins Leben gerufen und den Great Baikal Trail eingerichtet, ein Wanderweg, der die Naturschutzgebiete an den Ufern des Sees miteinander verbindet. Es werden immer freiwillige Helfer gesucht. Eine 2-wöchige Teilnahme ist eine gute Möglichkeit, in die Natur des Sees einzutauchen.*

- *Ein Verwandter der Forelle, der Omul, ist die Grundlage der örtlichen Küche. Von den Völkern des Sees geht der Gourmetpreis an das Nomadenvolk Evenki, die alles kochen, was gejagt, gefischt oder gesammelt werden kann. Ihr Spezialgericht heißt Kulnin und besteht aus gegartem Trockenfleisch mit Wacholderbeeren und Früchten.*

- *Das sibirische Äquivalent zu den Amish sind die Starovernyi („die Altgläubigen", ein Vermächtnis des Schismas der Russisch-Orthodoxen Kirche des 17. Jhdts.), die in der Region Zabalkaiye, in Buriatia leben. Ihr Lebensstil hat sich seit 3 Jahrhunderten nicht verändert: in den Dörfern Tarabagatay und Desnyatikovo haben sie eigene Kulturzentren, in denen Festessen und traditionelle Veranstaltungen stattfinden.*

- *Von Menschen mongolischer Abstammung bewohnt, ist die Republik Buriatia das Zentrum des russischen Buddhismus. Dort ist der heiligste Ort Ivolginsky Datsan, ein Kloster, das neben einer großen Mönchsgemeinde auch eine wertvolle Sammlung heiliger Schriften in russischer und tibetischer Sprache beherbergt.*

# ROCKCLIMBING IN KRABI

Vertikale Erlebnisse zwischen Meer und Sandsteinfialen am Railay Beach, der asiatischen Kletterhochburg, inmitten der magischen Landschaft Südthailands.

## EMPFEHLENSWERT

- AM TONSAI BEACH GIBT ES EINEN **KLETTERGARTEN**: ZU DEN SCHWIERIGSTEN WÄNDEN GEHÖREN **DUM'S KITCHEN**, IDEAL FÜR EINE KLETTERPARTIE BEI SONNENUNTERGANG, UND **EAGLE WALL**, DIE MAN DURCH EINEN PALMENHAIN ERREICHT.
- IN RAILAY WEST, KANN MAN BIS ZUR KHOA LUK CHOEE GROTTE HOCHKLETTERN, EIN EINSCHNITT ZWISCHEN 17 UND 60 M ÜBER DEM MEERESSPIEGEL, DER EINE WUNDERBARE AUSSICHT AUF DAS TÜRKISFARBENE WASSER DER BUCHT VERSPRICHT.
- ZUR ERHOLUNG BEGIBT MAN SICH AUF DIE INSEL **CHICKEN ISLAND**, DEREN WEISSE SANDZUNGEN JE NACH WASSERSTAND IHRE FORM ÄNDERN.
- WENN DIE NACHT HEREINBRICHT, TREFFEN SICH DIE KLETTERER IN DER **FREEDOM BAR** ODER IN DER **SMALL WORLD BAR**, UM IHRE ERFAHRUNGEN BEI EINEM BIER UND DER ALLES ANDERE ALS DISKRETEN HINTERGRUNDMUSIK IM REGGAE-SOUND.

**Beste Reisezeit** *Von November bis März.*

**Zeitbedarf** *1 Woche.*

**Organisatorisches** *Am Tonsai Beach in der Railay Bucht gibt es viele Kletterschulen, die auch Anfängerkurse und geführte Touren anbieten. Darunter sind zu nennen: die Hot Rock Climbing School und das Basecamp Tonsai, das Deep Water Soloing und rustikale Bungalows am Strand anbietet und das am besten sortierte Geschäft der Gegend für Kletterausrüstungen hat.*

**Tipp** *Das Angebot der Unterkünfte in dieser thailändischen Sport-Enklave ist auf junges Publikum zugeschnitten, das wenig ausgeben möchte, deshalb ist alles eher spartanisch. In den nahen Orten AO Nang und Ai Pra Nang, mit dem Boot in 20 Minuten zu erreichen, gibt es auch sehr luxuriöse Resorts.*

| **274 u. 275** *Die ausgerüsteten Wände von Hat Pra Nang an den Stränden von Railey bieten bewegende Herausforderungen und atemberaubende Aussichten.*

Auch bekannt als Psicobloc (der Name sagt alles), ist das Deep Water Soloing die Adranalinversion des Kletterns hoch drei. Man klettert alleine, nur mit Kletterschuhen und Magnesia für die Hände als Hilfsmittel, bei Flut auf Felsenüberhänge hohen Schwierigkeitsgrades. Wichtig ist die freie Falllinie und ausreichend tiefes Wasser für den Fall eines Absturzes. In Krabi, der Provinz im Süden Thailands, die zum Großteil unter dem Schutz eines Nationalparks steht und sich aus knapp 80 Inseln und einer Küste mit malerischen Sandsteinfialen zusammensetzt, gibt es sogar einen Parcours für Deep Water Soloing mit einer Reihe von Spots mit Schwierigkeitsgraden zwischen 5 und 8, die nur mit dem Kanu zu erreichen sind. Dort befindet sich auch Railay Beach, auf der Halbinsel Pra Nang, eines der begehrtesten Ziele passionierter Kletterer der Welt. Obwohl er sich auf dem Festland befindet, ist er nur auf dem Seeweg vom berühmten Resort Ao Nang aus zu erreichen. Der Traumstrand ist von Mangroven und steilen Felsformationen, auf denen ca. 70 Routen jeden Schwierigkeitsgrades abgesteckt sind, umgeben. Am steilsten ist die Thaiwand Wall, die den Westen der Bucht dominiert, und in Railay East gibt es Felswände, die sehenswerte Grotten bergen; eine von ihnen verbindet Sport und Romantik: die Princess Cave, die zu einer spektakulären, in der Felswand verborgenen Lagune führt, ideal für ein Bad nach der Anstrengung, in einer Szenerie à la The Beach.

**Website** *www.krabi-tourism.com*

| 276-277 *Die Grotta dell'Acqua Limpida ist ganze 108 km lang.*

**Beste Reisezeit** *Juli bis September und März bis April.*

**Zeitbedarf** *2 bis 3 Tage.*

**Organisatorisches** *Auf der offiziellen Webseite des Gunung Mulu Nationalparks kann man Ausflüge in das Höhlensystem verschiedener Schwierigkeitsgrade, Anfänger, fortgeschritten und geübt, buchen. Die Teilnehmerzahl variiert von drei bis acht. Um an schwierigeren Touren teilnehmen zu können, ist es notwendig, ein international anerkanntes Dokument vorzulegen, das die Mitgliedschaft in einem entsprechenden Club oder Verein bestätigt, oder zumindest dokumentiert, dass man bereits eine ähnliche Erfahrung von mindestens drei Stunden in einer unbeleuchteten Höhle gemacht hat. Folgende Veranstalter bieten Trekkingtouren mit Besuch der Langhäuser der Eingeborenen und Höhlenwanderungen an: Kuching Caving und Borneo Ecotours.*

**Tipp** *Man sollte sich einen Aufenthalt in der Natur des Mulu Marriott Resort & Spa gönnen, die exklusive und einzige Hotelanlage im Inneren des Naturschutzgebiets.*

# IN DEN HÖHLEN VON GUNUNG MULU

Die berühmte Karstlandschaft von Sarawak birgt das weitläufigste Höhlensystem der Erde – zu erforschen mit Seil und Grubenlampe.

Geschützt durch einen Nationalpark, erhebt sich das Sandsteinmassiv von Gunung Mulu mit 2377 Höhenmetern im Urwald von Sarawak auf Borneo, und in seinen Eingeweiden befindet sich das größte Höhlensystem der Welt. Einem günstigerweise beleuchteten Laufgraben folgend, können alle die Deer Cave bestaunen – ein Korridor, so groß, dass er 5 gotische Kathedralen oder 20 Boeing 707 beherbergen könnte – oder die eindrucksvolle Kammer der Sarawak Höhle, der größten Höhle der Welt. Dann gibt es noch die Clearwater Cave, die mit ihren kurios geformten Stalaktiten nicht minder beeindruckt. Aber das ist nur ein Vorgeschmack der ca. 300 Kilometer der bisher erforschten Grotten und Gänge (man vermutet, dass dies nur ein Drittel des gesamten Systems ist). Um ein echtes Abenteuer zu erleben, muss man allerdings an einer durch die Ranger des Parks geführten Höhlenexpedition teilnehmen. Es ist an sich schon abenteuerlich, dass diese Höhlen nur mit dem Boot oder über Waldpfade in einem Labyrinth aus Palmen und Felsfialen, die über die Jahrtausende durch die Erosion des Tropenregens zerklüftet wurden, zu erreichen sind.

## EMPFEHLENSWERT

- IN DER **DEER CAVE** WURDEN 12 VERSCHIEDENE **FLEDERMAUSARTEN** GEFUNDEN, MAN SCHÄTZT, DASS EINE DAVON, DIE CHAEREPHON PLICATA, MIT 3,5 MILLIONEN EXEMPLAREN VERTRETEN IST. ZWISCHEN 17.30 UHR UND 18.30 UHR KANN MAN VON EINEM PANORAMBALKON AUS BEOBACHTEN, WIE DIE FLEDERMÄUSE IN MASSEN DAVON FLIEGEN, WÄHREND ES IM DAZUGEHÖRIGEN GEBÄUDE GROSSE BILDSCHIRME GIBT, AUF DENEN MAN DIE AKTIVITÄTEN DER FLEDERMÄUSE IN DER HÖHLE (VON EINER WEBCAM AUFGENOMMEN) VERFOLGEN KANN.

- MAN MUSS SICH DARAUF VORBEREITEN, DASS MAN AUS DER HÖHLE DURCHNÄSST UND SCHMUTZIG ZURÜCKKEHRT. ABER ES LOHNT SICH, IN DER DEER CAVE EINEM **UNTERWASSERLAUF** ZU FOLGEN, DER SCHLIESSLICH WIEDER ANS TAGESLICHT FÜHRT, UM DORT EIN BAD IN DEN VON WASSERFÄLLEN GESPEISTEN BECKEN IN EINER SCHÖNEN NATUR ZU GENIESSEN.

- LASSEN SIE NICHT DIE FAUNA DES WALDES UND DER GROTTEN AUSSER ACHT, DORT LEBT DIE GRÖSSTE **SALAMANDER-POPULATION** DER ERDE MIT MEHREREN MILLIONEN EXEMPLAREN.

**Website** *mulupark.com*

# DER UNTERIRDISCHE FLUSS VON PUERTO PRINCESA

Die Insel Palawan ist ein ausgezeichnetes Laboratorium für Artenvielfalt. Und bietet neben Wäldern und Meer die Möglichkeit einer Bootsfahrt … im Dunkeln.

| **278 u. 279** *Der unterirdische Fluss des Puerto Princesa-Nationalparks durchquert eine von Stalagmiten und Stalagtiten geprägte Grotte, bevor er ins südchinesische Meer fließt.*

Im Licht der Taschenlampen erscheint das fossile Exemplar der Sirenia fast lebendig. Es handelt sich um ein Säugetier, das vor 20 Mio. Jahren lebte und ein Vorfahre der heutigen Dugongs ist; jetzt ist es für immer im Fels neben Tropfsteinhöhlen mit Stalagmiten und Stalaktiten und Felswänden, in den seltene Mineralien wie Serrabrancait und blauer Saphir eingeschlossen sind, für immer gefangen. Und sind nur einige der bizarren Besonderheiten des Untergrundflusses, der durch das Karstgestein des Nationalparks Puerto Princesa fließt. Mit 8,2 km Länge ist der längste schiffbare unterirdische Wasserlauf der Erde. Der Bootsausflug in die Unterwelt dauert knapp eine Stunde, aber allein bis zum Eingang der Höhle zu gelangen – auf einem unwegsamen Pfad durch den Urwald, begleitet von den Schreien der Makaken und farbenprächtigen Papageien – ist ein Abenteuer für sich. Außerdem befindet sich dieser Ort im Süden der großen Insel Palawan (die wiederum Teil des gleichnamigen Archipels ist, dem über 1700 Inseln und Felsen angehören), die als erstaunlichstes Laboratorium für Biodiversität auf den Philippinen und Traumziel der asiatischen Inselwelt für Touristen mit Forschergeist gilt.

**Website** *www.palawan.gov.ph*

## EMPFEHLENSWERT

- DAS BESUCHERZENTRUM DES PARKS ORGANISIERT SPELÄOLOGISCHE AUSFLÜGE IN DIE NAHEGELEGENEN **HÖHLEN KAWILI UND LEONE**. ABER DIE ABENTEUER BESCHRÄNKEN SICH NICHT NUR AUF DIE DUNKELHEIT. DURCH DAS INNERE DES PARKS FLIESST DER **BABUYAN**, DEN MAN AUF EINEM BAMBUSFLOSS ODER IM TRADITIONELLEN HOLZKANU BIS ZU SEINER MÜNDUNG AN EINEM WUNDERSCHÖNEN WEISSEN STRAND AM SÜDCHINESISCHEN MEER BEFAHREN KANN.
- WEISSER SAND UND KLARES WASSER – PERFEKT ZUM AUSSPANNEN UND SCHNORCHELN – DIE SCHÖNSTEN **STRÄNDE** VON PUERTO PRINCESA SIND SABANG, PANAGUMAN UND MARTA FE.
- DAS TOURISTENZENTRUM VON PALAWAN IST **EL NIDO**, EIN FISCHERDORF MIT VIELEN MALERISCHEN RESORTS. DAS INNERE DER INSEL BIETET DIE MÖGLICHKEIT ZUM TREKKING IM GESCHÜTZTEN REGENWALD MIT VERBORGENEN DÖRFERN DER VOLKSSTÄMME TAGBANUA, PALAW'AN, TAU'T BATO UND BATAK, JEDES MIT SEINER EIGENEN ARCHITEKTUR IN BAMBUS.

**Beste Reisezeit** *Von Januar bis Mai.*

**Zeitbedarf** *Für die Tour 1 Tag, zur Erkundung Palawans 2 Wochen.*

**Organisatorisches** *Die Tour entlang des Flusses wird täglich angeboten und kostet 250 Philippinische Pesos (46 Euro), der Eintritt für den Park ist inklusive. Um eine Abenteuerreise auf der Insel mit Übernachtung zu organisieren, wendet man sich am beispielsweise an den Veranstalter Philippinen Tours.*

**Tipp** *Seit der Nationalpark Puerto Princesa 2011 in die Liste der sieben (neuen) Weltwunder aufgenommen wurde, stieg die Anzahl der Besucher exponenziell an, deshalb ist es mittlerweile notwendig, die Fahrt auf dem unterirdischen Fluss mindestens 1 Woche im Voraus zu buchen (online auf der offiziellen Seite des Naturschutzgebiets).*

# BUNGEEJUMPING IN QUEENSTOWN

In Vanuatu war es eine traditionelle Mutprobe. In den Alpen der Südinsel wurde der Sprung ins Leere zur beliebtesten Extremsportart.

Queenstown mit seinen 7500 Einwohnern ist ein ruhiges Kleinstadtgebiet auf der Südinsel, das sich in den blauen Wassern des Wakatipu-Sees spiegelt, umgeben von den imposanten „Alpen der Antipoden". Auf den ersten Blick wirkt es wie die typische Stereotype eines Paradieses für wohlhabende Rentner. Doch überraschenderweise hat Queenstown sich den Titel Adrenaline City verdient. Sie ist die neuseeländische Hauptstadt der Extremsportarten. Wobei die Bezeichnung „Sport" für all die höchst unglaublichen und atemberaubenden Aktivitäten, die einem dabei in den Sinn kommen, blanker Euphemismus ist. Zu denen von ihnen, die einen weltweiten Siegeszug angetreten haben, gehört das Bungeejumping. Seit Alan John Hackett einst seinem Gefährten Henry van Asch vorgeschlagen hat, sich mit einer Leine um das Fußgelenk von der Brücke über dem Fluss Kawanau vor den Toren seiner Geburtsstadt zu stürzen, sind ein paar Jahrzehnte vergangen. Der Einfall kam ihm, als er von einer Mutprobe las, die bei den Ureinwohnern von Vanuatu gebräuchlich war. Das Erlebnis war so aufregend, dass die beiden Jungs sich entschlossen, ein Geschäft daraus zu entwickeln: 1988 wurde die AJ Hackett gegründet, das erste und größte Bungeejumping-Unternehmen der Erde mit Filialen auf allen Kontinenten. Für begeisterte Anhänger dieses Genres ist der Sprung aus 43 m Höhe von der Kawarau Bridge ins Leere „The Original". Neben der Brücke hat man einen Tempel dieses Sports errich-

| 280 *Ein Sprung ins Leere von der Brücke über den Fluss Kawarau.*
| 281 *Adrenalin pur während des Sprungs.*

**EMPFEHLENSWERT**

HIERZULANDE GEHÖREN CANYONING (SCHLUCHTELN), RAFTING UND KAJAKFAHREN ZU DEN „NORMALEN" SPORTARTEN, WIRKLICH AUSGEFALLEN HINGEGEN IST DAS **WHITE WATER SLEDGING**, DAS DARIN BESTEHT, DIE STROMSCHNELLEN DES FLUSSES SHOTOVER LIEGEND AUF EINER ART SURFBRETT MIT HALTEGRIFFEN HINABZUFAHREN.

IM WINTER SIND DIE ALPEN DER SÜDINSEL EIN PARADIES FÜR DIE FANS DES WINTERSPORTS. BESONDERS AUFREGEND: **100% PURE NEW ZEALAND WINTER GAMES** IM AUGUST.

IN DEN QUEENSTOWN GARDENS BEFINDET SICH DAS EINZIGE **FRISBEE-GOLF**-SPIELFELD DES PLANETEN. HIER MUSS MAN MIT EINER „FLIEGENDEN SCHEIBE" ANSTELLE DES GOLFBALLS IN DIE IN BÄUMEN AUFGEHÄNGTEN KÖRBE TREFFEN.

VON HIER SIND ES 20 MINUTEN MIT DEM AUTO BIS ZU DEM MALERISCHEN DORF **ARROWTOWN**, DAS 1861, ALS AN DEN FLÜSSEN DER REGION DIE GOLDSUCHE BEGANN, GEGRÜNDET WURDE.

**Beste Reisezeit** *Auf den Antipoden ist der Sommer, der zwischen Dezember und Februar liegt, perfekt für alle Extremsportarten geeignet, und im Winter (Juni bis August) ist Bungeejumping eine perfekte After-Ski-Aktivität. Queenstown kann man das ganze Jahr über besuchen.*

**Zeitbedarf** *Ein Sprung dauert nur wenige Sekunden, doch es lohnt sich, mindestens 4 Tage in Queenstown zu bleiben.*

| 282 *Rafting zwischen den Stromschnellen des Shotover.*
| 283 *Das White Water Sledging ist eine der adrenalingesättigten Aktivitäten, die die Region Queenstown bietet.*

tet, mit Restaurant, Souvernirladen, einer Radiostation, einem Aufnahmestudio, das alle Sprünge aufzeichnet (für jeden Bungeespringer ist eine DVD mit der Videoaufnahme seiner Aktion im Preis inbegriffen) sowie eine Reihe von Aussichtsplattformen für die Zuschauer. Und das ist noch lange nicht alles, denn seit 2011 kann man in Queenstown auch von einer Absprungstation, der Nevis Highwire Bungy-Station, aus 134 Metern über der Schlucht Nevis Gorge springen, außerdem von der Plattform Ledge Bungy aus 400 Metern Höhe am Ende der Panoramaseilbahnstrecke oberhalb der Stadt. Für all jene, die unter Höhenangst leiden, hat hier ein anderer Einheimischer eine Wasser-Abenteuersportart patentiert, das Jet-Boating in der filmreifen Schlucht des Flusses Shotover. Der als „die aufregendste Motorbootfahrt der Welt" beworbene Sport besteht daraus, an Bord eines mit zwei 700 PS-Turboprop-Motoren ausgestatteten Boliden hinauszufahren und sich ca. 20 Minuten durchschütteln zu lassen, wenn der Fahrer mit wahnsinniger Geschwindigkeit durch die Schlucht hindurchsteuert und ganz knapp den Granitsteinwänden ausweicht, im Slalom die auftauchenden Felsen umschifft und mit einer Reihe von akrobatischen Drehungen aufwartet, die den Neugierigen, die sich am Ufer drängeln, eine unvermutete Dusche verpassen können. Es ist zwar unglaublich, doch dieses neuseeländische Erlebnis ist äußerst heilsam: die Thrill Therapy soll die Kraft haben, das Leben zu verlängern, indem sie Herz und Gehirn mit einem bekömmlichen Cocktail aus Sauerstoff, Zucker, Adrenalin und Endorphin nährt.

**Website** *www.queenstownnz.co.nz*

**Wissenswert**

- *Seit 1988 bis heute haben eine Million Menschen bei AJ Hackett Bungeejumping gemacht. Das Mindestalter für einen Sprung ins Leere sind 10 Jahre; ältester Jumper war bislang ein Herr von 94 Jahren, der schwerste ein Riesenkerl von 235 kg Gewicht, und der leichteste ein Jugendlicher mit 35 kg.*

- *Ledge Bungy in Queenstown ist einer der wenigen Standorte auf der Erde, von dem man einen Sprung bei Nacht wagen kann.*

- *Suchen Sie nach etwas, das noch extremer ist als Bungeejumping? An der Nevis Gorge und vom Ledge kann man den Swing-Jump ausprobieren, eine neue Technik, bei der die Wirkung des Sprunges mit jener einer Achterbahnfahrt kombiniert ist. Und für Eingeweihte hat man bei AJ Hackett 10 verschiedene akrobatische Sprung-Techniken vom* Karate Kid *zu* The Matrix *und vom* Flying Squirrel *zu* The Gainer *entwickelt.*

# HELISKIING IN DEN ROCKY MOUNTAINS

**Website** *www.canada.travel*

## Dieses Sporterlebnis ist eine kanadische Erfindung und äußerst lohnenswert für jeden Skifahrer. Und man erlebt es inmitten der wilden und extremen Natur der Rockies!

Der gebürtige Österreicher Hans Gmoser war vermutlich der größte kanadische Alpinist. Er bezwang viele Gipfel, unternahm die Erstbesteigungen der Wickersham Wall des Mount McKinley und der Ostwand des Mount Logan (bzw. des ersten und zweiten Gipfels des amerikanischen Kontinents), und war Begründer der Association of Canadian Mountain Guides. Doch vor allem hat er sich für das Erfinden des Heliskiings in das Buch der Geschichte geschrieben, der extremsten Erfahrung für jeden Skifahrer. Sein erstes Abenteuer dieser Art unternahm er 1965 bei den Bugaboos, der Bergkette mit ihren Granitgipfeln am äußersten nordwestlichen Ende der kanadischen Rocky Mountains. Und zwei Jahre später hat derselbe Gmoser in dieser unzugänglichen, paradiesischen Gegend die Bugaboo Lodge errichtet, die erste aus einer Reihe von Berghütten, die ausschließlich den „Skiläufern im Helikopter" zugedacht sind. Die übliche weiße Woche mit Skilift auf den planierten Pisten zu verbringen, statt allein oder, noch besser, in ausgesuchter Gesellschaft (mindestens) eine Woche zum Skifahren in den

| **284** *Ein Helikopter steht bereit, um einige Skifahrer von den Schneehängen der Bugaboos abzuholen.*

| 285 *Der Hubschrauber erlaubt es den Skifahrern, zu zahlreichen unberührten Hängen der Rocky Mountains zu gelangen.*

kanadischen Rocky Mountains zu verbringen und mit dem Helikopter zu den unberührten Steilhängen zu fliegen, ist wie in den Zoo zu gehen statt an einer Safari im Herzen Afrikas teilzunehmen. Keine Schlangen, keine Menschenmengen: nur Sie, die Ruhe und die endlose Weite dieser Berge, die zu den ursprünglichsten der Welt zählen, wo jede Abfahrt einer Herausforderung gleichkommt. Kreieren Sie sich Ihre Piste selbst, setzen Sie sich einmal mit Pulverschnee und ein andermal mit corn snow (Firnschnee) auseinander, einer Schneeart aus grobkörnigen Kristallen, Ergebnis des unablässigen Kreislaufs aus dem Antauen der Oberfläche bei Tag und dem erneuten Festwerden in der Nacht. Oder fahren Sie noch einen besonderen Slalom durch die endlosen Wälder oder über die von Neuschnee bedeckte Oberfläche der Gletscher, und bei all dem bewundern Sie die verzauberten Panoramen. Himmlisch ...

**Beste Reisezeit** *Von November bis April.*

**Zeitbedarf** *1 Woche.*

**Organisatorisches** *Viele kanadische Unternehmen bieten Heliskiing an - darunter empfehlen wir die einst von Hans Gmoser selbst gegründeten Canadian Mountain Holidays. Hier wird die breiteste Palette an Skiabenteuern angeboten, die für Skifahrer aller Niveaus geeignet oder spezifisch auf Snowboarder und Freerider, außerdem auf reine Frauengruppen zugeschnitten sind und sich sogar für Familien mit Kindern ab 12 Jahren eignen.*

**Tipp** *In der Vorbereitungsphase informieren Sie sich am besten gut über die Art von Skiabenteuer, das Sie gemäß Ihrer Ausdauer und Leistungsfähigkeit auswählen sollten. Die Gelände-Abfahrten (und vor allem die durch die Wälder) sind körperlich sehr anspruchsvoll. Wenn Sie gewöhnlich beim Skifahren Musik hören, vergessen Sie das hier! Der Einsatz von MP3-Playern und Mobiltelefonen ist aus Sicherheitsgründen verboten, da sie die Signale der Lawinen-Funkgeräte stören könnten, die man hier in der Ausrüstung dabeihat.*

**EMPFEHLENSWERT**

- DAS ABENTEUER BEGINNT NOCH VOR DER ANKUNFT: UM NACH BANFF UND JASPER ZU GELANGEN, DEN KÖNIGLICHEN ORTSCHAFTEN DER ROCKIES, NEHMEN SIE DEN **ROCKY MOUNTAINEER** AUF EINER DER SPEKTAKULÄRSTEN BAHNSTRECKEN DER WELT.

- AUSGANGSBASIS FÜR DIE HELIKOPTER-ABENTEUER IST DIE KANADISCHE HAUPTSTADT DES SKIFAHRENS, **BANFF**, DIE VOM GLEICHNAMIGEN NATIONALPARK UMGEBEN IST. DORT KANN MAN DAS **WHYTE MUSEUM OF CANADIAN ROCKIES** BESUCHEN UND AN DEN SPORTVERANSTALTUNGEN UND MONDÄNEN EVENTS TEILNEHMEN, DIE ÜBERS GANZE JAHR VERTEILT STATTFINDEN.

- DIE GEBIRGSZÜGE DER BUGABOOS, DER CARIBOOS, DER MONASHEES UND DER PURCELLS SIND DIE KRÖNUNG FÜR DAS HELISKIING. UND WAS SIE NOCH WISSEN SOLLTEN: IM SOMMER KANN MAN HIER DAS EBENSO AUFREGENDE **HELI-HIKING** BETREIBEN, ZU FUSS STATT AUF SKIERN.

| 286 *Der Colorado im ersten Abschnitt des Grand Canyon.*

# RAFTING IM GRAND CANYON

## Durch die Stromschnellen des Colorado. So erkunden Sie die berühmteste Felsschlucht der Welt aus einer spektakulären Froschperspektive.

In dem Moment, als er zum ersten Mal am Abgrund des Grand Canyon stand, habe er „den Willen Gottes" gespürt, vermerkte der Naturalist Donald Culross Peattie. Und der Schriftsteller J. B. Priestley beschrieb das Schauspiel des Flusses Colorado, der sich durch die Felswände schiebt, als das „Jüngste Gericht der Natur". Während man im 19. Jhdt. nicht anders konnte, als zum Definieren der Herrlichkeit des Grand Canyon auf derartige religiöse Floskeln zurückzugreifen, gibt es auch heute kaum Worte zum Beschreiben dieser Szenerie, die zu den „Kult"-Zielen einer USA-Reise gehört. Die 1500 m tiefe, 447 km lange und 30 km breite Schlucht, die sich der Colorado-River mit seiner Kraft gegraben hat (der hier etwa 100 Stromschnellen aufweist) ist eine Art geologisches Disneyland. Auch die weltlich Orientierten können nicht umhin, als von der Schönheit der Formen und Farben der Steine in den Bann gezogen zu werden, die das Wasser in Millionen von Jahren durch seine erosive Tätigkeit geschaffen hat. Besucher und Touristikanbieter werden sich nicht einig darüber, auf welche Art man den Grand Canyon am besten erleben kann: indem man ihn mit einem kleinen Flugzeug oder im Helikopter überfliegt, oder beim Durchwandern? Und entschließt man sich zum Wandern, dann durch welches Kliff: das South Rim oder das North Rim? Wer alle Möglichkeiten ausprobiert hat, wird darauf schwören, dass man den Grand Canyon am allerbesten aus der

Froschperspektive bewundert, indem man den Fluss an Bord eines Schlauchbootes hinabfährt. Die große Mehrheit der Besucher nimmt an halbtägigen Raftingausflügen teil, doch das echte Abenteuer ist hier eine Reise von mindestens einer Woche auf dem Colorado-River, bei der man im Angesicht der außergewöhnlichen Felskathedralen im Zelt übernachtet. Nur auf diese Weise kann man in einer der sagenumwobensten Landschaften Amerikas den Geschmack der Wildnis bekommen.

**Website** *www.nps.gov/grca/index.htm*

**Beste Reisezeit** *April bis Oktober.*

**Zeitbedarf** *Die auf Rafting spezialisierten Reiseveranstalter bieten Ausflüge von unterschiedlicher Dauer an (zwischen 3 und 18 Tagen).*

**Organisatorisches** *Es gibt ca. 15 Reiseunternehmen, die sich auf Rafting auf der spektakulärsten Strecke durch die Schlucht von Colorado spezialisiert haben (der 364 km zwischen Lees Ferry und Diamond Creek). Wir empfehlen darunter die Aramak Wilderness River Adventures, Grand Canyon Whitewater und Oars.*

**Tipp** *Die umfassendste Rafting-Tour ist unter den vielen Angeboten sicherlich die, bei der eine Flussabfahrt durch die Stromschnellen mit einer Fußwanderung kombiniert wird. Man sollte allerdings auf die mühevollen Aufstiege vorbereitet sein und die im Juli und August geradezu tropischen Temperaturen aushalten können.*

## EMPFEHLENSWERT

- VOR ALLEM BEI DEN TROPISCH ANMUTENDEN TEMPERATUREN IM SOMMER GIBT ES NICHTS HERRLICHERES, ALS INS SAUBERE UND RUHIGE WASSER DES **LITTLE COLORADO** ZU SPRINGEN. ER ZIEHT SICH DURCH EINE ENGE UND BEEINDRUCKENDE SANDSTEINSCHLUCHT UND IST FÜR DIE EINHEIMISCHEN NAVAJO EIN HEILIGER ORT.

- BEVOR SIE DIE **PRESIDENT HARDING RAPIDS** HINUNTERFAHREN, GÖNNEN SIE SICH NOCH EINE ZWISCHENSTATION UND BEWUNDERN SIE DIE **REDWALL CAVERN**. SIE HAT UNGEHEURE AUSMASSE, UND AUF IHREM WEICHEN „FUSSBODEN" AUS SAND LÄSST SICH HERVORRAGEND FRISBEE SPIELEN.

- IN UNMITTELBARER NÄHE DES **PHANTOM BEACH**, EINEM DER ANLEGEPUNKTE DER RAFTING-STRECKEN, KANN MAN DEN 15 KM LANGEN AUFSTIEG DES **BRIGHT ANGEL TRAIL** IN ANGRIFF NEHMEN, DER VON DEN UREINWOHNERN ANGELEGT WURDE. DER VON BUNTEN FELSEN VOLLER ALTER PIKTOGRAMME GESÄUMTE PFAD IST VERMUTLICH DER SCHÖNSTE DES GESAMTEN **GRAND CANYON NATIONAL PARK.**

- IM GRAND CANYON GIBT ES RUND 2000 ORTE, AN DENEN MAN ZEUGNISSE DER ANASAZI-KULTUR FINDET. AM AUFSEHENERREGENDSTEN IST DAS **PUEBLO TUSAYAN,** DAS ZUSAMMEN MIT DEM ANGRENZENDEN MUSEUM EINEN BLICK AUF DIE KULTUR DIESES AUSGESTORBENEN AMERIKANISCHEN URVOLKS ERMÖGLICHT.

| **287** *Die Stromschnellen des Colorado sollten zwischen April und Oktober in Angriff genommen werden.*

| **288-289** *Die Cenotes in Yucatan können sowohl bei einem Tauchgang als auch ganz einfach mit Maske und Schnorchel entdeckt werden.*

## EMPFEHLENSWERT

DER **CENOTE CALAVERA** („TOTENSCHÄDEL") AN DER STRASSE ZWISCHEN TULÚM UND COBÁ VERMITTELT WIRKLICH DEN EINDRUCK, SICH IN DER UNTERWELT DER MAYA ZU BEFINDEN. DIE SANDSTEINWÄNDE ÜBER DER WASSEROBERFLÄCHE SIND ÜBERZOGEN VON EINGELAGERTEN FOSSILIEN, UND BEIM TAUCHEN KANN MAN ZWISCHEN DEN DICHTEN SCHWÄRMEN EINER BLINDEN ART VON KATZENWELSEN SCHWIMMEN.

DER VERGLEICH DES **TAJ MAHAL** GETAUFTEN CENOTES MIT DEM ARCHITEKTONISCHEN MEISTERWERK DER INDER IST NICHT ÜBERTRIEBEN. MIT MAJESTÄTISCHEN STALAGMITEN UND STALAKTITEN ÄHNELT ER TATSÄCHLICH EINEM TEMPEL ODER EINER KATHEDRALE. MAN GELANGT ÜBER DIE HOLPRIGE STRASSE DURCH DAS DICKICHT DES WALDES VON PUERTO AVENTURAS DORTHIN.

NICHT WEIT ENTFERNT VON DER KÜSTE BEI TULÚM BEFINDET SICH DER **CENOTE ANGELITA**, ANLAUFSTELLE FÜR DIE FANS EINER EIGENTÜMLICHEN TAUCHART: MAN LÄSST SICH BIS IN EINE TIEFE VON 60 M HINABSINKEN, UND ZWISCHEN DEN SCHICHTEN AUS SÜSS- UND SALZWASSER, IN 35 M TIEFE, GIBT ES EINE SCHWEFELWASSERSTOFFHALTIGE SCHICHT. SIE RESULTIERT AUS DER BAKTERIELLEN ZERSETZUNG DER FREIGEWORDENEN ORGANISCHEN SUBSTANZEN DES WALDES, IST MEIST 3 BIS 4 M TIEF, DICKFLÜSSIG UND MILCHIG, UND DIE TAUCHER VERSINKEN DARIN WIE ENGEL IN EINER WOLKENSCHICHT.

# IN DEN CENOTES DER MAYA

**Für die Maya waren sie die Tore zum Jenseits. Und heute bieten diese Höhlen die aufregendsten Unterwasserabenteuer der Halbinsel Yucatán.**

Vor 65 Millionen Jahren schlug ein Meteorit mit 10 km Durchmesser bei Yucatán auf. Der Einschlag hinterließ einen riesigen Krater, der sich umgehend wieder mit Wasser füllte, und hatte klimatische Umbrüche zur Folge, die ein Artensterben verursachten. Lange Zeit später ließ eine Eiszeit das Meer zurückweichen und eine Reihe von unglaublichen geologischen Phänomenen entstehen: Die Decken der Cenotes genannten Höhlen sind durch Verkarstung eingebrochen. Das eindringende Regenwasser bleibt immer perfekt vom Salzwasser getrennt, da dieses dickflüssiger ist. Die Cenotes, ein zusammenhängendes, gewaltiges labyrinthartiges Höhlensystem aus Dolinen [Karsttrichtern] und unterirdischen Kanälen, gehörten lange Zeit zu einem der bestgehüteten Geheimnisse der Maya, der rätselhaftesten und vielschichtigsten der präkolumbischen Kulturen: Sie waren ihr Süßwasserreservoir und auch ihr Zugang zu Xibalbá, ihrer Unterwelt. Bereits seit vielen Jahrzehnten ist ein Großteil der Cenotes erforscht worden, zuerst von Wissenschaftlern und danach von den Fans des Höhlentauchens (Cave-Diving), das heute zum aufregendsten Abenteuersport der touristischen Riviera Maya geworden ist. Cenotes finden sich über die ganze Halbinsel verteilt. Sie verzaubern schon, wenn man sich ihrem häufig unter tropischer Vegetation verborgenen Zugang nähert. Es wird für jede Schwierigkeitsstufe etwas geboten: von anspruchsvollen Unterwasserhöhlen-Erkundungen bis zu leichten Tauchgängen in 10 – 18 m Tiefe. Wenn man vom äußerst klaren Süßwasser in den ersten Metern unter der Oberfläche bis zum Salzwasser taucht, verändert sich die Szenerie. Prächtige Stalaktiten und Stalagmiten gehen in zerklüfteten, weißen Kalkstein über.

**Beste Reisezeit** *Von Oktober bis April.*

**Zeitbedarf** *In 4 Tagen kann man in 7 Cenotes tauchen, doch man sollte sich auch ein wenig Zeit nehmen, um die Karibik zu genießen und die archäologischen Stätten Yucatáns zu erkunden.*

**Organisatorisches** *Alle Tauchcenter der Ortschaften an der Riviera Maya (von Cancún, Playa del Carmen bis Tulúm) bieten Cenotes-Tauchen an. Darunter empfehlen wir Maya Diving und Phantom Divers.*

**Tipp** *Auch wenn man kein PADI-Brevet (Tauchschein) besitzt, kann man das Abenteuer der magischen Welt der Cenotes erleben. Einige eignen sich auch zum Schnorcheln, und auf der Straße zwischen Playa del Carmen und Tulúm befinden sich die* Hidden Worlds, *von den Betreibern selbst als* Family Cenotes Adventure Park *definiert. Sie bieten den Besuch von zwei Cenotes an sowie eine Reihe von anderen aufregenden Aktivitäten in der Natur.*

**Website** www.rivieramaya.com

# „LUFT"-TREKKING BEI MONTEVERDE

Website *www.visitcostarica.com*

## Nicht nur, dass es das ökologischste Land der Welt ist: Hier entstand die Idee zu dem Abenteuer auf der Zipline (Seilrutsche). Der Wald aus Tarzans Perspektive ...

Hut ab – vor allem im turbulenten Mittelamerika – vor einem Land, das in puncto politische Stabilität ganz vorne liegt. Hier beschloss man bereits 1949 auch gut ohne Militär auskommen zu können und seine Kräfte lieber darauf zu verwenden, mit viel Kampfbereitschaft das Naturerbe zu schützen. Und jenes von Costa Rica ist in der Tat außergewöhnlich: Es erstreckt sich über eine nicht ganz 250 km lange Landzunge zwischen Pazifik und Karibik, die gerade mal 0,03 % der Landmasse der Erde darstellt und doch 5 % der Artenvielfalt beherbergt. Außerdem ist Costa Rica von einem mit viel Liebe gehegten und gepflegten Wald buchstäblich eingehüllt, und das touristische Angebot steht unter dem Zeichen der strikten Umweltverträglichkeit. Nicht umsonst wurde eben genau in Costa Rica in den Bergwäldern von Monteverde die Idee zu den Canopy-Tours geboren, einer aufregenden Aktivität, bei der man den Forst aus dem Blickwinkel Tarzans erleben kann, indem man an Kletterseilen eingehängt von in

| **290** *Die Canopy-Touren entstehen 1992 aus Gründen der Forschung seitens einiger kanadischer Biologen.*

| 291 *Die Technologie der Ziplines wurde in Costa Rica ausgefeilt, um den menschlichen Einfluss auf die Umwelt des Waldes so gering wie möglich zu halten.*

30 m Höhe über den Baumwipfeln errichteten Holzplattformen eine bis zu 700 m lange Strecke hinabrutscht. Denken Sie nicht, dass diese Erfindung rein fürs Vergnügen gemacht wurde: Die Technik der Ziplines wurde in den Siebzigern von US-amerikanischen Biologen für ein Forschungsprojekt in Costa Rica entwickelt, um die Spezies der „Lüfte" von Affen bis zu Vögeln besser studieren zu können, vor allem den majestätischen Quetzál, und dabei den menschlichen Einfluss auf das unberührte Waldgebiet möglichst gering zu halten. Und heute kann man damit auf einer Tour durch neblige, trockene und tropische Wälder die Naturwunder des Landes entdecken und dabei sogar Schluchten, Flüsse und Wasserfälle überqueren, ohne die Füße auf die Erde setzen zu müssen.

**Beste Reisezeit** *Wenn Sie nicht auf den andauernden Sonnenschein verzichten können, kommen Sie zwischen November und Mai, doch vielleicht ist Costa Rica in den anderen Monaten, der „grünen Jahreszeit", sogar am faszinierendsten.*

**Zeitbedarf** *Jede Canopy-Tour dauert einen halben Tag, doch um die verschiedenen Gebiete Costa Ricas kennenzulernen, sollte man schon 2 Wochen bleiben.*

**Organisatorisches** *Das friedliche Costa Rica eignet sich gut für Individualurlauber. So kann man immer, wenn sich die Gelegenheit bietet, an einer Canopy-Tour teilnehmen. Für eine organisierte Reise bieten die wichtigsten lokalen Reiseunternehmen Zipline-Rundstrecken durch die Wälder an. Wir empfehlen darunter Anywhere Costarica, Ecotours Express und Go Visit Costarica.*

**Tipp** *Als Wegbereiter der Canopy-Tours legen die Costa-Ricaner großen Wert auf Sicherheit und achten darauf, Sie immer mit Schutzhelmen und Schutzhandschuhen auszustatten. Sie selbst müssen nur lange Hosen anziehen und kontrollieren, dass die Schuhe gut zugebunden sind; außerdem sollten Sie Uhren und Armbänder vom Handgelenk nehmen, da Sie damit an den Haltegriffen hängenbleiben könnten.*

**EMPFEHLENSWERT**

- IM SCHUTZGEBIET VON MONTEVERDE BEHERBERGT DER **SELVATURA PARK** DIE ERSTEN UND AUSGEDEHNTESTEN ZIPLINES DES LANDES. DER LUFTIGE PFAD IST 3 KM LANG, UND ES KOMMEN NOCH EINE REIHE VON FILMREIFEN HÄNGEBRÜCKEN HINZU. UND HIER KANN MAN AUCH EINES DER UMFANGREICHSTEN MUSEEN DER WELT BESUCHEN, DAS SICH DER INSEKTENKUNDE WIDMET.

- DIE VON DER BUENA VISTA ECOLODGE VORGESCHLAGENE CANOPY-TOUR IN DER REGION GUANACASTE KANN MAN MIT EINEM REITAUSFLUG ZUM **VULKAN RINCÓN DE LA VIEJA** AUSKLINGEN LASSEN, EINEM DER AKTIVSTEN DES PLANETEN, UND SICH DAS ERLEBNIS EINES NATUR-SPA MIT WOHLTUENDEM SCHLAMM UND THERMALWASSERFÄLLEN GÖNNEN.

- DER ÜPPIGE **TROPENWALD VON MANUEL ANTONIO** MIT SEINER AUSSERORDENTLICH REICHEN FAUNA LIEGT AN DER PAZIFIKKÜSTE. HIER BEFINDET SICH DIE OPERATIONSBASIS DER **TITI CANOPY TOUR**, DIE NÄCHTLICHE „LUFT"-AUSFLÜGE ANBIETET, DANN, WENN TIERE WIE DIE KLEINEN SPRINGAFFEN (TITI), DIE AMEISENBÄREN, DIE WASCHBÄREN, DIE OLINGOS UND DIE HONIG- ODER WICKELBÄREN **(POTOS FLAVUS)** AM AKTIVSTEN SIND.

# BEI DEN HAIEN AN DER KOKOSINSEL

Eine aufregende Tauchsafari im entlegenen Vorposten Costa Ricas im Pazifik, der als die Welthauptstadt der gefürchteten Hammerhaie betrachtet wird.

**EMPFEHLENSWERT**

- BUCHEN SIE EINE DEEPSEE SUBMERSIBLE TOUR, UM **AN BORD EINES UNTERSEEBOOTES** AN DREI PLÄTZEN BIS AUF 90 M HINABZUSINKEN, UMGEBEN VON MANTAROCHEN UND GROSSEN RAUBFISCHEN; EIN VERSUNKENER VULKANKEGEL IN DER GRÖSSENORDNUNG EINES EVEREST: DAS TOPERLEBNIS EINER JEDEN UNTERWASSERKARRIERE!

- DER BESTE ORT ZUM BEOBACHTEN VON HAMMERHAIEN IN AKTION IST **BAJO ALCYONE**: IN 30 M TIEFE KÖNNEN SIE SIE DICHT ÜBER SICH VORBEISCHWIMMEN SEHEN.

- DER **DIRTY ROCK** AN DER WESTKÜSTE DER INSEL IST EIN UNGLAUBLICH DYNAMISCHER PUNKT: DIE GROSSE FISCHPOPULATION LOCKT DIE HAIE AN, WÄHREND DIE KORALLEN ZWISCHEN DEN FELSFIALEN LEBENSRAUM VON SUPPENSCHILDKRÖTEN UND ECHTEN KARETTSCHILDKRÖTEN SIND, DEN NINJAS DER MEERESTIEFEN.

**Beste Reisezeit** *Auf der Insel in Äquatornähe gibt es 7 m Niederschlag jährlich. Von Dezember bis Mai ist das Klima trockener, das Meer ruhig und man hat die beste Sicht, doch die beste Jahreszeit zum Tauchen ist von Juni bis November, wenn mehr Hammerhaie da sind.*

**Zeitbedarf** *10 Tage.*

**Organisatorisches** *Tauchgänge auf der Kokosinsel sind ausschließlich möglich, wenn man an einer Dive Cruise teilnimmt, wie sie von allen führenden, aufs Tauchen spezialisierten Reiseunternehmen der Welt organisiert werden. Darunter befindet sich Undersea Hunter, ein US-amerikanischer Reiseanbieter mit Niederlassung in Costa Rica, bekannt für seine Erfahrung in Sachen Abenteuertauchen.*

**Tipp** *Das Tauchen auf der Kokosinsel ist nur etwas für Geübte. Man kann leicht Panik bekommen, wenn man beim Tauchen plötzlich ins Auge eines Haies blickt. Hinzu kommt, dass man 30 bis 36 Stunden Fahrt benötigt, um auf die Insel zu gelangen. Und die Wellen sind oft sehr heftig. Nehmen Sie sich etwas Tröstliches mit, um die Überfahrt durchzustehen.*

| **292** *Der üppige Wald der Kokosinsel.* | **293** *Der Hammerhai, der wegen seiner Auswüchse an den Seiten des Kopfs nicht verwechseln werden kann, ist ein aggressiver Beutejäger.*

„Jurassic Park"-Autor Michael Crichton bekam seine Inspiration auf seiner Reise zu der Kokosinsel. Lange davor, 1889, war der deutsche Abenteurer August Gissler hier gelandet, von der Vorstellung getrieben, die Piraten könnten den sagenhaften „Schatz von Lima" hier versteckt haben. Er blieb 20 Jahre und verwandelte die Insel in einen Emmentaler, doch er fand kaum eine Handvoll spanischer Dublonen. Heute hingegen werden die Tauchbesessenen von den Gewässern angezogen. Die Kokosinsel liegt 550 km von der Pazifikküste Costa Ricas entfernt. Sie ist mit 2400 ha waldbedeckter Fläche die größte unbewohnte Insel der Welt und berühmt für die weltweit höchste Konzentration von Haien. Ihre planktonreichen Gewässer sind Lebensraum für Walhaie. In den Klüften legen die Weißspitzen-Riffhaie ihre „Säuberungspausen" ein: Hier gibt es große Mengen von Garnelen, die gierig auf die Parasiten unter der groben Haut des größten Raubtiers der Meere sind. Doch die Stars der Kokosinsel sind die Hammerhaie, die grausamsten und intelligentesten unter den Meeresraubtieren, die hier in furchterregender, riesiger Dichte leben: Hier hinabzutauchen, um ihr Verhalten zu beobachten, kommt einem Unterwasser-Examen cum laude gleich, doch man benötigt eine gute Dosis Kaltblütigkeit.

**Website** *www.visitcostarica.com*

# WEBSITES

## ZU FUSS

### DER RUNDWEG AUF DEM MONT BLANC

*Empfehlenswert*
Spa Thermal du Mont Blanc: http://www.ski-saintgervais.com/us/summer/sports-activities/thermal-baths-mont-blanc.php
Barfußweg in Morgex:
http://www.lovevda.it/de/datenbank/5/andere-sportarten/morgex/barefooting/4887
Berghütte Alpage de La Peule: http://lapeulaz.skyrock.com
*Organisatorisches*
Compagnie des Guides et Accompagnateurs de Chamonix Mont-Blanc: www.chamonix-guides.com
Associazione Guide Escursionistiche Naturalistiche della Valle d'Aosta: www.lovevda.it/it/sport/guide-escursionistiche-naturalistiche
Les Guides de Verbier: www.guideverbier.com

### DIE MONTE-ROSA-TOUR

*Empfehlenswert*
Glacier Express: www.glacierexpress.ch
La Montagna di Luce: www.montagnadiluce.it
*Organisatorisches*
La Compagnie des Guides de Champoluc-Ayas: www.guidechampoluc.com
*Tipp*
Vorbuchung der Hütten: www.rifugimonterosa.it

### AUF DEM KÖNIG-LUDWIG-WEG

*Empfehlenswert*
Wieskirche: www.wieskirche.de
Schloss Neuschwanstein: www.neuschwanstein.de
Füssen: www.fuessen.de
*Organisatorisches*
Alpenland Touristik: www.alpenlandtouristik.de/Koenig-Ludwig-Weg.htm

### DER GRANDE RANDONNÉE AUF KORSIKA

*Empfehlenswert*
Hotel Monte d'Oro: www.monte-oro.com
*Organisatorisches*
Corsica Adventure: www.corsica-aventure.com/de/
Corsica Trek: http://corsicatrek.free.fr
Corsica Rando Evasion: www.toute-la-corse.com/corse/index.php?lang=it&id=3996&oldversion=1

### AUF DEM ÄTNA

*Organisatorisches*
Etna Avventura: http://www.etnaexcursion.it/joomla_pinboard/it/home/english
Etna Experience: www.etnaexperience.com
Etna Trekking: www.etnatrekking.com

### ENTLANG DER STEILWAND DER DOGON

**Organisatorisches**
Steilwand der Dogon: http://www.sagatours.com/9daysdogontrekking.html

### VIRUNGA, DIE BERGE DER GORILLAS

*Empfehlenswert*
Sabyinyo Silverback Lodge: www.governorscamp.com
*Organisatorisches*
Gorilla Expedition: http://gorillafund.org/travel

### AUF DEM GIPFEL DES KILIMANDSCHARO

*Empfehlenswert*
Lake Chala Safari Camp: http://www.lakechalasafarilodge.com
Kiliman Adventure Challenge: http://kilimanjaro-man.com
*Organisatorisches*
Kilimanjaro Climbing Company: www.kilimanjaroclimbingcompany.com
Ultimate Kilimanjaro: www.ultimatekilimanjaro.com
Team Kilimanjaro: www.teamkilimanjaro.com
*Tipp*
Kilimanjaro Porters Assistance Project: www.kiliporters.org.

### WANDERSAFARI AM LUANGWA

*Empfehlenswert*
Kutandala Safari Camp: www.kutandala.com
Bush Spa del Mfuwe Lodge: www.mfuwelodge.com
*Organisatorisches*
Norman Carr Safaris: www.normancarrsafaris.com
Robin Pope Safaris: www.robinpopesafaris.net

### TREKKING IM TIEN SHAN

*Organisatorisches*
Asia Outdoor: www.asiaoutdoor.com
Central Asia Travel: www.centralasia-travel.com
Dostuck Trekking: www.dostuck.com.kg
Tien Shan Travel: www.tien-shan.com

### PILGERREISE AUF DEN KAILASH

*Organisatorisches*
Karnali Excursions: www.kailashtrekking.com
Himalaya Kailash Travel&Tours: www.himalayakailash.com
Tibet Explorer Tours: www.tibetexploretour.com

### DER ANNAPURNA CIRCUIT

*Empfehlenswert*
Muktinath: www.muktinath.org
*Organisatorisches*
National Trust for Nature Conservation: www.ntnc.org.np
Trekking Agencies Association of Nepal: www.taan.org.np

### IM KLOSTER VON TAKTSANG

*Organisatorisches*
Adorable Brothers Adventure: http://adorablebhutantours.com.bt/
Happy Bhutan Adventures: www.happybhutan.bt
Shangri-La Bhutan Tours & Treks: www.bhutanonline.net

### AN DEN QUELLEN DES GANGES

*Organisatorisches*
Peak Adventure: www.gangotri-tapovan-trek.com
Snow Leopard Adventures: www.snowleopardadventures.com

### IN DEN JAPANISCHEN ALPEN

*Empfehlenswert*
Matsumoto: http://welcome.city.matsumoto.nagano.jp
*Organisatorisches*
Japanischer Alpenverein: www.jac.or.jp
Quest Japan: www.hikejapan.com

### PILGERREISE NACH KOYASAN

*Organisatorisches*
Wanderkarte für die Region Kumano Kodo: http://tb-kumano.jp/en
Japan Tourism Board: http://www.japanican.com/tours/list.aspx?&kw=koya&so=p&aff=EXJ

### BEI DER INDIGENEN BEVÖLKERUNG PAPUAS

*Organisatorisches*
Trek Papua: http://trek-papua.com
Fremdenverkehrsamt: www.papuanewguinea.travel/touroperators

### DER GREAT OCEAN WALK

*Empfehlenswert*
Otway Fly Treetop Walk: www.otwayfly.com
Helikopterflüge: http://www.visitvictoria.com/Regions/Great-Ocean-Road/Things-to-do/Outdoor-activities/Scenic-flights
*Organisatorisches*
Zeltplatz-Vorbuchung: http://parkweb.vic.gov.au/
Great Ocean Walk Holidays: http://www.thegreatoceanwalk.com/
Walk 91: www.walk91.com.au

### IM FIORDLAND

*Empfehlenswert*
Fiordland Cinema: www.fiordlandcinema.co.nz
Helikopterflüge: www.fiordlandhelicopters.co.nz
*Organisatorisches*
Unterkunft-Vorbuchung für große Touren (40 Ausflügler pro Tag): www.doc.govt.nz
Ultimate Hikes: www.ultimatehikes.co.nz
Trips & Tramps: www.tripsandtramps.com
Fiordland Nature Observations: www.natureobservations.com
*Wissenswert*
GPS-Koordinaten für den Schauplatz von Herr der Ringe: www.doc.govt.nz/parks-and-recreation/places-to-visit/lord-of-the-rings-locations

### AMBRYM, DIE SCHWARZE INSEL

*Organisatorisches*
Air Vanuatu: www.airvanuatu.com
Wrecks to Rainforest: http://wreckstorainforest.com
*Tipp*
Informationen über die aktuelle Vulkanaktivität:
www.geohazards.gov.vu

### DER JOHN MUIR TRAIL

*Empfehlenswert*
Devils Postpile National Monument: www.nps.gov/depo
*Organisatorisches*
Informationen: http://johnmuirtrail.org/
Wanderkarte: http://johnmuirtrailmap.com
National Parks Service: www.nps.gov
*Wissenswert*
Ansel Adams: www.anseladams.com

### ÜBER DIE CORDILLERA BLANCA

*Organisatorisches*
Casa de Guias: www.casadeguias.com.ar/eng/nosotros.html
Andean Kingdom: www.andeankingdom.com
Pony's Expeditions: www.ponyexpeditions.com

### TREKKING IM PARQUE NACIONÁL LOS GLACIARES

*Organisatorisches*
Hielo y Aventura: www.hieloyaventura.com
Morresi Viajes: morresi@cotecal.com.ar
Mil Outdoor Adventure: www.miloutdoor.com

## ON THE ROAD

### VON KAIRO ZUM GILF EL-KEBIR

*Organisatorisches*
Badawiya Expedition Travel: www.badawiya.com
Zarzora Expedition: www.zarzora.com
*Tipp*
Ecolodge Adrère Amellal: http://adrereamellal.net

### IM OMO-TAL

*Empfehlenswert*
Campinganlage von Lumale: http://www.africa-adventure.com/
accomodations/lumale-camp-omo-valley-ethiopia
*Organisatorisches*
Origins Safaris: http://www.originsafaris.info
EthioGuzo Tour and Travel: http://ethioguzo.com
*Wissenswert*
Nähere Informationen zur Kultur der Mursi: www.mursi.org

### DIE GROSSE WANDERUNG DER GNUS

*Empfehlenswert*
Safari im Ballon, Serengeti Baloon Safaris: www.balloonsafaris.com
*Organisatorisches*
Grumeti Camp: www.grumeti.com
Governors' Camp: www.governorscamp.com
*Tipp*
Die große Wanderung mitverfolgen: http://wildebeestmigration.blogspot.it

### MIT DEM ZUG ENTLANG DER FIANARANTSOA-CÔTE EST

*Empfehlenswert*
Lac Hotel: www.lachotel.com
Canal des Pangalanes:http://www.urlaubinmadagaskar.de/
CanalDesPangalanes.html
*Organisatorisches*
Verband der Reiseunternehmen: Association des Tours Opérateurs
Réceptifs de Madagascar: www.top-madagascar.com

### ÜBER DEN KARAKORUM HIGHWAY

*Empfehlenswert*
Shandur Polo Festival: http://adventurepakistan.com/travel/
shandur-polo-festival/

### BEI DEN VÖLKERN VON LUANG NAM THA

*Empfehlenswert*
Trekking Guides, Ecotourism Laos: www.ecotourismlaos.com
*Organisatorisches*
Nam Ha Eco Guides: www.namha-npa.org
Lao Youth Travel: http://njsj280.wix.com/laoyouthtravel
Exotissimo: www.exotissimo.com
Tiger Trail Laos: www.laos-adventures.com

### IM LAND DES DSCHINGIS KHAN

*Empfehlenswert*
Erdene Zuu: http://www.skr.de/mongolei-reisen/sehenswuerdigkeiten/
erdene-dsuu/
Factory store Gobi Cashmere: www.gobi.mn
*Organisatorisches*
Mongolia Tourism Association: www.travelmongolia.org
Open Tour Around Mongolia: www.tourmongolia.com
Steppe Nomad Travel & Tours: www.lookmongolia.com
*Tipp*
Transmongolica, CITS: www.cits.net u. www.chinatraintickets.net

### IM REICH DER FRAUEN VON LUGU HU

*Organisatorisches*
Yunnan Adventure: www.yunnanadventure.com

### DAS WILDE HOKKAIDO

*Empfehlenswert*
Akan-See: www.lake-akan.com
*Organisatorisches*
Japan Rail Pass: www.japanrailpass.net
Hokkaido Rail Pass: www2.jrhokkaido.co.jp/global/index.html
BFH Tours: www.bfh.jp/tour/en

### AUF DER KODIAK-INSEL

*Empfehlenswert*
Alutiiq Museum: www.alutiiqmuseum.org
Remote Lodge: www.raspberryisland.com
*Organisatorisches*
Era Aviation: www.flyera.com
Alaska Airlines: www.alaskaair.com
Kodiak Adventures: www.kodiakadventuresunlimited.com
Kodiak Wild Side: www.kodiakswildside.com
*Tipp*
Alaska Department of Fish and Game (www.adfg.alaska.gov)

### IN CHURCHILL BEI DEN EISBÄREN

*Empfehlenswert*
Wapusk National Park: www.pc.gc.ca/eng/pn-np/mb/wapusk/index.aspx
*Organisatorisches*
Calm Air: http://www.calmair.com
Kivalliq Air: www.kivalliqair.com
Churchill Wild: www.churchillwild.com
The Tundra Buggy Adventure: www.tundrabuggy.com

### MIT DEM ZUG DURCH DIE BARRANCA DEL COBRE

*Empfehlenswert*
Copper Canyon Sierra Lodge e Riverside Lodge a Batopilas:
www.coppercanyonlodges.com
Posada del Hidalgo: www.hotelposadadelhidalgo.com
*Organisatorisches*
Tarahumara Tours: www.ecoalternativetours.com
Viajes Dorados de Chihuahua: www.coppercanyon.com.mx

### AM SALAR DE UYUNI

*Empfehlenswert*
Palacio de Sal: www.palaciodesal.com.bo
*Organisatorisches*
Tupiza Tours: www.tupizatours.com
Ruta Verde: www.rutaverdebolivia.com
Hotel der Tayka-Gruppe: www.taykahoteles.com

## ÜBERS MEER

### IM ILULISSAT-EISFJORD

*Organisatorisches*
World of Greenland: www.worldofgreenland.com
Ilulissat Tourist Nature: http://www.greenland.com/de/reiseanbieter/
ilulissat-tourist-nature/ilulissat-eisfjord/
Arctic Adventure: www.arctic-adventure.dk
Aqua-Firma: www.aqua-firma.co.uk

### AUF KREUZFAHRT IN SPITZBERGEN

*Empfehlenswert*

Tour zu den Fossilienfunden, Green Dog: www.greendog.no
Spedizioni kayak: www.wildlife.no
*Organisatorisches*
Schifffahrtsgesellschaft Hurtigruten: www.hurtigruten.com
Spitsbergen Travel: www.spitsbergentravel.com
*Tipp*
Musica jazz, Svalbar: www.svalbar.no

#### ANGELN AUF DEN LOFOTEN
*Empfehlenswert*
Polar Light Center: http://polarlightcenter.com
*Organisatorisches*
Nusfjord: www.nusfjord.no
Lofoten Fisherman Adventures: www.lofoten-rorbuopplevelser.no
Aqua Lofoten Coast Adventure: www.aqualofoten.com
Informationen zur Angel-Weltmeisterschaft: www.norwegenservice.net/wm-im-kabeljauangeln

#### KAJAKFAHREN BEI DEN ÄUSSEREN HEBRIDEN
*Empfehlenswert*
Festival Fèis Barraigh: www.barrafest.co.uk
Dunard Lodge: www.dunardlodge.com
Über aktuelle Möglichkeiten, Wale und Delfine zu sehen, informiert die Website des Hebridean Whale & Dolphin Trust: www.whaledolphintrust.co.uk
*Organisatorisches*
Clearwater Paddling: www.clearwaterpaddling.com
*Tipp*
Kajakkurse: www.monkeysee.com/play/454-kayak-fundamentals

#### TAUCHTOUREN BEI PORT SUDAN
*Organisatorisches*
Don Questo Sudan: www.sudandiving.it; Felicidad II Sudan: www.felicidad.it

#### MASOALA IM KAJAK
*Empfehlenswert*
Masoala Forest Lodge: www.masoalaforestlodge.com

#### AUF DEM MERGUI-ARCHIPEL
*Organisatorisches*
Ayuda Myanmar Travel: http://ayudamyanmartravel.com
Asia Whale: http://www.travelmergui.com/

#### KOMODO, DIE INSEL DER DRACHEN
*Empfehlenswert*
Komodo Resort: www.komodoresort.com

#### TAUCHSAFARI IN RAJA AMPAT
*Empfehlenswert*
Birdwatching: www.papuabirdclub.com
*Organisatorisches*
Raja Ampat Homestays: www.rajaampathomestays.com

#### AUF DEM FEUERRING
*Organisatorisches*
Aurora Expeditions: www.auroraexpeditions.com.au
Kamchatka's Vision: www.kamchatka.org.ru
Kamchatka Lost World Tour: www.travelkamchatka.com

#### DIE BUCKENWALE DES FREDERICK SOUND
*Empfehlenswert*
Petersburg: http://www.alaskapassages.com/
Tongass National Forest: www.fs.usda.gov/tongass
*Organisatorisches*
Alaska Marine Highway System: www.dot.state.ak.us
Alaska Sea Adventures: www.yachtalaska.com
Gastineau Guiding Company: www.stepintoalaska.com
*Tipp*
Schnorcheltouren: www.snorkelalaska.com

#### AN DEN KÜSTEN DER BAFFIN-INSEL
*Empfehlenswert*
Great Adventure Company Edmondton: www.adventures.ca
Alianait Arts Festival: www.alianait.ca
*Organisatorisches*
Adventure Canada: www.adventurecanada.com
The Great Canadian Travel Company: www.greatcanadiantravel.com

Ponant: www.ponant.com
*Wissenswert*
Geschichte und Geschichten um den Narwal: www.narwhal.org

#### WHALE WATCHING IN EL VIZCAÍNO
*Empfehlenswert*
Ausflüge an der Küstenwüste, Baja Outback: http://bajaoutback.com u. Baja Wild: www.bajawild.com
Ecoresort Prana del Mar: http://pranadelmar.com
*Organisatorisches*
Searcher Natural History Tours: www.bajawhale.com

#### TAUCHEN IM GREAT BLUE HOLE
*Empfehlenswert*
Elenco degli spot: http://ambergriscaye.com/pages/town/divesites.html
*Organisatorisches*
Aqua Scuba Center San Pedro: www.aquascubabelize.com
Turtle Inn Resort di Placencia: www.coppolaresorts.com/turtleinn

#### KREUZFAHRT DURCHS GALÁPAGOS-ARCHIPEL
*Organisatorisches*
Enchanted Expeditions: www.enchantedexpeditions.com
Row Adventures: www.rowadventures.com/galapagos-islands.html
Natural Habitat Adventures: www.nathab.com/galapagos
*Tipp*
Dive the Galápagos!: www.divethegalapagos.com

#### MIT DEM FRACHTER ZU DEN MARQUESAS
*Organisatorisches*
Informationen und Vorbuchungen: www.aranui.com

#### MIT DEM SEGELSCHIFF DURCH DIE WHITSUNDAY ISLANDS
*Empfehlenswert*
Ngaro Sea Trail: www.nprsr.qld.gov.au/parks/whitsunday-ngaro-sea-trail
*Organisatorisches*
Air Whitsunday: www.airwhitsunday.com.au
GSL Aviation: https://gslaviation.com.au/
Whitsunday Escape: www.whitsundayescape.com
Queensland Yacht Charters: www.yachtcharters.com.au
Whitsunday Sailing Adventures: whitsundayssailingadventures.com.au
ProSail: www.prosail.com.au
*Tipp*
Buch 100 Magic Miles: www.100magicmiles.com

#### TAUCHTOUR AN DEN ROCK ISLANDS
*Empfehlenswert*
Etpison Museum: www.etpisonmuseum.org
*Organisatorisches*
Sam's Tours: www.samstours.com
Neco Marine: www.necomarine.com
*Tipp*
Divers Alert Network: www.diversalertnetwork.org

#### ANTARKTIS-KREUZFAHRT
*Organisatorisches*
Antarpply Expeditions: www.antarpply.com
Quark Expeditions: www.quarkexpeditions.com

### AUF 2 RÄDERN ODER 4 BEINEN

#### ZWISCHEN GEYSIREN UND VULKANEN
*Organisatorisches*
Icelandic Mountain Bike Club: www.fjallahjolaklubburinn.is/english
Opus Adventures: www.opusadventures.is
Blue Lagoon: www.bluelagoon.com

#### AM RALLARVEGEN ENTLANG
*Empfehlenswert*
Rallar Museet: http://rallarmuseet.no
Nærøyfjord: www.naeroyfjord.com
*Organisatorisches*
Stazione di Haugastøl: www.rallarvegen.com
Hotel Finse 1221: www.finse1222.no
Ferrovie Norvegesi - Norges Statsbaner AS: www.nsb.no

#### DIE PYRENÄEN-TOUR
*Empfehlenswert*
Parco dei Pirenei: www.parc-pyrenees.com

Bagnères-de-Luchon: www.luchon-bien-etre.fr
Vall de Boí: www.centreromanic.com
Landschaftlich und kulturell interessante Ortschaften des Pyrenäen-Abschnitts: www.les-plus-beaux-villages-de-france.org
*Organisatorisches*
Fahrradverleih: www.canigou-cycling.com/de/
Best of the Pyrénées: www.bestofthepyrenees.com

### ZU PFERDE DURCH DEN FISH RIVER CANYON
*Empfehlenswert*
Fish River Lodge: www.fishriverlodge-namibia.com
*Organisatorisches*
Namibia Horse Safari Company: www.namibiahorsesafari.com
Chameleon Holidays & Travel: www.chameleonholidays.com

### AUF DEN BERGEN DES ALTAI
*Empfehlenswert*
Rafting: www.rusadv.com/English/Russia/Altai/tour_Russia_Altai_rafting_English.html.
*Organisatorisches*
Altai Expeditions: www.altaiexpeditions.com
Blue Wolf Travel: http://bluewolftravel.com
Mongolia Horseback Riding: www.mongoliahorseriding.com
Ecotours Russia: www.ecotours-russia.com
K2 Travel: www.adventuretravel.ru

### IN DER TAKLAMAKAN-WÜSTE
*Organisatorisches*
Adbul Wahab Tours: http://oldroadtours.com
Uighur Tours: www.uighurtour.com

### BEI DEN ELEFANTEN DES GOLDENEN DREIECKS
*Empfehlenswert*
Schulung für den Umgang mit Elefanten in Chiang Dao: www.chiangdaoelephantcamp.com
*Organisatorisches*
Elephant Nature Camp: www.elephantnaturepark.org
*Tipp*
Anantara Golden Triangle Resort & Spa di Chiang Saen: http://goldentriangle.anantara.com

### DEN HO-CHI-MINH-PFAD ENTLANG
*Organisatorisches*
Activetravel Vietnam: www.activetravelvietnam.com
Explore Indochina: http://exploreindochina.com

### DER BICENTENNIAL NATIONAL TRAIL
*Empfehlenswert*
http://www.bicentennialnationaltrail.com.au
*Organisatorisches*
Bundesstaat Victoria: www.visitvictoria.com
*Wissenswert*
Pferdezucht: www.horsecapital.com.au

### WESTERN AUSTRALIA MIT DEM MOTORRAD
*Empfehlenswert*
Gibb River Road: www.gibbriverroad.net
Coral Coast: www.australiascoralcoast.com
Itinerari nel Sud-ovest: www.australiassouthwest.com
*Organisatorisches*
Kimberley Trail Bike Tours: www.kimberleytrailbiketours.com.au
Down Under Motorcycle Tours: www.harleytours.ws

### IM MONUMENT VALLEY
*Empfehlenswert*
Monument Valley Safari: http://monumentvalleysafari.com
Hotel The View: www.monumentvalleyview.com
*Organisatorisches*
Sacred Monument Tours: www.monumentvalley.net
Black's Tours: www.royblackguidedtours.com
Discover Navajo: http://discovernavajo.com

### IM WILDEN WESTEN VON PINAR DEL RIO
*Organisatorisches*
Provinz Pinar del Río: http://indicuba.com/de/provinzen/pinar_del_rio/pinar_del_rio.html
Mototouring: www.mototouring.com
Cuba Motorcycle Tours: http://motorcycletourscuba.com
*Tipp*
Climbing: www.cubaclimbing.com

### MIT DEN GAUCHOS IN DER PAMPA
*Empfehlenswert*
San Antonio de Areco: www.portaldeareco.com
Estancia Santa Catalina: www.welcomeargentina.com/colonia-caroya/estancia-santa-catalina.html
Estancia Dos Lunas: www.doslunas.com.ar
*Organisatorisches*
Estancias: www.estanciasargentinas.com
Argentina Exeptión: http://en.argentina-excepcion.com
Riding Argentina: www.ridingargentina.com
Welcome Argentina: www.welcomeargentina.com
*Tipp*
Feria de Mataderos: www.feriademataderos.com.ar.

## REISEN AUF SEEN UND FLÜSSEN

### DIE WATERWAYS VON IRLAND
*Empfehlenswert*
Belvedere House & Gardens, Mullingar: www.belvedere-house.ie
Lough Allen: www.loughallenadventure.com
*Organisatorisches*
Irish Boat Rental Association: www.boatholidaysireland.com

### IM LABYRINTH DER SUNDARBANS
*Empfehlenswert*
Southern Health Improvement Samity - Informationen zu Besichtigung und Trägern: www.shisindia.org
*Organisatorisches*
Tour de Sundarbans: http://tourdesundarbans.com
India Beacons Sojourn: www.sundarbans.net
Bengal Tours: www.bengaltours.com

### IM MEKONG-DELTA
*Organisatorisches*
SinhBalo Adventure Travel: www.sinhbalo.com
Viet Bamboo Travel: www.cruisemekongdelta.com
Blue Cruiser: www.bluecruiser.com

### BEI DEN ORANG-UTANS VON KALIMANTAN
*Organisatorisches*
Adventure Indonesia: www.adventureindonesia.com
BorneoEcoTour: www.borneoecotour.com; Orangutan Foundation International: www.orangutan.org/orangutan-eco-tours

### AUF DEM NAHANNI RIVER
*Organisatorisches*
Canadian River Expeditions: www.nahanni.com
Black Feather: www.nahanniriver.ca
*Tipp*
Wolverine Air: www.wolverineair.com; Simpson Air: www.simpsonair.ca

### IM OKAWANGO-DELTA
*Empfehlenswert*
Delta Rain Safaris: http://www.deltarain.com
Kavango Air: www.kavangoair.com
*Organisatorisches*
Informationen über Safaris, Lodges und Zeltplätze: www.okavangodelta.com
Polers Trust Seronga: www.okavangodelta.co.bw
Khwai River Lodge: www.khwairiverlodge.com

### SEGELN AUF DEM RÍO DULCE
*Empfehlenswert*
Hacienda Tijax: www.tijax.com
*Organisatorisches*
Caribbean Experience: www.sailing-diving-guatemala.com
Exotic Travel Agency: www.bluecaribbeanbay.com

### LA MOSQUITIA PER CAYUCO
*Organisatorisches*
La Ruta Moskitia: http://larutamoskitia.com
Omega Tours: www.omegatours.info
La Moskitia Ecoaventuras: www.honduras.com/moskitia

**IM KANU ZUM SALTO ÁNGEL**
*Organisatorisches*
Orinoco Tours: www.orinocotours.com
Venezuela Eco-adventures: www.adventurevenezuela.com
Angel Eco Tours: http://angel-ecotours.com

**AUF DEM RIO NEGRO**
*Empfehlenswert*
Pescamazon: www.pescamazon.com
*Organisatorisches*
Discover Brazil: www.discoverbrazil.com
Southern Cross Tours & Expeditions: www.amazon-travel-brazil.com
Amazon Riders: www.amazonriders.com

**IM PANTANAL**
*Empfehlenswert*
Araras Eco Lodge: www.araraslodge.com.br
*Organisatorisches*
Pantanal Nature: www.pantanalnature.com.br
Pantanal Trackers: www.pantanaltrackers.com.br

## ADRENALIN

**NORDPOL-CROSSING AUF SKIERN**
*Empfehlenswert*
UVU North Polar Marathon: www.npmarathon.com
*Organisatorisches*
Polar Expeditions: http://www.statravel.de/polarexpeditionen.htm
Global Expedition Adventures: www.northpole-expedition.com

**BERÜHRENDE EINDRÜCKE IN LAPPLAND**
*Empfehlenswert*
Arctic Husky Farm: www.huskysafaris.com
Sami Ecomuseum, Siida: www.siida.fi
Syötteen Eräpalvelut: http://en.lammassammal.kotisivukone.com
*Organisatorisches*
Lappland-Kreuzfahrt: http://www.polarlicht-reisen.de/angebote/polarlichtreise5.htm
Weiterführender Link zu vielen Themen: www.laplandfinland.com
*Wissenswert*
Haparanda und Tornio: www.haparandatornio.com
Finnische Saunen: www.sauna.fi

**IM SKIGEBIET PORTES DU SOLEIL**
*Empfehlenswert*
Rock the Pistes: www.rockthepistes.com
Morzine: www.morzine-avoriaz.com
Les Gets: www.lesgets.com
The Stash: www.thestash.com

**ŠKRAPING IN DALMATIEN**
*Empfehlenswert*
Skraping Race: www.skraping.hr
*Organisatorisches*
Zara Adventure: www.zara-adventure.hr

**RAFTING AUF DEM SAMBESI**
*Empfehlenswert*
Dampfzug: www.steamtraincompany.com
Organisatorisches
Safari par Excellence: www.safpar.net
Global Descents: www.globaldescents.com/expedition/zambezi-river-expedition
Water by Nature: www.waterbynature.com
Zambezi Safari & Travel Company: www.zambezi.com

**IM KÄFIG IN DER SHARK ALLEY**
*Empfehlenswert*
White Shark Festival: www.whitesharktrust.org
Great White House: www.thegreatwhitehouse.co.za
*Organisatorisches*
Shark Lady Adventures: www.sharklady.co.za
White Shark Projects: http://whitesharkprojects.co.za

**IM BALLON ÜBER DAS WADI RUM**
*Organisatorisches*
Royal Aero Sports Club of Jordan, Vorbuchungen:
www.royalaerosports.com
Rum Stars: www.rumstars.com
Wadi Rum Mountain Guides: www.rumguides.com

**AM BAIKALSEE**
*Empfehlenswert*
Transiberiana: http://eng.rzd.ru
*Organisatorisches*
Baikal Nature: www.baikalnature.com
Great Baikal Trail: www.greatbaikaltrail.org

**ROCKCLIMBING IN KRABI**
*Organisatorisches*
Hot Rock Cimbing School: www.railayadventure.com
Basecamp Tonsai: http://basecamptonsai.com

**IN DEN HÖHLEN VON GUNUNG MULU**
*Organisatorisches*
Kuching Caving: www.kuchingcaving.com
Borneo Ecotours: www.borneoecotours.com
*Tipp*
Mulu Marriott Resort & Spa: www.marriot.com

**DER UNTERIRDISCHE FLUSS VON PUERTO PRINCESA**
*Organisatorisches*
Für eine Reise auf eigene Faust: www.palawan.gov.ph
Tao Explore: www.taophilippines.com

**BUNGEEJUMPING IN QUEENSTOWN**
*Empfehlenswert*
White water sledging auf dem Shoteover: www.frogz.co.nz
100% Pure New Zealand Winter Games: http://wintergamesnz.kiwi
Arrowtown: www.arrowtown.com
*Organisatorisches*
Für alle Aktivitäten (nicht nur Extremsport) in Queenstown: http://experiencequeenstown.com
AJ Hackett: www.bungy.co.nz/german
Jet boating: www.shotoverjet.com

**HELISKIING IN DEN ROCKY MOUNTAINS**
*Empfehlenswert*
Treno Rocky Mountaineer: www.rockymountaineer.com
Whyte Museum of Canadian Rockies: www.whyte.org
Banff: www.banff.ca
*Organisatorisches*
Canadian Mountain Holidays: www.canadianmountainholidays.com

**RAFTING IM GRAND CANYON**
*Organisatorisches*
Aramak Wilderness River Adventures: www.riveradventures.com
Grand Canyon Whitewater: www.grandcanyonwhitewater.com
Oars: www.oars.com/grandcanyon

**IN DEN CENOTES DER MAYA**
*Organisatorisches*
Maya Diving: www.mayadiving.com
Phantom Divers: www.phantomdivers.com
Tan-Ha Dive Center: www.tankha.com
*Tipp*
Hidden Worlds: www.rainforestadventure.com/hidden_worlds_mexico

**„LUFT"-TREKKING IN MONTEVERDE**
*Empfehlenswert*
Selvatura Park: www.selvatura.com
Buena Vista Ecolodge: www.buenavistalodgecr.com
Titi Canopy Tour: www.titicanopytour.com
*Organisatorisches*
Anywhere Costarica: www.anywherecostarica.com
Ecotours Express: http://ecotoursincostarica.com
Go Visit Costarica: www.govisitcostarica.com

**BEI DEN HAIEN AN DER KOKOSINSEL**
Undersea Hunter: www.underseahunter.com

# REGISTER

# BILDNACHWEIS

123RF.com: S. 150-151
Peter Adams/Getty Images: S. 59
agefotostock/Mauritius: S. 224-225
Alaska Stock Images/National Geographic Stock: S. 156-157
Alexandrite/iStockphoto: S. 257
William Albert Allard/National Geographic Stock: S. 211
Steve Allen/Getty Images: S. 166
Theo Allofs/Corbis: S. 108
Stephen Alvarez/Getty Images: S. 67
Johnathan Amperstand Esper/Getty Images: S. 42
Anders Peter Amsn_s/iStockphoto: S. 136-137
Galyna Andrushko/iStockphoto: S. 60
Noriyuki Araki/Getty Images: S. 62
Jon Arnold/Getty Images: S. 184-185
Yann Arthus-Bertrand/Corbis: S. 223, 238
Antonio Attini/Archivio White Star: S. 30, 212, 213, 264
Stefan Auth/Getty Images: S. 51
Patrick Aventurier/Gamma-Rapho/Getty Images: S. 116
Axiom/DanitaDelimont.com: S. 260
Fiona Ayerst/iStockphoto: S. 192
Manfred Bail/Imagebroker/Agefotostock: S. 292
Rob Blakers/Getty Images: S. 205
Ben Blankenburg/iStockphoto: S. 287
Per Bergsbo/iStockphoto: S. 123
Marcello Bertinetti/Archivio White Star: S. 24-25, 61, 96, 110, 159, 163, 170, 171
Nikki Bidgood/iStockphoto: S. 128
Daniel Boang/Getty Images: S. 202-203
Massimo Borchi/Archivio White Star: S. 269
Buena Vista Images/Getty Images: S. 201
Bruno Buongiorno Nardelli/iStockphoto: S. 172
Franck Caillet/iStockphoto: S. 188
Robert Caputo/Getty Images: S. 245
David Caravias/Alamy/Milestone Media: S. 266
Fabio Cardano/123RF.com: S. 286
Mark Carwardine/Getty Images: S. 162
Franck Charton/Getty Images: S. 57
Chelovek/iStockphoto: S. 270
William Chu/Getty Images: S. 119
Rafal Cichawa/iStockphoto: S. 149, 231
China Photos/Getty Images: S. 50
ClickAlps/Lookphotos: S. 24-25
John Coletti/Getty Images: S. 291
Robert Cope/123RF.com: S. 267
Mark Cosslett/National Geographic Stock: S. 240-241
Crossi/iStockphoto: S. 194-195
Ian Cumming/Getty Images: S. 33
Ed Darack/Science Fiction/SuperStock: S. 80-81
Deb22/iStockphoto: S. 172
Ricardo De Mattos/iStockphoto: S. 46
Grant Dixon/Getty Images: S. 70
Andre Dobroskok/iStockphoto: S. 204
David Doubilet/National Geographic Stock: S. 152-153
Dziikus/iStockphoto: S. 49
John Eastcott and Yva Momatiuk/National Geographic Stock: S. 177
David Else/Getty Images: S. 190
Steve Estvanik/123RF.com: S. 261
Michele Falzone/Mauritius/Alamy: S. 95
Andy Farrer/Getty Images: S. 256
Focus on Nature/iStockphoto: S. 290
FotoVoyager/Getty Images: S. 21
Gerald French/Corbi: S. 210
Josef Friedhuber/iStockphoto: S. 139
Romeo Gacad/AFP/Getty Images: S. 279
Alfio Garozzo/Archivio White Star: S. 84, 85
Gcoles/iStockphoto: S. 87
M. Gebicki/Getty Images: S. 72
Henry Georgi/All Canada Photos/ SuperStock: S. 284
Gianni Giansanti/Immaginazione: S. 98, 99, 100, 101
Peter Giovannini/Getty Images: S. 32
Goinyk/iStockphoto: S. 176
Sergey Gorshkov/Corbis: S. 154
Michael Gounot/Godong/Corbis: S. 105
Tom Grundy/123RF.com: S. 81
Guenter Guni/Getty Images: S. 148
Tim Hall/Getty Images: S. 229
Chuck Haney/DanitaDelimont.com: S. 252-253
Martin Harvey/Cobris: S. 102
Christian Heeb/Marka: S. 243
Hemis.fr/SuperStock: S. 36-37, 215
Tom Horton, Further to Fly Photography/ Getty Images: S. 107
Matej Hudovernik/iStockphoto: S. 230
Richard I' Anson/Getty Images: S. 56
Image Asset Management/Marka: S. 242
Imagebroker.net/SuperStock: S. 53, 165, 259
S. Jaccod/De Agostini Picture Library: S. 43
Pierre Jacques/Getty Images: S. 23
Matthias Jenter/iStockphoto: S. 187
Mark Jones/Minden Pictures/National Geographic Stock: S. 293
JTB Photo Communicati/JTB Photo/ SuperStock: S. 65
Jaume Juncadella Olivares/iStockphoto: S. 114
Koichi Kamoshida/Getty Images: S. 118
Oytun Karadayi/iStockphoto: S. 110-111
Torsten Karock/iStockphoto: S. 234
Layne Kennedy/Corbis: S. 160
David Klein/iStockphoto: S. 122
Iris Kuerschner/Getty Images: S. 20
Tim Laman/National Geographic Stock: S. 66
Frans Lanting/Corbis: S. 235
Frans Lanting/DanitaDelimont.com: S. 167
Jason Larkin/Getty Images: paggg. 92-93
Todd Lawson/Getty Images: S. 83
Andre Lebrun/Agefotostock/SuperStock: S. 228
Elisa Locci/iStockphoto: S. 48
Enrique Lopez-Tapia/naturepl.com: S. 18-19
Alfredo Maiquez/Getty Images: S. 236
Piero Malaer/iStockphoto: S. 150
Richard Manin/Hemis/Corbis: S. 189
Marka/SuperStock: S. 44
Peter Mather/First Light/Corbis: S. 232-233
René Mattes/Hemis.fr/Getty Images: S. 227, 268
Claus Meyer/Minden Pictures/National Geographic Stock: S. 244
John Miles/Getty Images: S. 82
Paul Miles/Getty Images: S. 186
John Miller/Getty Images: S. 31
David Min/Getty Images: S. 54
Bobby Model/National Geographic Stock: S. 263
Colin Monteath/Hedgehog House/Getty Images: S. 72-73
Colin Monteath/Marka: S. 282
Bruno Morandi/Getty Images: S. 196
Bruno Morandi/Hemis/Corbis: S. 272
Luciano Mortula/123RF.com: S. 109
Paolo Mudu/iStockphoto: S. 127
Josef Muellek/123RF.com: S. 113
Josef Muellek/iStockphoto: S. 112
Jon Mullen/iStockphoto: S. 79
Matt Mylon/iStockphoto: S. 138
Andrey Nekrasov/imagebroker.net/ SuperStock: S. 255
Elliott Neep/Getty Images: S. 103
Paul Nicklen/National Geographic Stock: S. 288-289
Olive/Getty Images: S. 104
Randy Olson/Getty Images: S. 144
Salvo Orlando/Corbis: S 34
James Osmond Photo/Maurtius/Alamy: S. 281
Per-Gunnar Ostby/Getty Images: S. 47
Borge Ousland/National Geographic Stock: S. 254
Panoramic Images/Getty Images: S. 97, 208
Leonardo Patrizi/iStockphoto: S. 69
Nigel Pavitt/Getty Images: S. 220-221
Doug Pearson/JAI/Corbis: S. 191
Carsten Peter/National Geographic Stock: S. 155
Christopher Pillitz/Getty Images: S. 214
Andrea Pistolesi/Getty Images: S. 278
Ratnakorn Piyasirisorost/Getty Images: S. 246
Andrey Plis/iStockphoto: S. 275
Ingolf Pompe/Getty Images: S. 27
Prisma/SuperStock: S. 174
Olivier Renck/Getty Images: S. 271
Rest/iStockphoto: S. 129
Nicolas Reynard/Getty Images: S. 149
Jim Richardson/National Geographic Stock: S. 142
Robert Harding Picture Library/SuperStock: S. 237
Luciano Romano/De Agostini Picture Library: S. 37, 38
Eric Rorer/Getty Images: S. 169
Jenny E. Ross/Corbis: S. 120-121
C. Sappa/De Agostini Picture Library: S. 94
Sami Sarkis/Getty Images: S. 74, 76
Setimino/iStockphoto: S. 115
Kevin Schafer/Corbis: S. 168
Kipp Schoen/iStockphoto: S. 78
Dmitriy Sharov/123RF.com: S. 272-273
Robbie Shone/Getty Images: S. 276-277
Patrick Shyu/iStockphoto: S. 63
skaman306/Getty Images: S. 58
Robin Smith/Getty Images: S. 206
Jordi Solé Marimon/iStockphoto: S. 64
Antony Spencer/Getty Images: S. 140
Martin Strmko/iStockphoto: S. 145
Keren Su/Getty Images: S. 106
Giovanni Tagini: S. 222
Luiz Eugenio Teixeira Leite/iStockphoto: S. 86
Achim Thomae/Getty Images: S. 28-29
Alan Tobey/iStockphoto: S. 126
Roy Toft/National Geographic Stock: S. 247
Raul Touzon/National Geographic Stock: S. 75
B. Trapp/Agefotostock: S. 239
Jasmina Trifoni: S. 71, 283
R. Tyler Gross/ Getty Images: S. 22
Michelle Valberg/Corbis: S. 161
Mark Van Aardt/Getty Images: S. 193
Glenn Van Der Knijff/Getty Images: S. 274
Sandro Vannini/De Agostini Picture Library: S. 41
Jennifer Vaughn/iStockphoto: S. 52
Giulio Veggi/Archivio White Star: S. 26, 141
torstenvelden/Getty Images: S. 175
Peter Walton Photography/Getty Images: S. 207
Linda Wang/iStockphoto: S. 198
John Warburton-Lee/Getty Images: S. 45
Andrew Watson/Getty Images: S. 200
Feng Wei Photography/Getty Images: S. 199
Don White/Corbis: S. 182-183
Konrad Wothe/Getty Images: S. 125
Alison Wright/National Geographic/Getty Images: S. 197
Michael S. Yamashita/Getty Images: S. 226
David Yarrow Photography/Getty Images: S. 39
Antonio Zangh_/Getty Images: S. 35

Verlag der deutschen Ausgabe:
© 2018 Kunth Verlag GmbH & Co. KG
St.-Cajetan-Straße 41
81669 München
www.kunth-verlag.de

Originalausgabe: © White Star s.r.l.
Piazzale Luigi Cadorna, 6 – 20123 Mailand, Italien
www.whitestar.it

Übersetzung: Marion Ahl, Simone Blass, Antje Foresta
Redaktion Deutschland: Rainer Schöttle



Printed in Slovakia